Soziologische Jurisprudenz und realistische Theorien des Rechts

Sociological Jurisprudence and Realist Theories of Law

IVR

11. Weltkongreß / 11th World Congress

Helsinki 1983

Verhandlungen / Proceedings

RECHTSTHEORIE

Zeitschrift für Logik, Methodenlehre, Kybernetik und Soziologie des Rechts

Beiheft 9

Soziologische Jurisprudenz und realistische Theorien des Rechts

Sociological Jurisprudence and Realist Theories of Law

Herausgegeben von / Edited by

Eugene Kamenka / Robert S. Summers
William L. Twining

Vorwort von / Preface by

Aleksander Peczenik

DUNCKER & HUMBLOT / BERLIN

Zitiervorschlag:
Nora Ananieva, Kontinuität und Diskontinuität
in der Entwicklung des politischen und rechtlichen Systems,
in: RECHTSTHEORIE Beiheft 9 (1986), S. 3 - 10

CIP-Kurztitelaufnahme der Deutschen Bibliothek

Soziologische Jurisprudenz und realistische Theorien des Rechts: [Helsinki 1983] = Sociological jurisprudence and realist theories of law / hrsg. von Eugene Kamenka ... Vorw. von Aleksander Peczenik. — Berlin: Duncker und Humblot, 1986.
(Rechtstheorie: Beiheft; 9) (... Weltkongress / IVR; 11)
ISBN 3-428-05893-3

NE: Kamenka, Eugene [Hrsg.]; Rechtstheorie / Beiheft; International Association for the Philosophy of Law and Social Philosophy: ... Weltkongress; PT

Gedruckt 1986 bei Berliner Buchdruckerei Union GmbH, Berlin 61
Printed in Germany

ISBN 3-428-05893-3

Introduction

The 11th World Congress on Philosophy of Law and Social Philosophy had a very broad scope, divided into the following topics:

Plenary sessions

1. Philosophy of Law in the Nordic Countries
2. Law and Morality
3. The Foundations of Legal Culture

Working groups

I. Law and Society

II. Law and Morality

III. Models of Legal Reasoning

IV. System and Systematization in Law

V. Knowledge and Values in Law

VI. Theory of Law and the Social Sciences

Special sessions

VII. Law and Anthropology

VIII. Philosophical Problems of the Social Sciences

The papers, presented at the Congress, are now being published in several volumes. Each volume is a thematic unit and may include papers read at different sessions. Papers included in this volume were originally discussed in groups/sessions 1, I, II and VI.

In accordance with IVR practice the papers are published as submitted with minimum editorial intervention. The contributions are arranged alphabetically by author-surname, except for some of the invited commentaries on the opening papers of Congress working sessions (in this volume, in Part I *Backman* on *Klenner* in the Congress session "Social Presuppositions of the Philosophy of Law", and in Part II *Mikkola* on *Mollnau* in the Congress session "Empirical Knowledge of Society and Legal Research"). It should be also mentioned that in Part II of this volume, *Varga*'s paper was the opening paper in the session "Macrosociological Theories of Law", and *Rottleuthner*'s paper was an invited co-report on Varga. In Part III, *Bjarup*'s paper was the opening paper in the session "Legal Realism and Its Limitations", *Pattaro*'s paper being an invited commentary on Bjarup. *Jørgensen*'s paper was the main paper in the Congress Plenary Session "Philosophy of Law in the Nordic Countries", *Sundberg*'s paper being an invited plenary co-report on the same subject (the two other co-reports, by *Hannu Tapani Klami* and *Mikael M. Karlsson,* are published elsewhere; see the overall table of Proceedings contents at the end of this volume).

It is a pleasure to acknowledge, on behalf of the editors and contributors of this volume, that the editing of these Proceedings has been financially supported by the Finnish Cultural Foundation and the Finnish Foundation for Economic Education. Mr. *Jyrki Uusitalo* (Academy of Finland and Helsinki University) has efficiently served as editorial secretary for this volume.

* * *

The decision jointly to publish papers on Sociological Jurisprudence and Legal Realism is justifiable among other things by some connection between these movements. Although different schools of realism originally evolved under the influence of ontology (Sweden), pragmatic considerations (United States), methodology (Russia, Poland), legal dogmatics (Germany, Austria), and so on, they often coincided with the growth of Sociological Jurisprudence and legal sociology. Let me then start this introduction with some remarks concerning Legal Realism and then pass to problems regarding Sociological Jurisprudence.

The World Congress papers on Legal Realism were mostly concerned with its Scandinavian version, quite naturally in the light of both the high reputation of Scandinavian Realism and the geographic location of the Congress. Since the plenary papers by *Stig Jørgensen* and *Jacob Sundberg* give the reader of this volume satisfactory information about the development of this school, I need not add any historical facts, except one. For rather irrelevant reasons, one of the absolutely central thinkers of Scandinavian Realism, *Karl Olivecrona,* was curiously played down in the Congress papers. Yet, Olivecrona was precisely the person who developed *Hägerström*'s philosophy in the most careful, consistent and juristically useful way. Others produced some exaggerations *(Lundstedt),* inconsistencies *(Ross),* or controversial recommendations *(Ekelöf),* but not Olivecrona. His theory is a masterpiece of theory building aiming at cool perfection. After him, Scandinavian Realism cannot be improved upon, it can be only accepted or abandoned.

Whereas Legal Realism still meets with friendly understanding in other countries (see, for instance, the papers of *Françoise Michaut* and *Enrico Pattaro),* the dominant attitude of legal theorists in the countries of its origin has recently become negative. The plenary co-report by *Jacob Sundberg* and the main paper by *Jes Bjarup* are quite representative in this respect, albeit both are unique in their ways of justifying the negative conclusions. Partly following *Robert Summers's*[1] "balance sheet" of the "virtues and vices" of American "pragmatic instrumentalism", let me summarize the situation as follows. The virtues of Realism lie in its empiricist approach, its emphasis on the pragmatic function of law, its concern with real life and its refutation of futile speculations. Its "vices", however, are grave. Some Realists have wrongly described the criteria of legal validity. Some have insisted on a wrong theory of the separation of law and morals, overstating the role of coercion in law. Some have played down the role of rational reasoning not only in law but also in other practical matters. The last point decided their fate. Most lawyers and jurists consider rational thinking as the most central professional skill. When a philosopher tells them that rationality in law is impossible, they either ignore legal philosophy in general, or believe in it and dramatically lower the level of reasoning. As Jacob Sundberg rightly emphasizes, this is exactly what happened in Sweden. I am not convinced that the Realists can be blamed for the excessively high taxes in Scandinavia, but they can certainly be blamed for something much worse, that is, for the belief of some Scandinavian lawyers that the legislature and the Supreme Court are always, by definition, right, and thus immune to juristic criticism.

Another weak point of Scandinavian Realism is its ontology. Its central thesis is that everything that exists must be placed in time and space. Physical objects and mental processes thus exist, whereas values, rights, valid law and so on do not. Consequently, the legal theorist is forced to assume an external point of view with regard to the law. He may scientifically examine only other persons' beliefs in valid law, never valid law itself. This fact constitutes a very serious limitation to his thought. But is not this limitation inevitable? Is not the ontology that underlies it right? By asking this question, we have already passed the demarcation line between Part III of the present volume, dealing with Legal Realism, and Part I, on Law and Society in the Light of Legal Philosophy. Let me say at once that it is no coincidence that this part is dominated by Marxist philosophers of law. Regardless of the controversial political, sociological and methodological implications of

---

[1] *Robert S. Summers,* Pragmatic Instrumentalism and American Legal Theory, Ithaca 1982, pp. 278 ff.

Marxism, it is precisely the Marxists who have significant things to say about the ontology of law. Although their starting point is no less materialistic than the Realists', their final ontological views are much more moderate. The reader may, for instance, notice that the paper by *Kamil Fabian,* although rather extreme in other respects, ends with moderate views concerning the structure of political systems as a complex of subjects, norms, functional components and ideology. Obviously, not all Legal Realists would accept such ontological units as norms and ideology but I have developed in my own works rather similar views about the ontological nature of valid law.[2] In my opinion, valid law is a complex of

1. norms;
2. actions that give norms their social character, for example legislative acts, the practice of obeying norms, etc.;
3. "supernorms" that give the norms validity; and
4. rational interpretation.

One of the points of this scheme is that different components exist in different senses. Whereas actions exist physically, in a sense fully acceptable to the Realists, norms and interpretation exist merely conceptually. Not all Realists would accept the existence of abstract objects, and those who would, perhaps even *Hägerström,* would certainly not accept the conclusion that legal interpretation, although coloured by values, gives *knowledge* of law rationally interpreted. Valuations and knowledge do not go together in the world picture of the Realists, but do, in my opinion, in the world picture of the lawyers.

Another Marxist point, deserving attention, is the holistic philosophy of law. *Hermann Klenner* and *Karl Mollnau,* both from the GDR, emphasize in their papers the feedback between law, society, empirical knowledge and legal philosophy. One cannot stress this point too strongly. Legal concepts do not constitute a closed field. Although many of them cannot be fully defined without the use of other legal concepts, there exist some "bridging implications", as *Hector-Néri Castañeda* would say, between legal and non-legal concepts. Simply put, no one could understand such legal terms as, for instance, "purchase", who did not already possess an extensive social vocabulary, including such elementary words as "mine", "yours", "give" and so on. This vocabulary, in turn, would be unthinkable, if such social facts as individual disposition of things by people did not exist. Obviously, there also exist

---

[2] *Aleksander Peczenik,* Legal Data, in: A. Peczenik/L. Lindahl/B. van Roermund (eds.), Theory of Legal Science, Dordrecht 1984, pp. 97 ff.

multiple causal connections between the law and other social phenomena, extensively discussed in many of the papers included in this volume.

Rightly emphasizing the connection between law and society, the Marxist theorists also hold that law has some autonomy. I will not repeat their sociological points, letting the papers speak for themselves, but merely add an analytical one. The autonomy of the law manifests itself in the existence of the legal system of reasoning, or, in other words, the legal paradigm. Many premises, taken for granted within this system, may be debatable when one exceeds its limits. For example, lawyers take for granted that Swedish law possesses the quality of being "valid", whereas many Realist philosophers of law meaningfully (albeit wrongly) contest this assumption. In my opinion, one can present legal reasoning as rational and even deductively complete, if one adds to it some new premises that appear to be certain within the legal paradigm. At the same time, the added premises are contestable outside the legal paradigm. This opinion constitutes the core of my idea of "jumps" (leaps) and transformations in the law.[3] While from the point of view of the semi-autonomous legal paradigm, legal reasoning appears to be complete, in the light of holistic, trans-paradigmatic considerations, it appears to be full of gaps and creative acts of transformation. The Marxist synthesis of holism and the relative autonomy of law is perhaps another side of the same coin.

One must, however, add a *caveat*. It is much easier to say such things *in abstracto* than to discuss empirical examples in detail. This is precisely the criticism made by *Eero Backman* of *Hermann Klenner*'s paper. We are thus ready to cross the second demarcation line, from Part I of the present volume, to Part II, on Theories of Law in Sociological Perspective. Whereas the main paper by *Karl Mollnau* discusses, as already mentioned, the interaction between legal research and empirical knowledge, *Matti Mikkola*'s commentary on this paper takes up a more concrete point, which, however, leads to another central problem. He thus focuses his attention on one type of legal research, that is, the critical use of the law. In this context, he emphasizes the following connection. Empirical studies may show unsatisfactory states of affairs, general research on ideological and structural factors in society shows why such states of affairs exist, whereas legal research performs the critical task of replacing existing concepts, principles, views and actions with new ones. It is not my task to criticise this scheme but three points require some brief comments.

---

[3] Cf. *Peczenik*, The Basis of Legal Justification, Lund 1983, and *Peczenik*, Grundlagen der juristischen Argumentation, Wien/New York 1983, passim.

1. Theories about ideological and structural factors of society are often methodologically controversial. When a general statement of theory appears to contradict observed facts, the social scientist may immunize his theory by means of *ad hoc* hypotheses. One cannot easily see what conceivable facts would, for example, be considered proof that some central Marxist theses are false. In this context, one must bear in mind that some influential philosophers of science, notably *Karl Popper*, are of the opinion that scientific statements are by definition falsifiable by contrary observations. What is not falsifiable is not science but faith.

2. The second point concerns empirical social science. Several papers presented here, for example those of *Maria Borucka-Arctowa* and *Karlhans Liebl*, use results from research in the social sciences. All known proposals to integrate legal research and research in the social sciences meet a well-known problem. Whereas it is easy to propose integration, it is difficult to make the results of sociological research directly useful in legal practice, as it has produced surprisingly few significant results. There are several reasons for this weakness, one of them being the fact that the very idea of causality, essential to science in general, is contestable in social contexts, as, for example, *Georg Henrik von Wright*'s well-known analysis of this problem points out. Moreover, the nature of *legal* research is not easy to analyse. Legal research comprises a very special mixture of cognitive and evaluative elements and, without analysis of this, it is not clear what profit it can draw from the social sciences. The analysis of legal research, however, is discussed in other volumes of the Proceedings of this World Congress.

3. The third point to be considered is the question of how an empirical knowledge of society may facilitate criticism of unsatisfactory states of affairs. Regardless of the above-mentioned problems concerning the results of sociological research, there is also a problem concerning the qualification of a state of affairs as "unsatisfactory". One must have more or less objective criteria for the evaluation of states of affairs. Here, we approach the difficult problem of the rationality and justifiability of value-statements. Can one justify a value statement at all? Legal Realists, for instance, tend to answer this question in the negative. In my opinion, a justified value-statement must be supported by good reasons, some of which will consist of other value-statements. The core of the rational justification of value statements thus consists in their coherence, that is, in a complex supportive structure, including the value-statements to be justified. Some such value-statements are more central than others and these too, may be contested and justified, but because of their generality and their central place in various practical

reasonings, they have a peculiar importance. One such central value-statement is that a good law should be *progressive.* Within European culture, the idea of progress has been especially powerful. Yet, it is elusive. *Hubert Rottleuthner*'s paper includes an interesting survey of various criteria of progress. Unlike some 19th century philosophers, we can no longer identify social progress with advances in the natural sciences. Instead, I should say, we need a complex combination of cognitive, ethical and aesthetic progress. Only such a combination can constitute a justifiable ideal, useful for the purpose of evaluating law. Rottleuthner mentions some other attempts to formulate criteria of progress and rightly points out the methodological problems connected with them. Some other papers also deal with this problem, for example, that of *Lester Mazor,* which discusses certain problems connected with the fact that the evolution of society by no means constitutes a linear progression. Nevertheless he argues that we need a perspective from the future to the present. Needless to say, such a formulation opens a whole cluster of problems that cannot be discussed here.

I cannot do justice to all the papers included in this volume: most must remain unmentioned but not, let us hope, unread. One point, however, requires additional comment. *Thomas Wilhelmsson* advocates the use of relatively narrow concepts in law, which would accelerate changes and facilitate criticism of law. Perhaps this is so, but what then would constitute the Archimedean point of this criticism and what would be the proper critical procedure? We are back with several difficulties mentioned above. The proper procedure for criticising law is a *rational* one but the very idea of rationality presupposes some generality of concepts. To be rational implies the like treatment of like cases, the use of general theories and general concepts. Therefore "narrow" concepts should not be very narrow but only as narrow as the demand of generality allows. I do not say that Wilhelmsson is wrong, only that his insights are one-sided, just as the insights of all legal theorists are, including, of course, the author of this introduction. To read this volume demonstrates this very clearly. So many interesting things are said and so many things that perhaps should be said remain open. This is the present state of our discipline. It creates more questions than answers. For that reason we need much discussion. And we need World Congresses.

Aleksander Peczenik

Inhaltsverzeichnis

I. Recht und Gesellschaft in rechtsphilosophischer Perspektive

III. Voraussetzungen und Folgen des Rechtsrealismus

I. Recht und Gesellschaft in rechtsphilosophischer Perspektive

KONTINUITÄT UND DISKONTINUITÄT IN DER ENTWICKLUNG DES POLITISCHEN UND RECHTLICHEN SYSTEMS

Von Nora Ananieva, Sofia

I.

Ein besonderer Wesenszug der modernen Politologie und der politikwissenschaftlich akzentuierten Rechtstheorie im Osten wie im Westen ist eine rapide Entwicklung der Theorien. Das betrifft zum einen die Theorie der politischen Systeme und zum andern die Theorie über die Rolle des Rechts als mitspielender Faktor im Kontext des politischen Systems. Z. B. auf dem im August 1983 in Rio de Janeiro durchgeführten Weltkongreß der Internationalen Vereinigung für politische Wissenschaften waren die politologischen Diskussionen hauptsächlich mit der Theorie der politischen Systeme beschäftigt. Das war nicht zufällig. Die Vielfalt an Theorien, Modellen und Definitionen der politischen Systeme ist auf die wachsende Vielfalt an Systemen der Organisation der politischen Macht in den verschiedenen Teilen der heutigen Welt, auf die allgemeine Tendenz zurückzuführen, nach einer Organisation der Macht zu suchen, die die Erfüllung der politischen Ziele am besten gewährleisten und gleichzeitig damit der historischen, nationalen und ideologischen Spezifik der sozial-politischen Entwicklung der einzelnen Länder am meisten entsprechen würde.

In diesem Beitrag möchte ich die im Titel angedeutete Thematik überwiegend unter dem Aspekt der Kontinuität und Diskontinuität im Übergang von der vorsozialistischen zur sozialistischen Gesellschaftsform behandeln. Dabei wollen einige allgemeine theoretische Gesichtspunkte besonders beachtet werden. Anschließend werden einige konkretisierende Betrachtungen anhand des Beispiels der Entwicklung des politischen und rechtlichen Systems Bulgariens angestellt.

II.

Die marxistische Theorie behandelt das politische System und das Rechtssystem als Gesamtheiten von staatlichen und gesellschaftlichen Institutionen und Organisationen, die sich im Prozeß der Ausübung der politischen Macht auf der Grundlage solider Aufbau- und Funktionsprinzipien gegenseitig unterstützen und die durch die materiellen Bedingungen des Gesellschaftslebens ökonomisch bedingt sind. Diese ganz allgemeine Definition erfordert die Ergänzung, daß die politischen Strukturen nicht als eine unmittelbare Folge der wirtschaftlichen Basis aufgefaßt werden sollten. Diese Erläuterung ist aus dem Grund erforderlich, weil dem Marxismus oft ein vulgarer wirtschaftlicher Determinismus zugeschrieben wird. Die Wechselbeziehungen zwischen Wirtschaft, Politik und Recht sind viel komplizierter, als es eine elementare These darstellen könnte. Sie stehen in einer komplizierten Verbindung zur sozialen und Klassenstruktur, zur Entwicklung der politischen Beziehungen, einschließlich auch dieser der internationalen Arena, zum Niveau des gesellschaftlichen Bewußtseins usw. Von großer Bedeutung für die Wechselbeziehung zwischen dem politisch-rechtlichen System und dem Wirtschaftssystem im Sozialismus ist der Umstand, daß bei den sozialistischen Revolutionen der politische Umschwung dem wirtschaftlichen vorausgeht. Diese Tatsache bestimmt die außerordentlich aktive Rolle des politischen Systems in bezug auf die materielle Basis.

Die sozialistischen Revolutionen sind immer radikal. Die politische Umwälzung ist unbedingt durch eine grundsätzliche Umwälzung in den Eigentumsbeziehungen begleitet, die der Klasse der Erzeuger und deren politischen Organisationen den Weg zur Arena der entscheidenden politischen Macht bahnt. Durch die Übereinstimmung des sozial-ökonomischen und des politischen Umsturzes entsteht ein politisches System, das sich von dem vorhergehenden nicht nur seinem Wesen nach, sondern auch nach dem fundamentalen Aufbau und den Funktionsprinzipien unterscheidet. Dies bietet oft einigen Autoren den Anlaß, jede Fortsetzung der Traditionen zwischen den sozialistischen und vor- bzw. nichtsozialistischen politischen und Rechtssystemen zu verneinen.

Solch eine These ist aus mehreren Gründen haltlos. Erstens: die Entwicklung der menschlichen Geschichte, einschließlich der politischen Geschichte ist ein kontinuierlicher Prozeß. Diese Kontinuität beeinflußt unumgänglich auch die Entwicklung der politischen Strukturen und des Rechts. *Marx* schrieb, daß „die Geschichte nichts anderes ist, als die Tätigkeit des seine Ziele verfolgenden Menschen“[1]. Die Entstehung der Klassengesellschaft und der politischen Macht bewirkte eine vom Standpunkt der Geschichte und der menschlichen Entwicklung aus paradoxe Metamorphose. Der Mensch bleibt dabei in wirtschaftlicher und sozialer Hinsicht ein Subjekt, kann jedoch im politischen Sinne zu einem passiven Objekt der politischen Herrschaft werden. In diesem Zusammenhang kann der langjährige Kampf für Demokratie, dessen historische Errungenschaften das allgemeine Wahlrecht, die repräsenta-

---

[1] *K. Marx/F. Engels,* Werke, Bd. 2, S. 100.

tiven, politischen und Betriebsorganisationen der Werktätigen, das Verfassungssystem der Menschenrechte usw. sind, als eine Kette unaufhörlicher Bemühungen um die Aneinanderpassung des politischen Menschenbildes an die philosophische Auffassung von Menschen als Subjekt der Geschichte betrachtet werden. Der Sozialismus ist daran interessiert, diese Errungenschaften der demokratischen Bewegung nicht nur aufrechtzuerhalten, sondern auch weiterzuentwickeln.

Zweitens: Die marxistische Ideologie entsteht nicht wie die Minerva aus dem Kopf des Jupiters, in einem ideologischen und politischen Leerraum. Sie baut sich auf der soliden Grundlage der wichtigsten Leistungen des menschlichen Gedankens in der Wirtschafts- und Gesellschaftstheorie auf. Der altgriechische Materialismus, *Hegels* Dialektik, die Wirtschaftslehre von *Smith* und *Ricardo,* die Auffassung *Guizot*'s von den Klassen, die politische Theorie von *Jean-Jacques Rousseau* und anderes noch wurden rational verarbeitet, als ein theoretisches System ausgebaut und mit den politischen Zielen der Arbeiterklasse und ihrer Verbündeten in Einklang gebracht, d. h. in eine Philosophie der revolutionären Tat verwandelt. *Marx* und *Engels* verweisen unentwegt und gewissenhaft auf die theoretischen Quellen ihrer Lehre. Sie halten *Gracchus Babeuf* für den Urheber der kommunistischen Idee. Das ist ein Grund, von der Fortsetzung des politisch-theoretischen Erbes im Marxismus zu sprechen.

Drittens: die Allmählichkeit auch der radikalsten Transformation der sozial-ökonomischen und politischen Beziehungen, der komplizierte Prozeß der Anpassung der politischen und sozialen Ziele der Revolution an die materiellen Voraussetzungen, die ihre Erfüllung gewährleisten, sowie an das gesellschaftliche Bewußtsein, die Ermittlung der günstigsten Rechtsform und des Instrumentariums der Umgestaltung u. a. sind die Merkmale einer Übergangsperiode, während der die Fortsetzung der Traditionen auch in der konsequenten Anwendung des durch die Revolution überwundenen Verfassungs- und Rechtssystems zum Ausdruck kommen kann.

Viertens: Der Grad und Umfang der Kontinuität hängen auch von den spezifischen nationalen, historischen und psychologischen Besonderheiten der Bevölkerung eines bestimmten Landes, von den geerbten demokratischen Traditionen, von den Stereotypen des politischen Denkens aus der Zeit der überwundenen politischen Regime usw. ab.

III.

Diese Thesen können durch folgende Beispiele aus der Entwicklung Bulgariens konkretisiert werden: a) die Rolle der Regentschaft nach der sozialistischen Revolution; b) die Entwicklung der repräsentativen Staatsorgane; c) die Entwicklung des Parteisystems.

a) Die vorübergehende Beibehaltung der Regenteninstitution, d. h. der monarchistischen Form nach der sozialistischen Revolution in Bulgarien ist ein Paradoxon in unserer revolutionären politischen Geschichte, da der Sozialismus als Ideologie und Praxis den Monarchismus vorbehaltlos ablehnt. Doch die vorübergehende Beibehaltung der Regenteninstitution zeugt, daß die politisch-rechtliche Struktur der neuen Macht von Anfang an einer verfassungsmäßigen und gesetzgebenden Grundlage nicht entbehren konnte. Da die neue Macht nicht im Stande war, ihr eigenes Rechtssystem sofort herauszubilden und durchzusetzen, benutzte sie geerbte Formen, um einem neuen sozialen und politischen Gehalt Gestalt zu verleihen. Bereits auf ihrer ersten Sitzung verabschiedete die revolutionäre Regierung der Vaterländischen Front, die sich aus fortschrittlichen und demokratischen Parteien und Bewegungen zusammensetzte, eine Verordnung über die Entlassung der monarcho-faschistischen Regenten und über Rechtsverfahren gegen sie. Das Amt selbst wurde jedoch als Institution nicht beseitigt. Die Ursachen dafür haben innen- sowie außenpolitischen Charakter. Im Interesse der Vereinigung aller antifaschistischen und demokratischen Kräfte beschlossen die Gründer und Führer der Vaterländischen Front, daß der Beschluß über die künftige Form der Regierung des Landes durch die Volksversammlung gefaßt wird. Das monarcho-faschistische Regime hatte bereits in den 30er Jahren die bürgerlich-demokratische Regierungsform liquidiert, die Tarnowoer Verfassung außer Kraft gesetzt und später das Land in den Zweiten Weltkrieg an der Seite Hitler-Deutschlands hineingezogen.

Die alte in der Verfassung festgelegte Form der Regentschaft wurde aber doch nicht unverändert beibehalten. Sie wurde nicht nur in bezug auf die Zusammensetzung, sondern auch auf die Bildung, Kompetenz und politische Verantwortung demokratisiert. Die Revolution beseitigte das alte Regime und lehnte in der Tat das konservativ-reaktionäre Rechtsprinzip von der Verantwortungsfreiheit des Monarchen, das der monarcho-faschistischen Macht in Bulgarien ihre verbrecherischen Taten ermöglichte, ab.

Durch die neue Ordnung der Regentschaftsbildung und deren Beziehung zu den übrigen Teilen des sich heranbildenden gesellschaftspolitischen Systems kam der volksdemokratische Charakter der Regierung zur Geltung. Die Idee von Volksregierung wurde auch in einer Proklamation der Regentschaft ausgedrückt. Durch sie verpflichteten sich die Regenten, die Macht ausschließlich im Rahmen der Verfassung und im Einklang mit den richtig verstandenen Interessen des Landes auszuüben. Diese Erklärung war der Scheidepunkt zwischen dem alten und dem neuen Regentenamt und ebnete den Weg zur Wiederherstellung der Tarnowoer Verfassung.

Das Regentenamt wurde durch Volksentscheid über die Frage der Regierung aufgelöst. Auf diese Weise konnten auf friedlichem Weg, ohne Klassenkampf in seiner schärfsten Form die revolutionären Umwälzungen der Staatsordnung verwirklicht werden. So vollzog sich der endgültige, nicht nur faktische, sondern auch rechtliche Übergang zu einer sozialistischen Staatsform, zur volksdemokratischen Republik.

Die Kontinuität dieser und anderer Verfassungsformen wurde unentwegt durch die übergreifende Rolle der Diskontinuität im Inhalt der Macht begleitet. Der neue Inhalt der Macht rief später unumgänglich neue Formen und Prinzipien ins Leben und führte, wenn auch allmählich, zu grundlegenden Umwälzungen der ganzen Staatsordnung.

b) Einen Beweis für die Verbindung zwischen Diskontinuität und Kontinuität liefert auch die Entwicklung der repräsentativen Staatsorgane bis in die heutigen Tage.

Die Entwicklung des repräsentativen Systems des sozialistischen Staates fällt nicht mit dem ersten Tag der Revolution zusammen. Unter den für Bulgarien spezifischen Bedingungen der sozialistischen Revolution wurde das letzte bürgerliche Parlament, das bei der monarchofaschistischen Diktatur eine bedeutungslose Rolle gespielt hatte, in der Tarnowoer Verfassung vorgesehenen Form aufgelöst. Aufgelöst wurden auch die örtlichen Pseudovertretungsorgane, die seit langem völlig verfassungswidrig gebildet worden waren.

Doch allein zwei Monate nach der Revolution faßten die führenden Parteien der Vaterländischen Front den Beschluß, „den Kurs auf baldigste Durchführung freier Parlamentswahlen auf der Grundlage der allgemeinen, direkten und geheimen Stimmabgabe und danach von Gemeinderatswahlen einzuschlagen“.

Das von der Regierung verabschiedete Wahlgesetz entwickelte weiter — und viel konsequenter als die Tarnowoer Verfassung — die Prinzipien der Allgemeinheit und Gleichberechtigung im Wahlrecht. Frauen und Männer wurden in bezug auf das Wahlrecht vollständig gleichgesetzt. Das frühere Gesetz gewährte nur den verheirateten, verwitweten und geschiedenen Frauen, d. h. denjenigen, die die „politische“ Schule der Ehe durchgemacht haben, das Recht auf Wahlen. Auch die Altersgrenze wurde verändert: von 23 auf 19 Jahre für das aktive Wahlrecht und von 30 auf 23 für das passive Wahlrecht. Der Wirkungsbereich des allgemeinen Wahlrechts erweiterte sich auch, indem die Soldaten und Offiziere das Recht auf Wahlen erhielten.

Bereits das erste neue Wahlgesetz bedeutete einen entscheidenden Schritt vorwärts zur Überwindung der Schranken der Demokratie, die die geerbte Staatsform aufgesetzt hatte: anerkannt wurde das Recht, die Abgeordneten abzuberufen, wenn sie dem Programm, in dessen Namen sie gewählt wurden, nicht mehr treu bleiben. Auf diese Weise wurden auch rechtliche Voraussetzungen dazu geschaffen, daß die Vertreterorgane tatsächlich die sozialen Interessen der Wähler zum Ausdruck brachten.

Die Ausübung des demokratischen allgemeinen und gleichen Wahlrechtes gab dem Parlament neues Leben. In diesem Parlament dominierten erstmals in der politischen Geschichte Bulgariens die Werktätigen.

Die weitere Entwicklung der Vertreterbehörden im Lande entsprach der Form nach bis zur Billigung einer neuen Verfassung im Jahre 1947 mehr oder weniger den Normen der Tarnowoer Verfassung. Doch vieles stand noch im Gegensatz zu einer tatsächlichen Demokratie. In dem am 9. September 1944 verkündeten Programm verpflichtete sich die Vaterländische Front, die demokratischen Verordnungen der Tarnowoer Verfassung wiederherzustellen. Und genau diese Verpflichtung wurde auch erfüllt. Im Laufe der Revolution befreiten sich die gewöhnliche sowie die später gewählte Große (Gründungs-) Volksversammlung kontinuierlich von den engen Rahmen der alten Verfassungsprinzipien, den alten Formen, Formeln und Begriffen.

c) Welche Entwicklung machte das Parteiensystem durch?

Das sich unmittelbar nach der sozialistischen Revolution gebildete Parteiensystem muß mit Hinsicht auf drei Umstände betrachtet werden: erstens, die Traditionen eines Systems mit profaschistischer politischer Ordnung in der die politischen Organisationen der Werktätigen illegal waren und einem grausamen Terror ausgesetzt wurden, konnten und durften nicht fortgesetzt werden. Das neue Parteiensystem mußte sich von den faschistischen Parteien und Organisationen distanzieren. Zweitens, die Existenz einer politischen Opposition war während der Übergangsperiode durch den Übergangscharakter der Wirtschaftsbeziehungen bedingt. Die Produktionsmittel wurden erst 1947 nationalisiert, und landwirtschaftliche Produktionsgenossenschaften noch später gebildet. Drittens, die Zusammenarbeit zwischen allen demokratischen und fortschrittlichen Parteien und Bewegungen im Rahmen der Vaterländischen Front stammt aus dem Jahr 1942, als die Front gebildet wurde. Deswegen fanden die meisten Reformen des Parteiensystems (Zusammenschlüsse und Selbstauflösen) im Rahmen der Vaterländischen Front statt. Auch heute ist die Vaterländische Front die umfangreichste und massenhafteste gesellschaftspolitische Organisation der

Werktätigen, an deren Führung zahlreiche namhafte Vertreter der früheren Parteien teilnehmen.

Die Geschichte und die heutige Entwicklung der Bauernpartei sind kennzeichnend für die demokratische Fortsetzung der Traditionen im Parteiensystem der VR Bulgarien. Nach der sozialistischen Revolution war der Anteil der Bauern drei Viertel der Landesbevölkerung; heute ist er knapp ein Drittel. In der ersten Etappe war die Landbevölkerung vom Eigentum her in vielen Schichten geteilt. Durch die später stattgefundenen sozial-ökonomischen Veränderungen wurde diese Mehrschichtigkeit überwunden, was die Bildung einer einheitlichen Bauernpartei ermöglichte.

Die Bauernpartei (BBP) ist eine der ältesten politischen Organisationen in Bulgarien. Anfangs war sie eine Standesorganisation der Bauern, die bemüht war, selbständig an die Macht zu kommen. Die fortschrittlichen Kräfte in der Partei bezogen rechtzeitig einen konsequenten Standpunkt zu den wichtigsten sozialpolitischen Fragen und haben jahrelang gegen das Großkapital und die Monarchie Kampf geführt. Die Bauernpartei errang die Mehrheit im Parlament und kam 1920 an die Macht. Doch durch einen blutigen Putsch wurde sie gestürzt, ihr Führer wurde grausam ermordet. Eine der Ursachen für diese Niederlage war die Tatsache, daß die Partei sich über die Notwendigkeit eines Bündnisses zwischen Arbeitern und Bauern nicht bewußt war. Später korrigierte sie ihre Auffassung in dieser Hinsicht und wurde während des antifaschistischen Kampfes zum wichtigsten Verbündeten der politischen Organisation der Arbeiterklasse.

Die Rolle der Bauernpartei ist in der heutigen Verfassung festgelegt worden. Die BBP beteiligt sich aktiv an der Regierung des Landes. Ihre Vertreter haben verantwortungsvolle Positionen im System des Staatsapparates und der gesellschaftlichen Organisationen inne. 100 Mitglieder der BBP sind Abgeordnete in der Volksversammlung, was das Verhältnis zwischen dem Mitgliedbestand beider Parteien bei weitem überflügelt, doch dem sozialen Bestand der Bevölkerung entspricht und eine wichtige Rolle für die Verteidigung der durch die Bauernpartei vertretenen Interessen spielt. Einige Tausende Parteimitglieder sind Vertreter der BBP in den örtlichen Verwaltungsorganen.

Auch die führende Kraft der sozialistischen Gesellschaft, die kommunistische Partei, hat einen Übergang von einer nichtsozialistischen Gesellschaft zum politischen System des Sozialismus miterlebt. Die Bulgarische Kommunistische Partei ist eine der ältesten, sie wurde 1891 gegründet. Im Jahre 1919 zählten ihre Mitglieder 35 000. Sie leitete den antifaschistischen Aufstand im Jahre 1923 und ging nach dessen

Niederlage in Illegalität über. Später wurde die kommunistische (Arbeiter-) Partei zum wichtigsten Organisator des bewaffneten antifaschistischen Kampfes. Auf ihre Initiative schlossen sich die demokratischen Parteien und Bewegungen zu der Vaterländischen Front zusammen, was für den Sieg der sozialistischen Revolution entscheidend war.

IV.

Die angeführten Beispiele für das Verhältnis zwischen der Fortsetzung der Traditionen und den grundsätzlichen Umwälzungen sollen Beleg für die These geben, daß das politische System des Sozialismus sich heranbildet und entwickelt, indem es das demokratische politische Erbe übernimmt und vervollständigt, die Theorie und Praxis dieses Erbes durch neue Prinzipien, Formen und Garantien bereichert. Gleichzeitig damit werden im revolutionären Übergang zur Macht der werktätigen Klassen unter der Leitung der politischen Partei der Arbeiterklasse die unumgänglichen Beschränkungen der Vergangenheit überwunden und die demokratischen Prinzipien in die Tat umgesetzt.

Im bestimmten Sinne konnte man behaupten, daß auch heute das politische System der VR Bulgarien eine Vervollkommnung seiner Prinzipien und Mechanismen in Richtung der maximalen Annäherung zwischen der Praxis und der aus der Epoche der bürgerlichen Revolutionen stammenden Idee von der Volkssouveränität darstellt. Diese Entwicklung verläuft nicht ohne Schwierigkeiten und Widersprüche. Oft bleibt die politische Kultur der Bevölkerung hinter den vorhandenen Möglichkeiten für demokratische Teilnahme zurück. Auch manche bürokratische Eigenarten des Staatsapparates sind nicht überwunden.

Doch die Wege nach einer Lösung der entstehenden Probleme veranschaulichen die allgemeinen Entwicklungstendenzen: Demokratisierung des Rechtssystems, Aktivierung der Rolle der gesellschaftlichen Organisationen im gesamten normschaffenden Prozeß, weitere Entfaltung der Formen der unmittelbaren Demokratie, Erhöhung der Garantien für unbegrenzte Macht der Vertreterorgane, Entwicklung der politischen Funktionen der Arbeitskollektive, kontinuierliche Bereicherung des Systems der Rechte, Freiheiten und Verantwortungen der Persönlichkeit.

TROIS ACTES COGNITIFS CARACTERISTIQUES DE LA SCIENCE DU DROIT

Par Abel Javier Arístegui, La Plata

Toute communication à présenter dans un congrès scientifique ou philosophique est subordonnée à la brièveté et à la fragmentation. Comme nous répondons à cette exigence, quelques aspects de notre investigation et de nos affirmations resteront dépourvus de réferences plus larges et d'une argumentation explicative plus approfondie.

Nous mettrons en relief trois approches cognitives de la Science du Droit, d'après lesquelles il est possible de recomposer une compréhension plus complète de cette Science, ce qui reste à la méditation généreuse de ceux qui se renseignent de nos affirmations.

Pour obtenir une précision sur ce qui définit la Science du Droit, il est important de compter avec une connaissance préalable de l'«objet» vers lequel on dirige la finalité et sur lequel la tâche cognitive centre avec persistence et travail cumulatif.

C'est la Philosophie, spécialisée comme Philosophie du Droit, qui a la tâche de découvrir l'identité et la distinction caractéristique du Droit, avec une visualisation omnicompréhensive, face à d'autres formations sociales.

Actuellement, dans la Philosophie du Droit, c'est une sorte de pluralisme qui l'emporte; différentes versions se présentent autour de la spécificité de l'objet juridique. Trois cadres différents se dégagent du scénario ius-philosophique:

— Un secteur considère le Droit comme une *norme* d'une spécificité privative, face aux morales, habitudes, coutumes (Kelsen).

— Pour d'autres il s'agit d'un *fait*, au sens de comportement purement social (Olivecrona).

— Enfin, on identifie le Droit avec les *principes* qui apparaissent comme son fondement essentiel (Droit Naturel).

D'après ces unidimensionnalismes on peut édifier des bidimensionnalismes, ou tridimensionnalismes, ou trialismes (Werner Goldschmidt).

Dans le cas de la théorie égologique (C. Cossio), le Droit est «comportement en interférence intersubjective», mais celle-ci est considérée comme un «objet naturel», ce qui suscite un cadre différent des théories sociologiques.

Notre façon de philosopher a abouti, cependant, à une autre conclusion. Nous nous sommes convaincus — orientés par la Philosophie contemporaine sur ses meilleurs exposants —, de ce que l'homme est un être *pragmatique*. Ce caratère lui est essentiel, même avec d'autres.

Alors, le comportement des hommes se produit et repose sur des programmes, et leur coexistence et leurs intentions dans les groupes et sociétés politiques sont l'oeuvre de liaisons co-programmatiques. Ainsi, le Droit ne peut être incompatible avec la nature essentielle de l'être humain, ni éloigné de cette nature. Sa particularité, qui consiste à former le comportement de quelques individus avec d'autres, est ostensible. Ceci signifie que ce qu'on appella 'norme juridique' est, au fond, une dérivation du programmatique. Le programme est le fondement, et c'est d'après lui que le 'normatif' se produit.

Ce qui produit c'est que la Ius-philosophie a l'habitude d'oublier l'incontestable découverte aristotélicienne de la 'forme' et la 'matière', dont la conjonction donne la définition des 'choses' et, par conséquent, aussi du Droit. La forme du Droit est la norme ou 'forme' du concret ou matière de l'humain; et cette forme est aussi la forme de co-comportements, étant donné que le juridique est une réalité inter-humaine. La 'norme' ainsi nommée n'est qu'un co-programme qui entrelace des hommes et détermine par avance des modes de co-comportements, et cette prédétermination est formée moyennant co-obligations, co-facultés, en prévoyant la pluritransgression, etc.

Mais le Droit n'est pas la seule forme co-programmatique; c'est aussi la co-programmation concrète, c'est à dire la co-programmation ayant pénétré dans la conscience des hommes qui coexistent groupés et qui ont acquis une réalité effective dans l'espace de la société. Le Droit est une concrétion des hommes à côté d'autres concrétions: l'économique, le politique, le réligieux, etc. C'est ce que, d'une autre manière, on a appelé 'Droit en vigueur', bien que ceci soit équivoque. Le Droit est, sans interprétation forcée, quelque chose de concret, quelque chose d'humainement réel.

Nous pensons que la coprogrammation concrète fondamentale, par conséquent celle qui donne l'identité et la distinction spécifique du Droit, peut être schématisée de la manière suivante:

1. *Co-moi et décision*

   Nous (hommes, société politique et sociétaires) en faveur de nous, des autres intégrants, et de notre postérité, dès le présent et vers le futur, nous co-décidons (expressément ou tacitement):

2. *Le constitutif*

   que dès la société politique et d'après un pouvoir constituant, et/ou législatif, et/ou judiciaire, et/ou consuétudinaire, et/ou doctrinaire, toutes nos relations inter-humaines restent surcoprogrammées moyenant co-obligations et co-facultés, avec une étendue permissive;

3. *Le destructif*

   mais en le prévoyant, pour le cas d'un inaccomplissement imminent, ou de transgression;

4. *Le reconstitutif*

   que la partie affectée doive ou puisse imposer, à celle responsable, des mesures prudentes, ou, par rapport à la transgression, l'exécution forcée de l'obligation et/ou d'une obligation reconstitutive;

5. *Condition juridictionnelle*

   action préalable devant une instance juridictionnelle obligée, participante de la force dont la faculté monopoliste est attribuée à la sociéte politique; excepté le délaissement insurmontable, sujet à révision;

6. *Principe de justice*

   tout ce, sujet au principe de Justice;

7. *Promulgation*

   et avec la conversive promulgation.

Une fois précisé que le Droit est une co-programmation spécifique concrète, dont la spécificité vient d'être signalée sur la schématisation précedante, il convient d'examiner le sujet de notre communication. La Science du Droit n'est pas le savoir spontané et asystématique du juridique qui partage les hommes dans leur coexistence quotidienne. Elle n'est non plus comparable avec la connaissance ius-philosophique. Elle a sa particularité. C'est elle qui doit accomplir les trois approches cognitives fondamentales dans un même but: connaître le Droit pour signaler ce qu'il convient de faire conjointement ou pas, entre les hommes, de préférence dans le cadre des sociétés politiques.

En éludant des instances extrêmement originales lesquelles on pourrait alléguer que le Droit n'a pas encore émergé, et en allant plus directement vers les sociétés politiques contemporaines, nous pouvons remarquer que la Science du Droit s'ouvre cognitivement à cette réalité grégaire; trois intentions lui sont alors inhérentes:

1. Elle veut connaître la nature et le mode des programmations juridiques assumées par la société politique et relevant de son Droit effectif.

2. Elle cherche à découvrir la nature des co-comportements qui, surformés co-programmatiquement avec les attributs du juridique, doivent se transformer en Droit effectif, en raison non-être, ou parce qu'il faut déroger aux co-programmations qui apparaissent comme injustes dans leurs résultats; ou dans le cas de lacunes.

3. Elle assume la tâche de favoriser l'intelligence exacte des co-programmations juridiques 'pro-posées' propres à l'instance législative, judiciaire, ou consuétudinaire . . .

Dans le premier cas, la Science du Droit se pose les co-programmations qui ont été assumées et qui sont proprement le Droit concret d'une société politique. Elle est obligée de procéder à un examen analytique des 'élements' intégrants des co-programmes pour identifier et définir: les 'co-mois' qui restent enlacés et attachés; les co-obligations et co-facultés; les typologies qui apparaissent comme des transgressions; en quoi consiste le reconstitutif; et, notamment, si tous ces 'moyens' répondent au 'but' de toute programmation juridique: la prépondérance du bon devant le mauvais, puisqu'elles sont des sur-formations guidées par le principe de la Justice. La Science du Droit, qui relève de l'Ethique, est proprement une des sciences du Bien et du Mal, centrée dans la 'perfection' et 'l'imperfection' de l'humain.

Dans le deuxième cas, la Science du Droit se projette sur des enceintes du groupement humain qui apparaissent sans la co-programmation exprimée due, c'est à dire, qui correspondent à la 'co-programmation indéterminée', ou sphére du 'permis', ou de lacunes.

Ici, cette Science ne se pose pas sur les co-programmations exprimées ni sur de simples formes co-programmatiques. Ici, elle se pose sur les hommes mêmes et cherche à connaître leurs possibles comportements pour découvrir lesquels doivent s'enlacer juridiquement pour donner comme résultat une co-programmation juste et de quelle manière. Bien sûr, elle est orientée et conditionnée par des co-programmations radicales et par des principes juridiques. Cette mission est observée avec une plus large netteté quand, devant la naissance d'une Nation, il faut la doter de toute sa 'législation'. Alors la Science du Droit se trouve devant des hommes réunis qu'elle doit «observer» pour en extraire une connaissance de leurs comportements, des buts prépondérants dans leurs intentions, de leur 'être national', et pour consolider sa connaissance de l'humain en tant que tel. De tout cela apparaîtra la connaissance des co-obligations et co-facultés et exécutions forcées, etc., qui devront être introduits dans les co-programmations juridiques à assumer par la communauté, pour que celle-ci reste concrètement juridisée.

Dans le troisième cas, il convient de répérer un événement — parmi une foule d'autres qu'ici on sépare —, qui naît avec l'apparition d'une nouvelle loi, ce qui peut également être étendu aux sentences définitives, etc. Il faut que chaque citoyen assume un rôle d'Interprète, c'est à dire, qu'il connaisse avec clarté la teneur de la loi, à fin de pénétrer cette dernière et qu'il reste ainsi programmé devant les autres et avec les autres, ce qui donnera comme résultat une co-programmation juridique concrète, qui inclue les fonctionnaires de l'Etat, les juges, la police, les habitants ... Mais cette connaissance — ou cette interprétation, comme on l'a appelée —, n'est pas simplement s'approprier des significations d'un texte. Sa connaissance est un acte de la Science du Droit — sans préjudice du savoir vulgaire —, tandis que cette loi est reconnue comme la forme des comportements 'matériels' qui auront existence dans le cadre de la société, car en cas de non-obtention, la question débouchera sur quelque chose qui a pu rendre possible un fragment juridique, mais qui n'a pas été consommé. La nouvelle loi, dans cette période qui va de la promulgation à sa soumission, doit être comprise comme l'apparition d'un nouveau co-programme et, pour le connaître et prendre partie à son propos, il conviendra de le placer dans la réelle texture des co-programmations qui son vécues et coexistent au sein de la communauté. Il faut le 'regarder' comme s'il était inséré dans la réalité co-programmatique globale et concrète du Droit, et dans cette disposition il faut découvrir sa congruance ou son incongruance, l'atteinte de son contenu, sa justice ou son injustice. En plus, toute nouvelle loi, s'inscrit dans le Droit, car elle est un élément du co-programme assumé par le Législateur.

Conclusion: Poursuivre la Science du Droit pour la décrire dans toutes les possibilités et les modalités qui la caractérisent n'est pas la tâche à aborder ici, comme nous l'avons exprimé. Cependant, on peut extraire une conclusion importante: dans les trois cas (1, 2, 3), qui sont des aspects fondamentaux, il est évident que cette Science est la connaissance d'une entité dans sa concrétion (forme plus matière), qu'elle est constituée par une surconformation spécifique des comportements, dans sa dimension inter-humaine ou interpersonnelle. Cette surconformation est, dans cette sphère de l'individu, une co-programmation juridique et, par conséquent, le Droit, qui ne doit pas être caractérisé par des relations isolées, mais dans la plénitude de son ordre co-programmatique concret, doué de tous ses moyens et de tous ses buts primordiaux, et qui répondent au principe supérieur qui régit la Justice.

La Science du Droit pose son «regard» sur la réalité privative de l'homme, qui s'appuie sur le programmatique et sur le co-programmatique, textures de moyens, de buts et de principes, tout ceci de manière concrète. Dans cette réalité, un contenu co-programmatique correspond au Droit. Celui-ci est arrivé à avoir sa Science. Les hommes l'ont vécu et peuvent le vivre, cependant, sans elle; mais elle, dans une certaine mesure, le perfectionne. Néanmoins, la connaissance du Droit exige la conjonction de trois connaissances: a) la 'sagesse' de la quotidienneté; b) le savoir de la Science juridique; c) l'apport de la Ius-philosophie.

DIESSEITIG BESTIMMT UND ZUKUNFTSORIENTIERT

Zu einem Grundlagenproblem der Rechtsphilosophie

Von Wolfgang Eichhorn, Berlin

Das Diktum *Hegels,* die Philosophie sei der Gedanke der Welt und erscheine immer erst, wenn die Wirklichkeit ihren Bildungsprozeß vollendet habe, also allemal zu spät[1], vermag uns angesichts der heutigen geschichtlichen und philosophischen Situation nicht zufrieden zu stellen. In den Gründen, aus denen Hegel diese Standortbestimmung der Philosophie folgert, ist er freilich auch aus heutiger Sicht im wesentlichen im Recht. Vor allem gilt das für seine Forderung, daß sich Rechtsphilosophie am Erfassen der diesseitigen geschichtlichen Wirklichkeit zu orientieren hat. Doch ist das gefolgerte Diktum für uns unzulänglich. Ein ihm gemäßes Philosophieren wäre gerade im Hinblick auf philosophische Fragen der Geschichte, der Politik, des Rechts, der Moral unfähig, unsere Zeit in Gedanken zu fassen. Wir können mit gutem Recht die Gegenthese aufstellen: Die wichtigste philosophisch-weltanschauliche Angelegenheit ist heute die Erörterung der Perspektive, der sich in der weltverändernden praktischen Tätigkeit des Menschen vollziehenden Bewegung von der Gegenwart in die Zukunft, der Notwendigkeit, der Möglichkeiten und Alternativen, Zwecke und Prinzipien dieser weltverändernden Tätigkeit. Das gilt gerade für eine Philosophie, die sich als Weiterentwicklung der Hegelschen Dialektik und als konsequenten Materialismus versteht und sich den tiefgreifenden sozialen Wandlungen unserer Zeit verpflichtet weiß.

Der Rang, den diese Angelegenheit von Philosophie erlangt, ist durch die geschichtliche Entwicklung von Ökonomie und Politik in unserer Zeit selbst bedingt. Das Ende des 20. Jahrhunderts versetzt uns in alternative Situationen mit weitreichenden Konsequenzen für Sein oder Nichtsein menschlicher Zivilisation und Kultur. Nie zuvor waren die Perspektiven menschlicher Lebensformen in solchem Maße von bewußter Zielstrebigkeit des Denkens und Handelns im humanistischen Sinne abhängig. Daß sozial-, rechts- und moralphilosophischen Bemühungen

---

[1] Vgl. *G. W. F. Hegel,* Grundlinien der Philosophie des Rechts oder Naturrecht und Staatswissenschaft im Grundrisse (Hrsg. H. Klenner), Berlin 1981, S. 28.

zur humanen Bewältigung der gegenwärtigen Zukunftsprobleme zunehmende Bedeutung zukommt, ist heute allgemein anerkannt. Doch treten die Unterschiede der Meinungen hervor, wenn die theoretischen und methodischen Grundlagen des Philosophierens zur Debatte kommen. Hier ist der Dialog erforderlich. Ich spreche bewußt vom produktiven Dialog zu rechts- und moralphilosophischen Aspekten der Zukunftsbewältigung, weil er die angemessene theoretische Entsprechung einer weltpolitischen Situation ist, in der Lösungen für die anstehenden enormen Probleme gegenwärtiger und absehbarer Menschheitsentwicklung nur aus der Übereinkunft und Zusammenarbeit von Staaten unterschiedlicher Sozialordnung entspringen können, nur Resultate von Kompromissen sein können[2].

Die über viele Jahrzehnte unseres Jahrhunderts sich erstreckenden Debatten über Sein und Sollen, über Legitimationsprobleme normativer Systeme, über die Möglichkeit oder Unmöglichkeit rationaler Wertbegründung vollziehen sich heute realiter auf viel ernsterem Hintergrund als früher. Es wird deutlich, daß auf philosophischen Erwägungen zu diesem Gegenstand heute erhebliche historische Verantwortung lastet.

Leider sind heute zuweilen Töne des Philosophierens zu vernehmen, die dieser Verantwortung schwerlich zu entsprechen vermögen. Was soll man beispielsweise unter gegenwärtigen Bedingungen mit der mancherorts vordringenden „Idee" beginnen, die Werte des Lebens, des Staates, der Politik seien in ihrer Substanz unaufklärbar, also irrational? Wofür soll heute das Theorem von der generellen Rätsel- und Krisenhaftigkeit der menschlichen Natur, von der Irrationalität des Menschen, seiner Technik und seiner Institutionen, von der „Nichtrationalisierbarkeit" des Geschichtlichen gut sein? *Hegel* hielt das, was wirklich ist, für vernünftig (sofern notwendig) und das, was vernünftig ist, für wirklich (weil notwendig). Welcher Gegensatz der philosophischen Denkweise! Auf der einen Seite die Idee der rationalen Beherrschbarkeit der Welt und der rationalen Gestaltbarkeit des sozialen Lebens. Diese Idee war der abstrakte Gedankenausdruck des von vielfältigen geschichtlichen Kräften getragenen Interessen an der bürgerlichen Umgestaltung der gesellschaftlichen Verhältnisse. Sie setzte sich entgegen der Vorstellung einer unveränderlichen, von Gott gegebenen und auf Gott hin geordneten hierarchischen Struktur Schritt für Schritt durch. Auf der anderen Seite hingegen die Idee der Irrationalität der Wirklichkeit wie der Subjekte, die These von der Legitimations-, Sinn-

---

[2] Vgl. *H. Klenner*, Naturrecht und Völkerrecht als Maßstab internationaler Beziehungen. Dreizehn Thesen, in: K. A. Mollnau (Hrsg.), Recht als Maßstab. Rechtstheorie unter den Bedingungen der wissenschaftlich-technischen Revolution, Berlin 1981, S. 23 ff.

und Orientierungskrise, die ihrerseits nur der Ausdruck des banalen Unvermögens ist, die Vergänglichkeit bestehender Gesellschaftsformen, auch wenn sie anachronistisch geworden sind, gedanklich zu erfassen und über das Gegebene hinauszudenken. Es handelt sich hier um den radikalen Verlust des geschichtlichen Denkens, des Bewußtseins von der realen Geschichtlichkeit der Inhalte und Formen der menschlichen Tätigkeit, um den Verlust vor allem des Revolutionsdenkens, ohne das ja der Gedanke der geschichtlichen Entwicklung und zumal des Fortschritts unvollziehbar bleibt. Daß wir heute, wo es um die Fundamente von Recht und Moral in einer sich revolutionär verändernden Welt geht, gut beraten sind, wenn wir uns an die erstgenannte Traditionslinie halten, nicht aber an die trüben Quellen des Irrationalismus, muß hier nicht ausgeführt werden. Wir wollen die Aufnahme dieser Traditionslinie kurz anhand eines Problems erläutern, das bereits die klassische bürgerliche Philosophie beherrschte und das direkt hinführt auf Grundfragen und Grundanliegen der Rechtsphilosophie in unserer Zeit; wir meinen das Problem der Verbindung von Humanismus und historischem Fortschritt, bzw. rationaler Gestaltung des Fortschritts.

Alle große Philosophie der zweihundert Jahre vor *Marx* war Philosophie der Progression und insbesondere der Revolution. Sie war das nicht unbedingt in dem Sinne, daß sie die Notwendigkeit einer praktischen sozialpolitischen und sozialökonomischen Umwälzung propagiert hätte — das lag meist ganz außerhalb des Gesichtsfeldes und der Absichten —, wohl aber in dem Sinne, daß man mittels philosophischer Vernunftskritik, mittels philosophischer Begründung für den vernünftigen Staat und die vernünftige Gesellschaft die notwendige Sprengung der feudalen Fesseln und die notwendige Durchsetzung des bürgerlichen Fortschritts geistig erhellte und die Köpfe der Akteure dieser praktischen Revolution klärte[3]. Gestaltung der Gesellschaft nach humanistischen Maßstäben, nach Vernunftsprinzipien — das schloß eben konsequenterweise die Idee der Veränderung, der Umgestaltung, der Revolution als Weg des Fortschritts der Humanität und der Humanität des Fortschritts ein. Gewollt war dabei meist bloß eine geistig-kulturelle, pädagogische, moralische Umwälzung, eine Revolution in der Denkungsart. Doch in der realen Geschichte erwies sich diese Revolution der Denkungsart als eine Denkungsart der Revolution, die, wenn auch ungewollt, die reale Umwälzung mitbewirkte.

Der abstrakteste, aber in seiner Abstraktheit eben auch konsequenteste Ausdruck dieser Bestrebungen findet sich in der klassischen deutschen Philosophie. Hierzu sind noch ein paar Worte zu sagen, weil

---

[3] Vgl. *F. Engels*, Die Entwicklung des Sozialismus von der Utopie zur Wissenschaft, in: K. Marx/F. Engels, Werke Bd. 19, Berlin 1962, S. 189 f.

es nach meiner Meinung ohne die Rezeption und die zusammenfassende Reproduktion dieser philosophischen Entwicklung keine adäquate philosophische Methodologie für die rechts- und sozialphilosophische Arbeit in unserer Zeit geben kann. Wenngleich *Kant* meinte, aus so krummem Holze, als woraus der Mensch gemacht sei, könne nichts ganz Gerades gezimmert werden[4], war seine Philosophie doch durch die unerschütterliche Überzeugung vom Fortschritt des Menschengeschlechts zum Besseren beherrscht. Das Anliegen der praktischen Philosophie Kants war, das praktische Gesetz, welches dem Menschen bei diesem Fortschritt aufgegeben ist, mittels grundsätzlich innerweltlicher Erwägungen aufzuweisen und die daraus entspringenden Folgerungen für Recht, Moral, die Beziehungen zwischen den Völkern usw. zu verdeutlichen. Freilich liegt der Ursprung des praktischen Gesetzes nach Kant in einer intelligiblen, übersinnlichen und übergeschichtlichen Welt, in einer Welt nicht unter Zeitbedingungen stehender Wesen. Aber diese Annahme Kants ist eigentlich nur die dem transzendentalphilosophischen Ansatz entsprechende Form, in der Kant die Einsicht in das diesseitige gesellschaftliche Wesen des aktiv handelnden menschlichen Subjekts zur Geltung bringt: Da seine Macht als Mensch von den Kräften der Gesellschaft abhängt, „ist er nichts anderes als die Ganze Gesellschaft," wie Kant in seinen Reflexionen zur Rechtsphilosophie sagt[5]. Diese Fragestellung wird durch *Fichte* weitergetrieben, sie erhält dann bei *Schelling* eine Wendung zum Objektiven und Historischen hin, so daß eine gewisse Konsequenz der ganzen Entwicklung seit Kant darin liegt, wenn *Hegel*, entgegen Kant, versucht, Vernunft (Humanismus) und den Gedanken des historischen Fortschritts zu verbinden, ohne das Postulat eines der geschichtlichen Wirklichkeit entrückten Sollens und einer Pflicht um der Pflicht willen zuhilfe zu nehmen. Darin kündigt sich bereits eine noch viel wichtigere Wende an, die für die weitere Entwicklung aller „praktischen Philosophie" grundlegend sein und in der Marxschen Philosophie zum Tragen kommen wird.

Hegel also unterwirft die übergeschichtlichen, in einer jenseitigen Welt verwurzelten normativen und Wertmaßstäbe der Kritik. Jede Konzeption dieser Art, die den geschichtlichen Lebensprozeß und das praktische, interessierte Handeln der Menschen prinzipiell transzendiert, verfällt der Ablehnung. Er hält dagegen, „daß die Philosophie, weil sie das *Ergründen des Vernünftigen ist*, eben damit das *Erfassen* des *Gegenwärtigen* und *Wirklichen*, nicht das Aufstellen eines *Jenseitigen*

---

[4] Vgl. *I. Kant*, Ideen zu einer allgemeinen Geschichte in weltbürgerlicher Absicht, in: I. Kant, Von den Träumen der Vernunft. Schriften zur Kunst, Philosophie, Geschichte und Religion, Leipzig/Weimar 1979, S. 211.

[5] *I. Kant*, Reflexionen zur Rechtsphilosophie, Nr. 7921, in: I. Kant, Gesammelte Schriften, Bd. 19, Berlin 1929, S. 555.

ist, das Gott weiß wo sein sollte, — oder von dem man in der Tat wohl zu sagen weiß, wo es ist, nämlich in dem Irrtum eines einseitigen, leeren Raisonnierens[6].“ Die Maßstäbe von Moral und Sittlichkeit sind bei Hegel nicht in einer Welt ungeschichtlicher Ideale und Gesetze zu suchen, sondern in der willentlichen, tätigen Teilnahme an einem geschichtlich konkret bestimmten, den Fortschritt repräsentierenden und daher notwendigen Gesellschaftsganzen. Dabei bringt Hegel die Arbeit als werkzeugvermittelte Gattungstätigkeit, die ökonomischen Beziehungen, Vorgänge und Bedürfnisse ins Spiel. Doch setzt sich bei Hegel die historische Fragestellung und die historische Sicht der menschlichen Tätigkeit und des menschlichen Wesens nur so weit durch, wie das auf idealistischer Grundlage möglich ist. Denn so sehr Hegel vor allem seine Staats- und Rechtsphilosophie mit reellem Inhalt ausfüllt — sie bleibt idealistisch. Die historische Dialektik ist für Hegel letztlich eine geistige, eine Dialektik der rein geistigen Tätigkeit, und eine realgeschichtliche Entwicklung kennt er in Wahrheit nicht. Und das bedingt denn auch, daß Hegel das gestellte Problem, geschichtlichen Fortschritt und Humanismus ohne Annahme eines jenseitigen Sollens zu verbinden, philosophisch nicht bewältigen kann. Es ist ihm nicht möglich, eine der geschichtlich konkreten Wirklichkeit entsprechende und auf die praktisch-revolutionäre Gestaltung der Zukunft orientierende philosophische Methodologie zu erarbeiten.

Hier zeichnet sich nun eine philosophische Konsequenz ab, die, wie mir scheint, unausweichlich ist. Die ganze Entwicklung der philosophischen Problemsicht vom transzendentalphilosophischen Ansatz *Kants* bis zu dem der Hegelschen Dialektik eigenen Historismus sprengt gerade im Hinblick auf die infragestehende Thematik Geschichte — Fortschritt — Humanismus die Grenzen der idealistischen Geschichtsauffassung, sie führt an die Anwendung des Materialismus auf Gesellschaft und Geschichte heran, und dies ist die bedeutendste philosophische Leistung *Marx'*. Marx dringt mit dem Nachweis der Entwicklung und Ablösung ökonomischer Gesellschaftsformationen auf der Grundlage der Produktivkraftentwicklung zu den inneren Gesetzen der sozialhistorischen Tätigkeit menschlicher Subjekte vor, und das gesellschaftliche Wesen des Menschen entschlüsselt sich dabei als Ensemble der konkret-historisch bestimmten Gesellschaftsverhältnisse. Die rechts- und moralphilosophischen Folgerungen sind weitreichend. Zwei von ihnen seien erwähnt.

Erstens. Handlungsziele und -normen können so wenig wie politische, rechtliche und moralische Ideen überhaupt aus sich selbst oder aus übergeschichtlich-jenseitigen Wertmächten erklärt oder als nicht weiter

---

[6] *Hegel* (FN 1), S. 25.

ableitbare Gegebenheiten oder subjektiv-willkürliche Setzungen interpretiert werden. Sie können nichts anderes sein als mehr oder weniger deutliche und mehr oder weniger vermittelte Reflexe der sozialökonomischen Verhältnisse, in denen die Menschen produzieren und ihre Tätigkeiten austauschen, und der dadurch bedingten Interessenkonstellationen und -kollisionen. Sie sind philosophisch nur faßbar als ideologische Formen, die inhaltlich letztlich aus dem praktischen Leben der Menschen geschöpft und in denen reale soziale Interessen zur Geltung gebracht werden. Wäre ich Mathematiker, so würde ich sagen, daß hier für die vieldiskutierten und, wie mir scheint, philosophisch gründlich verwirrten rechts- und moralphilosophischen Legitimations- und Begründungsprobleme ein Lösungsansatz von bestechender Eleganz vorliegt, zumal er dazu zwingt, historische Konkretheit und reale ökonomische Interessen statt Spekulationen und Wunschvorstellungen in die Debatte einzubringen.

Zweitens. Ideen können keine neue gesellschaftliche Ordnung ursächlich schaffen. Dazu bedarf es einer die Gesellschaft materiell, politisch und kulturell umgestaltenden Aktion, die im Einklang mit den Entwicklungserfordernissen der Produktivkräfte der gesellschaftlichen Arbeit erfolgt und durch bestimmte soziale Kräfte getragen wird. Ideelle Zwecksetzungen, rechtliche und moralische Wertvorstellungen können daher nur als ideelle Triebkräfte einer die Gegebenheiten überschreitenden und die Zukunft in humaner Richtung formenden Aktion wirksam werden, wenn sie vorhandenen gesellschaftlichen Gesetzmäßigkeiten, die auch die Verwandlung des Gegenwärtigen in das Zukünftige in den Grundzügen determinieren, entsprechen und wenn sie die Interessen derjenigen sozialen Kräfte, die Träger dieses Umwandlungsprozesses sind, zum Ausdruck bringen. Der Humanismus in unserer Zeit muß also realistisch, konkret und weitblickend sein, von einem tiefen Verständnis für die Dynamik der in der Gegenwart ablaufenden wissenschaftlich-technischen, ökonomischen und sozialpolitischen Prozesse und für die Interessen des arbeitenden Volkes getragen werden.

Es könnte gefragt werden, ob sich die kurz skizzierte philosophische Methodologie auch bei rechts- und moralphilosophischen Fragen zu bewähren vermag, die mit dem globalen Ausmaß vieler Lebensprobleme der heutigen Menschheit und der weltweiten Interdependenz der Völker und Staaten verbunden sind. Aber warum sollte sich dadurch die grundsätzliche philosophische Fragestellung nach dem geschichtlichen Inhalt, dem sozialen Charakter und den sozialen Kriterien normativer Ordnung ändern? Weder ihre Begründung noch ihre Durchsetzung, ihre Einhaltung und deren Kontrolle können neben den realgeschichtlichen Inhalt der gegenwärtigen Geschichtsepoche gestellt und von ihrem Zusammenhang mit den sozialökonomischen und sozialpolitischen Wandlungen in der heutigen Welt abgekoppelt werden. Sonst können eben auch wohlgemeinte humanistische Forderungen sachleer, machtlos, ohne Überzeugungs- und Geltungskraft sein.

Ein Problem verlangt in unserem Zusammenhang besondere Aufmerksamkeit: das der Arbeit, der Interessen und Rechte des arbeitenden Menschen. Man darf davon überzeugt sein, daß dieses Problem immer stärker zum Dreh- und Angelpunkt von philosophischen Erwägungen über Gesetzmäßigkeiten und Triebkräfte des gegenwärtigen Geschichtsprozesses und über die ideellen Mittel zur bewußten Steuerung von Fortschrittsprozessen im Geiste der Beförderung der Humanität werden wird. Die Philosophie ist — vor allem im Hinblick auf Politik, Recht und Moral —gut beraten, wenn sie alle Versuche zurückweist, die Arbeit unter Hinweis auf die sozialen und moralischen Mißbildungen, die ihr unter den Bedingungen der Profitproduktion, der Trennung von Arbeit und Eigentum und der Verwandlung der menschlichen Arbeitskraft in eine Ware anhaften, weltanschaulich zu diskreditieren. Die schöpferische, gesellschaftlich nützliche Arbeit ist die Basis der menschlichen Zivilisation, die Triebkraft der materiellen und geistigen Kultur der Völker, die Quelle der sozialen Integration und der Entwicklung der Individualität, das sicherste Fundament einer auf Frieden und Solidarität gerichteten Politik nach außen, in den Beziehungen zwischen den Völkern. Die geschichtliche Entwicklung der Menschheit hat eine Stufe erreicht, auf der die Vereinigung von Humanismus und Fortschritt ein Zusammenwirken der Völker und Staaten erfordert, das auf dem Prinzip der schöpferischen Arbeit beruht, die Interessen und Rechte der arbeitenden Menschen zur Geltung bringt und das Voranschreiten der ganzen Menschheit mit der größtmöglichen Entwicklung der materiellen sozialen und geistig-kulturellen Potentiale eines jeden Volkes verbindet.

DAS POLITISCHE SYSTEM UND DAS RECHT

Von Kamil Fabian, Prag

In diesem Beitrag befasse ich mich mit den theoretischen Problemen des politischen Systems in Verbindung mit dem historischen gesellschaftlichen Prozeß und mit der Rolle des Rechts als dialektischem Bestandteil des politischen Systems und des Staates. Vorwiegende Aufmerksamkeit wird den theoretischen Fragen des politischen Systems des Sozialismus und des sozialistischen Rechts, insbesondere auch den gegenwärtigen Fragen des Kampfes um gesellschaftlichen Fortschritt, Demokratie und Weltfrieden gewidmet.

I. Der politische Prozeß in der Geschichte der menschlichen Gesellschaft

Der Marxismus-Leninismus charakterisiert die Entwicklung der Gesellschaft und ihrer politischen Systeme als Vervollkommnung und Rationalisierung im Rahmen qualitativ unterschiedlicher Formationen. Als dynamischer Faktor dieses Entwicklungsprozesses sind die Widersprüche zwischen den gesellschaftlichen Klassen zu betrachten, die auf Widersprüchen der Klasseninteressen beruhen, die in antagonistischen Widersprüchen den Charakter des Klassenkampfes haben. Hauptrichtung dieses Klassenkampfes ist der Kampf um Demokratie, Frieden und Sozialismus. Es handelt sich also um eine Definition der Rolle des gesellschaftlichen Fortschritts im gesamten Prozeß der menschlichen Zivilisation. *Karl Marx* äußerte die Ansicht, daß erst mit dem Aufbau des Sozialismus das Zeitalter der Barbarei seinen Abschluß finden wird, während die kapitalistische Ära der Kolonisation Asiens, Afrikas, Latein- und Nordamerikas durch Massenausrottung und Unterjochung der ursprünglichen Bevölkerung begleitet wurde. Diese Söldneraktionen und zwei unmenschliche Weltkriege haben tiefe Spuren der Verletzung humanitärer Beziehungen zwischen den Menschen hinterlassen.

Die Vervollkommnung des politischen Systems in einzelnen gesellschaftlichen Systemen kann einen fortschrittlichen Charakter nur dann haben, wenn sie sich auf den Fortschritt in der Erkenntnis und in der Beherrschung der Gesetzmäßigkeiten der Natur und der Gesellschaft, der Entfaltung der Produktivkräfte und der Veränderungen im Charakter der Produktionsverhältnisse, der positiven demokratischen Verwandlung des Charakters der negativen Subjekte der politischen Macht, der Klassen, stützen kann. Die Entwicklung ist mit den inneren und äußeren antagonistischen (unter den Bedingungen des Sozialismus nichtantagonistischen) Widersprüchen verbunden. Die Vervollkommnung und Rationalisierung wird in den antagonistischen Formationen durch riesige Verluste an der politischen Kultur, an menschlicher Energie, durch Kriege und andere Verluste an Leistungsfähigkeit und geistlichen und materiellen Werten begleitet.

Die Theorie der Systeme wurde von namhaften Philosophen (unter anderem von *P. Holbach, I. Kant, G. F. Hegel*) entfaltet. Das Wesen der Gesellschaftssysteme und ihrer Entwicklung — einer Selbstbewegung aufgrund der Selbstregelung — wurde, wie bekannt, aufs tiefste von *Karl Marx* und *Friedrich Engels* ausgearbeitet. Deshalb stellt sie ein Instrument der Selbstregelung des politischen Systems und gleichzeitig auch der Regelung der Entwicklung gesellschaftlicher Beziehungen dar.

Im „Kapital" analysierte *Karl Marx* als erster eingehend aufgrund der dialektischen Methode das konkrete Gesellschaftssystem — die kapitalistische Gesellschaftsformation.

Im Rahmen der konkreten Formation des Kapitalismus betrachtete *Marx* die Entfaltung des politischen Systems in eine Gesamtheit, mit der perfektionierten Verflechtung der Elemente und Subsysteme, als gesetzmäßig. Die Entwicklung des Supersystems der Gesellschaft und Politik verläuft nicht linear, da es zu Kollisionen mit anderen Supersystemen und auch zwischen den eigenen inneren Subsystemen kommt, nachdem in einzelnen Systemen und Subsystemen Integrationsprozesse in verschiedenem Rhythmus, vor allem im Zusammenhang mit den Gesetzmäßigkeiten des Klassenkampfes und der Entwicklung der kapitalistischen Ökonomik, verlaufen.

Das kapitalistische System ist namentlich während der zwei Weltkriege in klaren Widerspruch mit dem Fortschritt der Welt geraten.

Die philosophischen Kategorien werden von der marxistisch-leninistischen Theorie in den die Einheit der Welt formenden Kontext einbezogen. Die Gesetzmäßigkeit des dialektischen Zusammenhangs aller Erscheinungen der modernen Gesellschaft in ihrer dynamischen Entfaltung kommt vor allem im politischen Prozeß zum Ausdruck. Die statische Auffassung der selbstregulierenden Funktion der gesellschaftlichen Systeme, die bislang von einigen Richtungen der idealistischen Philosophie vertreten wird, ist wissenschaftlich durch die Ausarbeitung der Gesetzmäßigkeiten des geschichtlichen Prozesses der Gesellschaftsentwicklung in der marxistisch-leninistischen Theorie längst überholt worden.

Im Gegensatz zu *Machiavellis* elitären Auffassung der Politik als Manipulation mit Menschen, zum Unterschied von *Hobbes'* Konflikttheorie und *Montesquieus* geographischer Multifaktorentheorie, *Max Webers* typologischer Theorie, *Spencers* organistischer Theorie, *de Tocquevilles* soziologischer Theorie, *Durkheims* Theorie der „Solidarität" und zum Unterschied von bourgeoisen technokratischen und elitären, antiwissenschaftlichen Theorien des politischen Pluralismus, der *Dahl*schen Theorie der Polyarchie, ist die marxistisch-leninistische Theorie die einzige wissenschaftliche Theorie der Politik und der politischen Systeme. Deshalb wissenschaftlich, da sie sich auf die Resultate objektiver Prozesse der Gesellschaftsentwicklung, ihrer Gesetzmäßigkeiten in der gesamten geschichtlichen Entwicklung der menschlichen Gesellschaft anlehnt.

Den eigentlichen politischen Prozeß der Veränderungen der gesellschaftlichen Formationen formuliert *Karl Marx* mit der bekannten These: „Auf einer bestimmten Entwicklungsstufe geraten die materiellen Produktivkräfte der Gesellschaft in Widerspruch mit den bestehenden Produktionsverhältnissen. Dann beginnt die Epoche sozialer Revolutionen. Mit der Veränderung der ökonomischen Basis kommt es langsamer oder schneller zur Umwälzung des gesamten riesigen Überbaus[1]." Marx entdeckte die Dynamik der Weltgeschichte in der Anstrengung um die Durchsetzung der elementaren Lebensbedürfnisse, deren Ausdruck die Interessen der Menschen in konkreten geschichtlichen Bedingungen verkörpern.

Marx schrieb: „... daß die Anatomie der Gesellschaft jedoch in der politischen Ökonomie zu suchen ist." Eine Reihe Arbeiterstürme und politischer Umwälzungen war für das 19. Jahrhundert charakteristisch, in dessen 70er Jahren infolge der Teilung der Welt (Kolonien) sich der Kapitalismus in den Imperialismus umwandelte. Im Jahre 1871 siegte zum ersten Mal in der Geschichte der Menschheit in der Pariser Kommune das Proletariat um den Preis von zehntausenden eigenen Leben.

Als Folge der ersten Etappe der allgemeinen (ökonomischen, politischen und sozialen) Krise des kapitalistischen Systems brach der erste Weltkrieg als die blutigste Form des Kampfes zwischen den Großmächten um eine Neuverteilung der Welt aus. Die Krise des imperialistischen Weltsystems führte am Ausgang des I. Weltkrieges zur ersten

---

[1] s. auch *W. G. Afanasjew,* Sistemnost i obschtschestwo, in: Nauka, Moskva 1981, S. 14; *Karl Marx/Friedrich Engels,* Schriften, Praha 1962, Bd. 19, S. 263 (tschech. Ausgabe).

sozialistischen Revolution der Welt und zu ihrem Sieg im Oktober 1917 in Rußland. In den dreißiger Jahren des 20. Jahrhunderts verwandelte sich während der großen Wirtschaftskrise der Monopolkapitalismus in einen staatsmonopolistischen Kapitalismus[2].

Der gegenwärtige politische Prozeß in der Welt wird durch die Entfaltung des Weltsystems des Sozialismus, durch die Krise des imperialistischen Weltsystems und durch die Entfaltung der Entwicklungsländer (über zwei Drittel der Menschheit) gekennzeichnet.

Die dynamische Entfaltung der wissenschaftlich-technischen Revolution, namentlich der Automatisierung und Chemisierung der Produktion, die Geltendmachung der Elektronik, Kybernetik, der Entsendung des Menschen in den Kosmos — das alles führt nicht nur zu einem riesigen Aufschwung der Produktion, sondern gleichzeitig auch zur Eskalation der Rüstung und zur Gefährdung der Existenz der Menschheit durch eine nukleare Katastrophe.

Auch bei der Existenz vieler Faktoren bildet der politische Weltprozeß eine Einheit und eine bedeutsame Bedingung für die Formierung politischer Systeme einzelner Länder, ihrer Aktionsfähigkeit, Souveränität und Humanität.

Der vom aggressiven Hitlerfaschismus ausgelöste zweite Weltkrieg, der zur Besetzung ganz Europas (mit Ausnahme von Francos Spanien und Portugal) und zu einem mittelalterlich-terroristischen System von Vernichtungslagern führte, veranlaßte im Jahre 1945 die siegreichen Großmächte zur Gründung der Organisation der Vereinten Nationen, deren Hauptaufgabe in der Sicherung des Weltfriedens besteht.

Der Weltfrieden, also auch die grundlegenden Rechte auf Leben und humane Lebensbedingungen, sind wiederum gefährdet, denn die angenommenen fundamentalen Rechtsprinzipien der internationalen Beziehungen werden auf grobe Weise verletzt.

In diesem Zusammenhang sollten die Worte von *Karl Marx* vom Jahre 1852 erwähnt werden[3], wo er vor der riesigen Maschinerie des

---

[2] *Karl Marx,* Zur Kritik der politischen Ökonomie, Berlin 1959. s. auch *Josef Blahož,* Formy vlády a lidská práva v kapitalistických státech (Regierungsformen und die Menschenrechte in den kapitalistischen Staaten), Academia, Praha 1981, S. 15 ff. Zu dieser Problematik vgl. besonders *J. D. Levin/W. A. Tumanow,* Polititscheskij mechanism diktatury monopolij, Moskau 1974, S. 3 ff.

[3] *K. Marx/F. Engels,* Schriften, Praha 1959, Bd. 7, S. 29 ff. (tschechische Ausgabe). s. auch *D. A. Kerimow,* Polititscheskaja sistema sozializma i metody jej isutchenija, in: Marksistsko-leninskaja konzepzia politischeskoj sistemy sozialistischeskogo obschtschestwa, Moskau 1982, S. 4; *Ju. A. Tichomirow,* Powyschenije effektiwnosti dejstwija sowetskoj polititscheskoj sistemy. Rol obschtschenarodnogo gosudarstwa, S. 7 ff.; *G. Ch. Schachnasarow,* Meshduna-

modernen kapitalistischen Staates warnt, die zu einer selbständigen Kraft der Obrigkeitsmacht über die Mehrheit der Menschheit geworden ist. Die Menschenrechte werden bereits jetzt durch die Einschränkung der für den sozialen und kulturellen Fortschritt bestimmten Mittel und durch die gefährliche Drohung mit Neutronen- und anderen Waffen, mit Genozid, verletzt. Es ist zweifellos Pflicht der Rechtswissenschaft, diese Verletzungen vom Standpunkt der Völkerrechtsdokumente, namentlich der UNO-Charta, aus zu untersuchen.

In diesem Zusammenhang sollte erwähnt werden, daß das staatsmonopolistische kapitalistische System als oligarchische Regierungsform durch Leute, die an der Spitze dieses Systems stehen, bedingt wird. Die Lage der tiefen allgemeinen (namentlich sozial-ökonomischen und geistigen) Krise des staatsmonopolistischen Kapitalismus kann vor allem durch friedliche Zusammenarbeit mit den sozialistischen Ländern gelöst werden. Der subjektive Faktor ist im gegebenen Falle maßgebend, da er gleichzeitig einen objektiven Faktor im Rahmen des geltenden Völkerrechts darstellt.

II. Das politische System und das Recht

In diesem Beitrag handelt es sich vor allem um die Definition des Fachbegriffs „politisches System“ im Rahmen des gegebenen Themas.

Das Entstehen und die Entwicklung der Politik und des politischen Systems ist untrennbar mit dem Entstehen politischer Klassen, Völker und Nationalitäten, sozialer Gruppen und vorerst also mit der Zerlegung der Gesellschaft in differenzierte Gruppen von Eigentümern der Produktionsmittel und Besitzlosen, mit der Entstehung und Entwicklung des Staates als Hauptinstrument der politischen Macht der herrschenden Gesellschaftsklasse (politischen Klasse), verbunden.

In der gegenwärtigen Gesellschaft wird die Struktur des politischen Systems vor allem durch seine Aufgabe, die politische Macht zu verwirklichen und den Prozeß der sozialen gesellschaftlichen Entfaltung politisch zu leiten, den Staat zu leiten, bestimmt.

Das politische System der sozialistischen Gesellschaft wird als Mechanismus eines integrierten Ausdrucks, der die Leitung der Gesellschaft und die Regelung der sozial-politischen Entfaltung gewährleistenden Politik und Volksherrschaft gekennzeichnet. Man kann auch von einem funktionalen, subjektiv institutionellen, normativen und kommunikativen (Informations-)Subsystem des politischen Systems sprechen.

---

rodnyj kurs SSSR: prejemstwennost i razwitije, in: Aktualnyje problemy sowremennogo polititscheskogo razwitija, S. 125 ff.; *Wolfgang Weichelt,* Politisches System und gesellschaftliche Interessen, AdW, Berlin 1981.

Wie bereits erwähnt wurde, ist im politischen System die Fähigkeit der Selbstregulation sehr wichtig. Es handelt sich um die Fähigkeit des gegebenen politischen Systems, die Reproduzierbarkeit der dynamischen Faktoren zu gewährleisten. Das alles ergibt sich gegenwärtig aus den verfassungsrechtlichen Dokumenten. Der Begriff des politischen Systems des Sozialismus wurde auf dem höchsten gesellschaftlichen Niveau in der neuen Verfassung der UdSSR vom 7. 10. 1977 verankert, die als Verfassung des ersten sozialistischen Volksstaates in der Geschichte der Menschheit angenommen wurde[4].

Unbestreitbaren Einfluß auf die weitere Ausarbeitung der marxistischen Theorie, besonders der Methodologie der materialistischen Dialektik, hatte die Kybernetik, die den Weg zur Anwendung der Mathematik in den Gesellschaftswissenschaften erschlossen hatte[5]. Die Kybernetik trug auch zur Ausarbeitung theoretischer Fragen der politischen Leitung als Funktion des politischen Systems bei.

In dieser thematischen Arbeit gehen wir von dieser Auffassung des politischen Systems aus, daß die eigentliche Struktur des politischen Systems folgende Bestandteile hat:

1. vor allem die Subjekte des politischen Systems;
2. politisch-normative Prinzipien, politische Regeln, Rechtssysteme;
3. die funktionalen Komponenten, die das Regime der Beziehungen zwischen Staat und den Bürgern gestalten;
4. die Ideologie des gegebenen politischen Systems.

Für die nichtmarxistischen Theorien ist ihre antihistorische Methode charakteristisch, die meistens die Gesetzmäßigkeiten der Gesellschaftsentwicklung ignoriert.

Es ist charakteristisch, daß die Hauptrichtungen der nichtmarxistischen Politologie eben von Theoretikern der USA repräsentiert werden. Die nichtmarxistische Theorien politischer Systeme beruhen häufig auf der Theorie des sogenannten politischen Pluralismus.

---

[4] s. *D. A. Kerimow,* Ústava SSSR. Otázky rozvoje politickoprávní teorie (Verfassung der UdSSR. Fragen der Entfaltung der politischen und rechtlichen Theorie), Svoboda, Praha 1981.

[5] *L. von Bertalanffy,* General Systems Theory, New York 1956; *B. N. Topornin,* Politický systém v socialistické společnosti (Das politische System in der sozialistischen Gesellschaft), Svoboda, Praha 1976; *G. Ch. Schachnasarow,* Pohled v budoucnost (Ein Blick in die Zukunft), Svoboda, Praha 1981; *W. J. Tschirkin,* Polititscheskaja sistema raswitogo sozialistitscheskogo obschtschestwa w SSSR, Juriditscheskaja literatura, Moskva 1977; *F. M. Burlazkij,* Lenin — gosudarstwo — politika, Moskva 1970; The Modern State and Politics, Moskau 1978; *W. J. Guliew/K. H. Röder/B. P. Löwe,* Bürgerliches politisches System und Systemtheorie, Berlin 1978.

III. Das Recht im politischen System, die Entfaltung der Demokratie

Das Problem des Verhältnisses der ethischen Normen und des Rechts ist ein Problem der gesamten Entwicklung der Menschheit seit dem Auftreten der ersten Rechtsregeln. Die Gerechtigkeit steht auf der Skala der moralischen Werte viel höher als das Recht, denn innerhalb der Gerechtigkeit ist keine Bosheit möglich, innerhalb des Rechts ist sie jedoch möglich und zwar nicht nur jetzt, sondern seit Anbeginn und in die weite Zukunft hinein. Es gibt sogar Spezialisten in der Anstiftung von Lumpereien — innerhalb der Gesetze. *Dickens* war einer derjenigen, die diese Gattung herrlich zu schildern wußten und seither haben sich nur die Formen dieser „Beschäftigung" ein wenig verändert oder sogar auch vervollkommnet.

Auf der Welt gibt es kein Recht, das nicht die Freiheit um den Preis irgendeiner Pflicht beschränken würde. Ein Schiffbrüchiger auf einer unbewohnten Insel ist zwar in seinen Rechten keinesfalls beschränkt, außer von den Elementarkräften, doch kann hier kein Recht entstehen. Das Recht entstand im kollektiven Leben, wo die Freiheit dialektisch durch die Pflicht gebunden ist.

Das Problem der Gleichheit vor dem Gesetz trat als Erfordernis eines unüberschreitbaren ethischen und gefühlsmäßigen Interesses an menschlichen Werten im Zeitalter der Aufklärung und in der Zeit der Gestaltung der ersten Verfassungen bürgerlicher Staaten in den Vordergrund[6].

Es handelt sich jedoch immer um eine proklamierte, also formale Gleichheit. Man kann hier einen recht schneidenden Witz *Anatole Frances* wiederholen: „Das Recht sei tatsächlich gerecht (d. h. das Recht in Frankreich), da es sowohl dem Millionär als auch dem armen Teufel verbietet, auf den Straßen zu betteln, Semmeln zu stehlen und unter den Brücken zu schlafen."

Es ist ungerecht und es widerspricht der Gleichheit der Menschen, daß es im 20. Jahrhundert überhaupt noch Staaten gibt, die nicht fähig sind, soziale Not, Kinderhunger und Arbeitslosigkeit zu bewältigen. Das ist das Grundproblem der sozialen Gerechtigkeit dieser Epoche.

Es handelt sich um rechtliche und politische Garantien, die den werktätigen Menschen auf der ganzen Welt von den Sorgen um das eigene Leben, um das Leben der Frau und der Kinder, von den Sorgen um soziale Bedingungen ohne Hunger und Unterernährung von Hunderttausenden und Millionen, befreien würden. Es handelt sich um die Geltendmachung des Völkerrechts anstelle der internationalen Unord-

---

[6] *Marx/Engels,* Schriften (FN 1), Bd. 19, S. 21—107.

nung, um die Befreiung der menschlichen Energie von der schrecklichen Belastung durch mörderische Waffen und Rüstungskosten.

Es handelt sich darum, den Menschen in eine Ära der Menschlichkeit, in den Zustand der Befreiung von Furcht vor dem nächsten Tage, zu bringen.

Wir betrachten deshalb die Definition *D. A. Kerimows* über das Wesen des sozialistischen Rechts und sein Spezifikum als sehr anregend[7].

Diese Definition dokumentiert die wachsende Rolle des sozialistischen Rechts (1) im Makroprozeß der Umbildung der Gesellschaftsverhältnisse, als eines normativen Systems der Entfaltung der sozialistischen Demokratie, (2) in den Mezzoprozessen der Regelung der politischen Leitungsbeziehungen, und (3) als Instrument der Regelung wiederkehrender Interaktionen in den Mikroprozessen des gesellschaftlichen Lebens.

Eine wesentliche Charakteristik des Begriffs Rechtsregelung stellt die Vermittlungswirkung der Rechtsnorm auf die Entwicklung gesellschaftlicher Beziehungen. „Die Rechtsnormen gestalten jedoch keine unmittelbaren Gesellschaftsbeziehungen der Menschen, die sonst Träger aller Gesellschaftsbeziehungen sind[8]."

Die Formen der Regelung wiederkehrender Gesellschaftsbeziehungen bestehen in Anordnung oder Verboten bestimmter Handlungen, in einer genauen Definition der Rechte und der Pflichten der Subjekte der Rechtsbeziehungen, in der Festlegung der Grenzen der Rechtsregelung und in der Festsetzung des betreffenden Regimes der Rechtsverantwortung.

Die Rolle des Rechtsbewußtseins in der Rechtsregelung vertieft sich ständig. *Karl Marx* bewies überzeugend, daß die Gleichsetzung des Prozesses der Umgebungsänderung mit der menschlichen Tätigkeit als Revolutionspraxis angesehen und rational aufgefaßt werden kann[9].

---

[7] *D. A. Kerimow*, Filozofické problémy práva (Philosophische Probleme des Rechts), Panorama, Praha 1979, S. 195.

[8] Vgl. *Pavol Dojčák*, Právna veda, Právo a zakonnost (Die Rechtswissenschaft, Recht und Gesetzlichkeit), Veda, Bratislava 1977, S. 151.

[9] *K. Marx/F. Engels*, Schriften, Moskva 1956, Bd. 3, S. 2 (russische Ausgabe). s. auch z. B. *P. W. Kopnin*, Wwedenije w marksistskuju gnoseologiju, Kiew 1966, S. 62; *W. I. Lenin*, Schriften, Moskva 1955, Bd. 29, S. 194—195, 5. russ. Ausgabe; *A. K. Uledow*, Struktura společenského vědomí (Struktur des gesellschaftlichen Bewußtseins), Svoboda, Praha 1973, S. 104; Marksistsko-leninskaja filosofija, Moskva 1965, S. 448—449; *Kamil Fabian* a kol., Základní otázky teorie tvorby socialistického práva (Die Grundfragen der Rechtsschöpfung des sozialistischen Rechts), Academia, Praha 1976, S. 18; *Eduard Kučera*, Regulativní funkce socialistického práva (Die regulative Funktion des sozialistischen Rechts), in: Právník, 1974, Nr. 2, S. 76; *W. P. Kasimirtschuk*, Sozial-Effektivität des Rechts als sozialistisches Problem, in: Die gesellschaftliche Wirksamkeit des sozialistischen Rechts, Berlin 1977.

Marx zeigte als erster, daß erst die Erlangung des Stadiums der Befriedigung grundlegender Lebensbedürfnisse die Bedingungen für eine neue Gesellschaftsordnung auf der ganzen Welt zu schaffen vermag.

Das Verhältnis der objektiven und subjektiven Bedingungen bildet eine gesellschaftlich-philosophische Kategorie. Für die effektive Wirkung des sozialistischen Rechts ist die Vertiefung der regelnden Funktion des sozialistischen Rechts und die Anwendung weiterer normativer Systeme von großer Bedeutung. In der sozialistischen Gesellschaft wirken außer den Systemen des sozialistischen Rechts politische, ökonomische, soziale, moralische, religiöse, ästhetische und andere Normativsysteme.

Wie die Verfassungsgesetze und das gesamte System des sozialistischen Rechts beweisen, ist das Recht in allen Bereichen der Entfaltung der sozialistischen Gesellschaft als das höchste Instrument der politischen Leitung, das u. a. auch die normative, regelnde Rolle des Rechts einschließt, zu betrachten. Es ist unbestreitbar, daß das Recht als Bestandteil des politischen Systems eine bedeutsame Rolle auf dem Gebiet der Formierung des sozialistischen Bewußtseins der Menschen spielt.

Die Verfassungsgesetze erfüllen ihre Programmierungsfunktion in der Gesamtentfaltung des politischen Systems, während in den fachbedingten Normen die Konzeption der Leitung einzelner Subsysteme, der ökonomischen, sozial-politischen, ideologischen und kulturellen und der in ihnen fungierenden Rechtszweige, verankert ist.

Für die Epoche des Aufbaus einer entwickelten sozialistischen Gesellschaft ist die Vertiefung der Rolle des politischen Systems des Staates und des Rechts charakteristisch.

Für das sozialistische Recht, für seine Effektivität, sind die hohen Ansprüche typisch, die sich aus den Bedürfnissen der Organisiertheit und Leitbarkeit des sozialistischen Gesellschaftssystems ergeben.

In der gegenwärtigen Etappe stellt eine hochaktuelle Rolle der Wissenschaft die tiefere Enthüllung der wechselseitigen Einwirkung der Gesetzmäßigkeiten der ökonomischen und politischen Systeme, des Verhältnisses zwischen Ökonomik und Politik (einschließlich des Rechts) unter den Bedingungen des Aufbaus des entwickelten Sozialismus, dar[10].

Die neue Verfassung der UdSSR ist ein Dokument, in dem die Grundlagen der bislang höchsten Stufe der Entfaltung des politischen Systems der sozialistischen Gesellschaft verankert sind.

---

[10] *D. A. Kerimow,* Filozofické problémy práva (Philosophische Probleme des Rechts), Právník, 1978, Nr. 1.

Die wachsende Rolle des sozialistischen Rechts ergibt sich einerseits vor allem aus dem Anstieg der Aufgaben und Größen der sozialpolitischen Entfaltung, andererseits aus dem Anstieg der politischen und rechtlichen Kultur des politischen Systems der sozialistischen Gesellschaft[11].

In der marxistisch-leninistischen Theorie ist das Recht ein organischer Bestandteil des politischen Systems. Der Staat ist jedoch als Subjekt der Rechtsgestaltung und Garant seiner Befolgung der hauptsächlichste Bestandteil des politischen Systems. Dieses vereinigt den Staat mit den anderen Institutionen in ein einheitliches System der politischen Leitung. Das höchste Subjekt — vom Standpunkt der rechtlichen und politischen Theorie des Verfassungsrechts aus — ist im sozialistischen politischen System und im Staat das Volk, wobei die führende politische Rolle die Arbeiterklasse und ihre kommunistische Avantgarde an der Spitze und im Bündnis mit den werktätigen Bauern und Intelligenz verkörpert.

Die Staatsorgane in ihrer Gesamtheit entfalten einen Mechanismus der staatspolitischen Leitung, die für den planmäßigen Prozeß der sozial-politischen Entwicklung unentbehrlich ist[12].

S. S. Alexejev unterstreicht die unmittelbare Rolle des Staates und des Rechts bei der Leitung und in den regulierenden Mechanismen der Ökonomik, der Eigentums- und Arbeitsverhältnisse[13]. Die unmittelbare Bedingtheit des Rechts durch die ökonomische Basis wurde von den Klassikern des Marxismus-Leninismus wissenschaftlich nachgewiesen. *F. Engels* formulierte die Gesetzmäßigkeit dieser Erscheinung sehr treffend: „Die Menschen machen selbst ihre Geschichte, dies jedoch in der gegebenen Umgebung, also auf der Grundlage der bereits bestehenden wirklichen Verhältnisse[14].“

Die prognostische Funktion des Rechts gehört unbestritten zu den wissenschaftlichen Grundlagen der Rechtsgestaltung in der sozialistischen Gesellschaft[15].

---

[11] *W. I. Lenin,* Polnoje sobranije, Moskva 1965, Bd. 39, S. 67.

[12] Sozialistitscheskoje gosudarstwo, Juriditscheskaja literatura, Moskva 1972, S. 288—341; *Ju. A. Tichomirow,* Mechanism uprawlenija w raswitom sozialistitscheskom obschtschestwe, Juriditscheskaja literatura, Moskva 1978, S. 12.

[13] *Tichomirow* (FN 12).

[14] *K. Marx/F. Engels,* Sotschinenija, Moskva, Bd. 39, S. 175.

[15] *D. A. Kerimow,* Philosophische Probleme des Rechts, Staatsverlag der DDR, Berlin 1977, S. 279.

IV. Globalprobleme der gegenwärtigen Welt und das politische System

Die prognostische Funktion der Rechtstheorie und der Theorie des politischen Systems ist in der gegenwärtigen Etappe eng mit der Lösung der globalen Probleme der Welt und des gesellschaftlichen Fortschritts verbunden.

Die fortschrittliche Entwicklung der politischen Systeme ist von der Existenz demokratischer Prinzipien in den internationalen Beziehungen abhängig.

In diesem Zusammenhang möchte ich an die Worte der UNO-Resolution 2542 (XXIV) vom 11. Dezember 1969 erinnern:

„*Artikel 1:*

Alle Völker und alle Menschen ohne Unterscheidung nach Rasse, Hautfarbe, Geschlecht, Sprache, Religion, Nationalität, ethnischer Herkunft, Familien- oder sozialem Status, politischer oder sonstiger Überzeugung haben das Recht, in Würde und Freiheit zu leben und die Früchte des sozialen Fortschritts zu genießen, und sollten ihrerseits selbst dazu beitragen. (...)

Artikel 3:

Als Hauptbedingungen für sozialen Fortschritt und Entwicklung werden angesehen:

a) nationale Unabhängigkeit auf der Grundlage des Rechts der Völker auf Selbstbestimmung;

b) das Prinzip der Nichteinmischung in die inneren Angelegenheiten der Staaten;

c) die Achtung der Souveränität und territorialen Integrität der Staaten;

d) Souveränität jeder Nation über ihre Naturreichtümer und Resourcen."

Erschütternde Tatsachen über die Widersprüche im gesellschaftlichen und politischen System der gegenwärtigen USA sind u. a. von *H. L. Parsons* analysiert worden: „Observation of U.S. society shows ... that measured by minimal humanistic standards the living of most fails to exemplify even the traditional 18th century U.S. democracy and that accelerating processes of dehumanization are occurring among U.S. people and foreign peoples whom its imperialism aims to dominate ...[16]."

In der gegenwärtigen Epoche der Weltentwicklung ist ein integriertes weltweites Herangehen sowohl zur Prognose der wissenschaftlich-technischen Entfaltung und der Bevölkerungsentwicklung, der vom Gesichtspunkt der Interessen der gesamten Menschheit aus erfolgten Be-

[16] *H. L. Parsons,* Technology and Crisis of Dehumanization in the United States Today. In: Proceedings of the XVth World Congress of Philosophy, Sofia 1973, S. 365—369.

siedlung und im Zusammenhang damit auch zur Prognose der Möglichkeit der Steigerung der gesamten Industrie- und Landwirtschaftsproduktion, als der materiellen Basis der Erhöhung der politischen Kultur, als auch zur weltweiten friedlichen Zusammenarbeit, von außerordentlicher Bedeutung.

Die Grundwerte der Weltproduktion sind enorm gestiegen.

Auf eine gefährliche Weise steigen allerdings vor allem auch die Rüstungskosten, besonders auf dem Gebiet der Produktion strategischer Kernwaffen (seit 1959 stiegen sie um das Sechsfache).

Eine die Mehrheit der Menschheit berührende Frage lautet: Was steht der Vertiefung der friedlichen Zusammenarbeit der Staaten, namentlich der Großmächte, im Wege, da doch diese Zusammenarbeit im Interesse der gesamten Menschheit liegt?

Das Schicksal der Menschheit liegt in der Sicherstellung der friedlichen Koexistenz und in der Zusammenarbeit der Länder unterschiedlicher Gesellschaftsordnung.

V. Die Entfaltung der Wissenschaft als Instrument des Fortschritts

Infolge des Rüstungsfiebers in den imperialistischen Staaten, namentlich in den USA und in der NATO, wächst der militärische Anteil der Staatshaushaltspläne dieser Staaten mit einem riesigen Tempo.

Man nimmt an, daß — auf der Basis der gegenwärtigen Preise — die Militärausgaben in der Welt in den letzten fünf Jahren eine Höhe von über fünftausend Milliarden US-Dollar erreicht haben. Gleichzeitig nahm aber in derselben Periode die Zahl unterernährter Menschen ständig zu. Gegenwärtig leiden mehr als 500 Millionen Menschen an Nahrungsmittelmangel — nicht etwa deshalb, daß die Weltressourcen unzulänglich wären oder daß die Technologie etwa unzureichend wäre, sondern deshalb, daß bislang kein Rezept in dem Weltsystem des Imperialismus gefunden wurde, das fähig wäre, die Gerechtigkeit mit der Stabilität und das Wohl eines Landes oder Gebietes mit dem Frieden eines anderen auf überzeugende Weise in Einklang zu bringen.

Der politische Prozeß der Umgestaltung zur Welteinheit muß ein Prozeß der Entfaltung fortschrittlicher sozialer Systeme auf der ganzen Welt werden. Der Widerspruchs- und Revolutionsgeist dieser Entwicklung sind unbestreitbar, da über den Typ der politischen Macht entschieden wird. Es ist ein Klassenkonflikt zwischen der absterbenden Welt des Kapitalismus und dem vorrückenden System der politischen

Macht des Volkes, dem sozialistischen System, das in vielen Ländern der Welt den Weg zur völligen Beseitigung der menschlichen Entfremdung, zur völligen Demokratisierung und Vermenschlichung der gesellschaftlichen Beziehungen angetreten hat.

Es liegt in den Kräften des politischen Systems des Sozialismus, sämtliche schöpferischen Kräfte, alle begabten Menschen zugunsten der Entfaltung des Weltfortschritts, der Kultur und des Humanismus auszunutzen. Die Rechtswissenschaft spielt in diesem Kampf um den Zusammenschluß aller schöpferischen fortschrittlichen Kräfte eine große Rolle — wie es auch auf der Weltversammlung für Frieden und Leben, gegen den Atomkrieg, im Juni 1983 in Prag zum Ausdruck gebracht wurde. Es handelt sich um den Zusammenschluß aller schöpferischen Kräfte im Interesse der Rettung der Menschheit von einer nuklearen Katastrophe. Der Weg dazu führt durch die Wiederaufnahme der friedlichen Zusammenarbeit aller politischen Systeme sowohl auf dem Gebiet der Wissenschaft und Kultur, als auch in der Wirtschaft.

REMARQUES SUR LES PRESUPPOSES DU POSITIVISME ET DU JUSNATURALISME CONCERNANT LA SOCIETE

Par Philippe Gérard, Bruxelles

En tant que théories du droit, le positivisme et le jusnaturalisme mettent en oeuvre certains présupposés, plus ou moins explicites, concernant les relations sociales qui déterminent le phénomène juridique. Les réflexions que nous voudrions proposer à ce sujet ont pour but de souligner et de critiquer ces présupposés, tels qu'ils se manifestent dans ces deux tendances principales de la philosophie du droit. De ce point de vue, après avoir esquissé les présuppositions qui conditionnent certaines doctrines positivistes ou jusnaturalistes du droit, nous évoquerons les paradoxes et les impasses dans lesquels s'engagent ces doctrines à raison même de ces présupposés. Nous serons ainsi amené à rappeler que ces doctrines ne semblent pas livrer d'accès à une analyse satisfaisante du droit. Enfin, nous indiquerons les perspectives que doit adopter la théorie critique du droit pour tenter de surmonter les obstacles auxquels se sont heurtés le positivisme et le jusnaturalisme.

I. Présupposés Positivistes et Jusnaturalistes Concernant la Société

1. Le Positivisme Légaliste et Etatiste

En abordant le positivisme juridique, l'on doit rappeler qu'il se présente d'abord comme une manière de définir l'étude scientifique du droit[1]. En tant que tel, le positivisme entend analyser le droit en faisant abstraction de toute hypothèse métaphysique et en ne tenant compte que de faits empiriques susceptibles de connaissance objective[2].

Ensuite, le positivisme juridique apparaît comme une théorie du droit[3] qui implique une conception de la positivité de son objet[4]. A cet égard,

---

[1] Cf. *N. Bobbio,* Giusnaturalismo e positivismo giuridico, Milan 1972, pp. 105 et s.; *W. Ott,* Der Rechtspositivismus. Kritische Würdigung auf der Grundlage eines juristischen Pragmatismus, Berlin 1976, pp. 19 et 20.

[2] Cf. *Ott* (note 1), pp. 103 et s.; *K. Larenz,* Methodenlehre der Rechtswissenschaft, Berlin/Heidelberg/New York 1979, pp. 39 et s.

[3] Cf. *Bobbio* (note 1), pp. 107 et s.

[4] Cf. *Ott* (note 1), pp. 20 et s.

l'on sait qu'il est possible de distinguer diverses variantes de positivisme, selon les critères retenus pour définir cette positivité. L'on peut distinguer ainsi le positivisme *étatiste,* qui voit dans le fait d'être établies ou, au moins, sanctionnées par l'autorité étatique le critère de positivité des normes juridiques, le positivisme *psychologique,* qui découvre ce critère dans la reconnaissance du caractère obligatoire des normes par leurs destinataires, et le positivisme *sociologique,* qui tire ce critère de certaines formes de comportement de ces destinataires, comportement révélant l'effectivité des normes juridiques[5]. En ce qui concerne nos remarques, nous nous limiterons à la variante étatiste et légaliste du positivisme qui limite l'objet de la science du droit aux dispositions normatives sanctionnées par l'autorité étatique[6].

Avant d'esquisser certains présupposés de cette forme de positivisme concernant la société, il est utile de rappeler les traits saillants de cette conception du droit. A ce sujet, l'on peut retenir au moins trois traits caractéristiques.

Il s'agit d'abord d'une conception *volontariste* qui tend à définir le droit comme l'ensemble des dispositions normatives délibérément établies ou, au moins, sanctionnées par certains organes étatiques[7].

Il s'agit ensuite d'une conception de tendance *formaliste* en ce sens qu'elle privilégie des critères formels (organiques et procéduraux) pour déterminer la validité des normes de droit positif. Corrélativement, cette conception tend à relativiser le contenu de ces normes qui apparaît comme indifférent du point de vue de la science du droit[8]. L'exemple-type de cette conception formaliste de la validité est fourni par le raisonnement syllogistique grâce auquel la Théorie pure du droit de Kelsen établit la validité de chaque norme juridique à partir de l'hypothèse de la norme fondamentale[9].

Il s'agit enfin d'une conception qui tend à présenter le droit comme un ensemble *autonome* de dispositions normatives, en ce sens que la validité de ces dispositions est principalement déterminée par des

---

[5] Cf. ibid., pp. 20, 21, 25 et s.

[6] Cf. *Bobbio* (note 1), pp. 107 et s.

[7] V. sur ce volontarisme: *M. Waline,* Défense du positivisme juridique, dans: Archives de philosophie du droit et de sociologie juridique IX (1939), p. 84; *M. Virally,* La pensée juridique, Paris 1960, p. VII. Il en résulte que cette forme de positivisme tend à réduire le droit à la loi: cf. *Ch. Perelman,* La loi et le droit, dans: Qu'est-ce que l'homme? Philosophie/psychanalyse. Hommage à A. De Waelhens, Bruxelles 1982, p. 348.

[8] Cf. *Virally* (note 7), p. VII; *Bobbio* (note 1), pp. 133 et s.; *Ott* (note 1), p. 109.

[9] Cf. *H. Kelsen,* Théorie pure du droit, traduction de la 2e édition par Ch. Eisenmann, Paris 1962, pp. 258 et s.

critères internes au système de droit positif[10]. A ce sujet, toutes les variantes du positivisme ont en commun de rejeter la tentative de fonder cette validité sur un rapport de conformité avec des principes issus d'un droit naturel et supérieur. Pour le reste, seule la tendance légaliste et étatiste accentue cette autonomie à un degré extrême. En effet, les variantes psychologique et sociologique du positivisme tendent à faire dépendre cette validité de facteurs externes: tantôt d'un facteur psychologique de reconnaissance du caractère obligatoire des normes, tantôt d'un facteur social tiré de l'effectivité des normes. Cette conception de l'autonomie du droit positif est illustrée par l'analyse que Hart consacre à la validité des normes juridiques: cette validité est appréciée en fonction de critères qui sont posés par la règle de reconnaissance qui est la règle ultime du système juridique[11]. Cette caractéristique du positivisme conduit à représenter le droit comme un système objectivé qui revêt soit la forme d'une pyramide dynamique de normes (Kelsen), soit celle d'une articulation de règles primaires et de règles secondaires (Hart).

Dans la mesure où le positivisme légaliste et étatiste est par excellence la théorie d'un droit conçu comme un système autonome de dispositions publiques et positives, il semble possible de dégager certains de ses présupposés relatifs à la société[12].

En réduisant le droit aux dispositions normatives sanctionnées par des organes étatiques, le positivisme implique en premier lieu la séparation entre *l'Etat et la société civile*. Le positivisme part du fait de la concentration du pouvoir politique et de la centralisation relative de la création des normes juridiques par l'autorité étatique. Celle-ci est implicitement considérée comme séparée des individus et des groupes, comme dominant les intérêts privés. Ce présupposé sous-tend également la représentation du droit comme système autonome, distinct des modèles de comportement d'origine privée.

En faisant de la création ou de la sanction des dispositions juridiques le critère de leur positivité, le positivisme met en jeu le présupposé selon lequel les rapports sociaux peuvent être soumis à *l'action régulatrice de la volonté humaine*. Ceci implique que ces rapports ne présen-

---

[10] Cf. *Waline* (note 7), p. 83.

[11] Cf. *H. L. A. Hart,* Le concept de droit, traduction de M. van de Kerchove, Bruxelles 1976, pp. 127 et s.

[12] Cf. *R. M. Unger,* Law in Modern Society. Toward a Criticism of Social Theory, New York/Londres 1976, pp. 58 et s. Dans la mesure où Unger a mis en lumière les conditions sociales du développement d'un droit public et positif, puis celles de la création de l'ordre juridique libéral qui se caractérise par une autonomie accrue, son analyse peut être utilisée pour souligner les présupposés du positivisme qui est par excellence la théorie de cette forme du système juridique.

tent pas par eux-mêmes une organisation spontanée à ce point stable qu'elle ne laisserait aucune prise à une régulation volontariste. De plus, il nous semble que le positivisme met également en jeu le présupposé corrélatif selon lequel ces rapports *doivent* être soumis à une régulation artificielle. La nécessité d'une telle régulation découle du fait que l'organisation sociale est perçue comme le résultat arbitraire du jeu des intérêts privés.

La tendance formaliste inhérente au positivisme repose sur des présupposés étroitement apparentés à ceux que nous venons d'évoquer. A cet égard, le positivisme implique qu'*il n'y a pas de relations sociales qui forment a priori le contenu des normes juridiques*. Les normes juridiques peuvent régir n'importe quel aspect du comportement humain et contenir à ce sujet toute prescription jugée utile par leur créateur[13]. Seuls certains positivistes, tel Hart, concèdent que certaines normes juridiques ont un contenu déterminé par le respect de quelques exigences minimales de la nature humaine[14]. Par contre, quant au positivisme radical de Kelsen, cette conception du caractère arbitraire du contenu des normes juridiques est renforcée par un relativisme éthique: l'ordre social que les normes ont pour fonction d'assurer est tributaire de jugements de valeur dont les références sont dépourvues de validité absolue parce que celle-ci ne peut être établie par aucune démarche scientifique, voire même rationnelle[15]. C'est précisément parce qu'il tend à relativiser le contenu des normes juridiques que le positivisme est amené à privilégier des critères formels de validité de ces normes, dans la mesure où ces critères semblent être les seuls à fournir une base empirique à la connaissance scientifique. Par ailleurs, cette tendance formaliste renforce la conception du droit comme système autonome, dans la mesure où elle conduit à distinguer le droit, en tant qu'ensemble spécifique de normes soumises à des critères formels de validité, du domaine de la politique qui, en tant qu'activité servant à élaborer ou à critiquer le contenu contingent des normes juridiques, est guidée par des jugements de valeur subjectifs[16].

---

[13] Selon Kelsen, la seule caractéristique spécifique du contenu des normes juridiques consiste en ce que ces normes attachent des actes de contrainte aux conduites jugées indésirables par le créateur de ces normes. Pour le reste, le droit peut chercher à diriger toute activité humaine.

[14] Cf. *Hart* (note 11), pp. 232 et s.

[15] Cf. en guise d'illustration de ce relativisme éthique, la thèse de Kelsen selon laquelle les critères en fonction desquels le droit positif peut être considéré comme juste ou injuste sont nécessairement multiples et variables; *H. Kelsen*, Justice et droit naturel, dans: Annales de philosophie politique, Le droit naturel, Paris 1959, pp. 66 et 67; cf. également *Kelsen* (note 9), pp. 87 et s.

[16] Cf. sur cette autonomie du droit par rapport à la politique: *Ph. Nonet/Ph. Selznick*, Law and Society in Transition. Toward Responsive Law, New York 1978, pp. 54 et s.

Ces présupposés du positivisme sont vraisemblablement liés aux conditions socio-politiques et symboliques qui ont déterminé l'évolution du droit depuis l'époque moderne.

En ce qui concerne les conditions socio-politiques, il nous semble que le développement du positivisme est lié à la formation des Etats centralisés qui assurèrent la domination politique de l'aristocratie et dont certains appareils institutionnels devaient ultérieurement être adoptés et aménagés par la bourgeoisie. Ces Etats eurent tendance à concentrer en leurs mains la création et l'application des normes juridiques, tout en s'assurant à cette fin les services de juristes dont la formation, empreinte de rationalisme et de logique, favorisa l'autonomie du droit en tant que champ intellectuel soumis à ses propres critères de cohérence et de validité[17].

De plus, le recours à un système relativement autonome de dispositions normatives générales émanant d'une autorité supérieure apparut comme un des moyens permettant de maintenir la cohésion sociale, compte tenu des antagonismes de classes qui ébranlaient l'ordre des hiérarchies sociales antérieures[18]. Tout en servant les intérêts des classes dominantes aux plans économique, politique et idéologique, un tel système pouvait constituer simultanément un terrain de lutte et de compromis pour les classes rivales. Par ailleurs, ces normes positives et abstraites représentaient les règles uniformes de l'activité stratégique des individus placés en relation de concurrence dans un champ économique capitaliste dont l'autonomie tendait à s'accroître[19].

Joints aux présupposés sur l'action volontariste et régulatrice de l'Etat, les préjugés du positivisme concernant l'indétermination du contenu des normes juridiques et la relativité des valeurs sont issus du régime moderne des représentations par lesquelles la société forge la figure imaginaire de son unité afin de justifier son organisation. Ce régime se caractérise par le fait que la légitimation de l'ordre social récuse toute référence à un lieu extérieur à la société, à un au-delà mythique ou religieux qui constituerait l'origine et le garant de cet

---

[17] Cf. l'analyse de l'autonomie relative du champ religieux fondée, dans le sillage des thèses de M. Weber, sur le développement d'un corps de spécialistes chargés de la gestion des biens du salut: *P. Bourdieu*, Genèse et structure du champ religieux, dans: Revue française de sociologie XII (1971), pp. 299 et s. Au sujet de la reprise du droit romain et de la modernisation juridique en tant qu'elles répondaient aux exigences de la formation des Etats centralisés: *P. Anderson*, L'Etat absolutiste, vol. I: L'Europe de l'Ouest, traduction de D. Nimietz, Paris 1976, pp. 28 et s.

[18] Cf. *Unger* (note 12), pp. 66 et s.

[19] Cf. *J. Habermas*, Überlegungen zum evolutionären Stellenwert des modernen Rechts, dans: Zur Rekonstruktion des historischen Materialismus, Francfort s. M. 1976, pp. 263 et s.

ordre. La question de la légitimité de l'ordre social et du pouvoir est ainsi ramenée à l'intérieur de la société même, là où le pouvoir est désormais censé tirer sa source[20]. Mais, dans la mesure où par ce mouvement la question de la légitimation du pouvoir se rend sensible à elle-même et l'organisation spontanée des rapports sociaux apparaît comme arbitraire, l'entreprise idéologique de légitimation prendra appui sur des critères formels concernant les procédures par lesquelles le pouvoir est institué (théories du contrat social) et par lesquelles les normes de la régulation sociale jugée nécessaire seront établies[21]. Dans une telle perspective, le pouvoir apparaît comme conventionnel, comme institué par un accord de volontés, et il est dépourvu de tout fondement absolu situé au-delà de la société. De plus, le pouvoir s'affirme dans sa coïncidence avec la loi qui, tandis que son contenu est indéterminé a priori, tire sa légitimité des procédures qui sont censées garantir la formation rationnelle de la volonté. Cette problématique de la légitimation rend compte de la tendance positiviste à identifier le droit à la loi et le droit à l'Etat.

2. Les Doctrines du Droit Naturel

Si nous nous tournons maintenant vers le jusnaturalisme, nous pouvons le définir comme une théorie du droit qui admet l'existence de principes naturels de justice distincts du droit positif et permettant de fonder ce dernier ou de le critiquer lorsqu'il s'en écarte. Le jusnaturalisme admet ainsi la supériorité du droit naturel sur le droit positif[22].

Dans sa version classique, telle qu'elle est illustrée par l'oeuvre d'Aristote, le jusnaturalisme tend à dégager, sous forme de solutions générales et variables, les justes rapports que révèle l'observation de l'ordre naturel qui régit les cités humaines[23].

Dans sa version moderne, telle qu'elle est illustrée par les oeuvres de Hobbes ou de Locke, le jusnaturalisme tend à déduire des principes universels et immuables de la nature de l'homme, telle qu'elle se manifeste dans les relations que nouent les individus au sein de l'état de nature, antérieur à la société politique.

---

[20] Cf. *Cl. Lefort,* Esquisse d'une genèse de l'idéologie dans les sociétés modernes, dans: Les formes de l'histoire, Paris 1978, pp. 283, 292 et s.

[21] Cf. *J. Habermas,* Legitimationsprobleme im modernen Staat, dans: Zur Rekonstruktion des historischen Materialismus (note 19), pp. 277 et s.

[22] Cf. *Bobbio* (note 1), pp. 127 et s.

[23] Cf. *A. Verdross,* Die aristotelische Naturrechtslehre, dans: Archiv für Rechts- und Sozialphilosophie LVI (1970), pp. 527 et s.; *M. Villey,* La formation de la pensée juridique moderne, Paris 1975, pp. 38 et s.; *P. Aubenque,* La loi chez Aristote, dans: Archives de philosophie du droit XXV (1980), pp. 154 et s.

Il semble que ces conceptions du droit présentent des traits opposés à ceux des théories positivistes. Ainsi, quoique importante, la création volontaire de normes juridiques positives joue un rôle secondaire. La loi humaine ne sert qu'à fixer et préciser le juste naturel (Aristote, Saint-Thomas) ou à donner force contraignante aux solutions du droit rationnel (Kant). De même, selon ces conceptions, les normes juridiques ne tirent pas leur spécificité de critères formels, mais bien de leur contenu: la règle de droit a pour objet la justice politique (Aristote)[24], la loi naturelle exprime les commandements de la raison concernant la paix et la sécurité de l'humanité[25]. Enfin, l'autonomie du droit est relativement limitée puisqu'il se voit assigner pour fondement un ensemble de principes naturels.

Les présupposés du jusnaturalisme concernant la société sont évidemment très variables dans la mesure où les théories du droit naturel qui se sont succédées au cours des siècles reposaient sur des conceptions très diversifiées de la nature et de la société. Nous ne pouvons ici qu'esquisser des tendances générales qui ne restituent pas la richesse de ces conceptions. De ce point de vue, il nous semble que les théories jusnaturalistes se caractérisent par leur tendance à *réifier* et à *idéaliser* la configuration de relations sociales contingentes. Cette configuration est présentée comme un ordre objectif, donné, et les lois qui régissent cet ordre sont rapportées à un fondement idéal, un principe actif et vivant qui se manifeste au travers de ces régularités. Cette articulation d'un ordre objectif sur un fondement idéal permet de présenter cet ordre comme non arbitraire et elle autorise à en induire des normes qui constitueront le droit naturel.

En ce qui concerne les théories classiques du droit naturel, cette tendance résulte d'une ontologie qui ne sépare pas le fait de la valeur, qui voit dans la nature un principe d'organisation immanent qui détermine des finalités appelées à se réaliser dans la matière et perceptibles en tant que formes ou perfections objectives[26]. Or, la nature ainsi conçue enveloppe des relations sociales: les rapports de l'homme et de la femme, du maître et de l'esclave, ainsi que l'ordre des cités constituent des relations humaines naturelles[27]. Ainsi, l'ordre naturel couvre la vie politique et le droit. Oeuvre de prudence, la loi humaine devra faciliter la réali-

---

[24] Cf. *Aristote,* Ethique à Nicomaque, traduction de J. Tricot, Paris 1972, V, 10, 1134 *a* 25 et s.

[25] Cf. *J. Locke,* Two Treatises of Civil Government, Londres 1970, p. 120; à propos de Locke: *L. Strauss,* Droit naturel et histoire, Paris 1954, p. 239.

[26] Cf. à propos d'Aristote: *Villey* (note 23), pp. 45 et 46; *Aubenque* (note 23), p. 152.

[27] Cf. *Aristote,* La politique, traduction de J. Tricot, Paris 1970, I, 2.

sation de ces finalités naturelles vers lesquelles tendent les rapports sociaux.

En ce qui concerne les théories modernes du droit naturel, elles furent confrontées avec l'avènement de la science moderne non téléologique[28] selon laquelle la nature se trouve réduite à un ensemble de phénomènes extérieurs dont l'étude relève d'une physique, voire d'une cosmologie mécanistes. Il ne leur était plus possible d'insérer les relations sociales dans la nature des choses. Dès lors, l'on sait que par une véritable révolution copernicienne, les principes régissant ces relations furent considérés comme les conséquences objectives et nécessaires de la nature humaine dont la connaissance apparaissait comme la source d'une authentique science du politique[29]. Ainsi, Hobbes déduit le droit naturel fondamental à la vie du mobile le plus puissant inscrit dans la nature humaine: le désir de conservation[30].

De plus, les prescriptions déduites de la nature humaine apparaissent comme marquées du sceau de la raison. Chez Locke, par exemple, la loi de nature regroupe les commandements de la raison concernant la paix et la sécurité de l'humanité[31]. Il en résulte que, dans la mesure où ils jouissent de cette caution de la raison, les rapports sociaux qui découlent de la loi naturelle sont légitimés et idéalisés. Ainsi, Locke justifie le droit de propriété en se référant à une loi de la raison selon laquelle les biens donnés en commun aux hommes dans l'état de nature peuvent être l'objet d'une appropriation individuelle fondée sur le travail[32].

Finalement, en procédant par réification et idéalisation, les doctrines du droit naturel tendent à justifier certains rapports sociaux contingents en donnant aux lois dont ils sont censés découler un fondement idéal tiré de la nature des choses ou de la nature humaine. Comme le relève à juste titre M. A. P. d'Entrèves, la métaphore naturaliste est destinée à conférer des qualités de finalité et d'inévitabilité[33] à certains rapports sociaux. A cet égard, les doctrines jusnaturalistes apportèrent leur caution à des formes très variées de relations sociales. Nous nous bornerons

---

[28] Cf. *Strauss* (note 25), pp. 181, 187 et 191.

[29] Cf. *A. Dufour,* La notion de loi dans l'Ecole du droit naturel moderne, dans: Archives de philosophie du droit XXV (1980), p. 215 (sur le dessein méthodologique de l'Ecole).

[30] *Th. Hobbes,* Léviathan, Traité de la matière, de la forme et du pouvoir de la république ecclésiastique et civile, traduction de Fr. Tricaud, Paris 1971, p. 128.

[31] Cf. *Strauss* (note 25), p. 239.

[32] Cf. *Locke* (note 25), pp. 129 et s.

[33] Cf. *A. P. d'Entrèves,* Natural Law. An Introduction to Legal Philosophy, Londres 1970, pp. 16 et 17.

à relever une différence essentielle entre les théories classiques et les théories modernes. Tandis que les premières tendent à concevoir l'homme comme inséré dans un réseau de relations préexistantes (familiales, domestiques et politiques), les secondes partent de l'individu, titulaire de prérogatives naturelles, pour établir, par la voie d'un accord de volontés, la société civile centrée sur l'autorité étatique. De plus, il apparaît que pour constituer la représentation imaginaire de la société à l'état de nature, les théories modernes ont mis en jeu des catégories idéologiques de type économique qui exprimaient les conditions de relations marchandes (l'individu, la liberté, la propriété, l'égalité, le contrat, ...)[34]. Ainsi, tout en étant révélatrices du régime moderne des représentations par lesquelles la société forge la figure imaginaire de sa cohésion, régime dont les théories jusnaturalistes modernes et le positivisme nous paraissent tous deux tributaires, ces théories utilisaient des catégories économiques, d'origine marchande, pour représenter les formes originaires de la constitution des liens sociaux[35]. Ce faisant, elles réifiaient des relations sociales contingentes et elles les idéalisaient en les présentant comme l'expression de principes rationnels issus de la nature humaine.

II. Critique des Présupposés du Jusnaturalisme et du Positivisme

Si nous gagnons le terrain de la critique des deux tendances que nous avons évoquées, il semble qu'en raison de leurs présupposés relatifs à la société, ces tendances ne permettent pas d'accéder à une connaissance satisfaisante des phénomènes juridiques.

Envisageons d'abord les théories jusnaturalistes. La principale objection à laquelle se heurtent ces théories peut être tirée du fait qu'en réalité ces doctrines cherchent, sous couvert d'une projection dans la nature, à justifier et à idéaliser des rapports sociaux contingents qu'elles présupposent et dont elles prétendent extraire les normes d'un comportement juste. C'est précisément parce que ces doctrines poursuivent cet objectif

---

[34] Cf. par exemple *Pufendorf*, Les devoirs de l'homme et du citoyen tels qu'ils lui sont prescrits par la loi naturelle, traduction de J. Barbeyrac, Amsterdam 1715. Les obligations que Pufendorf présente comme découlant de la loi naturelle résultent en réalité d'une réification et d'une idéalisation des rapports sociaux qui incarnent les conditions de l'économie marchande, telle qu'elle est fondée sur la liberté et l'égalité des individus, la propriété privée protégée par l'interdiction de porter atteinte au bien d'autrui et, enfin, le respect des conventions librement conclues.

[35] Cf. *C. B. Macpherson,* The Political Theory of Possessive Individualism, Londres 1962; *L. Dumont,* Homo aequalis. Genèse et épanouissement de l'idéologie économique, Paris 1977; *Ph. Gérard,* Droit, égalité et idéologie. Contribution à l'étude critique des principes généraux du droit, Bruxelles 1981, pp. 325 et s.; 348 et s.

qu'elles ont été amenées, comme le soulignent à l'envi leurs détracteurs[36], à présenter comme naturelles une multiplicité de relations sociales et à proposer des solutions juridiques incertaines ou contradictoires. Or, une telle démarche tient pour résolue ce qui constitue, du point de vue de la légitimation du droit, une question centrale: est-il légitime de tirer des normes de comportement des tendances inhérentes à certains rapports sociaux contingents? Cependant, au fond, plutôt que de tenir cette question pour résolue, le jusnaturalisme refuse de la poser: en projetant ces rapports dans la nature, en les réifiant et en les idéalisant, il nie leur contingence. Or, cette dénégation, qui autorise à extraire immédiatement de l'être des normes qui relèvent du devoir-être, ne se soutient dans les doctrines jusnaturalistes que de certains présupposés métaphysiques qui apparaissent aujourd'hui comme incompatibles avec une démarche scientifique. Il s'agit du présupposé ontologique qui introduit dans la nature un ordre immanent de finalités régissant les rapports sociaux, ou du présupposé théologique qui fait dépendre cet ordre social de la création divine[37].

Dès lors, loin de livrer une connaissance du droit, les doctrines du droit naturel paraissent constituer des théories idéologiques qui servent à justifier ou à critiquer le droit positif en fonction de certaines valeurs censées inscrites dans la nature[38]. Du point de vue de l'analyse des phénomènes juridiques, ces doctrines semblent donc s'engager dans une impasse, en raison de leurs présupposés.

En ce qui concerne le positivisme, il nous semble que les présupposés qui l'animent convergent dans une direction contestable, tendant à isoler le droit positif du contexte des relations sociales dont il dépend.

La tendance à limiter le phénomène juridique aux normes sanctionnées par l'autorité étatique, ainsi que le présupposé selon lequel les rapports sociaux présentent des formes d'organisation arbitraires qui ne déterminent pas fondamentalement le contenu de ces normes, conduisent le positivisme à concevoir le droit comme un système objectivé et autonome de dispositions dont la validité dépend surtout de critères formels. Ainsi, la science positiviste établit un «cordon sanitaire» entre, d'une part, les rapports sociaux, et, d'autre part, le droit ainsi conçu. Chez Kelsen, ce «cordon» prend la forme d'une séparation entre les sciences sociales causales (histoire, sociologie du droit, ...) et les sciences sociales norma-

---

[36] Cf. *Kelsen,* Justice et droit naturel (note 15), pp. 102 et s.; *N. Bobbio,* Quelques arguments contre le droit naturel, dans: Annales de philosophie politique, Le droit naturel, Paris 1959, pp. 181 et s.

[37] Cf. *Kelsen,* Justice et droit naturel (note 15), pp. 69 et s.

[38] Cf. *M. Miaille,* Une introduction critique au droit, Paris 1976, pp. 315 et s.

tives dont relève la Théorie pure du droit[39]. Toutefois, par un processus qui évoque le retour du refoulé, la science positiviste vient régulièrement buter contre, sinon briser ce «cordon». Un instant écartée, la problématique des rapports sociaux fait soudain irruption dans le champ aseptisé que le positivisme s'est donné pour objet. Un tel paradoxe, pour ne citer qu'un exemple, est décelable dans les analyses positivistes consacrées à la *validité* des normes juridiques.

Alors que Kelsen fait de la norme fondamentale le principe de validité des normes juridiques, il est contraint d'admettre que cette validité est également conditionnée par l'effectivité de l'ordre juridique, encore qu'il souligne que c'est la norme fondamentale qui érige ainsi l'effectivité en condition de validité[40]. Tout en ébranlant le dualisme Sein/Sollen qui constitue une des bases de la Théorie pure[41], cette référence aux pratiques sociales constitue une irruption de la problématique sociologique dans cette théorie[42]. Selon Kelsen, cette effectivité signifie que les normes juridiques sont appliquées «en gros et de façon générale». Quant aux causes de cette application, il se borne à relever qu'elles résident non seulement dans le désir d'éviter les sanctions prévues par le droit, mais aussi dans des motivations fondées sur des représentations religieuses ou morales[43]. Ainsi, tout en reconnaissant que la validité du droit est tributaire de son effectivité et tout en admettant que celle-ci est liée à des processus de légitimation idéologique du droit, Kelsen néglige l'analyse de ces facteurs.

Chez Hart également, l'analyse de la validité débouche sur une référence aux pratiques sociales. La validité d'une règle de droit apparaît comme la conclusion d'un jugement interne selon lequel cette règle répond aux critères prévus par la règle de reconnaissance. Mais la question de la validité ne peut plus être posée à propos de cette règle de reconnaissance qui est la règle ultime du système. Cette dernière ne peut faire l'objet que d'un jugement d'existence selon lequel cette règle consiste en une pratique effective et concordante des juridictions, des autorités administratives, voire des particuliers qui l'utilisent pour identifier les règles primaires du système. Ainsi, la problématique de la validité conduit finalement à une double référence aux pratiques sociales. En effet, un système juridique complexe n'existe que si, d'une part, les particuliers obéissent en général aux règles du système, et si,

---

[39] Cf. *Kelsen* (note 9), pp. 118 et s.

[40] Cf. ibid., pp. 281 et s.

[41] Cf. *F. Rigaux*, Le droit au singulier et au pluriel, dans: Revue interdisciplinaire d'études juridiques 9 (1982), pp. 11 et 12.

[42] Cf. *J. Miedzanagora*, Philosophies positivistes du droit et droit positif, Paris 1970, pp. 188 et s.

[43] Cf. *Kelsen* (note 9), pp. 48 et 49.

d'autre part, les autorités publiques acceptent la règle de reconnaissance en tant que modèle public et commun de leur comportement. Quant à l'obéissance des particuliers, Hart se borne à déclarer qu'elle repose sur la crainte des conséquences de la violation des règles ou sur l'inertie[44]. Quant aux causes et aux modalités de l'acceptation des règles secondaires par les autorités, Hart n'en livre pas d'analyse. Ainsi, même lorsque, comme dans une théorie aussi nuancée que celle de Hart, la science positiviste tente de s'ouvrir aux dimensions sociales de la validité du droit, cette science semble incapable d'approfondir l'analyse du statut des normes les plus fondamentales du système juridique[45].

Le paradoxe qui affecte ainsi le positivisme empêche de considérer ce dernier comme offrant une perspective satisfaisante pour l'étude scientifique du droit qui semble requérir une analyse approfondie des rapports économiques, politiques et idéologiques qui conditionnent le droit positif.

C'est parce qu'il met en oeuvre les présupposés que nous avons relevés que le positivisme n'offre pas cette perspective. Si la séparation entre l'Etat et la société civile conduit le positivisme à réduire le phénomène juridique au droit étatique, selon une conception moniste qui a suscité de nombreuses critiques[46], ce présupposé empêche surtout le positivisme d'analyser l'influence qu'exercent sur le droit les relations entre le pouvoir d'Etat et les rapports de classes qui s'établissent aux plans économique, politique et idéologique. De même, par cela qu'il tend à assigner à la production du droit l'action régulatrice de l'Etat pour seul principe, le positivisme néglige les relations que nous venons d'évoquer. Enfin, dans la mesure où, du point de vue de l'étude scientifique du droit, le positivisme tient pour indifférente l'incidence des rapports sociaux sur le phénomène juridique, parce qu'il considère ces rapports comme arbitraires, il se détourne à tort de l'analyse des effets que ces rapports peuvent exercer tant sur le contenu des normes juridiques que sur leur mode formel de production.

III. Les Perspectives d'une Théorie Critique du Droit

Pour terminer ces remarques, nous voudrions évoquer les perspectives que devrait adopter la connaissance critique du droit pour échapper aux impasses que nous avons indiquées. Une telle connaissance semble d'abord devoir adopter deux perspectives que certains auteurs ont qualifiées d' «interne» et d' «externe»[47]. Selon la première, il s'agit d'analyser

---

[44] Cf. *Hart* (note 11), pp. 143 et 144.

[45] Cf. *Rigaux* (note 41), pp. 6, 13 et s.

[46] Cf. ibid., pp. 4 et s.

[47] Cf. *N. Poulantzas,* Nature des choses et droit. Essai sur la dialectique du fait et de la valeur, Paris 1965, pp. 270 et s.; *F. Ost/M. van de Kerchove,*

les structures du droit conçu comme un champ relativement autonome qui met en jeu, non seulement des catégories et une cohérence systématique spécifiques, mais aussi des appareils institutionnels dont les agents sont mandatés pour produire, dans les formes reconnues, le langage du droit.

Selon la deuxième perspective, il s'agit d'étudier les conditions de la genèse ainsi que les effets économiques, politiques et idéologiques du droit ainsi conçu. Sans considérer les relations sociales, ni comme un donné traduisant un ordre idéal fondé sur la nature, ni comme un ensemble de facteurs contingents sans incidence sur les articulations essentielles du droit, cette analyse tend à replacer ce dernier dans le contexte historique des formations sociales dont l'organisation conditionne le droit. Cette deuxième perspective est celle d'une interprétation historique et sociologique qui dévoile, par la voie de reconstitutions hypothétiques, les significations latentes du droit dans le système des relations sociales.

Mais cette orientation conduit à son tour à une troisième perspective qui concerne la critique du droit. En effet, l'interprétation historico-sociologique ne peut se réaliser qu'en fonction d'une théorie du système social qui livre des modèles d'intelligibilité dont le choix, en tant qu'instruments d'explication et de compréhension, doit être justifié. Ce choix peut certes être justifié en invoquant la cohérence logique et l'étendue du pouvoir explicatif de la théorie retenue[48]. Mais ce choix est également déterminé par la position du chercheur, et la compréhension qu'en a ce dernier, dans l'ensemble du processus historique qui est précisément l'objet de l'interprétation[49]. Il faut donc élucider les présupposés qui orientent ce choix.

A cet égard, si l'on accepte l'analyse de J. Habermas concernant les intérêts qui commandent les démarches scientifiques, il semble que la science du droit réponde d'abord, en tant que science historico-herméneutique, à un intérêt pour l'extension de la compréhension intersubjective des phénomènes historiques[50]. Mais cet intérêt n'est pas purement spéculatif car le sens des phénomènes n'est accessible à l'interprète que

---

Possibilité et limites d'une science du droit, dans: Revue interdisciplinaire d'études juridiques 1 (1978), pp. 25 et s.

[48] V. à propos de ces critères: *J. Ladrière,* Les sciences humaines et le problème de la scientificité, dans: Les études philosophiques (1978), 2, pp. 146 et s.

[49] Il s'agit bien sûr du problème du cercle herméneutique. V. à ce sujet: *J. Ladrière,* Signes et concepts en science, dans: L'articulation du sens. Discours scientifique et parole de foi, Paris 1970, pp. 46 et s.

[50] V. à propos de ces intérêts rationnels: *J. Habermas,* Connaissance et intérêts, dans: La science et la technique comme idéologie, traduction de J. R. Ladmiral, Paris 1973, pp. 145 et s.

si ce dernier le met en relation avec sa propre situation. Comme le souligne Habermas à la suite de Gadamer, interpréter signifie toujours mettre en relation deux mondes et la tradition ne livre son sens que mise en rapport avec le présent qui, à son tour, s'éclaire grâce à cette articulation. Or, cette dimension pratique de l'application peut, à nos yeux, être reliée à un second intérêt déterminant la recherche. Il s'agit d'un intérêt visant l'émancipation humaine, tel qu'il s'est notamment manifesté, sous couvert d'une problématique réifiante et idéaliste, dans certaines théories du droit naturel[51]. Guidée par cet intérêt qui conduit à anticiper une existence sociale meilleure, la science du droit se transforme en une démarche critique qui utilise les théories du système social permettant de repérer, dans l'analyse des rapports sociaux qui conditionnent le droit, les possibilités objectives d'une libération humaine. Inversement, le repérage de ces possibilités permet d'adapter, de corriger le projet et les valeurs constitutives de la situation anticipée qui motive la critique.

Dès lors, par cela qu'elle met en jeu une interaction dialectique entre le projet d'une existence sociale meilleure et les théories sociologiques qui permettent d'expliquer le droit en fonction de son contexte historique, la théorie critique du droit s'oppose tant au jusnaturalisme qu'au positivisme qui, l'un et l'autre, occultent cette interaction. A la différence du premier, cette théorie ne prétend pas extraire immédiatement, par la voie de l'observation des rapports sociaux «naturels», certaines orientations normatives, comme si elles étaient absolument immanentes à ces rapports. A la différence du second, cette théorie n'admet pas une séparation radicale entre l'ordre de l'être et l'ordre du devoir-être, séparation en fonction de laquelle le positivisme s'engage tantôt dans la voie d'une pure exégèse fondée sur un relativisme absolu et conduisant à des applications techniques, tantôt dans la voie de la reproduction rationalisée de certains idéaux dogmatiques concernant le droit[52]. Ainsi, en se développant dans un champ rationnel qui maintient en relation le pôle d'un intérêt pratique d'émancipation et celui d'une compréhension du droit comme phénomène historique, la théorie critique peut échapper aux multiples formes de dogmatisme qui ont affecté la connaissance du droit.

---

[51] V. au sujet de ces anticipations d'une existence sociale meilleure dans les théories du droit naturel et dans les utopies sociales: *E. Bloch*, Droit naturel et dignité humaine, traduction de D. Authier/J. Lacoste, Paris 1976.

[52] Tout en le conduisant à isoler le droit de son contexte historique, les présupposés du positivisme l'entraînent aussi parfois à cautionner, sous couvert d'une description prétendûment objective du droit, les représentations dogmatiques que les agents de la pratique juridique se font du droit. Ainsi, par exemple, la Théorie pure du droit avalise l'idéal dogmatique selon lequel le droit ne comporterait ni lacunes véritables, ni antinomies. Cf. *Miaille* (note 38), p. 47; *Ost/van de Kerchove* (note 47), pp. 19 et s.

SOZIALE VORAUSSETZUNGEN DER RECHTSPHILOSOPHIE

Von Hermann Klenner, Berlin

Wie das Recht, so ist auch die Rechtsphilosophie kein voraussetzungsloses, aber auch kein wirkungsloses Phänomen. Das Recht und das Denken über das Recht sind eingebettet in die Entwicklung der menschlichen Gesellschaft, die sie widerspiegeln und in die sie eingreifen. Das Recht, eine Institution zur Konstituierung von Gesellschaft, ist selbst konstituiert von dieser Gesellschaft. Die Rechtsphilosophie, eine Ideologie zur Begründung von rechtlich geordneter Gesellschaft, hat selbst eine gesellschaftliche Grundlage. Sie ist also eine Wirklichkeitswissenschaft.

Mit voranstehender materialistisch-dialektischer Positionsbestimmung[1] wird zugleich — *Spinoza:* veritas norma sui et falsi est / die Wahrheit ist die Norm ihrer selbst und der Unwahrheit (Ethica 2/43) — in zunächst vierfacher Weise eine Kontraposition bezogen:

a) Indem das Recht als gesellschaftlich verursacht und Gesellschaftliches bewirkend erforscht und verstanden wird, wird die positivistisch-analytische Auffassung von der absoluten Eigengesetzlichkeit des Rechts (Rechtsnormen könnten immer nur aus Rechtsnormen abgeleitet werden und seien einer kausalen Analyse nicht fähig) abgelehnt. Wenn es weder zwischen „Sein“ und „Sollen“ noch zwischen „Sollen“ und „Sein“ objektiv-reale Beziehungen gäbe, dann wäre eine inhaltliche Begründung und Kritik des Rechts höchstens von einem subjektiv-moralischen, nicht aber von einem objektiv-wissenschaftlichen Standpunkt aus möglich. Rechtsphilosophie wäre dann eine Sammlung von Bekenntnissen, kein System von Erkenntnissen. Wohlgemerkt: es wird nicht etwa die Unterscheidung zwischen Aussagen und Normen oder die Notwendigkeit bestritten, die strukturellen Beziehungen zwischen Rechtsnormen zu analysieren; als unphilosophisch abgelehnt wird aber eine Beschränkung auf innersystemare Beziehungen einer vorgegebenen Rechtsordnung.

---

[1] Vgl. vor allem: *Marx/Engels,* Gesamtausgabe (MEGA), Bd. I/2, Berlin 1982, S. 170, 264, 390; Bd. II/1, S. 25; Bd. II/2, S. 99 f.; *Marx/Engels,* Werke (MEW), Berlin 1956—1968, Bd. 3, S. 26 f., 46 f., 62 f., 311, 346 f., 405, 539; Bd. 4, S. 610; Bd. 18, S. 276; Bd. 19, S. 20 f., 376 ff.; Bd. 21, S. 300 f., 491 ff.; Bd. 23, S. 99 f., 779; Bd. 25, S. 801; Bd. 37, S. 436 f., 490 ff.

b) Indem die inhaltliche Entwicklung des Rechts, jedenfalls im großen und ganzen, einer kausalgesetzlichen Erklärung für fähig gehalten wird, wird die dezisionistisch-funktionalistische Auffassung von der totalen Fungibilität des Rechts als einer institutionalisierten Beliebigkeit von Gesellschaftsveränderungen abgelehnt. Wenn der Rechtsinhalt auf gesetzgeberische Willkür reduziert und die Rechtsform als soziales Konditionalprogramm beliebigen (letztlich algorithmisierbaren) Inhalts begriffen werden könnte, dann würde Rechtsphilosophie auf Rechtstechnologie reduziert und alle ontologischen Fragestellungen ausgeschaltet werden. Der Stabilitätszustand einer ansonsten nicht hinterfragbaren Gesellschaft wäre das höchste Kriterium des Rechts und Rechtsphilosophie ein bloßes Medium zur Perfektionierung existenter Gesellschaften samt ihres jeweiligen factum brutum. Wohlgemerkt: es wird nicht etwa die funktionelle Analyse des Rechts, seine Rolle innerhalb gesellschaftlicher Ziel-Mittel-Relationen bestritten; als unphilosophisch abgelehnt wird aber die Weigerung, Funktionalität als eine Form von Kausalität zu begreifen, und der Verzicht, Aussagen auf Wahrheit wie Normen auf Gerechtigkeit zu befragen.

c) Indem das Recht aus der Gesellschaftsentwicklung erklärt wird, wird die metaphysisch-naturrechtliche Auffassung von der Existenz eines zeit- und raumlos gültigen Katalogs prä- oder transsozialer Normen abgelehnt. Wenn das irdische Recht in einem überirdischen Urrecht wurzeln würde, sein für alle Zeiten und Völker gültiger Inhalt also vorgegeben wäre, dann gäbe es keine sozialen Voraussetzungen für Rechtsphilosophie, sondern theologische Vorbedingungen, die nicht mittels wissenschaftlicher Methoden, sondern mittels geglaubter Offenbarung zu erkunden wäre. Methode solch einer Rechtsphilosophie wäre nicht Erkenntnis, sondern Erleuchtung; Ziel wäre: die Lücken unseres Wissens nicht zu füllen, sondern zu überbrücken. Wohlgemerkt: es wird nicht etwa das positive Recht als norma normarum ausgegeben oder die Notwendigkeit von objektivierbaren Bewertungskriterien für das geltende Recht (sei es zu seiner Legitimierung, sei es zu seiner Illegitimierung) geleugnet; abgelehnt wird aber die wissenschaftslimitierende These, daß die Gesetze des Diesseits in einem Jenseits gemacht oder von einem dort existenten Maß beurteilt werden können.

d) Indem das Recht auch als ein Mittel zur Konstituierung von Gesellschaft begriffen wird, wird die mechanische Auffassung vom Recht als einem bloß passiven Reflex politischer oder ökonomischer Macht abgelehnt. Wenn das Recht nur eine automatische Folgeerscheinung von Macht wäre, dann gäbe es auch keine sozialen Voraussetzungen für Rechtsphilosophie als einer (relativ) eigenständigen Wissenschaftsdisziplin, sie wäre dann eine Unterabteilung von Politischer Ökonomie oder würde sich in einer Politikwissenschaft auflösen lassen. Wohlgemerkt:

es wird nicht geleugnet, daß das dominierende soziale Ordnungssystem (generelle Verhaltensregeln, Berechtigungen, Verpflichtungen, Gerichtsurteile usw.) mehr oder weniger adäquat die materiellen Lebensbedingungen der herrschenden Gesellschaftsklassen widerspiegelt, aber weder ist mit der ökonomischen Struktur der Gesellschaft der gesamte Regelungsbereich des jeweiligen Rechts noch ist damit dessen eigene Struktur und dessen fördernde oder hemmende Rückwirkung auf die Gesamtheit gesellschaftlicher Beziehungen erfaßt.

Mit den voranstehend erörterten vier Kontrapositionen soll eine Konzeption profiliert werden, in der das Recht als eine der besonderen Weisen menschlicher Produktion und unter ihr allgemeines Gesetz fallend, also als Produziertes und zugleich Produzierendes begriffen wird. Auch wenn die materielle Daseinsweise der Gesellschaft das primum agens *(Engels)* ihrer qualitativen und quantitativen Entwicklung ist, so ist die reagierende Rückwirkung des Rechts, einschließlich seiner relativen Selbständigkeit in Struktur und Eigenbewegung, ein objektives, die Gesellschafts- und Individualentwicklung beschleunigendes oder verlangsamendes, sie also modifizierendes Erfordernis. Sofern Rechtsphilosophie etwas anderes sein will als „Wärmflasche fürs Gemüt", Sonntagspredigt und Religionsersatz („wenn die letzten Register gezogen werden"), muß sie folglich als Wirklichkeitswissenschaft betrieben werden, d. h. sowohl das Recht als auch das Denken über das Recht in historisch-genetischer, logisch-struktureller und historisch-funktionaler Beziehung als objektiv-existente Ausgangsbasis ihrer Abstraktionen und Folgerungen bewahren. Das hinwiederum ist Voraussetzung dafür, daß die von der Rechtsphilosophie zu erarbeitenden Begründungen, Rechtfertigungen, Kritiken und Verwerfungen von Rechtsinhalten und -strukturen nicht bloß subjektiv-moralisches Postulat bleiben oder gar als Juristenphilosophie sich auf das immanente Selbstverständnis einer vorgegebenen Rechtsordnung beschränken, sondern bewußt zum Fortschrittsverlauf der Geschichte, zum Vermenschlichungs- und Vergesellschaftungsprozeß sozialer Verhältnisse beitragen.

Die Spezifik der verschiedenen zeitgleichen oder aufeinander folgenden Rechtsphilosophien läßt sich nur aus einer Gesamtheit von sozialen, nationalen, historischen, innen- und außenpolitischen, weltanschaulichen und psychologisch-individuellen Faktoren erklären. Dabei sind die Gründe eines Denkers genausowenig mit den Ursachen seiner Gedanken identisch wie deren logische Konsequenzen nicht mit ihren soziologischen Wirkungen gleichzusetzen sind.

Die plurale Erscheinungsweise rechtsphilosophischer Ideenproduktion mit ihren faszinierenden Koinzidenzen und Kontroversen, Gleichheiten und Gegensätzen widerlegt ganz augenscheinlich die immer wieder vertretene Auffassung, daß alle großen Denker dasselbe meinen, daß Rechtsphilosophie keinen Verdienst der Originalität zulasse oder daß es einen einheitlichen Ideenstrom gibt, der die ewig-gleichen Probleme umspült, ohne ein einziges zu lösen. Selbst wenn bedeutende Denker das gleiche sagen, sagen sie nicht unbedingt dasselbe: die Rechtfertigung der Sklaverei bei *Aristoteles* (Politik 1254 b), bei *Augustinus* (De civitate dei 19/15), bei *Thomas v. Aquin* (Summa theologiae II-II, 57, 4) und bei *Grotius* (De jure belli ac pacis 3/7) erfolgte nicht nur mit anderen Gründen, sie erfolgte vor allem innerhalb anderer Gesellschaftsordnungen. Selbst synonyme Problemstellungen sind nicht unbedingt identisch. Die alte, immer neue Frage: ist etwas Recht, weil es gerecht ist, oder ist etwas gerecht, weil es Recht ist, bedeutet, zu verschiedener Zeit an verschiedenem Ort gleich beantwortet, doch unterscheidbar anderes. Man spricht auch in diesem Zusammenhang, etwa bei dem überzeitlich scheinenden suum cuique, von Leerformeln.

Jedenfalls hat es noch zu keiner Zeit eine konsensfähige oder konsensfähig bleibende Rechtsphilosophie gegeben. Das alles läßt die Frage nicht nur nach den Kriterien für die Unterscheidbarkeit von Rechtsphilosophien, sondern auch nach den Ursachen für deren Unterschiedenheit unausweichlich werden. Wenn die uns überlieferten Rechtsphilosophien ein Trümmerhaufen zusammengebrochener Systeme, ein bloßes Neben- und Nacheinander individueller Irrtümer, eine Summe intellektueller Zufallsprodukte wären, dann erübrigte sich die Frage nach den sozialen Voraussetzungen, d. h. nach den gesellschaftlichen Grundlagen von Rechtsphilosophie.

Es ist aber höchst sinnvoll, zwischen den (logischen) Gründen zu unterscheiden, die etwa *Hobbes* (De cive 6/18) schlußfolgern ließen, daß jede Staatsgewalt im Bürgerinteresse absolut sein muß, und den (sozialen) Ursachen dafür, daß er, wie andere damals auch, die königliche oder parlamentarische Allgewalt samt Hierarchie nicht mit Herkommen oder Heiligenschein legitimierte, sondern mit der übereinstimmenden Vernunft Gleichberechtigter, basierend auf deren übereinstimmenden Interessen (Leviathan 2/17). Mit der Beantwortung der Frage, welche (logischen) Konsequenzen ergeben sich aus *Rousseaus* Aussage, daß die volonté générale souverän, unveräußerlich und unteilbar ist (Du contrat social II/1 u. 2), ist noch lange nicht die Frage beantwortet, welche (sozialen) Wirkungen sich aus dieser These ergeben haben.

Man braucht nicht *Hegels* überzüchtet-idealistischer Meinung anzuhängen, daß die in der Geschichte der Philosophie (also wohl auch in der Geschichte der Rechtsphilosophie) hervortretenden Individuen nur den *Schein* von Partikularität an sich haben[2] (weil sie nur Träger eines an und für sich Notwendigen seien), um zu der Einsicht zu gelangen, daß die individuellen, auch die nationalen Komponenten einer Rechts- und Sozialphilosophie keine ausreichende Erklärung dafür liefern, daß zu gewissen Zeiten z. B. irrationale Tendenzen im Theoriebereich vorherrschend werden. Selbst die Nebelbildungen im Gehirn der Menschen sind, zumindest tendenziell, Sublimate ihrer materiellen, empirisch konstatierbaren Lebensprozesse (MEW 3/26). Erst recht gilt für die epochemachenden Systeme, daß ihr eigentlicher Inhalt die objektiven Bedürfnisse progressiver Gesellschaftsklassen sind, und zwar unabhängig von den subjektiven Vorstellungen der Urheber dieser Systeme (MEW 3/449). *Hugo Grotius* etwa bildete sich ein, die Anforderungen eines überzeitlichen, allgemein-menschlichen und unveränderlichen Naturrechts zu fixieren, als er tatsächlich (und meisterhaft) die Anforderungen kapitalistischer Warenproduktion und -zirkulation an das Vertragsrecht beschrieb (De jure belli ac pacis 2/12). Das über Jahrhunderte hin immer wieder zu beobachtende Auftreten *utopisch*-kommunistischer Gesellschafts- und Rechtsvorstellungen *(Winstanley, Morelly, Weitling)* indiziert, daß einerseits die sozialen Voraussetzungen für *wissenschaftlich*-kommunistische Theorien noch nicht gegeben waren, daß aber andererseits die (objektiven) Widersprüche des sich entfaltenden Kapitalismus beim Vor- und Frühproletariat eine entsprechende unreife (subjektive) Widerspiegelung fanden.

Empirische Untersuchungen über Voraussetzungen von Rechtsphilosophien in Vergangenheit und Gegenwart ergeben, daß ihre Produzenten, die Rechtsphilosophen, a) von einem überlieferten Vorrat philosophischer und juristischer Aussagen, Forderungen, Methoden und Fragen ausgehen und b) diese vorgefundenen Thesen und Hypothesen umformen (teils akzeptieren, teils kritisieren und teils negieren), um mit einer quantitativ oder qualitativ neuen Rechtsphilosophie bisher unzureichend oder gar nicht gelöste Probleme zu bewältigen.

Eine Rechtsphilosophie ist keine creatio ex nihilo. Selbst die marxistische Theorie, die am radikalsten mit den überlieferten Eigentums-, Staats- und Rechtsverhältnissen bricht, knüpft, auch wenn sie in den materiellen ökonomischen Verhältnissen, den Klassengegensätzen von Besitzenden und Besitzlosen, wurzelt, an vorgefundenes Gedankenmaterial an: ohne den Vorausgang von *Adam Smith* und *David Ricardo*, von *Saint-Simon* und *Fourier*, von *Kant* und *Hegel* wäre der Sozialismus von *Marx/Engels*, nach eigenem Eingeständnis, nie zustandegekommen[3]. Die Auffassungen bürgerlicher Wissenschaftler erwiesen sich

[2] *Hegel*, Einleitung in die Geschichte der Philosophie, Berlin 1966, S. 278.

[3] Vgl. MEGA (FN 1) II/2, S. 252; MEW (FN 1) 7/541; 18/516; 19/188 f.; *Lenin*, Werke (LW), Bd. 19, Berlin 1962, S. 3; Bd. 20/200.

also als direkte theoretische Voraussetzung einer antibürgerlichen Theorie. Auch wenn ein Sozialphilosoph behauptet, voraussetzungslos zu denken, und jedenfalls auf keinen Schultern eines anderen zu stehen — etwa *Gerrard Winstanley:* what I have spoken, I have not received from books, nor heard from the mouth of any flesh[4] —, läßt sich natürlich nachweisen, daß er eine Tradition fortsetzt. Zu den sozialen Voraussetzungen der bedeutenden Rechtsphilosophien gehört, daß sie ein bedeutendes Gedankengut zur Voraussetzung haben (vgl. MEW 37/493)!

Damit soll nicht etwa behauptet werden, daß die Rechtsphilosophen ewig auf der Stelle treten, und es soll auch nicht denen beigepflichtet werden, die aus dem Neuen immer das Alte herauslesen. *Pufendorfs* Verzicht, in seinem De jure naturae et gentium auch nur einen einzigen Scholastiker zu zitieren, beweist nicht etwa, daß er diese nicht gekannt hat, es macht wahrscheinlich, daß er seiner Ablehnung ihrer Auffassung eine beleidigende Form geben wollte. *Giovanni Battista Vicos* Kritik an den Basisthesen von *Grotius, Selden* und Pufendorf (Principi della scienza nuova 1/2/108) ist genausowenig auf seine Vorgänger zu reduzieren wie *Hegels* Kritik an den apriorischen und empirischen Behandlungsarten des Naturrechts auf *Locke* oder *Kant* zurückgeführt werden kann. Denn wenn auch ein Rechtsphilosoph von seinen Vordenkern inspiriert wird, indem er Fragen beantwortet, die jene gestellt haben, indem er Antworten, die jene gegeben haben, zur Grundlage eigenen Weiterdenkens macht, schließlich erhält seine Rechtsphilosophie ihre eigene Qualität durch ihre Negation tradierter Auffassungen, durch ihre Position anders- und neuartiger Aussagen, Fragen und Methodiken. So ist gewiß die französische Aufklärungsphilosophie des 18. Jahrhunderts von der englischen des 17. Jahrhunderts angeregt und beeinflußt, aber *Helvétius'* dialektische These, daß das Naturrecht nicht angeboren, sondern ein Produkt der Zeit, der Erfahrung und des Verstandes sei, steht konträr zur Behauptung von Locke: the law of nature stands as an eternal rule to all men[5].

Eine neue Rechtsphilosophie widerspiegelt entsprechend dem Format ihres Autors neben dem intellektuellen Niveau seiner Vorgänger direkt oder indirekt die sozialen Widersprüche und Entwicklungsprozesse in Raum und Zeit. Auch wenn sich manche Rechtsphilosophen für die Verkörperung freischwebender Intelligenz halten, ist das Produkt ihres Nachdenkens, ihre Rechtsphilosophie, an soziale Voraussetzungen gebunden, und zwar hinsichtlich a) ihrer Entstehung und b) ihrer Wirkung.

---

[4] *Winstanley,* The Works, New York 1965, pp. 204, 315.

[5] *Helvétius,* Vom Menschen, Bd. 2, Breslau 1774, S. 142; *Locke,* Two Treatises of Government 2/135.

So ist etwa das intellektuelle Niveau von *Hegels* Rechtsphilosophie entscheidend vom Rang seiner von ihm verarbeiteten, d. h. negierten *und* affirmierten Vorgänger *Rousseau* und *Kant* (und *Adam Smith* natürlich) abhängig, aber das erwies sich nur als eine theoretische Voraussetzung dafür, daß Hegel den Epochencharakter seiner Zeit, nämlich die zum Tode verurteilte Feudalität samt der Notwendigkeit der französischen Revolution, die Widersprüche der bürgerlichen Gesellschaft, den Gegensatz von Reichtum und Armut, die Entfremdung der Arbeit, die Selbsterzeugung des Menschen als einen Prozeß in Permanenz, Vernunft und Geschichte als dimensionslose Tätigkeiten und das unaufhaltsame factum schließlich begriffen hat: es wird immer revolutioniert[6]. Genau diese Charakterzüge bestimmen aber die Qualität von Hegels „Rechtsphilosophie" und machen sie zu einem welthistorischen Werk. Andererseits ist die für das jeweils herrschende rechtsphilosophische Denken im Deutschland des 19. Jahrhunderts auffällige Verschiebung vom Naturrecht über die Historische Rechtsschule zum Rechtspositivismus nicht durch die theoretischen Quellen der wechselnd dominierenden Richtungen determiniert, auch wenn *Gustav Ritter von Hugo* sich als Kantianer bezeichnete und *Gerber* vor *Savigny* Ehrfurcht empfand. Ohne eine Analyse des Weges der deutschen Bourgeoisie zur Macht gibt es keine überzeugende Erklärung für den Wechsel in der rechtsphilosophischen Szenerie.

Der erforderliche, obschon zumeist übersehene Doppelaspekt, was die gesellschaftliche Grundlage von Rechtsphilosophien anlangt, nämlich erstens hinsichtlich ihrer Entstehung und zweitens hinsichtlich ihrer Wirkung, bietet den methodischen Rahmen, um Phasenverschiebungen zwischen dem Auftauchen einer Rechtsphilosopie und ihrer Resonanz oder die ungleiche praktische Bedeutung zweier theoretisch gleicher Ansätze zu hinterfragen. Daß zu Beginn der französischen Revolution die Gewaltenteilungslehre von *Montesquieu* (De l'esprit des lois, 11/6) an Einfluß die Volkssouveränitätsdoktrin von *Rousseau* (Du contrat social 2/2) übertraf, daß sich ab 1793 dieses Verhältnis umkehrte, ist genau so bekannt wie die Tatsache, daß zwischen der Entstehungszeit und der Wirkungszeit der Philosophie *Schopenhauers* Jahrzehnte lagen, ein Phänomen, das einer sozialen Erklärung bedarf.

Mit der Einordnung von Entstehung und Wirkung rechtsphilosophischen Gedankenmaterials in gesellschaftliche Widersprüche, Klassenkämpfe und Entwicklungsprozesse soll nicht etwa das Gewissen der betreffenden Rechtsphilosophen verdächtigt werden: nicht was sich die professoris juris *einbilden,* bestimmt ihre Funktion (MEGA I/1, S. 67;

---

[6] *Hegel,* Grundlinien der Philosophie des Rechts, Berlin 1981, S. 267 ff., 503 ff., 526, 604.

MEW 3/326). Gewiß hat nicht deshalb *Luther* seinem reformatischen Werk die soziale Spitze abgebrochen, als er 1525 sein Pamphlet „Wider die räuberischen und mörderischen Bauern“ publizierte, weil er etwa von den Adligen bestochen war, und *John Locke* hat gewiß nicht deshalb in seinen Two Treatises of Government der Sklaverei eine so ambivalente Behandlung zuteil werden lassen, weil er Aktionär einer Sklavenhandelsgesellschaft war. Es ist gerade der Vorzug einer materialistischen Rechtsphilosophie, sowohl die kurzschlüssige Argumentation, nach der des Rechtsphilosophen Intellekt das liefert, was ihm vom Interesse aufgetragen ist, als auch die Illusion einer freischwebenden, weil nicht bestochenen Intelligenz destruieren zu können, ohne an Substanz zu verlieren. Soziale Voraussetzungen von Rechtsphilosophien sind objektiv, also auch dann gegeben, wenn die betreffenden Rechtsphilosophen sich der ihrer Subjektivität zugrunde liegenden Objektivität nicht bewußt werden.

Rechtsphilosophie beginnt, wie jede Wissenschaft, mit falsch- oder unbeantworteten Fragen. Der Motor rechtsphilosophischer Entwicklung sind mehr oder minder bewußt gewordene Anforderungen der Gesellschaftspraxis an die Gesellschaftstheorie, sich reflektierend im Meinungsstreit der Rechtsphilosophen, die sich von sich selbst zu unterscheiden, sich voneinander abzustoßen und einander zu widerlegen beginnen.

So nahmen im England des 17. Jahrhunderts die sozialen Gegensätze zwischen Krone nebst altem Adel und Bourgeoisie nebst neuem Adel in den rechtsphilosophischen Gegen-Sätzen Gestalt an und wurden durch sie mobilisiert. Die realen Antagonismen der Gesellschaft zwischen einer sich von den ökonomisch Mächtigen emanzipierenden Staatsgewalt auf der einen Seite und auf der anderen Seite diese durch Unterhaus und Armee repräsentierten Besitzendem artikulierten sich in konträren Antworten auf die Fragen, ob die Könige Gottes Stellvertreter auf Erden oder Beauftragte der Steuerzahler seien, ob König oder Unterhaus höchstes Staatsorgan sein solle, ob des Königs Machtüberschreitungen ausschließlich göttlicher Rache unterliegen oder das Unterhaus den König kreieren, zensieren und eventuell liquidieren dürfe. Auf der rechtsphilosophischen Abstraktionsebene reflektierten sich die Interessen gegeneinander kämpfender Klassen etwa einerseits in den Thesen *Robert Filmers:* the greatest liberty is for a people to live under a monarch ... all the duties of a King are summed up in an universal fatherly care of his people ... it is unnatural for the people to govern or choose governors ... the prerogative of a King is to be above all laws (Patriarcha 2/1; 3/8) und andererseits in den Thesen *Lockes:* man being born with a title to perfect freedom equally with any other man

... the chief end of men uniting into commonwealths is the preservation of their property ... whereever law ends, tyranny begins ... society can never lose the native right it has to preserve itself (Two Treatises 2/87, 123, 202, 220). Dabei hielt Locke es für erforderlich, eine minutiöse Widerlegung all der antiquierten Aussagen und Forderungen Filmers zu liefern, so daß die Konturen seiner Rechts- und Sozialphilosophie halb aus einer Negation und halb aus einer Positionsbestimmung erwachsen.

In anderer Weise hat sich *Kants* Rechtsphilosophie in einem jahrzehntelangen Prozeß gebildet, in dessen Endphase noch die französische Revolution einschließlich der Hinrichtung von Louis XVI. einschlug. Den Intentionen *Rousseaus* verpflichtet hat Kant zwar die Überlebtheit von Leibeigenschaft, Adel und absoluter Monarchie, die Verkehrtheit von Kriegs- und Eroberungspolitik, von Kolonialismus und Sklavenhandel deutlich markiert und in allerbester Aufklärertradition das Naturrecht als den der Menschenvernunft entstammenden Maßstab des positiven Rechts konzipiert, aber eine Übereinstimmung zwischen seiner revolutionsakzeptierenden Geschichtsphilosophie und seiner revolutionsnegierenden Rechtsphilosophie hat er nicht zustande gebracht[7].

Wieder anders vollzog sich die Herausbildung der Sozialphilosophie bei *Marx:* nachdem er zunächst im Kreise der Junghegelianer versucht hatte, mit einer gegen *Hegels* Ergebnisse gerichteten konsequenten Anwendung der Prinzipien hegelschen Philosophierens die politisch-juristische Realität Deutschlands nach vorn zu stacheln (MEGA I/1, S. 199 ff.), mußte er unter dem Eindruck der realen gesellschaftlichen Verhältnisse bald feststellen, daß es der Fundamentalpolitik an eben diesen Prinzipien bedurfte, um die Ursachen der gesellschaftlichen Gegensätze und die theoretischen Voraussetzungen für die praktische Revolution zu ergründen. Unter Ausnutzung der von *Ludwig Feuerbach* entwickelten Umkehr-Methode materialistischer Kritik an Hegels Idealismus hat Marx dann in einem Kommentar zu den §§ 260—313 der Hegelschen „Grundlinien der Philosophie des Rechts" den Bruch mit der idealistischen Gesamtkonzeption dessen vollzogen, auf dessen Schultern er stand (MEGA I/2, S. 5 ff.).

Daß sich die Widerspiegelung sozialer Gegensätze zwischen Gesellschaftsklassen in der Form verbaler Widersprüche zwischen Rechtsphilosophen vollzieht, hat sehr dazu beigetragen, daß im Bewußtsein vieler Gelehrten der Zusammenhang ihrer Denkansätze und -ergebnisse mit den ökonomisch-politischen Tatsachen (nicht aber ihr Gegensatz zu ihren wissenschaftlichen Vorgängern und Gegnern!) verlorengeht,

---

[7] *Kant,* Gesammelte Schriften (Akademie-Ausgabe), Bd. 6, Berlin 1907, S. 266, 320, 329; Bd. 19, Berlin 1934, 590 ff.

nehmen doch diese Tatsachen in ihrem Kopf die Form theoretischer Motive und Gründe an. Es gibt also Umstände, die es einem Rechtsphilosophen erschweren, die Wirklichkeit unmittelbar zu analysieren und seine Kritik an anderen Rechtsphilosophen auch als Widerspiegelung von Wirklichkeit zu begreifen oder gar bewußt zu betreiben.

Das tradierte rechtsphilosophische Material an Fragen, Antworten, Methoden gehört zwar zu den Voraussetzungen der nachfolgenden Rechtsphilosophien, bedeutet aber für diese zugleich eine Herausforderung. Traditionen helfen und hemmen zugleich. Die aus der Vergangenheit stammende Gegenwart muß sich gegen diese Vergangenheit behaupten. Traditionen konservieren, und jedes Reformieren, erst recht jedes Revolutionieren, muß sich gegen sie durchsetzen. Daher ist auch die Behauptung, nur eine immanente Kritik rechtsphilosopischer Systeme sei sinnvoll, grundfalsch. Gewiß ist immanente Kritik unerläßlich; aber eine Beschränkung auf sie würde zu einer permanenten Perfektion des Überlieferten, würde im wesentlichen dazu führen, eine als Orientierungsensemble von zeitinvarianter Geltung mißverstandene Tradition gegen Gegenwartsinteressen zu aktivieren. Umgekehrt: das intellektuelle Format und die historischen Verdienste eines Rechtsphilosophen sind danach zu beurteilen, was er im Vergleich zu seinen Vorgängern qualitativ Neues, Besseres geleistet hat (vgl. LW 2/180), wie er sich durch seine Begegnung mit der Wirklichkeit aus seiner Vorgänger und seinen eigenen Grenzen hat hinaustreiben lassen.

Da das Recht die sich aus dem Eigentum an den Produktionsmitteln ableitenden ökonomischen, politischen und ideologischen Verhältnisse als Mittel und Maß der Macht reguliert, also selbst ein Mittel zur Reproduktion mehr oder weniger stabiler Gesellschaftsstrukturen eines bestimmten Typus ist, widerspiegelt Rechtsphilosophie, indem sie eine existente oder gewünschte Rechtsordnung begründet, legitimiert oder illegitimiert, direkt oder indirekt materielle Interessen herrschender oder beherrschter Gesellschaftsklassen oder Völker. Das Erkenntnisinteresse des Rechtsphilosophen entspricht oder widerspricht dem Handlungsinteresse des Rechtspraktikers. Selbst wenn eine Rechtsphilosophie ihren Forschungsgegenstand auf die innersystemaren Strukturen von geltenden Normensystemen oder auf Methodenprobleme von einer Metaebene her gesehen beschränkt, involviert eben diese Selbstbeschränkung den Verzicht, existente Rechts- (also Macht-)strukturen infrage zu stellen, bedeutet also, zu Ende gedacht, die indirekte Billigung der geltenden Rechtsordnung samt der dieser Normenordnung zugrunde liegenden Gesellschaftsordnung. Als Rechtsphilosoph entgeht man nicht der Politik, man entgeht höchstens der richtigen Seite. Ob man, wie *Grotius* (De jure praedae!), materielle Interessen rationalisiert, oder, wie *Spinoza* (Tractatus theologico-politicus, c. 16), heroische Illusionen produziert, ob man, wie *Hegel*, als parteiloser Wahrheitsforscher, oder, wie *Lenin*, als parteilicher Interessenvertreter publiziert, ob man, wie *Jhering* (Der Zweck im Recht), „das Leben selbst", oder, wie *Kelsen* (Allgemeine Theorie der Normen), ein von Inhalten gereinigtes Recht, zum Forschungsfeld erklärt, auch wenn dem Rechtsphilosophen die sozialen Voraussetzungen seines Gedankenmaterials unklar sind, die Wirkungen seiner Theorie hängen nicht von seinen Absichten ab und greifen in dieser oder jener Weise in soziale Zusammenhänge ein. Man mag es bedauern oder begrüßen, jedenfalls kann sich die Neugier des Wissenwollens von der Machtgier des Herrschenwollens nur relativ verselbständigen. Gewiß gibt es auch Gegensätze zwischen den Profiteuren und den Ideologen einer Klasse, wie zwischen den Profiteuren untereinander und den Ideologen untereinander. Aber wenn es hart auf hart geht, pflegen dergleichen Kontroversen in Konvergenzen umzuschlagen.

Soziale Voraussetzungen von Rechtsphilosophien anzuerkennen, führt schließlich generell zur Einsicht in wechselseitige Ursache-Wirkungs-Relationen von Rechtsphilosophie- und Gesellschaftsentwicklung, speziell zu der Erkenntnis, daß Rechtsphilosophie (wie das Recht auch) keine eigenständige, in sich abgeschlossene Geschichte hat, da ja nicht die vorangehende Rechtsphilosophie die ihr nachfolgende produziert. Weil die theoretischen Anschauungen letztlich nur aus den materiellen Lebensbedingungen herrschender oder beherrschter Gesellschaftsklassen zu begreifen sind (MEW 13/470) — und nicht umgekehrt: wie *Rousseaus* Sozialphilosophie nicht die Ursache der französischen Revolution war, so ist die Sozialphilosophie von *Marx/Lenin* nicht die Ursache der russischen Revolution —, erfolgt auch die Auflösung der großen theoretischen Gegensätze nicht durch theoretische Deduktionen, sondern durch die Austragung der praktischen Widersprüche: nicht die Widerlegung einer Rechtsphilosophie macht sie wirkungslos, sondern der Wegfall ihrer sozialen Voraussetzung (MEGA I/2, S. 395; MEW 3/40). Zu diesem Wegfall ihrer sozialen Voraussetzung und damit zu ihrer wirklichen Überwindung kann allerdings ihre theoretische Destruktion einen wichtigen Beitrag leisten.

Die Geschichte der Rechtsphilosophie demonstriert, daß gerade die epochemachenden Werke dazu beigetragen haben, den objektiv tendenziell vor sich gehenden Gesellschaftsfortschritt zu reflektieren und zu realisieren. Die soziale Wirkungslosigkeit von Rechtsphilosophie indiziert, daß die betreffenden Rechtsphilosophen entweder nur Redundantes gelehrt (und daher nur für ihre eigenen Studenten bedeutend sind) oder aber an den tatsächlich existierenden Problemen vorbeiphilosophiert haben.

Ohne etwa behaupten zu wollen — ich bediene mich eines Bildes von *Rosa Luxemburg*[8] —, daß die ökonomische Entwicklung gleichsam wie eine selbstzufriedene Lokomotive durch die historischen Geleise saust und das Recht nebst der Rechtsphilosophie ihr wie Güterwagen hilflos und passiv nachtrotten, jedenfalls sind Recht und Rechtsphilosophie eingebettet in den Gesamtprozeß der Gesellschaftsentwicklung. Diesen, alles in allem: Fortschrittsprozeß der Menschheit widerspiegeln Rechtsphilosophien mehr oder weniger adäquat. Diese Widerspiegelung wird von der Gesellschaft gebraucht. Die Wirkungsgeschichte der Two Treatises of Government von *John Locke* kann doch nicht als weltgeschichtlicher Zufall erklärt werden: zwischen 1689 und 1798 erschien in England durchschnittlich alle fünf Jahre eine neue Auflage, in Frankreich nach der 11. Auflage von 1802 die nächste erst wieder 1953 und in Deutschland zwischen 1718 und 1906 keine einzige! Selbst *Kant* scheint dieses Werk nicht gekannt zu haben.

Das Nichtverstehen vorhandener Rechtsphilosophien kommt nicht nur vom Mangel an Verstand, es kann auch vom Mangel an Bedürfnis kommen. Überdies belegt die Rezeptionsgeschichte von Rechtsphilosophie, daß in den geistigen Auseinandersetzungen wie in den praktischen Klassenkämpfen späterer Epochen die früheren Theoretiker als Autoritäten und Anreger durchaus weiterwirken können, zumal der Wert von Rechtsphilosophien durchaus nicht nur in ihren Resultaten liegt und die Wirkung einer Rechtsphilosophie sich auch über ihre Kritik *(Hegel/ Marx!)* vollziehen kann. Auf der intellektuellen Ebene der Gegenwart treffen sich auch die Denker der Vergangenheit und werden von den Modernen befragt, die sich die Antwort freilich selbst geben müssen, und doch helfen dadurch die Alten der Gegenwart. Die permanenten Autoritätsbeweise des Christen *Thomas von Aquin* mittels des Heiden *Aristoteles* („philosophus dixit"!) einerseits, die Befreiung der aristotelischen Wahrheiten von ihrem Scholastikermißbrauch durch *Grotius* und gar die Subsumtion des Aristoteles unter die Scholastik durch *Hobbes* andererseits, belegen wie der Stoa- und der Epikur-Einfluß auf die Herausbildung des aufklärerischen Materialismus im 17. und 18. Jahrhundert[9], daß die Einsicht in die sozialen Voraussetzungen für das Entstehen und Wirken von Rechtsphilosophie es gestattet, in den wechselnden geistigen Phänomenen „den stumm fortwirkenden Maulwurf" (Marx) des im Gesellschaftsfortschritt einbeschlossenen Erkenntnisfortschritts zu sehen, einer Einheit von Kontinuität und Diskontinuität[10].

---

[8] *Luxemburg,* Gesammelte Briefe, Bd. 1, Berlin 1982, S. 185.

[9] Vgl. *Hobbes,* Behemoth, London 1969, p. 41; *Hobbes,* Leviathan 4/46; *Grotius,* De jure belli ac pacis, Prolegomena, § 42; *Cicero,* De re publica; *Diogenes Laertius,* Leben und Meinungen berühmter Philosophen, Buch 10; *Pufendorf,* De jure naturae et gentium 1/7/13, 2/3/10, 4/3/5.

Auch heutige Rechtsphilosophie tut gut daran, sich über die sozialen Voraussetzungen ihres Entstehens und Wirkens klar zu werden. Wie hoch sie sich auch ihre Abstraktionsebene wählt, letztlich wird ihre gesellschaftliche Bedeutsamkeit von ihrem sachbezogenen Beitrag bei der Lösung globaler Probleme abhängen, zu denen unter anderem gehören: Krieg/Frieden; Individuum/Gesellschaft; Wirtschaftswachstum/Ökologie; Wissenschaftlich-technischer Fortschritt/Bevölkerungsexplosion; Kolonialismus/Entwicklungsländer; Eigentum/Recht; Rechtsstruktur/Gesellschaftsentwicklung; juristische Gesetzlichkeit/gesellschaftliche Gesetzmäßigkeit; Tradition/Fortschritt; Kapitalismus/Sozialismus. Jedenfalls führt für die Rechtsphilosophie kein Wissenschaftsweg vorbei an der Beantwortung der Frage nach dem Charakter der gegenwärtigen Menschheitsepoche und den determinierenden Faktoren für die Herausbildung, die Struktur und die Wirkung des Rechts in den existierenden Gesellschaftssystemen.

Literatur

Aarnio, A., Denkweisen der Rechtswissenschaft, Wien/New York 1979.

Aleksejew, S. S., Probleme der Staats- und Rechtstheorie, Moskau 1979, russ.

Bartsch, G., Philosophisch-methodologische Probleme der Gesellschaftswissenschaften, Berlin 1982.

Baumgarten, A., Rechtsphilosophie auf dem Wege, Berlin 1972.

Bloch, E., Naturrecht und menschliche Würde, Frankfurt/M. 1977.

Bodenheimer, E., Jurisprudence, Cambridge 1974.

Broekman, J., Recht und Anthropologie, Freiburg 1979.

Brusiin, O., Über das juristische Denken, Helsinki 1951.

Buhr, M./R. *Steigerwald*, Verzicht auf Fortschritt, Geschichte, Erkenntnis und Wahrheit, Berlin 1981.

Castberg, F., La philosophie du droit, Paris 1970.

Coing, H., Grundzüge der Rechtsphilosophie, Berlin (W) 1985.

Dreier, R., Recht — Moral — Ideologie, Frankfurt/M. 1981.

Dworkin, R., Taking Rights Seriously, Cambridge (Mass.) 1977.

Ehrenzweig, A., Psychoanalytic Jurisprudence, Leiden 1971.

Eichhorn, W./A. *Bauer*, Zur Dialektik des Geschichtsprozesses, Berlin 1983.

Fechner, E., Rechtsphilosophie, Tübingen 1962.

---

[10] Vgl. MEGA (FN 1) IV/1, S. 137; MEW (FN 1) Bd. 3, S. 263; Bd. 37, S. 492; Bd. 39, S. 205; LW (FN 3) Bd. 38, S. 244. — Vgl. *Klenner*, Vom Recht der Natur zur Natur des Rechts, Berlin 1984, S. 79—138: Marx/Engels-Anthologie zum Recht.

Fuller, L., Anatomy of Law, Harmondsworth 1971.

Haney, G., Sozialistisches Recht und Persönlichkeit, Berlin 1967.

Hart, H. L. A., The Concept of Law, Oxford 1961.

Heuer, U.-J., Recht und Wirtschaftsleitung im Sozialismus, Berlin 1982.

Jawitsch, L. S., Allgemeine Rechtstheorie, Leningrad 1976, russ.

Jenkins, L., Social Order and the Limits of Law, Princeton 1980.

Jørgensen, St., Values in Law, Copenhagen 1978.

Kamenka, E./A. *Tay* (Hrsg.), Justice, London 1979.

Kaufmann, A., Rechtsphilosophie im Wandel, Köln 1984.

— Wozu Rechtsphilosophie heute, Frankfurt/M. 1971.

Kelsen, H., Allgemeine Theorie der Normen, Wien 1979.

Kerimow, D. A., Philosophische Probleme des Rechts, Berlin 1977.

Klenner, H., Rechtsphilosophie in der Krise, Berlin 1976.

— Marxismus und Menschenrechte, Berlin 1982.

— Vom Recht der Natur zur Natur des Rechts, Berlin 1984.

Krawietz, W., Recht als Regelsystem, Wiesbaden 1984.

Kubeš, V., Grundfragen der Philosophie des Rechts, Wien/New York 1977.

Kudrjawzew, V. N., Recht und Verhalten, Moskau 1978, russ.

Lahtinen, O., Zum Aufbau der rechtlichen Grundlagen, Helsinki 1951.

Legaz y Lacambra, L., Rechtsphilosophie, Neuwied 1965.

Llompart, J., Die Geschichtlichkeit der Rechtsprinzipien, Frankfurt/M. 1976.

López Calera, N. (u. a.), Sobre al uso alternativo del Derecho, Valencia 1978.

Luhmann, N., Ausdifferenzierung des Rechts, Frankfurt/M. 1981.

Lukič, R. (Hrsg.), Sur la philosophie du droit, Belgrade 1978.

MacCormick, N., Legal Reasoning and Legal Theory, Oxford 1978.

Maihofer, W. (Hrsg.), Ideologie und Recht, Frankfurt/M. 1969.

Marcic, R., Rechtsphilosophie, Freiburg 1969.

Marxistisch-leninistische allgemeine Theorie des Staates und des Rechts, Berlin 1974—1976.

Marxistisch-leninistische Staats- und Rechtstheorie, Berlin 1980.

Messner, J., Das Naturrecht, Berlin (W) 1984.

Mokre, J./O. *Weinberger* (Hrsg.), Rechtsphilosophie und Gesetzgebung, Wien/New York 1976.

Mollnau, K. A. (u. a.), Objektive Gesetze — Recht — Handeln, Berlin 1979.

— (Hrsg.), Probleme einer Rechtsbildungstheorie, Berlin 1982.

— (Hrsg.), Probleme einer Strukturtheorie des Rechts, Berlin 1985.

Ollero, A., Rechtswissenschaft und Philosophie, Ebelsbach 1978.

Paschukanis, E. B., Ausgewählte Werke zur Staats- und Rechtstheorie, Moskau 1980, russ.

Peczenik, A./J. *Uusitalo* (Hrsg.), Reasoning on Legal Reasoning, Vammala 1979.

Perelman, Ch., Das Reich der Rhetorik, München 1980.

Peschka, V., Grundprobleme der modernen Rechtsphilosophie, Budapest 1974.

— Die Theorie der Rechtsnormen, Budapest 1982.

Radbruch, G., Rechtsphilosophie, Stuttgart 1973.

Rawls, J., A Theory of Justice, London 1976.

Reale, M., Filosofia do direito, São Paulo 1965.

Röder, K.-H. (Hrsg.), Karl Marx und die politische Theorie der Gegenwart, Berlin 1983.

Ross, A., On Law and Justice, London 1974.

Rottleuthner, H., Rechtstheorie und Rechtssoziologie, Freiburg 1981.

Ryffel, H., Grundprobleme der Rechts- und Staatsphilosophie, Neuwied 1969.

Strömholm, St., Allgemeine Rechtslehre, Göttingen 1976.

Stutschka, P. C., Ausgewählte Werke zur marxistisch-leninistischen Rechtstheorie, Riga 1964, russ.

Summers, R. (Hrsg.), More Essays in Legal Philosophy, Berkeley 1971.

Svensson, R., Konkretisierung von Rechtsnormen, Berlin 1982.

Szabó, I., Les fondements de la theorie du droit, Budapest 1973.

— Karl Marx und das Recht, Berlin 1981.

Tammelo, I., Zur Philosophie der Gerechtigkeit, Frankfurt/M. 1982.

Trappe, P. (Hrsg.), Conceptions contemporaines du droit, Wiesbaden 1982/83.

Troller, A., Die Begegnung von Philosophie, Rechtsphilosophie und Rechtswissenschaft, Basel 1971.

Tumanow, V. A., Bürgerliche Rechtsideologie, Berlin 1975.

Utz, A. F., Rechtsphilosophie, Heidelberg 1963.

Verdroß, A., Abendländische Rechtsphilosophie, Wien 1963.

Viehweg, Th., Topik und Jurisprudenz, München 1974.

Villey, M., Philosophie du droit, Paris 1975.

Wagner, H., Normenbegründungen, Köln 1982.

Weyl, M. R., Révolution et perspectives du droit, Paris 1974.

HOW TO DEVELOP HERMANN KLENNER'S ANALYSIS? SOME COMMENTS

By Eero Backman, Turku

It is an honour to be a commentator at this World Congress on Philosophy of Law and Social Philosophy. The theme of the Congress is "Philosophical Foundations of the Legal and Social Sciences" and Professor Klenner's paper "Soziale Voraussetzungen der Rechtsphilosophie" discusses a very important aspect of this. He gives an interesting illustration of the socio-historical determination of legal philosophy, its social functions as a scientific abstraction of the real world ("Wirklichkeitswissenschaft") and the responsibility of legal philosophy as a human activity.

Professor Klenner is one of the most prominent Marxist legal philosophers today. In his previous scholarly activity he has often examined the same problems as he does in his contribution to this congress, as for instance in his books *Rechtsleere. Verurteilung der Reinen Rechtslehre, Rechtsphilosophie in der Krise* and *Marxismus und Menschenrechte.* Consequently, Professor Klenner's paper is the result of many years' work. A Marxist legal scientist will easily agree with his general views on those socio-historical laws which determine the basic system and contents of legal philosophy and its nature as a scientific process. I think, however, that it is not necessary to be a Marxist to see that his basic ideas on the relationship between legal philosophy and social reality are realistic and well argued, especially the following:

1. The legal system is dependent on the social system. Consequently, legal philosophy cannot deny the objective relationship between "Is" and "Ought".

2. The legal system can be scientifically explained by causal laws. That is why the development of the legal system cannot be reduced to functional end-means-relations realized by law-making institutions. Functional analysis is necessary but not sufficient.

3. There are no legal norms which could be valid without social determination. The validity of legal norms is always dependent on time and place.

4. Because the legal system is also a means of constituting society, laws should not be seen as only mechanical and passive reflections of political or economic power. If the legal system were merely a passive reflection of power, legal philosophy would be impossible as an independent branch of intellectual activity.

I think that most of us would also agree with Klenner when he argues that the legal system should be seen both as the result of human creative productivity and as the product of creative force. The relationship between law and society is most certainly a reciprocal interaction or a dialectical circle.

I also agree with Klenner when he says that legal philosophy is not a *creatio ex nihilo*. Every significant world picture in legal philosophy is a creative continuation of previous thinking. An intellectual tradition certainly is a condition of legal philosophy. However, I think it is not precise enough to call this condition a *social* condition. The idealist history of science regards previous thought as the most important or even the only intellectual *explanans* of present ideas. It is necessary to ask *how* the material social forces reflect or express themselves in legal philosophy. I emphasize this question, even though Klenner is clearly conscious of it and also gives some answers, as it is a very important one and difficult to answer in a satisfactory way. Perhaps we could try to formulate the question more concretely: What are the intermediate social mechanisms through which the social material forces reflect themselves in legal-philosophical consciousness? I only raise this question, without attempting an answer, because an answer is possible only through a concrete analysis of specific modes of legal-philosophical consciousness in a specific society and historical stage of development.

Klenner's notions on the relationship between legal philosophy and society are, as I said, realistic and well argued, though on a fairly abstract level. That is why they seem to remain problematic. We must ask in what ways the legal system and legal-philosophical consciousness are dependent on the social systems; how we can formulate the causal laws which determine this process of interaction; and how the legal system and legal philosophy in turn influence social development. Klenner's attempt to answer these questions is quite respectable. His standpoint is, however, theoretical in a specific sense. He considers the intellectual conditions of legal philosophy as social conditions and pays less attention to the normative ("What is desirable or good legal philosophy?"), institutional ("How is legal philosophy socially controlled?") and socio-material ("In what ways do social forces influence legal philosophy?") aspects.

As Klenner remarks, legal philosophy derives its appreciation and significance from specific social conditions. It is not difficult to give examples of this rule. For instance, the prominence of Klenner himself in his own country does not reflect only his individual character and knowledge but also the social situation of Marxist-Leninist philosophy in the German Democratic Republic. Let us take another example from my own country. The prominent Finnish legal philosopher Otto Brusiin was already internationally well-known 30 years ago, but in his own country his ideas did not receive wide appreciation until much later, just before his death in 1973. "Das Nichtverstehen vorhandener Rechtsphilosophien kommt nicht nur vom Mangel an Verstand, es kann auch vom Mangel an Bedürfnis kommen", as Klenner says in his paper.

Finally, I would like to point to a very interesting thought in Klenner's paper. I mean the idea that philosophical standpoints which in their formulation closely resemble one another do not necessarily have the same content in different social and historical connections. He gives two examples: the legitimation of slavery by Aristotle, St. Augustine, St. Thomas Aquinas and Grotius, and the relationship between law and social justice ("Is something legal, because it is just, or is it just, because it is legal?"). The first example, however, also very clearly proves how social development influences legal philosophy. Perhaps Montesquieu was the last great philosopher to see the legitimation of slavery as a philosophical question. In his *Spirit of Laws* he tried to rationalise the existence of slavery in the colonies by assuming that the abolition of slavery would raise the price of the necessities of life, especially the price of sugar, in Europe. Nowadays the legitimation of slavery cannot be regarded as a philosophical question. A philosopher who tries to find arguments for the existence of slavery in the present world is speaking pure nonsense. On the other hand, Klenner's second example, the relationship between law and (social) justice, is one of the most important questions in legal philosophy today, as is evidenced even by the program of this Congress.

Professor Klenner's paper opens an interesting door on many legal philosophical problems. I have here taken up only some of them.

THE SOCIAL RESPONSIBILITIES OF THE ATTORNEY

By Vincent Luizzi, San Marcos (U.S.A.)

In the summer of 1981 in Mexico City I spoke to members of the IVR on the significance of cultural values for legal ethics. Since then I have pursued this general issue in the case of the obligations of the attorney. Today, here in Helsinki, I am pleased to share my thoughts on the social responsibilities of the attorney and to do so as a contribution to the interest of this assembly in the foundations of the legal and social sciences. The basic insight for which I shall argue is that an attorney's social responsibilities are largely a function of the type of society within which he operates, that, in effect, the ruling social or political theory or context of his society is the foundation of the science of legal ethics in so far as the determination of the attorney's social responsibilities goes.

It is not difficult to isolate debates over the specific social obligations of the attorney. For example, the question has been much discussed recently of the extent to which lawyers should make their legal services available to society. Some argue that, so long as the profession assumes responsibility for this, one need not oblige each member of the bar to provide *pro bono* services in some form. Others, taking issue with this, argue that the true spirit of law as a profession cannot emerge if certain members of the bar can claim exemption from any aspect of service. Both sides of the debate, however, seem to agree that services should be made available, even to the poor, with the point of contention being over how to effect this. As an initial insight into my thesis, I suggest, with this example, that the point of agreement therein is indicative of no hard and fast truth about the profession's obligations *simpliciter* but rather about the commitment of members of a particular society; would it not seem incongruous to envisage such a commitment as obtaining in a merit society where the principle of distribution of goods, including legal services, was a function not of individual needs but strictly of individual accomplishment and contribution to the society? Again, I take it that this suggests that it is the society more than anything about the profession of law that bears on what particular social responsibilities can be ascribed to the attorney.

Further development of this thesis requires a consideration of colorable candidates for the social obligations of the attorney along with a cataloguing of the various types of society in which these obligations, arguably, vary. With regard to the first, I suggest the following as likely possibilities for the lawyer's social obligations:

(1) to promote justice

(2) to engage in *pro bono* activities

(3) to educate the laity about the legal system

(4) to improve the legal system

(5) to improve the penal system

(6) to make legal services available

(7) to uphold the rule of law

(8) to protect the rights of the state or its citizens

(9) to resolve controversy or conflict

(10) to further the goals of the state

(11) to further the goals of society

(12) to provide leadership when possible

(13) to simplify the law

(14) to amass large sums of money which might "trickle down" to the needy.

What I now wish to bring out is that further elucidation of the thesis that the attorney's social obligations are relative to his society or state requires a fresh look at our standard conceptions of states, societies, and political orientations. Consider some traditional orientations — fascist, contractual, Marxist, organic, anarchist. Consider the liberal state, the oligarchy, the democracy, the monarchy, the socialist state. Consider Rawls' conception of the end state contrasted with Nozick's historical conception. Consider a state with an adversarial system versus an inquisitorial system of justice, a code state versus a common law state; one where the goods are allocated according to merit, one according to need, one in an equal fashion, a liberal state, one where individual freedoms are great, one where they are few.

My feeling about the types of states listed or the ways in which a society or state may be run or structured is that there are certain confusions or uncertainties about just what we are dealing with. Although the following comments may be autobiographical to some degree, I think they are nonetheless indicative of the sorts of queries a reasonable person may have, upon examination of the literature on types of societies and states.

First, I find it less than clear what the intention of the advocates of some of these theories is, in so far as the pervasiveness of the theory goes. Consider, for example, the advocate of a society or state with an inquisitorial system of justice. One might, on the one hand, argue that such a system merely represents the fashion in which disputes between citizens or between citizens and the state will be settled and that no commitment to aspects of how the society will further be ordered is thereby made. On the other hand, one might recognize that certain freedoms which the citizen would be afforded in a liberal society, such as the accused's right to remain silent, would not easily obtain in such a system and that it is thus difficult to adopt such a system without also committing oneself to other aspects of structuring society. Further, these observations can be made regardless of the question of the intent of the theorist.

Next, it is not always clear whether features usually associated with various theories of state are to be construed as necessary or accidental properties of the state so conceived. For example, a socialist state is commonly conceived as one where communal ownership of land, production capabilities, *etc.* obtains, with distribution of goods based on need or a principle of equality. Nonetheless, is is not clear why, in principle, some principle of merit could not be operative for the distribution of all or some goods, recognizing the essence of socialism to be common ownership without any necessary commitment to the principle of distribution of goods and recognizing further that it is only a matter of empirical fact that most socialist states have opted for something other than a merit principle.

These two observations are not unrelated. Both are indicative of the conceptual confusion that hovers over various theories of state and just what we are committed to, conceptually, when we identify some state as socialist, fascist or monarchical. More specifically, to sort some of this out, it seems that it is unclear what conceptual load is carried by these various names of societies and states, and unclear, too, which of the following views is being subscribed to. I attempt here to set out the full range of possibilities to reveal the ways in which the theories could be construed:

(1) When we call a state/society an *s*-state/society, we mean that some feature(s) is (are) necessary to the conception.

(2) When we call a society an *s*-state/society, we mean that some feature(s) is (are) the only features of the conception.

(3) When we call a society an *s*-state/society, we mean that some feature(s) is (are) necessary to the conception and that others probably obtain.

(4) When we call a society an *s*-state/society, we mean that some feature(s) is (are) necessary to the conception and that others have always accompanied this conception as it actually obtains, and we expect them to do so in the future.

What I suggest, against this backdrop, is that, when speaking of some society or state, we clearly delineate its features, recognizing the variety of ways in which a mere labelling or naming of it can be interpreted and lead to confusion. The forms I suggest include:

Form A: In society s_1, features $f_1, f_2, f_3 \ldots, f_n$ obtain and we will call this society . . . .

Form B: The concept of society s_1 includes features $f_1, f_2, f_3 \ldots, f_n$ and we will call this society . . . .

In this fashion we can distinguish between an extant society that may happen to have features that diverge from some ordinary conception of that society with the same name and some theory of society or state that adopts certain defining features. With this distinction we can then go on simply to make whatever points we wish about the society being discussed. We might say, for example, that some existing "fascist" society with features f_1, f_2, and f_3 deviates from some conception of a "fascist" society with features f_1, f_3, and f_4 and that it ought not so to differ. Or we may wish to point out that although all existing "socialist" societies have features f_1, — f_{18}, the concept of a "socialist" society only contains features f_3 and f_{16} and that the others are merely contingent features of some existing socialist societies.

Besides allowing us to avoid the confusions identified above, I believe this approach will allow us both (1) to pause when speaking about some society or state and ensure that we are clear just what we are committing ourselves to when we speak of some society by name and (2) to recognize that the juxtaposition of elements or features of a society is not as rigidly defined as we may have thought, but allows for more creative conceptions of societies and for the recognition of possibilities for improvement in existing societies.

Let us now return to our initial query about the social obligations of the attorney. I argued earlier that no absolute obligations can be ascribed to the attorney, such being in part a function of the society in which he practises. The question now arises as to what assistance in determining these obligations we obtain from a clear delineation of the society in which he practises. First, it seems clear that no obligations are necessarily derived from the known features of the society unless it is the case that one of the features itself explicitly posits an obligation for the attorney. Next, it seems that we would have no guarantee that certain obligations actually obtain in some society simply from knowing its features, unless, again, one of those features made direct reference to the attorney's social obligations.

The significance which, I think, knowledge of the features of a society does have for the issue of determining the attorney's social obligations is this. It provides a ground for intelligent discussion of what the obligations should be, what existing obligations he should be relieved of, and what new obligations he should reasonably undertake. In effect what I am suggesting is that we have located the proper ground on which we can proceed to debate the question of what the social obligations of the attorney are, regardless of where he practises, but recognizing that that very ground draws our immediate attention to where he practises, for our universal criterion for determining his social obligations leads us to consider the features of the particular society in which he is at bar.

THE GENESIS OF LEGAL POSITIVISM: PHILOSOPHICO-LEGAL AND HISTORICO-LEGAL ASPECTS

By V. S. Nersesyants, Moscow

The origin of legal positivism as a special theory of law is connected with the name and work of John Austin (1790—1859), who presented legal positivism in *Lectures on Jurisprudence or the Philosophy of Positive Law* (published in 1832) as an analytical theory of law.

The underlying ideas of Austin's analytical jurisprudence, as is well-known, are the following: understanding of law only as positive law; criticism and rejection of natural law; compulsoriness as the only distinguishing characteristic of law in the final account; formalistic and dogmatic methods of analysis of law, legal terms and definitions; isolation and "purification" of law from other social phenomena, and "purification" of jurisprudence from "metaphysical" assumptions about phenomena in nature, causes, values, nature of law etc. All these ideas and their various modifications have been of great significance for the subsequent varieties of legal positivism in the nineteenth century (Sh. Amos and others in England, B. Windscheid, K. Gerber, K. Bergbohm, P. Laband, A. Zitelmann and others in Germany, Kabant and others in France, E. V. Vaskovski, A. Ch. Golmstein, D. D. Grimm, S. V. Pachman, G. F. Sherchenevitch and others in Russia) and in certain aspects also for the different trends of neopositivism in the twentieth century (eg. V. D. Katkov's "reform of jurisprudence by general linguistics", H. Kelsen's "pure theory of law" and the linguistic jurisprudence of H. L. A. Hart and others). That is why the position, to be found in the literature, which sets analytical jurisprudence apart from legal positivism seems unconvincing.[1]

The basis of analytical jurisprudence and other varieties of legal positivism is presented in principle by one and the same understanding of what law is. The point uniting all these concepts is that they consider "law" in general only as a "positive law", i. e. what has at a given time and place official sanction or validity (legislation formally sanctioned by official power, or custom actually acknowledged by power,

[1] See *S. Shuman,* Legal Positivism. Its Scope and Limitations, Detroit 1963, p. 12—13.

precedents etc.). Such reduction of "law" to "legislation" (to "legislative sources" and to that which has "positive" legal force) is typical of all varieties of legal positivism, notwithstanding their originality and different colours in many other aspects.

For instance, Austin described law as an aggregation, established by a political leader or sovereign, and stressed that any law is a command, an order.[2] According to Sh. Amos, law is an order of supreme political power with the aim of controlling the actions of individuals in a given society.[3] G. F. Sherchenevitch adhered to the same views when he wrote: "Any legal norm is an order".[4] In his opinion, law is "a product of the state", and state power is characterized by him as "a starting fact from which come legal norms clinging to each other".[5]

By its orders state power produces law — this is the *credo* of the positivist understanding of law. From this point of view anything ordered by power is law. It follows from this that the difference between law and arbitrariness loses its objective and pithy sense and has only a subjective and formal meaning for legal positivists — evident arbitrariness, sanctioned by a certain subject (state organ) in a certain form (act, prescript, resolution), is acknowledged as law. In the positivist interpretation an order of the state authority has magic possibilities. It is maintained that an order can solve tasks not only of a subjective character (the formulation of legislative norms) but of an objective one as well (the creation of law as such) and of a scientific nature (differentiating between law and arbitrariness and non-legal phenomena as well).

Unquestionable merits of legal positivism are close attention to positive law and legal dogma, the development of legal definitions and terms, of specific ways and methods of legal analysis, the thorough study of the sources of law in force and all its "inner" characteristics. This is so regardless of such demerits as its formally dogmatic character and its narrow-mindedness in ideological and theoretical matters.

When analysing the genesis of legal positivism it is necessary to consider its legal and philosophical roots and origin in the history of positive law in general as well as the history of positive-law studies (primarily the history of jurisprudence and the philosophy of law). In

---

[2] *J. Austin,* Lectures on Jurisprudence or the Philosophy of Positive Law, Vol. 1, London 1873, p. 89, 98.

[3] *Sh. Amos,* A Systematic View of the Science of Jurisprudence, London 1972, p. 73.

[4] *G. F. Sherchenevitch,* Obshaj teorii prava, vol. 1, Moskva 1910, p. 281.

[5] Ibid., p. 314.

this context the following early trends of legal and philosophical thought should be mentioned:

— The teaching of the old Chinese legists with their reduction of law to legislation as a means of compulsion and punishment;

— Ancient Greek thinkers' philosophical fixation and interpretation of "artificial" or volitionally established law as distinct from "natural" law (Democritus, the Sophists, Socrates, Plato, Aristotle, the Stoics);

— Roman lawyers' special ways of legally working out problems and definitions of law in force and its sources;

— The efforts of medieval lawyers to elaborate the formal dogmatic method of analysis of positive law (particularly the glossators of the Bologna school, the representatives of the so-called humanist school in jurisprudence, European legists, etc.);

— The introduction into the field of political theory and law research, by such early bourgeois thinkers as Machiavelli, Spinoza, Hobbes, Bacon and others, of ideological attitudes as well as of methodological devices borrowed from the experimental and empirical sciences of that time (for the genesis of legal positivism, their interpretation of force as a basis of law was of special importance as purifying the sphere of politics and law from moral considerations and leading to an understanding of law in force as the prerogative and product of the state, particularly in Bacon's thought);

— The interpretation and justification of existing law as a historically positive essence by the representatives of the historical school of law;

— The revision and substantial philosophical criticism of all previous metaphysical philosophy in the late eighteenth and early nineteenth centuries (in the works of thinkers of different trends who each influenced in his own way the formation of legal positivism — Kant, Schelling, Hegel, Comte, Spencer, J. S. Mill, Bentham and others). This criticism discredited former philosophical concepts (particularly the doctrines of natural law) and stimulated attempts to find a new concept of jurisprudence with an autonomous subject and method (the same was true of the independent natural and social sciences, which developed in the same period).

Among the precursors of analytical jurisprudence special attention is due to Hobbes, whose understanding of positive law was closely reproduced by Austin. As Hobbes (in *Leviathan)* stressed, the legal force of law arises only from the fact that it is the order of a sovereign. The "law" is understood here as all "positive law". That is why we can say with good reason that Hobbes formulated the understanding of law which was later adopted by the representatives of different trends of legal positivism.

In its concrete historical aspect legal positivism established and consolidated itself as a result of the victory of the bourgeois social system, the increased role of the state and the attendant growth of legal acts of state within the system of sources of law.

In its ideological aspect legal positivism reflected the changed legal attitude of the triumphant bourgeoisie, which had won official recognition in law ("positivation") for its legal claims, the ideology of advocating the official, present legal order against all sorts of critical and "non-positive" sounding claims and ideas of the opposition about "due", "reasonable", "ideal", "natural" law.

From a gnoseological point of view legal positivism, under the impact of advances in natural science, tried to adopt natural scientific empirical methods of sanctifying law by criticizing the old, traditional (philosophical, speculative, speculative-cum-theoretical and metaphysical) methods of legal cognition. Having rejected their theoretical arguments, positivists began to observe and describe facts. At long last, they believed, a strictly "scientific" description of real, positively given phenomena (norms of "positive law") had replaced the speculative explanations couched in terms of irreal "metaphysical substances" (of a type of "natural law", "essence of law" and so on).

In practice, however, such replacement of the explanatory approach by descriptions and comments means the negation (or considerable diminution) of the role of theory (and theoretical abstractions) within the general framework of forms, ways and methods of cognitions of law.

The theoretical weakness of legal positivism clearly shows itself in the narrow interpretation of the key concept of "positivity" in terms of other notions (order, compulsion, force, etc.). Stressing that only compulsion is positivity is a pure declaration. Within the confines of this officially pre-determined positivity no place (or necessity) is left for conceptual studies which in positivism are replaced by formal-logical analyses of actual material, by definitions of terms and the construction of new definitions. But definitions and terms are not yet concepts.

That is why R. Ihering evidently overstated the theoretical level of legal positivism, characterizing it as a "jurisprudence of concepts". In fact legal positivism is rather a jurisprudence of notions and definitions.

THE LEGALITY OF A POLITICAL SYSTEM: POSITIVISM, POLITICAL MORALITY AND THE POINT OF THEORIES OF LAW

By John B. Oakley, Davis (California)

H. L. A. Hart's recent book, *Essays on Bentham,*[1] is devoted principally to further explication and evaluation of the Benthamite theory of law which Hart reconstructed in *The Concept of Law.*[2] Most of the material in *Essays on Bentham* has been published before, but Hart has added an important new response to "two sophisticated modern attempts which seek to preserve the idea that 'obligation' and 'duty' have the same meaning in legal and moral contexts".[3] Hart refers to Ronald Dworkin and Joseph Raz. I shall not discuss his sympathetic treatment of Dr. Raz.[4] My present interest is his uncharacteristically harsh criticism of Professor Dworkin.

After reiterating how Bentham was mistaken in basing his theory of law on the idea of a command, Hart concludes the book with the observation that "the mistake is none the less an illuminating one; for buried in the idea of command there are ... elements which are crucial to an understanding of law".[5] I shall argue that Hart's criticism of Dworkin reveals a mistake on Hart's part which is no less illuminating of our understanding of law, and specifically of our understanding of how theories of law turn ultimately on theories about the point or purpose of law.

---

[1] *H. L. A. Hart,* Essays on Bentham: Studies in Jurisprudence and Political Theory, Oxford 1982.

[2] *H. L. A. Hart,* The Concept of Law, Oxford 1961.

[3] *Hart* (note 1), p. 147. The discussion of Dworkin in Chapter VI appears at pp. 147—153; the discussion of Raz follows at pp. 153—161. Chapter X, which is also previously unpublished, concludes the book with further discussion of Dworkin's and Raz's views in comparison to Hart's, pp. 262—268.

[4] Hart's response to Raz is limited to questioning whether Raz's attribution to judges of at least the pretense of a moral commitment to the legal norms enforced through adjudication is necessary to account for the normativity of law, and in an effort to minimize his differences with Raz, Hart concludes the book by restating his own concept of rules of recognition in Raz's terms of authoritative reasons for action. *Hart* (note 1), pp. 153—161, 243—268.

[5] *Hart* (note 1), p. 268.

I had the good fortune to spend the year 1982—83 at University College, Oxford, and so to discuss at some length with both Hart and Dworkin their disagreement over the relationship of law and morality. I draw on these discussions, as well as each author's published work, in arguing that Hart has been misled by Dworkin's concentration on problems of adjudication into conflating the conceptual connection between law and morality which Dworkin defends in his theory of adjudication with the distinct, logically prior but not yet fully elaborated conceptual connection between law and morality which Dworkin incorporates in his general theory of law. As a result Hart has mistaken the way in which Dworkin's theory of adjudication, the "rights thesis," may present a judge in a wicked legal system with a genuine moral dilemma notwithstanding Dworkin's argument that all legal rights are a species of moral rights.

My view of law is sympathetic to Dworkin's, but my objective is not to defend Dworkin's theory of law so much as to clarify how Hart and Dworkin differ not only on the familiar ground of Dworkin's contention that moral theory provides an essentially gapless domain of law which excludes judicial lawmaking discretion from adjudication within a mature legal system, but also on the less well-explored ground of their respective criteria for the existence of a legal system. To distinguish this issue of legal theory from the issue of what law exists within a political system that is acknowledged to be a legal system, I call this the issue of the *legality* of a political system. It poses what seems to me a neglected question essential to our understanding of the concept of a legal system: the relevance of political morality to whether a political regime which is systematic and effective in its prescription and regulation of norms of social behavior, is for these reasons alone properly considered to be a legal system. The time at hand allows me only to show why this is an important issue, and to suggest rather than to prove that it is an issue which must turn on moral theory as well as social facts.

I. Hart's Criticism of Dworkin

Hart thinks that testing Dworkin's arguments for the conceptual connection of law and morality against the realities of wicked legal systems exposes either the triviality of the claimed connection or the incoherence of Dworkin's view of morality. Hart begins by correctly attributing to Dworkin the following three propositions: 1. it is false that legal and moral obligation are conceptually distinct; 2. it is also false that what is legally right is always morally right; and 3. it is nonetheless true that "a necessary or conceptual connection between law and morality" accounts "among other facts for the fact that we describe what legislative enactments require in the normative term of duty".[6] But Hart goes wrong in also attributing to Dworkin the belief that it is *this* "conceptual connection between law and morality" which "becomes evident if we look at the law as it is seen by judges who have a duty to ascertain it and apply it in deciding cases".[7] As I shall show, the conceptual connection between law and morality which Dworkin deploys in his theory of adjudication is distinct from and subsidiary to the conceptual connection which Dworkin deploys, or at least adumbrates, to account for the legality of a political system and hence the obligatory force of the standards of behavior prescribed by its coercive institutions.

Hart misses this distinction, and goes on to describe how a Dworkinian judge within a given legal system confronts not only "the explicit law", that is, "the settled practices" of the legal system including "the mass of constitutional law, statutes, and precedents under which individuals have already been treated as having legal rights and duties," but also "the implicit law which consists of the set of coherent and consistent principles which both explain and justify the explicit law". Hart refers to "[t]his set of implicit, explanatory and justificatory principles" as "the soundest theory of the law," and declares that it serves "two main purposes" in Dworkin's theory. One is to settle "hard cases" by yielding "a unique decision in all cases left indeterminate or partially unregulated by the explicit law". But Hart sets aside the merit of Dworkin's attack on the positivist theory of adjudication as "a separate topic".[8]

> Here I am only concerned with the second function which Dworkin attributes to the implicit law, namely, its provision of an explanation of how it is that enactments of a legislature requiring citizens to do or to abstain from some action can create rights and duties for them, the existence of which is asserted in normative statements of law.[9]

"Dworkin's explanation," Hart correctly declares, "is one which assumes that the rights and duties which have been recognized under the settled practices of the legal system and whose creation by legislative enactment has to be explained, are a species of moral right and duty."[10] But Hart mistakes Dworkin's explanation when he attributes to Dworkin the view that legal rights are moral rights

[6] Ibid., p. 147.

[7] Ibid., p. 147.

[8] Ibid., p. 148.

[9] Ibid., p. 148.

[10] Ibid., pp. 148—149.

> only because they have been created in accordance with certain justifying principles which form part of 'the soundest theory of the law'. ... A judge must look only to the moral principles implicit in the established system and would not be entitled to deny the title of legal duty to some requirement of the law simply because it is morally iniquitous according to background morality.[11]

As Hart proceeds forcefully to demonstrate, such an explanation of the legally obligatory force of the explicit law would render Dworkin's theory either trivial or incoherent. If "under the explicit rules of such wicked systems [as Nazi Germany or South Africa], legal rights and duties arise as *prima facie* moral rights and duties" only in virtue of "the soundest theory of the law," but the conflict between this theory and background morality may be sufficiently dramatic to compel the judge nevertheless to lie about the true but evil content of the law, then the connection between law and morality provided by "the soundest theory of the law" is trivial. "[W]hen we enquire what legal rights and duties have been established by the settled explicit law of the system, we may disregard 'the alleged dimension of morality' and all questions of moral justification by 'the soundest theory of the law' which fits the system because this is necessarily devoid of any justificatory force. ... This seems indistinguishable from legal positivism."[12]

In conclusion, Hart rejects Dworkin's anticipated "last-ditch defense" of predicating the moral component of legal rights on the principle that fairness dictates consistency in adjudication as a "hopeless" basis for supporting the moral nature of legal rights, because the first application of a clear and newly created statute would not feature the principle at all, and Dworkin's law would therefore be positive law devoid of moral content.

> Dworkin's moral terminology here therefore seems to add only a confusing but idle decoration to the positivist simple conclusion. It is as if Dworkin were to say 'Yes, that is how one establishes in clear cases legal rights and duties, but remember that in every such case except the first, there is a moral component due to fairness and the need for consistency, even in wickedness, and that is why we can speak here of legal rights and duties consistently with the idea that they are a species of moral rights and duties.'[13]

In the clear case arising under a wicked system of settled law, the argument that there is a moral right to consistently immoral law is incoherent. Likewise in the hard case, if the soundest theory of the law is only the least odious theory of moral justification for a wicked legal system, it has no moral merit at all, and it is absurd to suppose that it

---

[11] Ibid., p. 149.

[12] Ibid., pp. 149—151.

[13] Ibid., p. 152.

dictates in virtue of morality a legally determinate result in a case not clearly covered by the settled law.[14]

II. Hart's Mistake

Hart has conflated Dworkin's theory of adjudication and its use of the "soundest theory of the law" to resolve hard cases, with Dworkin's theory of the legality of a political system. Hart has thus confused the issue of (1) the relevance of morality to the identification of the legal rights conferred on a party to litigation by a particular legal system; with the separate issues of (2) the relevance of morality to whether a particular political system is a legal system; and (3) the nature of the moral dilemma confronted by a judge in a case in which legal rights conflict with "background" moral rights, so that general morality argues for the judge to disregard the legal rights of the parties.

To illustrate the distinctions between these issues, I offer an example suggested to me by Dworkin which draws these distinctions in the context of a dispute over the moral obligation imposed by a promise, rather than by law. I assume that an obligation in virtue of a promise establishes only a *prima facie* moral obligation to carry out the promise, so that if I promise to meet you for tea at 3:30 in the afternoon, I am morally excused from keeping the appointment if, while walking to our rendezvous, I encounter some person in distress, perhaps the victim of a traffic accident, whom I can protect from serious harm only by reneging on my promise to you. I also assume that the moral obligation imposed by a promise is at least partly autonomous from general morality, except where the promise consists of nothing more than a commitment to do whatever is right under the circumstances. Any more concrete commitment to a certain course of action insulates the issue of the moral duty to comply with the promise from the issue of moral duty absent the promise, in the sense that the fact of the promise adds something discrete, if not dispositive, to the moral calculus that would determine what actions were permitted or compelled, all things being equal except for the fact of the promise having been made.[15] Dworkin claims, and I agree, that obligations in virtue of law, like obligations in virtue of a promise, are *prima facie* moral obligations, so that the existence and content of such obligations affect, even if they do not control, the moral choice which must be made when these obligations are in conflict with considerations of general morality.

[14] Ibid., pp. 152—153.

[15] For Dworkin's use of the metaphors of autonomy and insulation in the context of institutional rights generally, see *R. Dworkin*, Taking Rights Seriously, Cambridge and London 1978, p. 101.

Suppose that *A* promises *C* that *A* will fire his employee, *B*, who has quarrelled with *C*. *C* subsequently demands that *A* carry out the promise. *A* objects that he has since discovered that *B* had good reason to quarrel with *C*, and that *C*'s desire to harm *B* by holding *A* to his promise is therefore unfair to *B*. *A* and *C* submit their dispute over *A*'s duty in virtue of the promise to our decision. We might first inquire, along the lines of issue (1) above, into the terms or content of *A*'s commitment to *C*. Suppose that we find that *A* did not have in mind at the time any implied term making his commitment contingent on the fairness of *C*'s anger at *B*; *A*'s intention, and *C*'s understanding, was simply that *A* agreed to fire *B* out of friendship with *C*. We then must decide on the content of the commitment by elaboration of the conception of friendship shared by *A* and *C*, as best we can determine it from the history of their friendship. We might find that this conception of friendship was unattractive to us personally, because it valued acts of friendship more highly than their effects on third parties. Nonetheless the conception shared by *A* and *C* (at least until *A*'s recent moral awakening) might lead us to conclude that *A*'s commitment to *C* was not qualified by any contemporaneous concern for fairness to *B*.

We would then have to consider, analogously to issue (2) above, whether *A*'s promise, whatever its content and motivation, satisfied such formal criteria as we might take to be conditions to making a commitment even *prima facie* morally obligatory. At a minimum we would probably demand that *A* have uttered the promise and that *C* have heard of it; we might demand more, for instance that *A* have uttered it in *C*'s presence, or that *C* have in some sense relied on the promise to his detriment prior to *A*'s reconsideration, or that *A* have been sober and free of duress. Unless our conception of a morally obligatory promise were a bizarre one, we presumably would not require the full panoply of formal conditions for legally obligatory promises, such as adequate consideration and a writing. Assuming we decided that *A*'s commitment counted as a *prima facie* morally enforcible promise by these formal criteria, we would still have to decide the ultimate issue, analogous to issue (3) above, whether the moral force of the duty to keep promises was in the circumstances sufficient to outweigh the moral force of whatever duty *A* might owe *B* as the innocent victim of *C*, and so to compel our decision in favor of *C*.

Dworkin's point is that our resolution of issue (1), concerning the content of the promise, is independent of our resolution of issue (2), concerning the proper characterization of *A*'s commitment as a morally obligatory promise, and is only one element in our resolution of issue (3), concerning whether morally the promise should in fact be enforced. We might disapprove of the conception of friendship by which we construed the promise, still find the promise a *prima facie* enforceable one, and quite coherently refuse to enforce the promise because it would be morally odious to do so. Dworkin thinks legal rights can similarly conflict with background moral rights, despite the fact that legal rights are a species of moral rights, because the moral force of legal rights exists for reasons independent of the content or motivation for the creation of such legal rights. This independent moral force exists in virtue of the social facts constituting an operating legal system. It is no threat to Dworkin's position to admit that some putative legal systems may be so wicked in structure as to be denied the title of legal. In such a case there can be no conflicts between legal and moral rights because no legal rights exist under the system. But if the wicked system is a legal system, then there is no embarrassment in admitting that the laws of the system establish legal rights which are *prima facie* moral rights, even though the wickedness of application of a particular law of the system may provide a countervailing right of general morality to a judgment denying — and to be effective, lying about — the legal right created by the law in question.

III. What Makes a Political System Legal?

Given their importance in defending the coherence of his views in the context of wicked legal systems, it may seem surprising that Dworkin has devoted little attention in his writings to the criteria for determining the legality of a political system. In his essay on *Hard Cases* he assumed that adjudication was taking place within a legal system, commenting rather vaguely:

> The constitution sets out a general political scheme that is sufficiently just to be taken as settled for reasons of fairness. Citizens take the benefit of living in a society whose institutions are arranged and governed in accordance with that scheme, and they must take the burdens as well, at least until a new scheme is put in force either by discrete amendment or general revolution.[16]

Dworkin has since suggested that he means "sufficiently just" in at most a Rawlsian procedural sense by which citizens accept a particular legal system as, by and large, a just way of resolving their inevitable conflicts as individuals to the end of achieving some collective social goal.[17] It is clear, however, that Dworkin does not mean to deny legality to political systems constituted by collective goals other than Rawls' difference principle or the utilitarian maximization of preferences

---

[16] Ibid., p. 106.

[17] Cf. ibid., p. 324.

typical of parliamentary democracies, goals such as "the glory or improved military position of the state" or "the triumph of some class or the absolute wealth of the nation."[18]

I do not think Dworkin can be faulted for not paying more attention to the issue of legality in the specific context of wicked legal systems, although some of his responses to critics who have broached the topic have been more confusing than instructive: a scholar of Hart's stature is not easily misled. Further elaboration of his criteria of legality would be useful for more practical purposes, however, than deciding whether a Dworkinian Nazi would have been a better judge, or a poorer Nazi, had he had *Taking Rights Seriously*[19] at his side. I think it would reveal that his disagreement with Hart's legal theory stems ultimately from the different ideals they respectively postulate as constitutive of a sound conception of law. Their fundamental disagreement is over the point or purpose of law, and therefore of theories of law.

Dworkin claims that law is a contested political concept, and that rival conceptions of law can be defended only on political grounds.[20] Hart wants to free law of political morality in order to emphasize that the law is never dispositive of personal moral responsibility. Hart implies that "Dworkin's moral terminology" is not only "idle" and "confusing" but positively dangerous, because the positivist judge in a hard case under a wicked system will not be confused by false arguments of the moral force of legal rights and will squarely confront the moral duty to reach the best result possible within whatever domain of discretion is left by the indeterminacy in the settled law. Where law is vicious, its gaps are a virtue, and Dworkin's view of law as a seamless web of *prima facie* moral rights can only turn morality against itself. Hart's reading of Dworkin confirms his view that Bentham was right to leave morality out of law, the better to see when legal rights do wrong.

Hart's problem is that this is itself a political claim. Under Bentham's theory of law, any effective system of political coercion qualified as a legal system. For reasons lucidly expressed in *The Concept of Law* and further elaborated in *Essays on Bentham,* Hart rejects this imperative theory of law as inadequate to capture certain standard instances of law. Hart's remedy in *The Concept of Law* was to substitute the idea

---

[18] Ibid., p. 365. Although Dworkin is here discussing the existence of political rather than specifically legal rights within such political systems, his references to "legislative structure" and "legislative institutions" (at p. 364) indicate that he proposes that such systems are functioning legal systems.

[19] See note 15 supra.

[20] *Dworkin* (note 15), p. 105.

of obligatory social rules for the idea of orders backed by threats as constitutive of law, and to make the acceptance by officials of a social rule of recognition the criterion for the legality of an effective system of political coercion.[21] In his new restatement of the concept of rules of recognition in terms of content-independent peremptory reasons for action, Hart still insists that what is crucial is acceptance of these reasons by judges alone. While acceptance of these reasons by the public generally is desirable, it is not necessary to the legality of the political system.[22]

Hart admits that the concern for conformity to linguistic practice which demands discarding Bentham's idea of commands as the kernel of law in favor of the idea of obligation in virtue of authoritative reasons for action does not provide an answer to whether the sense of obligation necessary for law should be premised on judicial belief or pretense in the moral legitimacy of the legal system, as Raz contends, or should be shared by the public as well as officials in the manner Dworkin seems to contemplate. Hart introduces his new book with a reaffirmation of his belief in the positivist ideal.

> Though I think Bentham's imperative theory of law must be discarded his conceptual separation of law and morality, sensitive as it is to many important empirical connections between them, seems to me a permanently valuable feature of his thought which can and should be retained when his imperative theory is discarded. It is valuable, I think, not only because it reproduces the way in which law in modern societies appears to many of its subjects but also because it permits the construction of a general theory of law applicable to legal systems whatever their moral quality, justice or injustice, or the moral belief of its subjects or officials.[23]

---

[21] *Hart* (note 2), pp. 79—107. Although Hart at some points appears to require some measure of public as well as official acceptance of rules of recognition in order to constitute a legal system, e. g. pp. 98, 104, 107, he makes it clear at p. 114 that official acceptance alone will suffice.

[22] Ibid., pp. 267—268. Although he agrees that such acceptance will normally entail belief in the moral legitimacy of the legislation, precedent or custom which a judge accepts as a legally authoritative reason for action, Hart disputes Raz's claim that at least the pretense of such a belief is a necessary condition for law. He claims that judges can have comprehensible motives for accepting such reasons for action short of moral belief or pretense: "individual judges may explain or justify their acceptance of the legislator's enactments by saying that they simply wish to continue in an established practice or that they had sworn on taking office to continue it or that they had tacitly agreed to do so by accepting the office of judge." [Page 265.] This does not seem a particularly convincing response to the contention that morality necessarily motivates judicial use of such reasons for action to decide cases. Accepting such reasons for action on promissory grounds is surely a moral basis; accepting them on grounds of tradition exposes Hart's own theory of law to the objections he makes to Bentham's imperative theory of law and its inability to account, among other things, for the continuity of law. But I cannot pursue these matters here.

[23] *Hart* (note 1), p. 19.

Hart thus echoes his peroration in *The Concept of Law* that "we cannot grapple adequately" with the issue of the separation of law and morals "if we see it as one concerning the proprieties of linguistic usage. For what really is at stake is the comparative merit of a wider and a narrower concept or way of classifying rules, which belong to a system of rules generally effective in social life."[24] Hart argues for the wider concept of law, which does not make morality a criterion for law, in order "to preserve the sense that the certification of something as legally valid is not conclusive of the question of obedience," and to avoid "oversimplification" of the variety of moral issues posed by immoral law, to which "a narrow concept of law which denies legal validity to iniquitous rules may blind us."[25]

Dworkin offers a different ideal for law, one which places greater importance on the workings of law in societies committed to justice than on those committed to its frustration. The purpose of law in his view is to offer a public forum for resolution of disputes about justice, about the rights against society that hold in virtue of the relinquishment to the state of individual autonomy in service of collective goals.[26] States may be constituted by different conceptions of justice, but if their political systems are to have the status of legality, there must be substantial acceptance of the justice of the state by its citizens, not just by its officials. If a political system meets this test of public acceptance, the rights conferred by its laws are *prima facie* moral rights because they exist in virtue of the sense of justice which inspires the public acceptance necessary for law to exist. But the fact of public acceptance is only the starting point for law; the rights conferred in virtue of law will often be controversial. This does not mean that the public yields its autonomy and gets only judicial good faith in return, and obedience by judges to such legislation (or precedent or custom) as may be of certain or settled meaning. Acceptance of a legal system confers rights even though they may be controversial in content; justice forms a measure of those rights, together with the history and institutions of the system which the public has in fact accepted.

---

24 *Hart* (note 2), p. 204.

25 Ibid., pp. 206—207.

26 See, e. g., *R. Dworkin*, The Forum of Principle, in: New York University Law Review 56 (1981), p. 469; *R. Dworkin*, Political Judges and the Rule of Law, in: Proceedings of the British Academy 64 (1978), p. 259.

IV. Conclusion

I began this paper by claiming that Hart was mistaken in his criticism of Dworkin, but that the mistake was none the less an illuminating one. It is illuminating, I think, not only of the importance of the issue of the criteria for the legality of a political system, but of the moral choice involved in the stipulation of these criteria by a particular theory of law. The importance of Hart and Dworkin's differing views on the moral status of legal rights in wicked legal systems goes beyond the theoretical classification of such systems as legal or not to pose the immensely practical question of the ideals which should constitute the conception of law under which we live our lives, in our societies, here and now. Hart's ideal, the positivist ideal that law and morality should be kept separate, the better to guide our moral choices, is opposed by Dworkin's ideal, the ideal that we should see the law as a forum of principle in which to contest the justice of the order which the state imposes on us in the name of the greater good. It is the content and comparative merit of these ideals that must be pondered if the philosophy of law is to have meaning, not for monsters, but for the men and women of the bench and bar to whose good will we entrust the legal systems we live by.

NORMATIVE DISSONANCE IN PROFESSIONAL IDEALS

By Kenneth L. Penegar, Knoxville (U.S.A.)

Canon 4 of the Code of Professional Responsibility (hereinafter "CPR") maintains that "a lawyer should preserve the confidences and secrets of a client." And Disciplinary Rule 4-101 (B) commands that a lawyer *shall not reveal* client confidences or secrets, nor *use* such confidences or secrets to the client's disadvantage or for the advantage of another person — unless the client consents, unless permitted by another Disciplinary Rule or required by law, or unless the information concerns the intention to commit a crime or the ability of the lawyer to collect his fee.

The classical rationale for the protection given to client confidences — or at least the one given for about two centuries of Anglo-American legal history — is an instrumental one. It serves to facilitate the flow of information from client to lawyer without which the client cannot be fully advised or represented.

This Canon originates in the court created attorney-client privilege as part of the law of evidence, but its earliest development and theory deserve more attention than so far received. While the basic ideal in Canon 4 is certainly derived form the trial culture of our legal system, and within that the criminal trial setting more particularly, the present formulation of Canon 4 goes some distance beyond these origins. Canon 4 protects not only *confidences* but also *secrets* — whatever their source or relationship to the matter immediately at hand.

There are several problems with Canon 4. First, there is the problem of coherence in the general theory of the Canon, especially as to inclusion within its principle of protecting the *secrets* of the client. Thus, by what professional need is the expansion to those pieces of information which come to the lawyer *not* from the client, and hence by definition out of the stream of dialogue which facilitates the formation of adequate legal advice and representation, justified or explained? To some extent the answer has been formulated in terms of the need for trust and confidence to be preserved in the relationship, in other words to permit or require revelation by the lawyer of information about the client which is unfavorable would tend to erode the trust of the client in the lawyer which is essential to further cooperation and communication between them. This rationale is clearly an extension, then, of the instrumental justification given for the traditional attorney-client privilege related to litigation. It gives rise to a second fundamental question about Canon 4.

The problem illustrated:

One. *People v. Belge*[1] is an unusual case in the rather gruesome way it presents the tension between the client's claim on the lawyer's duty of nondisclosure and the claims of third persons (and social agencies as well) to information the lawyer possesses. The tensions are pervasive; the facts here are hopefully rare. The lawyers (actually there were two) had been appointed or retained to defend *X* on a charge of murder. During the pre-trial conversations between lawyers and *X* it was revealed by *X* that he had in fact committed other, unrelated murders. *X* also told the lawyer where at least one of the bodies was hidden. The lawyer visited the site and confirmed the presence of the body. Meanwhile the family of a missing college age woman, knowing of the pending charge against *X*, approached *X*'s lawyers and asked if they knew anything about their daughter's whereabouts or related circumstances. The lawyers admitted nothing. Subsequently, during *X*'s trial and while he was on the witness stand, *X* himself blurted out the facts of the unrelated killings. (Freed from their constraint by the client's own omission, the lawyers then assisted the authorities in recovering the missing bodies.)

The public criticism of the two defense lawyers was severe. Eventually a state prosecution was begun invoking rather remote sanctions of failing to report a death unattended by medical assistance and another statute requiring that a human body be given a decent burial. The opinion of the lower state court is not completely clear in its rationale, but the disposition is favorable to the attorneys. They had of course pleaded in their defense the Code of Professional Responsibility's Canon 4. The New York Court held that in face of "pseudo-criminal" statutes the privilege involved (serving in its view also to protect constitutional rights of the accused) was sufficient to warrant a dismissal of the charges.

Two. The client is charged with a major felony. Prior to the trial he tells his lawyer that he is guilty as charged but that he wishes to plead not guilty and to testify in his own behalf. The lawyer tries in vain to dissuade the client from testifying as he plans. Three possible responses have been identified by the commentators. First, the lawyer

[1] 83 Misc. 2d 186, 372 NYS 2d798 (1975).

could simply refuse to go forward, decline the representation (though if an indigent appointment, this possibility is troublesome because it could involve signalling the trial judge what the difficulty was), withdraw. Secondly, the attorney though staying in the case could simply refuse the client's request to put him on the witness stand. Third, having failed to dissuade the client from his intended course of action, the lawyer could examine in the least provocative or cooperative way, in other words leave the client free to "tell his own story" without benefit of the lawyer's guiding hand in the effort.

Professor Freedman has taken what is perhaps the most extreme view of this situation in declaring that "the attorney who prevents the client from testifying only because the client has confided his guilt to him is violating that confidence by acting upon the information in a way that will seriously prejudice his client's interests."[2] He goes on to add: "The obligation of confidentiality, in the context of our adversary system, apparently allows the attorney no alternative to putting a perjurious witness on the stand without explicit or implicit disclosure of the attorney's knowledge to either the judge or the jury."[3]

Condonation of what to many will appear dishonesty is required in Freedman's view by a more fundamental ethic, namely confidentiality of the lawyer-client relationship. This is so because given the procedural system we have, the client must have complete confidence in his counsel and be willing to reveal everything he may know without fear of some reprisal or loss of advantage through his surrender of this confidence.

What gives the Freedman position a plausible foundation in the CPR is the very ambiguity with which the Code was written and later amended in 1974. It is conceivable that the CPR was originally drafted to reflect the then existing state of professionalism reflected in the old Canons of 1908. This seems especially true of Canons 37 (client's intention to commit a crime included fraud), 41 (required disclosure of fraud), and 29 (disclosure of perjury required), the ones most parallel to the provisions of the CPR now under consideration. Neither client perjury nor unrectified frauds of the client were protected under the older confidentiality principle but rather constituted clear exceptions. It is also conceivable that the CPR was not deliberately designed to

---

[2] *Freedman,* Professional Responsibility of the Criminal Defense Lawyer: The Three Hardest Questions, in: Michigan Law Review 64 (1966), p. 1469, p. 1475. The illustration in the text is of course Freedman's second such question — "generally considered to be the hardest of all." *Freedman,* p. 1475.

[3] Ibid., pp. 1477—78. Freedman has reiterated this view *after* the adoption of the CPR in his book based on the cited article. *Freedman,* Lawyers' Ethics In An Adversary System (1975).

depart from or conflict with existing restrictions on the lawyer under established principles of substantive law, principally the law of agency, fiduciaries, and evidence. Then as now the courts frequently construed the lawyer's responsibility to require disregarding the principal's confidence as necessary to avoid the lawyer's participation in or assistance of a fraud on a third person.[4]

Explanations for the Normative Divergence

Why did this marked divergence between the "ethical" system of the legal profession and the other legal system requirements of lawyers in connection with client confidences take place? Why has the CPR been the instrument, apparently, for the expression of a more radical or extreme version of professionalism than that contained in judicial decisions or in earlier versions of professional norms?

The question is worth considering if for no other reason than that this element of professionalism in law today has assumed almost religious stiffness in the debates about whether and how to reform the CPR. And this debate contains the basic elements about the nature of professionalism in law. Luban has identified confidentiality as one of three "pillars" of the concept of the advocate.[5] The current discussion draft of the American Trial Lawyer's Code of Conduct puts confidentiality as the lawyer's *first* obligation.[6] Clearly a lot of people think this an important topic. In terms of the major themes of this essay what is at stake is an instrument for greater or less 'protection' for the individual versus a greater or less recognition, correlatively, of the interests of third persons (not to mention some fealty to the stated claims for integrity in legal process and the like).[7] This way of stating the matter, of course, is a short-hand reference to theories about society and the political and legal order which do not figure explicitly in much public or professional discussion. These, we may assume, however, do lie

---

[4] E.g., Office of Disciplinary Counsel v. Klein, 603 P. 2d 562 (Hawaii 1979); Miller v. Ortnam, 136 N.E. 2d 17 (Ind. 1956); In re Callan, 122 N.J. Super. 479, 300 A. 2d 868 (Super Ct. Cl. Div. 1973), aff'd 126 N.J. Super. 103, 312 A. 2 d 881 (Super. Ct. App. Div. 1973). Dallas v. Fassnacht, 42 N.Y.S. 2d 415 (1943); Adelman v. Rosenbaum, 133 Pa. Super. 386, 3 A. 2 d 15 (1938).

[5] *David Luban,* The Adversary System Excuse, A Working Paper of the Center for Philosophy and Public Policy, Univ. of Maryland, July 2, 1981.

[6] Roscoe Pound — American Trial Lawyers Foundation, The American Lawyers Code Of Conduct, Introduction at v-vi; section 1 at 101—110 (Public Discussion Draft June 1980). Professor Monroe Freedman is the Reporter.

[7] Another writer has recently observed that the social interest in prevention of harm, however, is not as important as informed decision making. *Popkin,* Client-Lawyer Confidentiality, in: Texas Law Review 59 (1981), p. 755, 767.

beneath the surface. What is immediately visible or demonstrable deserves to be identified first. There are perhaps five more-or-less independent explanations for the professional/legal divergence over confidentiality.

One. Lawyer self-interest, professional hegemony. The simplest illustration of this influence or explanation for the expansion of the concept of confidentiality under the aegis of the CPR may be seen in a key opinion of the American Bar Association Ethics Committee, number 341. That Opinion decided that the 1974 amendment to DR 7-102 (B) (calling on the lawyer to reveal client fraud) adding the clause: "except when the information is protected as a privileged communication" covered the whole of Canon 4's concept of confidence *and* secrets and not merely such communications as might be protected by the substantive law of evidentiary privilege. The Committee relied heavily on Formal Opinion 287 (1953) and said, candidly, that the 1974 amendment "was necessary in order to relieve lawyers of exposure to ... [the] diametrically opposed professional duties" of confidentiality to the client and revelation of client fraud to a third person or tribunal. "It was as unthinkable then (prior to Formal Opinion 287 [1953]) as now that a lawyer should be subject to disciplinary action for failing to reveal information which by law is not to be revealed without the consent of the client, and the lawyer is now in that untenable position".

Whether any consciousness of professional imperialism may be attributed to the drafters (or interpreters) of Canon 4 is problematic, but it seems reasonably clear that the larger net of confidence spread over the lawyer-client relationship by it does serve to increase the importance of the lawyer to the client in certain ways. The lawyer is placed in somewhat the position of the ancient priest, a human agency with larger than ordinary human dimensions: he cannot be made to betray the client — whatever the lawyer is told. It is not difficult, moreover, to see the desirability of the larger arena of confidence in terms of the psychology of the lawyer. How much easier may one rest with someone else's dirty linen if he is professionally bound not to reveal it; how convenient for the lawyer that he may concentrate on the interests of the client and ignore the distracting and perhaps disturbing calls of third persons who may have a claim on some of that information. How convenient, too, that the lawyer is not even required to consider the strength of such competing claims and weigh those against the needs of the client and the moral force and direction of this tension.[8]

[8] Of course many lawyers have and will urge the client to reveal, but the point here is that the professional norm is that ultimately the lawyer is stopped at the edge of this rule, whatever the client may do.

Two. Cynicism/social detachment. More difficult to document, this explanation may simply be another face of the lawyer's self interest. The idea is basically that the role morality of the lawyer re-enforces a personal belief in the lawyer that the individual's interest is the paramount object of his work. And this belief in turn is a parallel phenomenon of the socially pervasive notion of individualism. In other words the Bar's interpretation of the CPR has tended to be consistent with what Simon has termed the ideology of advocacy.[9] The more a lawyer is privileged, invited or permitted to keep the secrets and confidences of the client against the competing claims for that information by others, the more the lawyers sees himself as neutral toward or removed from the concerns, interests of those other persons.

Even where the attorney is all too conscious of the competing claims and values hovering over his relationship with the client, he may nevertheless be restrained by the knowledge that an open confrontation with the client over these matters could drive the client away, or make the problems of trust-building more difficult. One observer has focused squarely on this matter of trust as the central issue in creating appropriate rules about the limits of confidentiality.[10]

> Even aside from calculations of financial loss that might result from openly admitted suspicion, a deeper motive works against acknowledgement of mistrust, particularly for those attorneys who understand the multiple ways mistrust inevitably pervades the attorney-client relationship. If these attorneys believe that extensive mistrust makes any sensible working relationship with clients impossible, then they could not understand how they or anyone could practice law. These attorneys, therefore, strike some balance in their own minds between an appreciation of the inevitable mistrust in the attorney-client relationship and a calculation of the precise quantum of mistrust inconsistent with that relationship. The attorney who admits he is engaged in this calibration is likely to understand that open admission and extended discussion of mistrust with any client will magnify the significance of this conflict for both of them. *This attorney is not intent on avoiding such magnification simply because he wants to protect his fees. More fundamentally, the attorney avoids this result in order to protect his professional identity* and the idea that it is possible for anyone, and for him in particular, to serve as a lawyer representing clients.[11]

---

[9] I disregard for the moment Simon's deeper point that the shibboleth of zealous advocacy as an ideal in the professional consciousness of lawyers has in fact tended to obscure if not deny the actual ends of the client, i.e., served to defeat rather than promote individualism.

[10] *Burt*, Conflict and Trust Between Attorney and Client, in: Georgetown Law Journal 69 (1981), p. 1015. And the current CPR is seen as impliedly, by omission or lack of clarity, encouraging a considerable amount of "willful gullibility" on the part of the attorney about what his client tells him.

[11] Ibid., at 1029.

A posture of willful gullibility toward the client may simply be the only possible compromise between a client with subjective ends unknowable by anyone else and a lawyer's obligation to serve the client's interests with zeal and with confidence. For Burt, however, the circle can be squared through appropriate incentives to moral discourse. "[T]he dominant incentives at work within the profession today move both attorney and clients away from sustained inquiry into the other's scruples."[12]

Whether Burt's faith in the kind of reform he advocates is justified in the future or not, the point for us at the moment is sufficiently made out in his underlying insight. There is much evidence of sublimated mistrust in the attorney-client relationship and there is correspondingly a good deal of evidence tending to show a professional desire to mask or ignore the tension, to minimize the conflict between attorney and client. The issue of confidentiality stands at the core of this tension. The contention here is that tension inevitably takes its toll on the elan of the lawyer as a morally responsive human being. One significant consequence is a gradually heightened unwillingness, inability, to engage in the very dialogue which Burt says is our way out of the impasse. The ethos of professionalism in law, especially as it relates to the now ascendant norms of confidentiality, accordingly contributes to anomie in the lawyer much the same way conditions of modern life contribute generally to the separation of human purpose and spirit from man's functioning as a part of a highly specialized economic life often polarized from broader social life. The cynicism implicit in the CPR's norm of confidentiality in the final analysis is nothing more than the pumped-up rationalization of the "laid back" generation.

Three. The over-whelming influence of the criminal case. Perhaps the most influential factor producing the latter-day ascendency of the rule of confidentiality under the CPR is the central position of the client accused of crime. This is the situation of extremes, the hardest case, and yet it seems a good bit of the debate has been colored by the imagery of the criminal case. Freedman, for instance, wrote his provocative article and book around the three hardest cases in criminal defense. Obviously when the debates about limits on professional rules are cast in situations with constitutional overtones the result can become a debate skewed in the direction of the beneficiary of those constitutional mandates. Sometimes the justification or appeal is rather explicitly one to rights.[13] Even when the rights theory is only implicit,

---

[12] Ibid., p. 1032.

[13] *Mike W. Martin*, Rights and the Meta-Ethics of Professional Morality, in: Ethics 91 (1981), p. 619.

as in Freedman's writing, the certainty and strength of the resulting pro-client rule about confidentiality do not seem to be well supported by any assessment of competing moral constraints engendered by the presence of third parties let alone the needs of the public or the state. Consider the insights of two different scholars touching on this very factor, namely the powerful influence of the criminal case on the issues of limits on confidentiality and zealous advocacy:

> Freedman does not consider the underlying question of what sort of process we might want. He takes the process as it is, as a "struggle from start to finish" between irreconcilably hostile parties. Within it he sees defense counsel as the champion who rights, to some extent, the imbalance of advantage between the defendant and the state. Defense counsel is to do for the defendant what he could do for himself, if he had the training. It is from this conception that the basic norm of absolute confidentiality follows, and it is that, in turn, which justifies the three questionable practices.[14]

But why are the arguments in favor of a kind of absolute confidentiality cast in such uncompromising terms, why so little give-and-take, why so little willingness even for courts often to consider that even absolutes in the Bill of Rights do not necessarily lead to redoing the norms of professional ethics in the same cast or terms? David Luban offers this explanation grounded in political theory:

> It is ... public preoccupation with crime and criminals ... that leads writers like Freedman and David Mallenkoff to focus their justifications on Broughamesque advocacy on criminal defense. They are reacting to an assault from the Right, an assault that sees the rights of the accused as a liberal invention leading to anarchy. Now, emphasizing the role of lawyers in safeguarding individual liberty may indeed be the best defense against the Law and Order attack on lawyers. Criminal defense is, so to speak the 'worst-case advocacy', and it might be assumed that any defense of advocacy that works there works everywhere else, as well.
>
> In fact, and this is my second point, criminal defense is a very special case, in which the zealous advocate serves atypical social goals. The point is one of political theory. The goal of zealous advocacy in criminal defense is to curtail the power of the state over its citizens ...[15]

Four. There is at least one explanation which is neither a part of the deep, inner logic of our legal institutions paralleling political theory on the one hand nor a reflection of the human psychology of the major actors on the other. This is simply a recognition of the way habits of thought often reflect themselves in the development of institutions. Accustomed to doing things more often one way than another, the one way can easily become *the established* and expected way. The only

---

[14] *Griffiths,* Ideology in Criminal Procedure or A Third "Model" of the Criminal Process, in: Yale Law Journal 79 (1970), p. 359, p. 405.

[15] *David Luban,* The Adversary System Excuse (Working Paper, Center for Philosophy and Public Policy, Univ. of Maryland, July 2, 1981, p. 11.)

reason why one might take this kind of influence into account is if there are conditions to be avoided, or enhanced, which affect the rise and momentum of this "Juggernaut". One recent insight in the context of the debate over reform of the CPR makes the point. "Aside from ambiguity, the central problem in the Code and earlier Canons ... is that the absence of confidentiality is equated with an obligation to disclose."[16] And the result has been to generate "pressure to redefine and enlarge the meaning of 'confidentiality' so as to narrow the obligation to disclose."[17] The phenomenon also smacks of self-interest and lawyer aggrandizement (the first explanation above). The suggestion here, by identifying it separately, is to call attention to a tendency which is not so clearly self-serving. Rather the tendency is automatic, mechanical, and we are barely conscious of it at all. We have come to think that confidentiality is like a mantle which if it is bestowed on a client is a complete covering. In point of fact, as we saw earlier, the origins of the rule in evidentiary law made it quite clear that its use arose for a rather narrow purpose and constituted a definite exception to the other obligations of counsel.

A related but tangential manifestation of this phenomenon may be seen in the way that we think about roles of institutions, their origins and purpose. A good example is provided in the underlying and justifying theory of the adversary system in the criminal context where the state is a party. Because our history with the state in prerevolutionary times taught us to build a model which redressed the balance more toward the individual, we have, one author has suggested, forever afterward assumed the inevitability of hostility between the state and the individual. This is what John Griffiths has called the 'Battle Model' and it "derives directly from the conception of the war of all against all associated with Hobbes, whose candid views have always been most piously deplored by those whose ideology is based upon them."[18] He adds:

> It is worth considering whether something akin to 'counter-revolutionary subordination' may not be entering into the 'scholarship' which continually seems to confirm the inevitability of the war of all against all and its ideological derivation in criminal procedure, the Battle Model.[19]

The parallel in the consciousness capturing impact of the criminal case in professional ethics is striking, especially as it relates to the prominence afforded confidentiality as a standard feature of the ad-

[16] ABA Commission on Evaluation of Professional Standards, Model Rules of Professional Conduct (Proposed Final Draft May 30, 1981), p. 46.

[17] Ibid.

[18] *Griffiths* (note 14), p. 414.

[19] Ibid.

vocate's role. It is as if those who most vocally decry the power of the state as their justification for the countervailing need for a near-absolute rule of confidentiality in legal ethics seek regularly to reinforce the neat balance thus achieved by reminding us only of the power of the state. They are not at all interested in either evaluating how that relationship may have changed or might be changed or how the norm of confidentiality erected here may serve us less well in the civil context. Counter-revolutionary subordination or Juggernaut, they describe roughly the same phenomenon.

Five. Nominalist/Positivist thinking. One of our assumptions throughout this essay has been that normative ideas operate on people, not on systems. People in turn effectuate policies which support or erode those normative ideas. If one assumes that such normative thought operates outside a system, such as the legal system, the connection between the moral and the merely legal is not relevant to such things as an individual's moral code, or perhaps for that matter the code of a whole professional group. In such a setting analysis of a set of questions like those revolving around the limits of confidentiality is likely to be one-dimensional. Thus, it might be said that a professional code would be drafted "on the assumption that the law has a life of its own" independent of political forces.[20] On this positivist plane the same author concludes that there are "good reasons" for "not elevating" harm to third persons to the same level as his original concern with "informed decisionmaking".[21]

David Luban has anticipated the foregoing position when he writes that "one can be excused from a moral obligation only by another moral consideration that outweighs it: an institution provides a moral excuse only if it has moral cachet. If the institution is justified only because it is there, an agent is unable to appeal to it to excuse an immoral act."[22] Otherwise the 'law-is-a-separate system' school exempts officers of an institution from ordinary moral requirements that conflict with role-obligations. The result is to place conformity to existing institutions beyond the very possibility of moral criticism.

The high position accorded the notion of client confidences under the dominant vision of the CPR stands on the same philosophical footing

---

[20] *Popkin* (note 7), p. 768.

[21] Ibid., p. 770. The reasons given were two: the seriousness of harm varies from case to case, hence the value of safe-guarding others is not as uniformly shared as informed decisionmaking, and, two, the lawyer could be turned into a kind of social policeman if he had to watch for every threatened harm to another in something his client has told him.

[22] *Luban*, Calming the Hearse Horse: A Philosophical Research Program for Legal Ethics, in: Maryland Law Review 40 (1981), p. 451.

as the ideal of zealous advocacy. Its traditional expression in the lexicon of 20th century American lawyers is the ideal of the Rule of Law.[23] It is worth repeating here what Morton Horwitz has said about it:

> [The rule of law] undoubtedly restrains power, but it also prevents power's benevolent exercise. It creates formal equality — a not inconsiderable virtue — but it *promotes* substantive inequality by creating a consciousness that radically separates law from politics, means from ends, processes from outcomes. By promoting procedural justice it enables the shrewd, the calculating, and the wealthy to manipulate its forms to their own advantage. And it ratifies and legitimates an adversarial, competitive, and atomistic conception of human relations.[24]

The central difficulty in the development of the ascendant view of confidentiality under the current Code of Professional Responsibility is that this development has taken place largely without normative discourse, without explicit attention being paid to the kind of society one view or another is likely to promote. Accordingly much of the debate over the interpretation of the Code, and more recently its reform or replacement, adds little to an informed dialectic.

---

[23] Widely and deeply shared, it is no less the foundation on which Monroe Freedman's views rest than those of Chief Justice Warren Burger.

[24] *Horwitz,* Book Review, The Rule of Law: Are Unqualified Good?, in: Yale Law Journal 86 (1977), p. 561.

ÜBER DIE PHILOSOPHISCHEN GRUNDLAGEN DES MODERNEN BÜRGERLICHEN RECHTSNORMATIVISMUS

Von Peter Popoff, Sofia

Eine der vier großen rechtsphilosophischen Schulen der gegenwärtigen bürgerlichen Rechtsideologie ist die Schule des modernen bürgerlichen Rechtsnormativismus von *Hans Kelsen* und seinen Schülern und Anhängern in Westeuropa, USA und einigen Ländern von Lateinamerika, wie *Adolf Merkl, Josef Kunz, Fritz Sander, Fritz Schreier, Felix Schafer, Leonidas Pitamic, Alfred Verdross, Walter Henrich, Ernst Seidler, Eric Voegelin, Tomoo Otaka, Kissaburo Jakota, Wilhelm Pohl, René Marcic, Felix Ermacora, Karl Zemanek, Walter Antoniolli, Pier Zampetti, Felix Kaufmann, Adolf Menzel, E. K. Altalién, F. G. Olano.* Weil Hans Kelsen am deutlichsten die Konzeptionen dieser Schule ausdrückt, einschließlich deren, die sich auf die philosophischen Grundlagen des modernen bürgerlichen Rechtsnormativismus beziehen, sollen im folgenden Beitrag die entsprechenden Konzeptionen vor allem anhand Kelsens eigener Auffassungen kritisch dargestellt werden.

Unserer Meinung nach bezeichnen mehrere Gelehrte im Westen und in einigen sozialistischen Ländern diese Konzeptionen zu unrecht als „Rechtspositivismus". Deshalb haben wir schon mehrmals Kritik an dieser Interpretation in unseren wissenschaftlichen Arbeiten geübt[1].

In diesen Untersuchungen beweisen wir, daß die sogenannte „Reine Rechtslehre", deren Hauptvertreter *Hans Kelsen* ist, als Hauptbestandteil ihrer philosophischen Grundlage den Kantianismus und Neukantianismus hat. Es ist ein theoriegeschichtlicher Gemeinplatz, daß die „Reine Rechtslehre" sich nur sekundär vom *philosophischen* Positivismus inspirieren lassen hat. Nur für zusätzliche Fundierung einiger ihrer Konzeptionen und Konstruktionen bezieht sie sich auch auf einige Stellungnahmen der philosophischen Lehre von *Ernst Mach* als die erste Linie des philosophischen Positivismus, wie auch auf solche der zweiten Linie des Positivismus in den philosophischen Konzeptionen von *Alfred Ayer, Rudolf Carnap, Bertrand Russell* und anderen Philosophen-Posi-

---

[1] *P. Popoff,* Kritik des modernen bürgerlichen Rechtsnormativismus, Sofia 1964 (bulg.); *ders.,* Kritik der modernen bürgerlichen Staats- und Rechtstheorien, Sofia 1970 (bulg.).

tivisten des zwanzigsten Jahrhunderts. Es ist auch eine Tatsache, daß einige Nachfolger von *Kelsen* ihre rechtstheoretischen Grundeinstellungen auch durch die Positionen der Phänomenologie von *Husserl,* durch die philosophische Semantik oder sogar durch die Positionen des Thomismus begründen, aber das verändert nicht im Grunde die philosophische Grundlage des Kelsenianismus. Die Kelsensche Schule ist beidem in unserer Epoche keine Fortsetzung des klassischen bürgerlichen Rechtspositivismus von *Paul Laband.* Alles das bestärkt weiter die These, daß die hauptsächlichen philosophischen Voraussetzungen des modernen bürgerlichen Rechtsnormativismus der Kantianismus und einige reaktionäre Erscheinungsformen des Neukantianismus sind.

Auf dieser Grundlage entstanden und funktionieren die wichtigen Rechtskonzeptionen des Kelsenianismus, die nach unserer Meinung unter der Form des modernen Rechtsnormativismus immer wieder benutzt werden, um die Übertretungen der Gesetzlichkeit in den kapitalistischen Ländern zu rechtfertigen. Die folgenden Theorien von *Kelsen* und seinen Anhängern sind hier von besonderer Bedeutung:

1. *Die Theorie von der Grundnorm des Rechts,* die nach dem Vorbild der „Grundnorm" bei einigen Neukantianern geschaffen ist. Durch diese Theorie versuchen die Kelsenianer, das System von Rechtsnormen in den kapitalistischen Ländern auf eine „natürlich" gegebene Norm zurückzuführen, die die Grundlage dieser Rechtssysteme sein soll.

2. *Die Stufentheorie des Rechts,* derzufolge jede unterste Rechtsnorm im Kapitalismus auf eine höhere Rechtsnorm zurückzuführen ist; dadurch werden alle gesetzwidrigen Akte des bürgerlichen Gerichts und der Administration als „gerechte" freigesprochen, d. h. als „unterste Rechtsnormen" bezeichnet.

3. *Die vier Theorien des Kelsenianismus über die Rechtsnorm,* nämlich: (a) als „Urteil" für das Sollen; (b) als „Willen der apolitischen Staats-Rechtsordnung"; (c) als „reine Form" für die Regulierung des Gesellschaftslebens; und (d) als „Rahmen" aller möglicher Erscheinungsformen dieses Lebens. Offensichtlich zielt man dadurch, die ganze ungerechte Rechtsordnung des Kapitalismus als eine „über die Klassen stehende Ordnung" zu legitimieren.

Zum Schluß muß man sagen, daß es angesichts dieser reaktionären Theorien und Konzeptionen im modernen bürgerlichen Rechtsnormativismus kein bloßer Zufall ist, daß er sich als scharf antikommunistische Lehre über den Staat und das Recht profiliert und damit auch als eine extrem reaktionäre rechtsphilosophische Schule der imperialistischen Bourgeoisie vortritt. Als solcher erschien dieser „Normativismus" vorwiegend zum Nutzen der bourgeois-imperialistischen Ideologie durch eine Reihe von Werken des Begründers und Hauptvertreters des Rechtsnormativismus, *Hans Kelsen,* speziell durch seine Werke „The Political Theory of Bolshevism“ (1948) und „The Communist Theory of Law“ (1955)[2]. Auch gilt sein Werk „Reine Rechtslehre“[3] als ein Grundstein spätbürgerlicher Rechtsideologie.

Im ersten dieser Werke bezieht sich *Kelsen* auf solche „Unvollkommenheiten“ in der Sowjetunion und deren politischer Struktur, die tatsächlich gar nicht existieren, und strebt auf dieser Grundlage, das gegenwärtige System des Imperialismus zu idealisieren. Im zweiten Buch schreibt er *Marx* und *Engels* Rechtskonzeptionen zu, die in ihren Werken nicht bestehen, und strebt dann danach, mit falschen Behauptungen den positiven Charakter des sowjetischen Rechts abzusprechen. Im dritten der genannten Bücher spürt Kelsen zuletzt völlig unbegründeterweise „Wandlungen“ im Marxismus-Leninismus auf und „erklärt“ ihn für eine bloße „Ideologie“, d. h. für eine unwissenschaftliche Weltanschauung, die meilenweit von dem vollkommenen „Reinen Recht“ des bürgerlichen Rechtsnormativismus entfernt ist.

Alles dies gibt den Vertretern der progressiven rechtsphilosophischen Gedanken in der Tat einen Anlaß, die philosophischen Grundlagen und die konkreten Theorien und Konzeptionen von Kelsen und seinen Schülern und Nachfolgern in allen ihren heute auftretenden Nuancen scharf zu kritisieren.

---

[2] *H. Kelsen,* The Political Theory of Bolshevism, Los Angeles 1948, S. 2, 6, 10, 47, 48; *ders.,* The Communist Theory of Law, New York 1955, S. 31, 33.

[3] *H. Kelsen,* Reine Rechtslehre, 2. Aufl., Wien 1960, S. 220, 278, 279.

THE DIALECTICS OF SOCIAL RELATIONS AND LEGAL NORMS IN THE JUDICIAL APPLICATION OF LAW

By Antal Visegrády, Pécs

I. The Bases of the Connection Between Social Relations and Law

The manifold and complex relationship existing between social relations and legal norms can be outlined as follows, according to its main features and by focussing on its main themes.

Marxist legal theory regards the connection between social relations and law as one of ontological character, realizing that the objectively existent suborders of these relations have a more or less essential direct or indirect effect on the formation and development of law. Marxist social theory gives prominence to production relations within the totality of social relations, regarding them as essential, primary, and determining all other relations, including the legal superstructure itself.[1]

Production relations, representing the economic foundation of society, constitute the dominant factor which, in correlation with law — to use a mathematical comparison — is the "independent variable", whereas law is the "dependent" one. Naturally, the determining effect of production relations makes its way through many transmissions, through various social, political, and ideological factors.

The connection between legal norms and social relations represents a *genetic* relationship on the one hand, and a *functional* one on the other. By genetic relationship I mean that legal norms express needs originating in social processes in the form of postulates, so that a legal norm represents part of the social reality in itself. As regards the functional aspect, legal norms are aimed to form, to influence, to control, and to regulate social relations.

Thus the connection between social relations and law is a *mutual causal relation*, where not only do social relations act as cause upon

[1] In the formulation of *K. Marx:* "Das Recht kann nie höher sein als die ökonomische Gestaltung und die dadurch bedingte Kulturentwicklung der Gesellschaft", in: Marx/Engels, Ausgewählte Schriften, Vol. 2, Berlin 1953, p. 17.

law as effect but the latter as well, with varying intensity and results, *reacts* upon socio-economic relations.

It follows from this that law reflects its basic social relations in the form of specific normative structures, and the latter may be projected back on to those relations in order to regulate them.

Legal norms reflect the socio-economic relations which determine their content and form in a *peculiar way*. The transformation of social relations into legal normative content is not a mechanical reproduction as in the case of a photocopy but an *evaluative reflection* which, through the medium of the interests of the prevailing ruling classes, groups or social strata, aims to summarize the *typical* features of social attitudes, situations and behaviour, occurring in the course of everyday life.[2]

Legal norms as peculiar social objectivations differ considerably from the socio-economic relations they reflect and regulate, not only in their forms and structures, but in their content, content elements and relations as well. The "transcription" of social reality into legal codes has its own relative rules. Since socio-economic relations are made up of facts, while law is made up of teleological theses, *legal norms do not and cannot reflect these relations in an absolutely adequate manner*.[3]

This "congruent incongruency" of social relations and the law can, in consequence of the periodic development of positive law, break down. As a result, legal norms gradually cease to be "up to date": the quality of the prevailing relations expressed abstractly in the norms will be less and less representative of this essence in the concrete legal cases which are the quantitative appearance of this quality. Beyond the limiting point where norms and relations become separated and turn into different qualities, the concrete relations, the quantitative phenomena, cannot be subjected to the quality of the norms. The

---

[2] Cf. *V. Peschka*, Grundprobleme der modernen Rechtsphilosophie, Budapest 1974, pp. 196—218; *V. Peschka*, Wider die mißverstandene marxistische Rechtstheorie, in: P. Trappe (ed.), Contemporary Conceptions of Law, Proceedings of the 9th World Congress of IVR, ARSP Supplementa Vol. I Pt. 3, Wiesbaden 1983, pp. 11—18; *M. Szotáczky*, Változás és stabilitás a jogfejlődésben (Change and Stability in Legal Development), in: Studia Iuridica Auctoritate Universitatis Pécs, Publicata No. 95, Pécs 1980, pp. 397—408; *K. A. Mollnau*, Rechtliches Regelungsobjekt und gesetzgeberische Entscheidung, in: Probleme einer Rechtsbildungstheorie, Berlin 1982, pp. 31—46.

[3] Cf. *V. Peschka*, Gazdasági-társadalmi viszonyok és jogszabály (Socio-Economic Relations and Legal Norms), in: Gazdaság- és Jogtudomány X (1976), No. 1—2; *G. Eörsi*, Jog-gazdaság-jogrendszer-tagozódás (The Law-Economy-Division of the Legal System), Budapest 1977, pp. 15—17; *G. Eörsi*, Jogelméleti torzó (A Legal-Theoretical Fragment), in: Állam- és Jogtudomány XXIII (1980), No. 3.

normative contents will actually cease to exist, that is, will lose their social validity. Changed patterns of behaviour or relations will require a new legal-normative expression adequate to their new quality. Thus law is supposed to be not only stable but flexible, being able to *adapt* to the new phenomena and the new relations; otherwise it fails to fulfil its general social function.

II. The Shaping of the Connection between Social Relations and Legal Norms in the Judicial Application of Law

The Marxist theory of law does not regard the application of law as a totality of mechanical syllogistic operations, but as an important stage in the dialectical socio-legal process ranging from social relations to legal norms and back to social relations again.

The application of law, including its judicial application, is a mobile legal process in which the projection of the universal in the objectified legal normative structure and that of the individual in a case represented by a concrete state of affairs, are carried out one upon the other. That is, if law-making is conceived as a process starting from the individual in the totality of social practice to arrive, through the revelation of the universal essence concealed in it, at laying it down at the level of particularity, then the application of law is a process with an opposite direction and with reversed values, aiming at mediation between the universal, laid down at the level of particularity, and the individual: applying the former to the latter, thus realizing the one through the other.

The application of general and abstractly defined legal norms to concrete individual cases requires highly *creative activity*[4] on the part of the judicial organs, even if the provisions to be put into practice are very well-made.

A desired objective of socialist judicial practice is to bring the letter of the provisions to life, to reveal their contents, and to interpret them in accordance with the demands of socio-economic development. This is reflected, for instance, in the general preamble to the Bill of the Hungarian Civil Code, which says that "the Bill demands a high degree of self-reliance and faculty of judgement from the courts, which requirements contribute to the fact that the courts become important constituents, if not of law-making, then in making law develop, grow more refined, richer, and civilized".

---

[4] To this Max Weber already called attention. See *M. Weber*, Rechtssoziologie, Neuwied 1960, pp. 279—281.

There are certain factors which positively favour the creative role of judicial practice, such as — among others — *insufficiencies of legal norms* and the *continual changes within socio-economic relations.*

The point, in the first case, is that the law-maker, from the outset, has failed to transform the given state(s) of affairs in real life into an adequate legal norm. In the second case, however, legally regulated socio-economic relations have developed while positive legal regulation has remained unchanged.

It need not be emphasized that judicial practice, while confronting abstract legal norms with social reality as reflected in concrete legal cases, must find the proper solution reconcilable with socialist legality, possessing means of extensive and restrictive interpretation and (with the exception of criminal law) the application of analogy to achieve this.

As a result of this activity judicial practice, within socialist relations as well as in other legal systems of the world,[5] has a certain *law-formulating* and *developing role.*[6]

In my opinion *judicial practice, by making unchanged legal regulation accord with developing or developed socio-economic relations, displays a definitely law-developing activity.*

Let us take some examples from Hungarian civil and family law to illustrate this.

1. According to § 365/3 of our Civil Code a real estate purchase deed is valid only if the contract is drawn up in writing but it does not

---

[5] On this see *R. David,* Les grandes systèmes du droit contemporains, Paris 1974 (5th ed.); *W. Friedmann,* Law in a Changing Society, London 1972 (2nd ed.); Rechtlicher Wandel durch richterliche Entscheidung, Darmstadt 1980.

[6] *A. Naschitz/I. Fodor,* Rorul practicii judiciare in formarea si perfectionarea normelor dreptului socialist, Bucuresti 1961; *V. Peschka,* Jogforrás és jogalkotás (Sources and Making of the Law), Budapest 1965; *V. Knapp,* La création du droit par le juge dans les pays socialistes, in: Ius privatum gentium: Festschrift für Max Rheinstein, Vol. 1, Tübingen 1969; *S. N. Bratus* (ed.), Sudebnaja praktika v sovietskoi pravovoi sisteme, Moskva 1975; *K. Kulcsár,* A jogszociológia alapjai (The Foundations of the Sociology of Law), Budapest 1976; *G. Eörsi,* Comparative Civil (Private) Law. Law Types, Law Groups, the Roads of Legal Development, Budapest 1979; *A. Visegrády,* Die Wirkung der Gerichtspraxis auf die sozialistische Rechtssetzung, in: K. A. Mollnau (ed.), Materialien des III. Berliner rechtstheoretischen Symposium, Berlin 1980, pp. 88—95; *R. Svensson/A. Visegrády,* Zum Einflusse der Rechtsanwendung auf die Rechtsbildung, in: K. A. Mollnau (ed.), Materialien des IV. Berliner rechtstheoretischen Symposiums, Berlin 1982, pp. 33—59; *C. Varga,* Logic of Law and Judicial Activity: A Gap between Ideals, Reality and Future Perspectives, in: Legal Development and Comparative Law — Evolution du Droit et Droit Comparé, Budapest 1982, pp. 45—76.

give any directions as to its contents. § 218/1 makes it compulsory, in executing a document, to commit the basic contents of the contract to paper, which in the case of a sales contract means the transfer of ownership in exchange for its purchase price.

The constant rise in living standards, the various efforts made by our government to further home building schemes, and the continuous disposal of house property belonging to the state, makes the building or buying of flats or family houses as individual property possible to more and more people. There is increasing interest in house property ready for occupation and this cannot be expected to decrease in the future. The bustling trade in properties suitable for satisfying housing demands thrusts those interests into prominence which safeguard this kind of transaction.

Contributing to this in its own way, the Supreme Court of the Hungarian People's Republic says, in its current Civil Branch Decision on matter of principle No. XXV, that: "[1] For a valid contract aimed at the transfer of real estate ownership, from the point of view of its content requirements, it is necessary and also sufficient if the document, apart from indicating the parties, contains the specification of the realty as well as its purchase price or, if the transfer is free of charge, this must be clear from the contents of the deed ...".

2. § 60 of our Family Code includes the following decrees: "(1) A person is entitled to maintenance by his relatives if he is not able to support himself and if he has no spouse obliged to support him. (2) An able-bodied descendant can be entitled to maintenance, too, if he needs it for the pursuit of his studies."

It is desirable and reasonable, from the viewpoint of socialist development, that members of society be as highly educated as possible, that they acquire the highest possible qualifications, and that those who, on the basis of their school achievements, have proved suitable, should acquire college or university diplomas.

Realizing that to reach this permanent end, the institution of maintenance can serve as a means of gaining personal material support, the Supreme Court of the Hungarian People's Republic, in its current Civil Branch Decision on matter of principle No. XXIX laid down that "courses providing special qualifications for one's life career as well as the pursuit of studies at a college or university are considered to be "required", as mentioned in the above decree. In this respect continuance of studies is taken into account and is not affected by a justified interruption ..."

8*

The law-formulating function of judicial practice is embodied in its coordination of formerly regulated and basically unchanged social relations and the legal norms which reflect them but in an inadequate (either too strict or too loose) form.

To illustrate this, let us refer to two examples from Hungarian legal practice of recent years.

1. According to § 23/1. c. of the Enacting Decree of the Labour Code, an employed single woman rearing her child alone cannot be dismissed unless this is specifically justified, until her child is over 18. This protection is also due to a father rearing his child alone.

In connection with the interpretation of this article the Supreme Court Labour Board of the Hungarian People's Republic stated, in their opinion No. 98, that this protection is not due to "that single working mother — or father — whose child, though under 18, is in the care of the state, is at state boarding school or is serving a sentence of imprisonment", because in these cases the burden of his support does not fall on the parent but on the state.

2. According to § 21 of our Criminal Code (1961): "(1) He, who has committed a crime in a state of mental deficiency, weak-mindedness or mental disturbance, which made him incapable of realizing the socially dangerous consequences of his action or of acting according to this realization, cannot be punished. (2) If the offender's mental deficiency, weak-mindedness or mental derangement only limited his realization of the socially dangerous consequences of his action, or his acting according to this realization, his punishment can be mitigated without restriction."

This article, however, contains no directions concerning the case of psychopaths. Since a great number of offenders of this kind appear before the courts, the Supreme Court of the Hungarian People's Republic was compelled to give a guiding principle for judicial practice. The Criminal Branch Decision No. XXVIII on this matter of principle says that "Psychopathy does not generally exclude accountability even if it is accompanied by alcoholism. This condition can, however, indicate a degree of degradation of the personality which is close to the state of mental deficiency and can, for this reason, limit — perhaps even exclude — moral responsibility." In their opinion No. 506 the Supreme Court Criminal Board pointed out that psychopathy, in general, cannot be regarded as a mitigating cause, except if it is of such severity that it limits moral responsibility.

This judicial practice was again employed in our new Criminal Code of 1978, as well as in other connections. The article on mental deficiency was constructed as follows: "§ 24 (1) He who commits a crime while in a morbid mental condition — especially in mental deficiency, weak-mindedness, derangement of mind or of personality — which makes him unable to realize the consequences of his action or to act according to this realization, cannot be punished. (2) A punishment can be mitigated without restriction if mental deficiency limited the offender's realization of the consequences of his action or his ability to act according to this realization."

Though justified by the above examples it is, perhaps, important to emphasize again that the influence of judicial practice on the development of law is not destined for its own ends. It cannot be, since the court, as the body for the application of law, also has a *signalling function* with regard to the coordination of stable and changed relations and that of positive law. That is, it draws the attention of the law-making bodies to the necessity of modifying certain legal normative measures or, perhaps, of formulating new ones. As the process of law-making originates in the requirements of social relations themselves, judicial practice can make the work of codification easier in two respects. On the one hand, it signals like a beacon, showing where, and to what extent the correspondence between legal norms and the social relations forming their bases has become inadequate. On the other hand, it — as it were — "offers up" its generalized observations to the legislator so that he may properly raise some to the rank of legal norms. The legislator considers and makes use of the alternatives suggested by judicial practice together with other important information gained in the course of preparing the law.

Keeping all this mind, we can see that the perspectives of socialist legal development, on a theoretical level, are to be found in the conscious combination of the periodic (legislation and decree-making) and the continuous (judicial) development of law,[7] because harmony between social relations and legal norms can only in this way be achieved.

---

[7] Cf. G. *Eörsi,* A jogfejlödés útjai a polgári jogban (The Roads of Legal Development in Civil (Private) Law), in: Gazdaság- és Jogtudomány VIII (1974), No. 1—2.

LEGAL ANALYSIS
AND THE RELATIVE AUTONOMY OF THE LAW

By Thomas Wilhelmsson, Helsinki

1. Legal dogmatics means the interpretation and systematization of legal norms. It is widely admitted that interpretation at least to some extent depends on ideological, political and other social (non-legal) factors. Systematization too has a social dimension. I will here discuss one aspect of that dimension. The paper focusses on the legal concepts used in systematization and their breadth.

Especially important in this respect are the concepts by which the *juridical roles*[1] that the parties to a legal relationship are playing are defined. The parties are often not, when we are dealing with their relationship from a legal point of view, treated as the persons they are in reality, e. g. law professor *A*, harbour worker *B*, industrial firm *C*, but as playing specific juridical roles. They are seller *A* and buyer *B*, owner *C* and non-owner *D*, creditor *E* and debtor *F* and so on. Which roles the parties are playing on the juridical stage is to some extent determined by the system and the basic concepts of the law. If the law of sales is treated as a whole, one manages to describe the roles of the parties with the help of the concepts 'seller' and 'buyer'. If, on the other hand, there are specific principles applicable to consumer sales, the plain concepts 'seller' and 'buyer' need to be divided into new concepts with a narrower scope, e. g. 'commercial seller', 'private seller', 'consumer' (buyer) and 'commercial buyer'. The juridical roles are not given *a priori;* they can be changed and so can the systematization of the legal material be modified in other respects also.

2. The degree of breadth of the concepts which constitute a legal system may vary. In conceptual legal thinking *(Begriffsjurisprudenz)* the aim of legal dogmatics was to build a system of broad legal concepts from which the solution to concrete legal problems could be derived by deduction. The legal system was to form the basis which would yield solutions to all new problems. In this mode of legal thinking the systematic argument was the argument *par excellence* when lawyers were deciding problems in the interpretation of law.

---

[1] See also *A. Aarnio*, Denkweisen der Rechtswissenschaft, Wien/New York 1979, p. 184.

In this century, in many countries, legal dogmatics seems to have moved towards the use of narrower concepts in systematization. Demands for the use of more distinctions, allowing a more concrete analysis of the problems of interpretation, have been raised in many contexts.

Such demands have been expressed i. a. by some so-called American realists — at least by those who *Jerome Frank* called "rule-sceptics". *Karl Llewellyn* criticized traditional jurisprudence because its norms did not describe court practice correctly; it presented only "paper rules". By a closer study of court practice it should, however, be possible to find *real rules,* descriptive generalisations of practice. The use of these "real rules" would increase the foreseeability of judgments.[2] Instead of formulating broad principles one should therefore strive to formulate a detailed set of rules which would describe court practice as precisely as possible.

This part of the demands of some American realists seems to have much in common with the analytical views that were developed in the Nordic countries as a reaction to conceptual thinking about law. In Finland the analytical school attained a dominant position after World War II. This analytical view stresses that solutions to concrete legal problems should not be deduced from broad concepts but should be based upon all legal arguments applicable to the problem in question. When deciding problems concerning the transfer of ownership one should not, according to the analytical view, seek an answer to the general question of the precise moment at which the ownership as a whole is transferred from the seller to the buyer. The question should be divided into several subquestions with reference to the different *relationships* which are revealed by a more detailed analysis of the situation. One should ask: When is the buyer protected against the creditors of the seller? When is he protected against a claim from the real owner of the thing sold? When is the first or the second buyer protected if the seller has sold the thing twice? The answers to these and similar questions need not be identical. It is, therefore, not possible to say that ownership passes from the seller to the buyer at a specific moment; the transfer of ownership takes place as a successive process in which the buyer at different moments becomes protected in different relationships.[3]

---

[2] *K. Llewellyn,* Jurisprudence. Realism in Theory and Practice, Chicago 1962, p. 21 ff.

[3] See especially *S. Zitting,* Omistajanvaihdoksesta (Transfer of Ownership), Vammala 1951.

Later, when I talk about an *"analytical approach"* to legal concepts, I refer to the type of legal thinking mentioned above, which strives to divide broad legal concepts and replace them with concepts which have a narrower scope.

3. Although legal thinking in many countries today seemingly tends to reduce the importance of broad legal concepts, this tendency is by no means unambiguous. We are also facing a development in which some new broad concepts have attained a central position in legal thought. I refer here to the increasing use of *general clauses,*[4] which often have a very wide application. The legislator may prescribe a general standard of reasonableness etc. which may even have to be applied to a whole area of the law.

By such general clauses the legislator may also create new and very broad role concepts (see section 1). It may be prescribed in a general clause concerning the fairness of contracts that the court shall especially take into account the need for protection of "the weaker party". It is obvious that the role of the weaker party in practice may be played by a very large class of actors.

Even if the development of broad general clauses at first seems incongruous with the tendency towards the use of narrower legal concepts, it is in fact consistent with that tendency. The general clauses are not real *legal rules,* which at least to some extent bind the decisions of the courts, but rather a kind of guideline by which the courts are directed to take into account certain types of fact when making decisions which are essentially their own. On the basis of these guidelines the courts may elaborate their *own rules,* the scope of which is often very narrow or might even be limited to just the one case at hand. From this point of view, therefore, the increasing importance of general clauses can be seen just as an extreme expression of the general tendency to delimit the direct force of broad legal concepts.

By stating this fact I do not in any way wish to deny the social (political) differences between regulation by narrow concepts created by the legislator and regulation by a general clause. The latter, of course, means a transfer of legislative power (or, in other words, a transfer of the power to use the social technology mentioned in section 6) from Parliament to the courts, with all its political implications. On the abstract level of this paper the difference is, however, less important.

4. In this paper I will discuss the connection between the decreasing breadth of binding legal concepts and the relationship between law and society. How does the increasing use of narrower legal concepts

---

[4] The classic work in this field is *J. W. Hedemann,* Die Flucht in die Generalklauseln, Tübingen 1933.

influence the relative autonomy of the law in relation to society or — using language rather more specific — in relation to the *social interests,* sometimes formulated as *demands,* of various groups in society?

The question presupposes a certain view of the relationship between law and society. If one were to accept either the view that law lives its own life more or less untouched by various social interests or the standpoint that all changes in law can be explained mechanically as direct results of changes in society, the question posed in this paper would be superfluous.

Here it should be emphasized that my paper does not purport to give a causal explanation of an alleged increased responsiveness of the law towards social interests. The changes in legal dogmatics should not be seen as pure causes of the changes in the relationship between law and society. Instead one could obviously talk of a dialectical process in which both phenomena are the causes of each other (and the process itself is determined by changes in the basis of society).

5. It is obvious that the concepts and the systematic structure of the law are among the most important cornerstones of the fortress in which law defends itself against constant pressures from various interests in society.[5] They determine to a large extent the way in which juridical questions are formulated, *de lege lata* as well as *de lege ferenda.* By determining the questions they lay down the framework within which social demands can be dealt with in law.

A train of thinking which stresses the importance of *systematic arguments* must, therefore, tend to increase the autonomy of law, at least in relation to short-term social demands. Systematic arguments are arguments which belong inside the legal order and as such they will to some extent appear as impediments to changes in that order initiated from "outside". If there is social pressure for change only to some limited area of law, the ideological force of other parts of the law which are systematically linked to the first area might to some extent counterbalance that pressure.

Instead of using a systematic argument, saying that the legal consequence x should be attached to situation a_1 because there is a norm which attaches this consequence to situation a_2, and a_1 and a_2 are considered to be equal or analogous from the legal point of view, one might create a new broader concept a, which covers both a_1 and a_2. The use of this broader concept leads to the same result as the use of a system-

[5] Cf. also *R. Cotterrell,* The Development of Capitalism and the Formalisation of Contract Law, in: B. Fryer/A. Hunt/D. McBarnet/B. Moorhouse (ed.), Law, State and Society, Great Britain 1981, p. 67: "The 'relative autonomy' of the law thus appears as the significant effects of the processes of reasoning promoting continuities in the development of legal doctrine."

atic argument: the subsumption of a larger class of cases (a_1 & a_2) under the same norm. An analytical approach to legal concepts means, therefore, in other words a tendency to attach less significance to systematic arguments. As stated above, this implies on the other hand a greater responsiveness towards social interests.

6. The advocates of an analytical approach towards legal concepts often argue that their approach makes the law a more useful instrument for regulating society. The aims of many American realists are good examples of this kind of argument.[6] Also to analytical thought in the Nordic countries the idea of law as *social technology* is familiar.

Behind this talk of better possibilities for regulating society one often meets, however, a view which denies the existence of deep conflicts of interest between different groups in society. The "better regulation" is thought to be effected by a normgiver who is immune to these conflicts and neutral in deciding them. If we do not accept this view of society the talk of better regulation immediately gives rise to new questions: better for whom; promoting which interests? These questions show that the views according to which an analytical approach to legal concepts makes law a better means for social technology in itself must contain the concession that this approach also makes law more susceptible to social demands. The more law can be used as a means for satisfying short term social expectations the more demands for such use of the law will successfully be presented.

It is hardly a mere coincidence that the development of so-called *interventionist legislation*[7] aimed at rectifying acute social problems without regard to traditional legal systematics has taken place at the same time as the development in legal dogmatics described above (section 2).

7. The social (political) significance of a more analytical approach to legal concepts for different groups in society varies, depending mainly on the concrete power-relations prevailing in society (since those relations to a large extent determine the strength by which various interests may influence the development of law). I will here present an example (from my own research on the development of common law) of a situation in which the lack of "modern" legal analysis seems to have contributed to the creation of a legal rule favorable to social groups which did not hold at all a dominant position in society.[8]

---

[6] *K. Llewellyn* wrote in a letter: "The drive of Realism ... is to establish an effective legal technology", cit. per *W. Twining*, Karl Llewellyn and the Realist Movement, Birkenhead 1973, p. 522.

[7] See *H. Hydén*, Rättens samhälleliga funktioner (The Social Functions of Law), Lund 1978, p. 240 ff.

In common law the rules on *vicarious liability* — the objective liability of an employer for the torts of his servants — began to develop as early as at the end of the 17th century. In many other countries the same development took place much later, after the growth of the insurance industry. The early development of vicarious liability in common law seems to be connected with the concepts (ways of systematization) used in legal thinking at that time.

When the development of vicarious liability in common law first began, legal thinking did not recognize any clear systematic borderline between liability in tort and liability in contract. The liability of an employer for acts of his servants was considered as the same problem irrespective of whether the case dealt with the employer's liability for a tort committed by his servant or for a breach of contract imputable to the servant. Moreover, and I think this is of essential importance, the same rules were to govern also an employer's liability for the fulfilment of contracts concluded on his behalf by his servants. The growth of industry and commerce, however, necessitated modern rules on agency, by which a servant could make contracts binding upon his employer without requiring the employer's express command in every case. Because of the broad legal concepts, juridical roles, used at that time — it was in all cases only a question of the liability of an employer for the act of a servant — the rules on vicarious liability in the law of tort evolved as an at that time less important by-product of the developing rules on agency. Only towards the next turn of the century "it began to be more plainly seen that this liability did not depend on agency at all."[9]

The rules on vicarious liability in tort, which were favorable towards the working people and (at least at a time when insurance was relatively undeveloped) unfavorable to commerce and industry, could, because of the broad concepts used in defining the legal problem, develop as a by-product of another regulation which was needed by industry and commerce. When the concepts were refined at a later stage, the resistance from these dominant groups to the rules on vicarious liability in tort was to grow.

The growing resistance did not, however, bring results, obviously because the insurance industry, which by this time had already achieved an influential position in society, had an interest in preserving objective vicarious liability.

---

[8] See *T. Wilhelmsson,* Skadeståndsrätt och samhälle (Tort Law and Society), in: Tidsskrift for Rettsvitenskap (1983), p. 1 ff.

[9] *W. Holdsworth,* A History of English Law, Volume VIII, p. 478.

8. The formulation of new and narrower concepts may allow a more direct reflection in law of compromises between conflicting interests in society. A typical example is the modern development of the *concept of ownership* in Swedish law.

The thought of ownership as an indivisible whole, which was typical of earlier conceptual thinking in law, encountered much criticism in Swedish legal thinking during the first half of this century.[10] Instead of talking about ownership as a whole, it was argued, one should direct attention to the different elements of ownership. This analytical approach to the concept of ownership made it easier for the legislator to regulate the elements of ownership without formally depriving the owner of his ownership. The new analytical concept of ownership thus enabled a development of the law which reflected a compromise between the interests of owners and non-owners.

The direct connection between the new analysis of the concept of ownership and the possibilities of reflecting the social compromises within the law is well illustrated by the memoirs of the Social Democratic prime minister *Tage Erlander*. He points out that by the abolition of the idea of ownership as something indivisible the whole question of changing society in, as he calls it, a socialist direction was easier to handle in practical politics.[11]

9. The analytical approach to legal concepts not only makes law more susceptible to pressures exerted by economically and politically dominant groups in society but at the same time it makes it more open to *critical evaluation* by other groups.

The traditional civil law system, with its broad concepts of contract, debtor/creditor, seller/buyer and so on, forms as such an obstacle to a critical evaluation of the system in a social context. The broad concepts also impede the use of arguments referring to concrete social problems when deciding legal cases. It is obvious that the arguments concerning e. g. the consequences of late payment of a debt take on a different character if one, instead of talking of debtor and creditor in general, talks of a consumer debtor and a commercial creditor or, going a step further still, tries to interpret the law with the help of concepts like unemployed debtor versus financial institute. This point seems to be very important when discussing the possibilities for an *alternative use of law* (uso alternativo del diritto).[12] For such a new

[10] This criticism was one of the sources of the development of Finnish analytical thinking referred to in section 2.

[11] Tage Erlander 1901—1939, 4th ed., Stockholm 1972, p. 126.

[12] The discussion around this theme in Western Europe during the 1970s has been immense. As a civil lawyer I will mention just the work of *U. Reifner*, Alternatives Wirtschaftsrecht am Beispiel der Verbraucherverschuldung, Darmstadt 1979. The most important contribution to this discussion in Fin-

kind of legal dogmatics to have any fruitful concrete results they must obviously consist of the creation of new concepts for the study of law. The traditional abstract concepts could be replaced with concepts that are more closely linked to the interests of the social groups which the advocates of the new kind of legal dogmatics want to defend. Juridical roles could be brought closer to the roles of the parties in real life.

nish (and probably also in Scandinavian) legal theory is *L. D. Eriksson*, Marxistisk teori och rättsvetenskap (Marxist Theory and Legal Science), Helsinki 1980.

II. Theorien des Rechts in rechtssoziologischer Perspektive

CAN SOCIAL SCIENCES HELP US IN DETERMINING 'THE LIMITS OF LAW'?

By Maria Borucka-Arctowa, Cracow

I.

The task of my paper is: (a) to present the complexity of and different approaches to the problem traditionally called 'the limits of law', (b) to explain why this ever-recurring problem, debated by many prominent philosophers of law, has recently arisen with particular sharpness with regard to law in the modern state and modern society,[1] (c) to answer the question — to what extent can the achievements of the contemporary social sciences and particularly socio-legal studies help us in determining the limits of law?

The characteristic tendency in socio-legal studies is to present problems linked to law against the background of larger entities, frames of reference and processes of social life. The law is considered to be an element of social control and the court is regarded as an agency of the total social system, whereas the limits of law are viewed in terms of their relation to other norms regulating human conduct. This approach does not prevent us from taking into consideration the specificity of law. What is more, it underlines the particular role of law in shaping certain forms of life in an organized society and in defining their structure.

When discussing the norms which regulate human behaviour, we always face the problem of the limits of such regulation. The question refers not only to law but also to other social norms and to the agencies by means of which these norms are implemented.

II.

As regards law, one phenomenon typical of our civilization, of modern society, is the extension of the range of personal freedom, of 'privacy', with a wide margin allowed for freedom of belief, opinion, decisions in one's personal affairs, as well as a deeply rooted conviction about the

[1] The following publications are illustrative of the recent rise in interest in this problem: *A. Allot*, The Limits of Law, London 1980; *I. Jennings*, Social Order and the Limits of Law, New York 1980; *M. P. Golding*, Philosophy of Law, chap. 3: The Limits of Law, New Jersey 1979.

individual's rights to these liberties. On the other hand, as far as social attitudes are concerned, a far-reaching conformity, the feeling of being 'bound' by the valuations and opinions of other people, and efforts to adapt to their expectations, are observable. This attitude is linked to the broader problem of a 'mass society'.

In the contemporary social sciences there is a common opinion about the rapid evolution of social organizations and their important role in our society. Analysis of the consequences of this process leads to evaluations not devoid of controversy.

Under the influence of the social sciences and especially the Marxist approach, a change occurs in the outlook upon human individuals and the traditional, liberal concept of freedom. Sociology breaks with the image of an isolated, self-dependent man, protecting himself against the influences of his own environment, and shows him against the background of his connections with his group and the society. David Riesman calls this process "revaluated individualism whose essential characteristic is the recognition of the group conditionedness."[2]

At the same time, the association appears in the role of a partner who is to be taken into consideration more seriously than an unorganized individual.

Effective action linked with the purposive character of social organizations may be attained within a far broader range by making it easier or indeed possible for an individual to make rational decisions, by preparing a sort of ready pattern of conduct in various circumstances, and by liberating the individual from hesitation in arguments pro and contra definite decisions.

The sudden growth of large social organizations, guided pre-eminently by the principle of rationality, arouses a vivid anxiety among sociologists and political scientists in highly industrialized countries. The term 'organizational society' used by some of them means that all domains of man's activity, hence not political or professional activities alone but also the way he spends his leisure time, his cultural activity, and even some forms of family life, are embraced by frameworks of social organization; beyond them an individual in fact cannot develop his own activity. A number of sociologists and political scientists perceive in this fact a systematic decrease in the factual range of individual freedom. This phenomenon consistently leads to the shaping of a specific type of personality that is widely discussed by W. H. Whyte in his book *The Organization Man*.

---

[2] *D. Riesman,* Selected Essays from Individualism Reconsidered, New York 1954, p. 12.

The image of contemporary society presented above is not beyond controversy and has both proponents and opponents. Following the opinion of the latter, one may argue that the growing importance of social organizations involves not only the suppression of human individuality but also a hope of decreasing evil, illness, backwardness and misery.[3] These exaggerated visions of organizational society may also be treated as a forewarning against the dangers of ever-growing bureaucratic features: a victory of means over aims and the specific autonomization of means, and also the transformation of aims into 'solemn values'.[4]

All these arguments may also be linked to the interventionist modern state, which is much more oriented to the organizational and innovative functions of law than to the traditional one, i. e. the conflict-solving function. The growth of the resource-distributive function introduces new ways of influencing people's behaviour.[5]

A considerable increase in the activity of the contemporary law-maker and the broadening of legal regulations into further and further spheres of social regulation begin to arouse disquiet. The objections to the too far-reaching legalization of social life give rise to postulates of transferring certain spheres of social relations to domains where they are regulated by norms other than legal.

These processes, which are characteristic of modern society, are not always presented and discussed in a unanimous way by representatives of the contemporary social sciences and raise with particular sharpness the problem of the limits of law.

III.

The limits of law are as a rule viewed in 'negative' terms, as a question of limiting the law-maker's activity by means of a barrier

a) which he cannot surmount without making his law ineffective,

b) which he would not surmount without failure to fulfil certain postulates and expectations and without transgressions against the established value system,

c) which he, as bound by higher norms, is not authorized to surmount.

---

[3] *J. Szczepański,* Zagadnienia socjologii współczesnej (The Problems of Modern Sociology), Warszawa 1965, p. 37.

[4] *M. Misztal,* Problematyka wartości w socjologii (The Problems of Values in Sociology), Warszawa 1980, p. 78.

[5] *V. Aubert,* On Method of Legal Influence, in: S. B. Burman/B. E. Harrell-Bond (ed.), The Imposition of Law, New York 1979, p. 30 ff.

Yet the 'negative' approach is only apparent. This is because the problem of the limits of law cannot be debated when isolated from some positively determined contents such as the aims of law, law-protected values and the political and ethical admissibility of actions adopted to achieve these aims. Each regulation of human behaviour encroaches upon the sphere of the freedom of the individual. The question, to what degree and at what cost this freedom, in competition with other law-protected values, can be limited, is a question integrally bound up with a specific concept of the 'good life', as well as of a just and happy society, and also with certain other measures which, being given priority, carry the aforementioned vision of society into effect.[6]

The scope of my report does not allow for detailed analysis of the influence exerted on the determining of the limits of law by specific concepts of social philosophy concerned with the degree of freedom enjoyed by an individual, and the conditions safeguarding his or her self-realization. By way of example only, one may point to the discussion of the principle "no harm for others" put forward by J. S. Mill in *On Liberty*. One may also point to the many faceted revival of the concept of freedom as a natural right linked to the essential characteristics of human nature. Likewise, it is possible to point to the view proposed by the adherents of 'legal paternalism', claiming that the individual is not always the best judge of his own interests. This view provides grounds for the modern state to intervene in the sphere of freedom.[7]

The aforementioned kinds of limitation imposed upon the law-maker with different modalities ("cannot", "should not", "is not authorized") have their counterpart in the shape of the different approaches to the question of the limits of law. The limits may be viewed as:

a) theoretical (including descriptive) terms, with the stress being laid upon the factual limitation of possibilities to exert influence upon specific areas of human life and behaviour. At the same time, this approach accentuates a certain real conditioning of law effectiveness as well as the factual influence exerted upon the limits of legal regulation by accepted ethical and political principles.

b) postulative terms, namely certain indications, injunctions, expectations, setting boundaries to the law-maker's activity, but arising from the accepted system of values. Here the limits of law are viewed through the prism of a certain pattern to be followed, an ideal to be realised.

---

[6] *Golding* (note 1), p. 67.

[7] *H. L. A. Hart,* Law, Liberty and Morality, Stanford 1965, p. 4 ff.

c) normative terms. In this approach the limits of law are considered either with respect to norms absolutely binding on the law-maker himself and independent from him (this being the standpoint assumed by the adherents to the natural law concept in its absolutist version) or with respect to the self-limitation of law through constitutional and international norms.

This differentiation between the various approaches to the question of the limits of law does not provide for any strict framework and does not eliminate, to any appreciable degree, the possible combination of approaches. The theoretical approach as a rule leads to sociotechnical advice either of a general character or expressly addressing the law-maker. As a result, this approach comes close to the postulative one. The latter in its turn may consider the effectiveness of law to be a certain value which should be pursued by the law-maker and the recommendations of which the latter should follow. The self-limitation of law in its turn may express the implementation of some values and principles characteristic of the postulative approach (such as freedom, equality, participation of society in government, and the like). It is worth mentioning that some natural law concepts seek justification of the norms and ideals they advocate in some theoretical achievements of the social sciences (which does not eliminate reservations likely to be aroused by the reasoning that arrives at some ought-statements while making use of theoretical statements).

The questions of the limits of law may, besides, be considered from the formal, quantitative point of view, i. e.

a) 'surplus of norms', the too far-reaching legalization of social life and penalization of human behaviour,

b) 'over-abundance of changes' introduced into law and threatening the legal equilibrium and stability of law.

The quantitative criteria presented above are, however, expressly bound up with certain formal values such as the effectiveness and certainty of law. They are also bound up with material values such as the specific degree of freedom left to an individual. They therefore do not go beyond the confines of sociotechnical or postulative approaches (the former being bound up with the theoretical approach).

IV.

In an attempt to answer the question, whether the social sciences can be helpful in setting the limits of law, we must return to the varying approaches to the limits of law set out above.

The theoretical approach gives priority to the pragmatic aspect of the question. Thus it concentrates on the factual limitation of the influence exerted by law upon human actions, the impossibility of arriving at intended effects, in other words: on the ineffectiveness of law.

In discussing the effectiveness of law, one should differentiate between various aspects of this phenomenon. In the narrower sense, the effectiveness of law, also called behavioural effectiveness, denotes the agreement of the addressees of the legal norm with the purview of the latter. In the broader sense, the effectiveness of law, also called finiteness, denotes the agreement of the social results arising from the specific norm being enforced with the law-maker's intentions. One may also point to the socio-educational effectiveness of law, which consists in the affirmative attitudes toward law (or toward determined norms, institutions or values implemented by law) being produced. Thus a sphere of legal consciousness comes into play.[8]

Behavioural effectiveness may be spoken of only when the determined behaviour was, at least to some degree, caused by the given norm, that is, when the legal norm was taken into account during the decision-making which led to the choice of one and not another mode of acting. Behavioural ineffectiveness may result either from legal ignorance or from giving priority to behaviour other than that recommended by the norm. In some cases ineffectiveness may be the result of inability to comply with the norm. The finite effectiveness of law is not always reached despite the existence of behavioural effectiveness. This is because there may be situations in which the law-maker did not achieve the goals, to attain which the given norm was passed, and yet the addressee of the norm was consistent with the latter.

Research into the behavioural effectiveness of law goes back to broader research, in various branches of the social sciences, into the decision-making process, motivation and especially motivation for compliance, and into methods of obtaining compliance (coercion, persuasion, positive and negative sanction through resource distribution, economic stimuli). Studies in legal consciousness, i. e. in the knowledge of law, valuations and attitudes to law, make up an essential component of all research into the circumstances conditioning the effectiveness of law.[9]

---

[8] *M. Borucka-Arctowa*, Legalism vs. Conformity and Opportunism, in: Polish Round Table I (1967), p. 131; *J. Wróblewski*, Skuteczność prawa i problemy jej badania (Efficiency of Law and Problems Connected with Studying It), in: Studia Prawnicze 1—2 (1980), p. 3 ff.

[9] *M. Borucka-Arctowa*, Die Gesellschaftliche Wirkung des Rechts, Berlin 1975, chap. IV, V, VI; *id.*, Świadomość Prawna a Planowe Zmiany Społeczne (Legal Consciousness and Planned Social Changes), Warszawa 1981, p. 9 ff.

The growth of the effectiveness of law, particularly in the broader, finite sense, is not only bound up with general knowledge on the motivational operation of law but also with the increase of knowledge on the field of regulation by law.

From the pragmatic point of view the limits of law are also set by the possibility of exercising factual legal control. The impossibility of exercising it may result from the specific character of the given sphere of behaviour which may be inaccessible to verificational measures of legal control (the sphere of thoughts, feelings, private affairs).[10]

The confining of legal regulation only to the external actions of human beings does not mean that the law-maker is likely to give up his attempts to gain the approval of the norm's addresses in relation to the norms at stake. The law-maker is interested in reaching this goal both for pragmatic and political reasons. Social approval of legal norms may be seen not only as a factor contributing to the effectiveness of law but also as a certain value, a political principle, determined as social 'consensus' (and thus resorting to a postulative approach).

The study of the limits of law also involves the interesting question of the 'imposition of law' as opposed to social consensus. Recent studies on this subject in the different fields of social science raise a number of questions concerning the definition of 'imposed law'.[11] In a general way one can say that the law is imposed when it does not reflect the values and norms of the majority of the population or of the segment which will submit to it.

The 'imposition of law' is relevant to the problem of states where legislation is often viewed as a mechanism for bringing about desired changes and facilitating industrial and technological development. It is equally relevant to the situations in industrialized states where governments are faced with the question of regulating some institutions or of attempting to foster value changes that are opposed either by the majority of the population or by a highly vocal minority. Studies on different ways of imposing law, the reaction to such imposition and its effects within a particular sociopolitical context, shed some new light on the relation between the acceptance of law, the compliance with law and the efficiency of law in a broader sense. In many situations one may rather talk of the degree to which law is experienced as imposed. Likewise, one may talk of the degree of effectiveness of

---

[10] *K. Opałek/J. Wróblewski*, Zagadnienia Teorii Prawa (The Problems of Theory of Law), Warszawa 1969, p. 20 ff.

[11] These questions are discussed broadly in: *S. B. Burman/B. E. Harrell-Bond* (eds.), The Imposition of Law, New York 1979.

certain legal norms, which deprives the notion of the 'limits of law' of its sharpness.

Thus, with regard to spheres of behaviour which are factually inaccessible to legal regulation as ineffective in terms of human possibilities, one may speak of the absolute limits of law. This is not so, however, when limitations arising from certain cultural, political or psychological conditioning are involved. In these cases it is possible to speak of relative limits only.

In his works J. Carbonnier introduced the notion of 'non droit' to denote a sphere of action suitable for legal regulation in which the law may intervene but, for various reasons, does not. The borderline between 'droit' and 'non droit' is variable depending on many factors, including those of a cultural type.[12]

What is significant also is the decision relating to the choice of law as the most suitable instrument of influence when compared with other instruments disposed of by 'those governing' or with the instruments remaining beyond their reach. On analysing the scope of regulation according to the possible spheres of influence on human conduct through law, one can distinguish three spheres of social relations where the operation is: (a) necessary and sufficient (the law itself, without the support of any other factor induces conduct consistent with the legal norm), (b) necessary but insufficient (the ancillary influence of other factors operates as a supporting element in strengthening the effectiveness of the regulation), (c) superfluous (the particular sphere of social relations should be left to the control of appropriate norms, e. g. norms of determined social organization, morality, or should be steered by such factors as economic stimuli).

When viewed in the light of legal effectiveness, the instrumental approach is above all bound up with our knowledge and evaluation of measures available to us. The latter are such modes of influencing people as remain within the legal system and allow us to reach certain goals. The question of the limits of law is strictly linked to the problem of the aims of law. Evading the discussion of the aims of law is tantamount to confining the whole problem of the creation of law within narrow frameworks of technology and the sociotechnics of law. The determining of the aims of law mainly concerns the principal and supreme aims which call for a certain evaluation because in fact the intermediate aims justify their existence by promoting the aims that are hierarchically superior to them, and by their consistency with the latter.

---

[12] *J. Carbonnier*, Flexible Droit, Paris 1969, p. 20 ff.

The selection of the supreme aims depends on axiological premises related to an accepted outlook upon the world, ethics and the political system. This choice, being rational, makes the legislator base his work on scientific grounds and on the recent achievements in the social sciences which eliminate the pursuit of aims unattainable under given conditions or involving excessive social expenditure. Hence the determination of the supreme aims is tantamount to the adoption of some particular value system to which the given legal system will be referred.

The necessity of taking decisions and selecting certain 'principles' which are to be the ultimate point of reference for the given system, is proper not only to normative systems, since it occurs at every level of theoretical scientific reflexion. The delimitation drawn between 'scientific substantiation' and 'the choice of principles' must not be interpreted as a renunciation of the valuation of the content of law. Here the main point is to formulate explicitly the basis of such evaluations and in this way to substantiate them, depending on whether they are instrumental evaluations, evaluations referred to norms of a higher order i. e. relativized systematic evaluations, or, finally, principal, primary evaluations. A jurist must, apart from referring to value systems, also contribute to their formation.

The limits of law are therefore determined not only through specific facts or other normative systems which impose limitations upon the law-maker's actions, but also through values. It is possible to speak of sets of such values with regard to the system of law. They serve as axiological justification of created legal norms, and are termed 'inner values of law'. On the other hand whenever law is valued in terms of supra-legal criteria, 'the external values of law' come into play. The question of the cultural conditioning of some and not other values, that are taken into consideration vis-à-vis an individual or on a social scale, is the subject matter of the social sciences, and above all of cultural anthropology. Cultural factors may be treated as 'variables' allowing one to grasp certain interdependent connections, and to elucidate certain processes. They are also helpful in envisaging the degree to which our influence through law is effective. This factor may, however, also be treated as a specific value connected with the postulates of protecting a certain cultural complex or leaving the existing 'status quo' untouched. Such postulates are responsible for setting the limits of law in this respect.

SOZIALWISSENSCHAFTLICHE ERKLÄRUNGSANSÄTZE DER WIRTSCHAFTSKRIMINALITÄT AM BEISPIEL DER KORRUPTION

Von Karlhans Liebl, Freiburg

I. Definition von Wirtschaftskriminalität

Seitdem die Wirtschaftskriminalität mit der Arbeit „White Collar Crime" von *Sutherland*[1], international verstärkt zum Gegenstand der kriminologischen und rechtssoziologischen Forschung gemacht worden war, war die Frage der Definition dieses delinquenten Verhaltens zentraler Forschungsgegenstand. Dabei stand in der Definitionsdiskussion, die vor allem in den USA geführt wurde, die Abgrenzung des Begriffs des „White Collar Crime" gegenüber dem des „Occupational Crime"[2] und „Corporate Crime"[3] im Vordergrund[4].

In der Bundesrepublik Deutschland wurde dabei die Wirtschaftskriminalität als dadurch gekennzeichnet angesehen, daß die strafbare Handlung berufsbezogen und unter Ausnützung einer Vertrauensposition geschieht. Verschiedentlich wurde aber auch darauf abgehoben, daß sich die Verstöße gegen das Wirtschaftssystem richten oder sich durch eine große Opferanzahl auszeichnen müssen[5]. Schon hieraus ergibt sich, daß es bisher nicht gelungen ist, eine Definition zu begründen, die Wirtschaftskriminalität eindeutig festlegt. Vielmehr lagen den Begriffsbestimmungen bisher nur unterschiedliche Blickwinkel zugrunde, je nach dem, welche Gesichtspunkte für den einzelnen Autor im Mittelpunkt des Interesses standen.

---

[1] Vgl. *Edwin H. Sutherland,* White Collar Crime, New York 1949.

[2] Vgl. *M. B. Clinard,* The Black Market, New York 1952.

[3] Vgl. u. a. *Colin H. Goff/Charles E. Reasons,* Corporate Crime in Canada, Englewood Cliffs 1978; *Edward Gross,* Organization Structure and Organizational Crime, in: Gilbert Geis/Ezra Stotland, White-Collar Crime, Beverly Hills 1980, S. 52—76.

[4] Hinzu kamen weitere Eingrenzungen, z. B. mit den Begriffen des „Business Crime", „Structural Crime" oder „Upperworld Crime".

[5] Vgl. *K. Liebl,* Definition, Erfassung, Entwicklung und Schwerpunkte der Wirtschaftskriminalität in der Bundesrepublik Deutschland, in: Kriminologisches Bulletin (de Criminologie) 8 (1982), S. 21—45.

Die Diskussion zu diesem Punkte zeigte auch deutlich, daß mit den Definitionsvorschlägen nicht ein Gegenstand beschrieben wird, der bereits vorhanden ist, sondern über sie ein Gegenstand geschaffen werden soll. Dies ist jedoch insoweit auf dem Gebiet der Wirtschaftskriminalität unergiebig, als darin Bereiche einbezogen sind, die bereits durch andere Begriffe bestimmt sind, bzw. der Bereich der Wirtschaftskriminalität einen homogenen Teil der Normverletzung darstellt. Aus diesem Grund und der Notwendigkeit heraus, pragmatische Abgrenzungskriterien zu finden, verstärkt sich die Hinwendung zu deliktmäßigen Eingrenzungen, wie sie für die Bundesrepublik Deutschland § 74 c Gerichtsverfassungsgesetz anbietet, auch wenn darin der Bagatellkriminalitätsbereich ausgeklammert ist und zum Teil nur Vergehen einbezogen sind, die durch die Strafandrohung erstinstanzlich vor die Strafkammern bei den Landgerichten gebracht werden können.

II. Korruption als Teil der Wirtschaftskriminalität

Ausgehend von der Definition des § 74 c Gerichtsverfassungsgesetz für die Bundesrepublik Deutschland und den Inhalten der Begriffe „White Collar Crime", „Corporate Crime" etc., ist festzuhalten, daß neben anderen Delikten, wie Betrug, Untreue, Steuerhinterziehung oder Bankrott, auch die Korruption zum Delinquenzbereich der Wirtschaftskriminalität gehört[6]. Dabei zeigt sich, daß die Korruption selbst in recht unterschiedlichen Ausprägungen und Ausgestaltungen auftreten kann. Dies kann zum einen die Annahme von finanziellen Zuwendungen eines Beamten oder öffentlich Beschäftigten für seine nicht dienstpflichtwidrigen Handlungen sein, aber auch die Vornahme einer dienstpflichtwidrigen Maßnahme betreffen. Zum anderen fallen darunter auch die Zahlungen von Provisionen bei der Vergabe von öffentlichen Aufträgen oder solcher im privatwirtschaftlichen Bereich. Als weiterer Punkt ließe sich noch die Korruption im politischen Bereich anführen, um zum Beispiel über parteiliche Zuwendungen gesetzgeberische Maßnahmen zu erzielen, die zum Vorteil einer bestimmten Position führen[7].

---

[6] Vgl. u. a. *H. Schellhoss,* White-Collar-Crime, in: G. Kaiser/F. Sack/H. Schellhoss (Hrsg.), Kleines Kriminologisches Wörterbuch, Freiburg 1974, S. 390—394; *Julian Roebuck/Stanley C. Weeber,* Political Crime in the United States, Analyzing Crime by and against Government, New York 1978.

[7] Zu beachten ist dabei, daß der „Korruptions-Bereich" sehr weit gefaßt werden kann, wie z. B. die Arbeiten von *Robert C. Brooks,* Corruption in American Politics and Life, New York 1910; *Lester A. Sobel* (Hrsg.), Corruption in Business, New York 1977; *John A. Gardiner,* The Politics of Corruption, New York 1970, zeigen.

Wie diese kurzen Ausführungen zeigen, läßt sich die Korruption unter verschiedenen Gesichtspunkten definieren. Dabei bietet sich zuerst eine subjektbezogene Einteilung in „Politische Korruption“[8], „Wirtschaftskorruption“[9] und „Bestechung“[10] an. Daneben bestehen auch noch inhaltliche, normbezogene Abgrenzungen[11].

Die legalistische Bestimmung der Korruption in der Bundesrepublik Deutschland geschieht in zwei Gesetzen. So wird die dem Wirtschaftsbereich zugehörige Korruption im „Gesetz gegen den unlauteren Wettbewerb“ (UWG) in § 12 unter Strafe gestellt, in dem ausgeführt wird, daß derjenige bestraft wird, der „im geschäftlichen Verkehr zu Zwecken des Wettbewerbs einem Angestellten oder Beauftragten eines geschäftlichen Betriebes einen Vorteil als Gegenleistung dafür anbietet, verspricht oder gewährt, daß er ihn oder einen Dritten bei dem Bezug von Waren oder gewerblichen Leistungen in unlauterer Weise bevorzugt“. Ebenso wird eine Forderung nach einem solchen Vorteil unter Strafe gestellt. Im Strafgesetzbuch ist demgegenüber der Bereich der „öffentlichen Bestechung“ aufgenommen. In § 331 StGB wird die „Vorteilsannahme“, d. h. die Annahme, die Forderung oder die Zusicherung zum Erhalt dieses Vorteils als Gegenleistung für eine nicht-dienstpflichtwidrige Handlung, und in § 332 StGB die „Bestechlichkeit“, bei der die gleiche Tathandlung mit der Unterscheidung vorliegt, daß die Diensthandlung gesetzwidrig oder pflichtwidrig ist, unter Strafe gestellt. Dabei beziehen sich diese beiden Vorschriften nur auf Amtsträger oder auf eine für den öffentlichen Dienst besonders verpflichtete Person. In den §§ 333, 334 StGB — „Vorteilsgewährung“ und „Bestechung“ — werden demgegenüber die gleichen — aber spiegelbildlichen — Tathandlungen wie in den §§ 331, 332 StGB unter Strafe gestellt, jedoch mit der Besonderheit, daß hierbei jedermann Täter sein kann. Eine weitere Unterscheidung liegt in der definitionsmäßigen Zugehörigkeit der beiden Deliktsgruppen zum Bereich der Wirtschaftskriminalität.

---

[8] Vgl. u. a. *Victor T. Le Vine,* Political Corruption, Standfort 1975 und die weiteren Nachweise bei *M. Vance,* Corruption in Politics in the U.S.: A Bibliography, Monticello 1982.

[9] Vgl. u. a. *Gregory Neugebauer,* Grundzüge einer ökonomischen Theorie der Korruption, Zürich 1978; *Neil H. Jacoby/Peter Nehemkis/Richard Eells,* Bribery and Extortion in World Business, New York 1977; *P. B. Sengupty,* Economic condition of employees and their attitude towards corruption, in: The Indian Journal of Social Work 42 (1981), S. 303—306.

[10] Vgl. *Gardiner* (FN 7); *Roebuck/Weeber* (FN 6).

[11] Vgl. dazu *J. C. Scott,* Comparative Political Corruption, Englewood Cliffs 1972; *A. Rogwo/H. D. Lasswell,* Power Corruption and Rectitude, Englewood Cliffs 1963; *S. Huntington,* Political Order in Changing Societies, New Have 1968; *J. B. Monteiro,* Corruption, Control of Maladministration, Bombay 1966; *J. S. Nye,* Corruption and Political Development, A Cost-Benefit Analysis, in: American Political Science Review 61 (1967), S. 417—427; *M. McMullan,* A Theory of Corruption, in: Political Quarterly 37 (1966), S. 70—85.

Hier wird in § 74 c Gerichtsverfassungsgesetz (GVG) ausgeführt, daß nur die „Bestechung“ und die „Vorteilsgewährung“ zum Bereich der Wirtschaftskriminalität zu zählen sind, jedoch mit der weiteren Eingrenzung „soweit zur Beurteilung des Falles besondere Kenntnisse des Wirtschaftslebens erforderlich sind“. Bei dieser Abgrenzung dürfte zum einen im Vordergrund gestanden haben, die Fälle auszuscheiden, die sich nicht einem wirtschaftlichen Vorgang zuordnen lassen, wie z. B. die Abwendung einer Ahndung wegen einer Verkehrsstraftat. Zum anderen dürfte in der unterschiedlichen Zuordnung der beiden Deliktsgruppen die Annahme maßgebend gewesen sein, daß nur der im Wirtschaftsleben Stehende Wirtschaftsstraftaten begehen kann, ein Amtsträger jedoch keine wirtschaftliche Eigenschaft besitzt. Dies dürfte jedoch aus den Gesichtspunkten eines „Occupational Crime“, auch unter dem ökonomischen Gesichtspunkt, daß der Staat als Nachfrager und Anbieter, also als wirtschaftlich Agierender — oder als „res publica oeconomica“ — auftritt, eine allzu verkürzte Auffassung sein.

Zusammenfassend läßt sich somit festhalten, daß in der Bundesrepublik Deutschland die „Wirtschaftskorruption“ und die „Bestechung“ als strafrechtliche Normen vorliegen, demgegenüber jedoch die „Politische Korruption“ nicht speziell unter Strafe gestellt ist, sondern eventuell durch andere strafrechtliche Normen — z. B. der Untreue oder der Steuerhinterziehung — sanktioniert werden kann.

III. Umfang und Strafverfolgung in der Bundesrepublik Deutschland

Die in der Bundesrepublik Deutschland existierende „Polizeiliche Kriminalstatistik“ führt zu den „Bestechungsdelikten“, d. h. den §§ 331, 332, 333, 334 StGB, keinen Einzelnachweis auf. Zum einen werden die Strafvorschriften für die Amtsträger unter der Sammelrubrik „Straftaten im Amt“, zum anderen die Delikte der Bestechenden in der Hauptgruppe „Sonstige Delikte nach StGB“ ausgewiesen. Insoweit lassen sich keine konkreten Angaben zu der Zahl der den Strafverfolgungsorganen bekanntgewordenen Fälle machen.

In der Strafverfolgungsstatistik werden dagegen die Personen ausgewiesen, die wegen Vergehen nach §§ 331, 332 StGB oder §§ 333, 334 StGB abgeurteilt wurden. Aus ihr wird deutlich, daß im Durchschnitt knapp über 50 Personen wegen Vergehen nach §§ 331, 332 StGB und 180 Personen wegen Vergehen nach §§ 333, 334 StGB jährlich abgeurteilt wurden. Auffallend ist, daß ein höherer Prozentsatz der wegen „Bestechung“ oder „Vorteilsgewährung“ zur Aburteilung gekommenen Personen auch verurteilt wurde. Ebenfalls fällt der hohe Anteil der

Tabelle 1

Erledigte und gemeldete Verfahren in der „Bundesweiten Erfassung von Wirtschaftsstraftaten nach einheitlichen Gesichtspunkten" (Wirtschaftsstrafverfahren)

Jahr → / Tatbestand ↓	1975	1976	1977	1978	1979	1980	1981
Bestechlichkeit	22	24	30	12	11	7	1
Vorteilsannahme	15	18	21	5	5	2	6
Vorteilsgewährung	12	12	15	9	5	6	5
Bestechung	15	14	22	8	14	10	6

Vorbestraften und Ausländer auf. Bei einem Vergleich zwischen Strafausspruch der wegen Vergehen nach §§ 331, 332 StGB und dem der gemäß §§ 333, 334 StGB verurteilten Personen ist hervorzuheben, daß bei Vergehen nach §§ 333, 334 StGB die Mehrzahl der verurteilten Personen eine geringere Strafe erhielt als bei den nach §§ 331, 332 StGB Verurteilten. Hier dürften wohl nicht nur eventuelle Fallunterschiede ausschlaggebend gewesen sein, sondern vielmehr auch die Stellung der Verurteilten als Amtsträger einen Einfluß gehabt haben.

Tabelle 1 zeigt die Ergebnisse der „Bundesweiten Erfassung von Wirtschaftsstraftaten nach einheitlichen Gesichtspunkten (BWE)"[12], die die von den Staatsanwaltschaften erledigten Wirtschaftsstrafverfahren ausweist und auf die sich auch die weiteren Ausführungen stützen. Erwähnenswert erscheint bei Tabelle 1, daß die Zahl der Verfahren wegen Vergehen nach §§ 331, 332 StGB höher ist als die der Verfahren wegen Vergehen nach §§ 333, 334 StGB, obwohl für sich allein genommen nur diese nach § 74 c GVG Wirtschaftsstraftaten sind.

IV. Erklärungsansätze der Korruption

Sind im Zusammenhang mit der Beschreibung und den Erklärungsversuchen von Wirtschaftsstraftaten verschiedene Theorieansätze herangezogen worden, wie z. B. die Anomietheorie, die Theorie der „differential association", des „labeling approach" und die Lerntheorie[13], so

[12] Zu den gesamten Ergebnissen der Statistik vgl. *K. Liebl*, Die Bundesweite Erfassung von Wirtschaftsstraftaten nach einheitlichen Gesichtspunkten, Ergebnisse und Analysen für die Jahre 1974—1981, Freiburg 1984.

[13] Vgl. *Sutherland* (FN 1); *Karl-Dieter Opp*, Soziologie der Wirtschaftskriminalität, München 1975; *Michael Breland*, Lernen und Verlernen von Kriminalität, Opladen 1975.

wurden diese Ansätze bisher jedoch nicht auf den Bereich der Korruption übertragen. In bezug auf die speziellen Erklärungsversuche der Korruption kann auch noch nicht von Theorieansätzen gesprochen werden, es handelt sich vielmehr um verschiedene theoretische Annahmen, wobei diese auch unter den unterschiedlichen Definitionsansätzen zu bewerten sind.

Die Erklärungsansätze zur Korruption lassen sich bedingt in mehrere Kategorien einteilen. Zum Beispiel gehen einige speziell auf die Situation in der Dritten Welt[14] oder der „modernen" westlichen Welt[15] als Schwerpunkt ein. Andere Ansätze gehen von einer Kosten-Nutzen-Analyse[16] oder ökonomischen Theorien[17] oder einem Kultureinfluß[18] aus. Eine weitere Einteilung kann hinsichtlich individueller und gesellschaftlicher Erklärungsansätze geschehen[19].

Neben diesen Ansätzen, die zumeist auch Korruption als ein zu verurteilendes abweichendes Verhalten ansehen, gibt es auch Autoren, die eine positive, funktionelle Seite der Korruption vertreten. Ein solcher Ansatz ist die „cost-benefit"-Analyse von *Nye*[20]. Er vertritt die Auffassung, daß unter bestimmten Bedingungen die Korruption hinsichtlich dreier Probleme einen positiven Einfluß, „beneficial effect", hat. Dies würde beispielsweise auf die ökonomische Entwicklung, die nationale Integration und die Regierungskapazität zutreffen. Auf der Grundlage seiner theoretischen Annahmen konzipiert er eine „Corruption Cost-Benefit Matrix", mit deren Hilfe er seine Hypothesen überprüft, so daß

---

[14] Vgl. u. a. *M. A. McMullan,* A Theory of Corruption, in: Sociological Review 9 (1961), S. 181—201; *H. Kuzmics,* Politische Korruption und strukturfunktionalistische Theorie der Modernisierung, in: Kriminalsoziologische Bibliografie, Sonderheft 34 (1982), S. 17—32; *S. Andreski,* Kleptocracy as a System of Government in Africa, in: A. Heidenheimer (Hrsg.), Political Corruption, New York 1970, S. 346—357; *O. E. G. Johnson,* An Economic Analysis of Corrupt Government, with Special Application to Less Developed Countries, in: Kyklos 38 (1975), S. 47—61.

[15] Vgl. mit weiteren Nachweisen *R. Jackal,* Strukturen als Einladung zum Betrug: Einige Überlegungen zu Bürokratie und Moral, in: Kriminalsoziologische Bibliografie, Sonderheft 34 (1982), S. 34—47.

[16] Vgl. *Nye* (FN 11).

[17] Vgl u. a. *Susan Rose-Ackerman,* Corruption, A Study in Political Economy, New York 1978; *K. Schmidt,* Zur Ökonomik der Korruption, in: Schmoller's Jahrbuch für Gesetzgebung, Verwaltung und Volkswirtschaft 89 (1969), S. 129—150.

[18] Vgl. u. a. *Karl Acham,* Formen und Folgen der Korruption, in: Christian Brünner (Hrsg.), Korruption und Kontrolle, Wien 1981, S. 27—74; *Syed Hussein Alatas,* The Sociology of Corruption, Singapore 1968.

[19] Vgl. *Joachim Illies,* Korruption im Lichte der Verhaltensforschung, in: Brünner (FN 18), S. 121—135; *William J. Chambliss,* Kritische Kriminologie und die Theorie der Korruption, in: Kriminalsoziologische Bibliografie, Sonderheft 34 (1982), S. 3—16.

[20] *Nye* (FN 11).

der gesellschaftliche Gewinn durch Korruption über den Kosten dieser Handlungen liegt. Dabei müssen nach Nye jedoch drei Bedingungen für eine solche Kosten-Nutzen-Analyse vorliegen, und zwar: a) eine tolerante Kultur und Elitegruppen („dominant groups"), b) eine Sicherheitsgarantie der gesellschaftlichen Mitglieder durch die korrumpierbaren Eliteangehörigen und c) soziale und institutionelle Kontrollen und Beschränkungen gegenüber dem Korruptionsverhalten[21]. Dabei kommt er zu dem Ergebnis, daß in weniger entwickelten Ländern, wo diese Bedingungen nur schwach ausgeprägt sind, und bei Korruptionsfällen, die sich auf unterer Ebene des Hierarchiesystems ereignen, die Kosten über dem Gewinn liegen werden. Ebenfalls Kosten-Nutzen-Überlegungen stellt auch *Alatas*[22] an, wobei er jedoch eine positive Funktion von drei Stadien der Gesellschaft abhängig macht[23].

V. Grundlage der Untersuchung — Dimension der Korruptionsbedingungen

Ein Erklärungsansatz, der eine übergreifende Analyse der Korruption zu ermöglichen versucht, ist der von *Gerlich*[24]. Er stellt dazu fest, daß zum Beispiel in der Politikwissenschaft bzw. den modernen Sozialwissenschaften bisher kein Versuch vorliegt, das Auftreten von Korruption zu erklären, „also jene Faktoren zu identifizieren, deren Wirken das Auftreten dieses Phänomens verursacht oder zumindest wahrscheinlich macht"[25]. Dabei sieht er als weiteres Ziel eine vergleichende Analyse von Korruption, wozu jedoch zunächst eine Systematik von Bedingungsdimensionen zu erstellen sei, um zumindest auf der Ebene empirischer Verallgemeinerungen Erklärungsversuche zu unternehmen. Für den Systemvergleich der Politischen Korruption entwickelte er hinsichtlich der Korruptionsbedingungen eine Vier-Felder-Tafel mit den Dimensionen subjektiv (persönlich) — objektiv (institutionell) und Regeln — Ziele (vgl. Schaubild 1).

Dabei faßte er den Begriff der Korruption im Bewußtsein, daß sich einer konkreten Operationalisierung des Begriffes der „Korruption" für die empirische Analyse große Schwierigkeiten entgegenstellen, „da sowohl die Formen von Korruption, als auch die Maßstäbe für die Beurteilung von potentiell korruptem Verhalten ... variieren können"[26],

[21] Ebd., S. 423 f.

[22] *Alatas* (FN 18).

[23] Ebd., S. 31 ff.

[24] *Peter Gerlich*, Korruption im Systemvergleich, in: Brünner (FN 18), S. 165—181.

[25] Ebd., S. 170.

[26] Ebd., S. 168.

Schaubild 1

„Gründe von Korruption: Bereiche und Ebenen"[a]

		Bereich	
		subjektiv (persönlich)	*objektiv* (institutionell)
Ebene	*Regeln*	*Werte* (Moral)	*Institutionen* (Gesetze, Kontrollen, Sanktionen)
	Ziele	*Motive* (Gewinn)	*Aufgaben* (Umfang der Amtsbefugnisse)

a) *Gerlich* (FN 24), S. 171.

als jedes normwidrige Verhalten von Funktionären auf, und zwar vor allem dann, wenn dieses Verhalten privaten Zwecken dient, „entgeltlich" und geheim ist und der Gemeinschaft schadet. Berücksichtigt werden müssen dabei jedoch noch die Pflichten des korrupten Funktionärs, da diese bei einem Beamten klarer definiert sein sollen als etwa bei einem Abgeordneten[27].

VI. Ergebnisse der Untersuchung

In Anlehnung an den Ansatz von *Gerlich* wurde in der vorliegenden Arbeit versucht, die Bindungselemente zu analysieren, die in ihrer Verallgemeinerung Erklärungen für die Entstehung von Korruption liefern könnten, wobei jedoch nur der Bereich der „Bestechung" als Wirtschaftskriminalität von Interesse ist[28]. Als Datengrundlage wurde dabei auf einen Siebenjahreszeitraum der Ergebnisse der „Bundesweiten Erfassung von Wirtschaftsstraftaten nach einheitlichen Gesichtspunkten" zurückgegriffen. Weiterhin wurde die Untersuchung dergestalt differenziert, daß zum einen die Analyse der Bestechenden, zum anderen eine solche der Bestochenen vorgenommen wurde. Dabei wurden die von Gerlich angeführten Variablen folgendermaßen operationalisiert (Übersicht auf S. 147).

Die Auswertung der Unterlagen der „Bundesweiten Erfassung nach einheitlichen Gesichtspunkten" ergab die in den Schaubildern 2 und 3 (S. 148/149) ausgeführten Ergebnisse.

---

[27] Vgl. ebd., S. 169 f.

[28] Wobei jedoch nicht verkannt wird, daß dies nur ein Teil der gesamten Bestechungshandlungen ist.

Variable	*Bestochene*	*Bestechende*
Werte (Moral)	Einrede der Wirtschaftsüblichkeit	Einrede der Wirtschaftsüblichkeit
Motive (Gewinn)	Art des Vorteils	Art des Vorteils
Institutionen[a)]	Art der Staatsanwaltschaft Verfahrenserledigung	Art der Staatsanwaltschaft Verfahrenserledigung
Aufgaben[b)]	Beruf	Komplexität des Unternehmens Branche Beruf

a) In die „Kontroll"-Kombinente wurde im Sinne Gerlichs die Art der Staatsanwaltschaft einbezogen, da in der Bundesrepublik Deutschland spezielle Schwerpunktstaatsanwaltschaften zur Bekämpfung der Wirtschaftskriminalität bestehen, die besonders gute Ausstattung aufweisen (vgl. *Gerlich*, FN 24, S. 173). Die weiteren Bedingungen, Gesetze und Sanktionen, können für die Bundesrepublik Deutschland als gegeben vorausgesetzt werden.

b) Zur Komplexität und Branche vgl. auch die Ausführungen von *Gerlich* (FN 24), S. 175.

Wie die Untersuchung, die natürlich nur ein erster Schritt für weitere umfänglichere Analysen sein kann, zeigt, herrscht bei den Korruptions-Akteuren im Bereiche der Wirtschaftskriminalität in der Bundesrepublik Deutschland bei knapp einem Fünftel der Bestechenden und bei ca. einem Zehntel der Bestochenen die Meinung vor, daß diese Handlungsweise im Wirtschaftsleben üblich und nicht zu beanstanden sei. Interessant ist auch, daß gerade die Branchen in Korruptionsfälle verwickelt sind, in denen sich am besten die Ausnützung von staatlichen Aufträgen und Eigeninteressen ermöglichen läßt, so die Bauwirtschaft und der Bereich der Dienstleistungen, aber auch das Bankwesen, wo viele Fälle sowohl im Zusammenhang mit der Kreditaufnahme oder auch der Finanzierung von Bauvorhaben stehen. Hinsichtlich der Bestochenen ergab sich zudem, daß fast zwei Drittel der Bestochenen in beamteter Stellung stehen und somit eine besondere Verpflichtung gegenüber dem Staat haben. Zu der Erledigung der Verfahren stellte sich heraus, daß zwar die überwiegende Mehrzahl der Verfahren (ca. 80 %) durch „Schwerpunktstaatsanwaltschaften zur Bekämpfung der Wirtschaftskriminalität" bearbeitet wird, es aber nur bei 20 % der Beschuldigten (Bestechenden) bzw. 23,7 % (Bestochenen) zur Anklage kommt.

Wie diese Ausführungen gezeigt haben, kann bisher nicht von theoretischen Erklärungen der Korruption gesprochen werden, sondern es bestehen allenfalls Erklärungsansätze der Korruption. Dabei stellt sich

Schaubild 2

Korruptionsverhältnisse der Bestechenden

Variable	*Ergebnisse der Untersuchung*
Motive (Gewinn)	*Art des Vorteils:* Vermögensvorteile (Abrechnung von falschen oder überhöhten Leistungen usw.): 53,2 % Bevorzugung bei Aufträgen: 21,0 % Einflußnahme auf staatliche Organe: 13,3 % Sonstige wirtschaftliche Gründe: 4,1 % Strafrechtliche Gründe: 8,4 %
Institutionen	*Art der Staatsanwaltschaft:* 79 % durch Schwerpunktstaatsanwaltschaften zur Bekämpfung der Wirtschaftskriminalität 21 % durch allgemeine Staatsanwaltschaften *Verfahrenserledigung:* Anklage des Beschuldigten in 20 % der Fälle
Aufgaben	*Komplexität des Unternehmens:* Haftungsbeschränkende Rechtsformen: 28,4 % Haftung durch Inhaber: 20,6 % Sonstige Rechtsformen (z. B. Verein): 14,8 % Private: 18,7 % Staatliche Stellen (Körperschaften): 17,4 % *Branche* (bezogen auf Unternehmen)[a]: Bauwirtschaft: 36,4 % Dienstleistungen: 20,8 % Bankwesen: 19,1 % Handel: 15,5 % Produzierendes Gewerbe: 8,2 % *Beruf:* Kaufmännische Berufe: 49,1 % Akademiker: 17,4 % Handwerkliche Berufe: 16,2 % Sonstige: 17,3 %

a) Ohne Berücksichtigung von Privatpersonen.

auch aufgrund der vorliegenden Erkenntnisse die Frage, ob es überhaupt möglich sein wird, einen allgemein gültigen theoretischen Erklärungsansatz der Korruption, respektive der Wirtschaftskriminalität, zu erhalten. So variieren zum einen die Erscheinungsformen der Korruption, zum Beispiel als Politische Korruption, Wirtschaftskorruption etc.; zum anderen werden diese nochmals durch die unterschiedlichen Wirtschaftssysteme bestimmt. Ebenfalls stellt sich die Einbeziehung der

Schaubild 3

Korruptionsverhältnisse der Bestochenen

Variable	*Ergebnisse der Untersuchung*
Werte (Moral)	*Einrede der Wirtschaftsüblichkeit:* ja: 10,2 % nein: 89,8 %
Motive (Gewinn)	*Art des Vorteils:* Geldleistungen: 66,5 % Sachleistungen (z. B. Bauleistungen) 29,6 % Allgemeine gute Zusammenarbeit: 4 %
Institutionen	*Art der Staatsanwaltschaft:* 84 % durch Schwerpunktstaatsanwaltschaften zur Bekämpfung der Wirtschaftskriminalität 16 % durch allgemeine Staatsanwaltschaften *Verfahrenserledigung:* Anklage des Beschuldigten in 23,7 % der Fälle
Aufgaben	*Beruf:* Beamtete Personen: 61,1 % Angestellte Personen: 22,2 % Beschäftigte in Körperschaften des Öffentlichen Rechts: 16,7 %

Arten von Korruption, so beispielsweise des Verhaltens „kleine Geschenke erhalten die Freundschaft" oder des Protegés, die nicht einer strafrechtlichen Sanktionierung unterliegen, jedoch als abweichendes Verhalten aufgefaßt werden müssen, als zusätzlicher Problempunkt dar.

Aufgrund der vorliegenden Erkenntnisse dürfte es sinnvoll sein, für die verschiedenen Erscheinungsformen der Korruption Erklärungsansätze und Analysen zu erarbeiten, die in ihrer Gesamtheit dann auch Perspektiven eröffnen, allgemeine Grundlinien der Entstehung der Korruption liefern, Möglichkeiten der Bekämpfung aufzeigen, aber auch zeigen würden, ob eine aussagefähige Theorie der Korruption aufgestellt werden kann.

LAW IN THE EYE OF TIME

By Lester J. Mazor, Amherst (U.S.A.)

The old optimism is difficult to bear. With the hands of the clock of life poised just before midnight, it is painful to recall how recently it was said that history — in our case, legal history — revealed "the record of a continually wider recognizing and satisfying of human wants ... a continually more complete and effective elimination of waste ... in short, a continually more efficacious social engineering."[1] Nor is it comforting to listen to those who still preach a doctrine of "legal idealism", through whose lenses people of color in the United States are seen as the beneficiaries of a "political symphony of democracy in action" and which, under the banner of the rule of law, seeks to justify intervention in "any part of the Third World".[2] These two themes, social evolution and legal universalism, are the warp and woof of a tapestry of heroic deeds whose images would seem quaint did they not play so large a role in a hegemony which is so perilous.

But the naked emperor has many palaces. Hardly more convincing than the story of the ascent of freedom and equality through the stages of legal evolution is the tale of the superseding of law at the moment when human beings truly begin to make their own history, having overcome the foundations of antagonism, escaped the commodity form of social relations, and subordinated the realm of necessity.[3] That day has not yet come. And to those who tell the tale it is increasingly remote.

For those who have found it more and more difficult to share in the enthusiasm of the march up the steps of history, there is a kind of consolation in the circular interpretation, especially when it is tightly woven by a master craftsman. There is admiration for one who dared to look through the distances of time and to search across the boundaries of culture, to bring a subtle arrangement to the twists and turns

---

[1] *R. Pound,* Introduction to the Philosophy of Law, New Haven 1953, p. 47.

[2] *E. V. Rostow,* The Ideal in Law, Chicago 1978, pp. 9, 67, 267.

[3] The tale often loses something in the retelling. See *M. E. Tigar/M. R. Levy,* Law and the Rise of Capitalism, New York 1977. Compare *E. V. Pashukanis,* Law and Marxism: A General Theory, London 1978 with *I. Balbus,* Commodity Form and Legal Form, in: Law and Society Review 11 (1977), p. 571 ff.

of social development, to offer a typology and explicate it convincingly, and even to have the courage to accept its dour conclusion.[4] But not everyone is content to remain within the iron cage of history, to be confined forever to pacing back and forth between bureaucratic rationality and charismatic leadership.

Yet, just when it seemed that the linear model had been exhausted, in both its unidirectional and circular forms, new versions have appeared, treading as lightly as possible in the face of circumstances. Law, we are told, may have been born in repression, but it has matured to become autonomous, and may yet, given just the right conditions, blossom into responsiveness.[5] If that is expecting too much, at least law can become reflexive, and in so doing, be constitutive of reflexiveness of society generally.[6] One of the most elaborate of these accounts provides a rich and complex model of the passage from the folkways of tribal peoples to that combination of bureaucratic regulation and sacred precept which, under the special conditions of both transcendental belief and stalemate in a trichotomous class configuration, offers the narrow opening alone through which a full fledged legal order emerges.[7] But even this cannot be greeted, as it once was, with a sigh of relief. For an extreme specialization of rules means that legal order, the rule of law, "can coexist indefinitely with the use of pure terror to crush the enemies of the regime by individualized unbridled violence."[8] Moreover, the effects of the welfare and corporatist tendencies in contemporary legal order disclose its inherent instability and internal contradictions. What is required is that power be dispersed within a constellation of participatory groups and grounded in a sense of immanent order, an altogether new type of critical customary law.[9]

Perhaps we can find angles of vision which will support an even wider range of movement if we can take a few more steps back from the wall, from that "barrier to the future, that obstacle which is, for us, the present."[10] For those who begin with the broad notion that law is "the pattern of behavior deemed right by a society and the accepted

[4] The political context of Weber's theory is discussed in: *A. Giddens,* Politics and Sociology in the Thought of Max Weber, London 1972.

[5] *P. Nonet/P. Selznick,* Law and Society in Transition, New York 1978.

[6] *G. Teubner,* Reflexives Recht, Entwicklungsmodelle des Rechts in vergleichender Perspektive, in: Archiv für Rechts- und Sozialphilosophie 68 (1982), S. 13 ff. (English version: Substantive and Reflexive Elements in Modern Law, in: Law & Society Review, 17 (1983), pp. 239—285.)

[7] *R. Unger,* Law in Modern Society, New York 1976.

[8] Ibid., p. 191.

[9] Ibid., p. 192 ff.; pp. 238—42.

[10] *H. Rottleuthner,* Theories of Legal Evolution: Between Empiricism and Philosophy of History, in this volume.

methods of that society for determining its pattern of right behavior"[11] it is not only a foregone conclusion that law is a social universal but also that there is no vantage point from which it can be called into question. To say that "in the broadest sense, law is simply any recurring mode of interaction among individuals and groups, together with the more or less explicit acknowledgement by these groups and individuals that such patterns of interaction produce reciprocal expectations of conduct that ought to be satisfied"[12] leaves one essentially in the same position. The strength of the recognition that "whatever its efficacy in preventing immediate government oppression of the individual, the strategy of legalism fails to deal with [the issues of power and freedom] in the basic relationships of work and everyday life"[13] is dissipated in the retention of a privileged position for the legal profession in the reconstruction of society.[14]

A more thorough exorcism of the spectre which haunts us may begin in seeing that the reification of law as a "transsocial and transhistorical phenomenon"[15] constitutes law as both ineluctable fact and indispensable norm, which can only be observed, accepted, followed, criticized, reformed, and ultimately, understood. The only possibility of knowledge which the alienation of ourselves which is "law" allows is one which interprets its facticity and justifies its obligation. Thus, he who would know the law is destined to wait forever at its door. The knower enters into the legal ideology which is the legal order.[16] As the works of the likes of Savigny, Hegel, and Maine demonstrate, the introduction of an historical dimension can sustain as well as challenge the basic alienation. A sociological perspective may only serve the exegetical tradition by enriching it, thus implicating itself in the enforcement and justification of the legal order. To break the chains of law one must be able to assert its nonexistence; it requires in the manner of an "atheistic sociology of religion" a sociology of law which is congruent with "a thoroughly relativized jurisprudence".[17]

---

[11] *Rostow* (note 2), p. 1.

[12] *Unger* (note 7), p. 49.

[13] Ibid., p. 239.

[14] In this respect, his Knowledge and Politics, New York 1975, is more compelling.

[15] *I. Stewart,* Sociology in Jurisprudence: The Problem of 'Law' as Object of Knowledge, in: B. Fryer (ed.), Law, State and Society, London 1981.

[16] Compare *V. Aubert,* The Structures of Legal Thinking, in: Legal Essays in Honor of Frede Castberg, Oslo 1963.

[17] *Stewart* (note 15), pp. 118—19, 112—13, 125—26. Similarly, *R. Gordon,* New Developments in Legal Theory, in: D. Kairys (ed.), The Politics of Law, New York 1982.

In order to be able to move again we need to find a way to relieve ourselves of the burden of the past, that is, of its insistence that every path leads only to ever rougher terrain and, finally, to a crevasse. Evolutionary history encloses the space of time, conserves the past and carries it into the present. It operates to totalize experience. The evolutionary theme is a strategy of power which makes it "possible to grasp a succession of dispersed events, to link them to one and the same organizing principle, to subject them to the exemplary power of life ... to discover, already at work in each beginning, a principle of coherence and unity."[18] But it is not sufficient in order to avoid this totalization that one abjure the evolutionary schema in favor of a simple search for origins or even "a living, continuous, open history", for these too are under the tyranny of that theme of historical continuity, that "indispensable correlative of the founding function of the subject."[19] This is the subject which, whether construed as God or soul, society or individual, state or citizen, legal order or bearer of rights, detaches us from and projects us away from corporeality, from "our bodies, ourselves", from the body politic, from everything earthy, from love's body.[20]

Yet even if we can "accept that change be deprived of both its primacy as a universal law and its status as a general effect, and that it should be replaced by the analysis of various transformations"[21] — a decentring maneuver which gives room to acknowledge (and then to embrace and celebrate) the discontinuity of history and the dispersion of power — we labor under the constraints of the Euclidean time-field and the exclusion of the future from our ontology. Removing these boundaries implies opening our perspective to an elasticity of time, to multiple and overlapping areas of time, to a Riemannian time[22] and to accepting as a force upon us, of equal weight and specificity as history, that other antagonist, the complex of relationships which flow towards the present from the future.[23]

We are badly in need of imagination, in particular, of utopian imaginings,[24] but only on condition that enough detail is provided so that the choice of whether, when and how to join in them is as informed as much as any choice in life can be. Thus, we are asked to embark on

---

[18] *M. Foucault,* The Archaeology of Knowledge, New York 1972, pp. 21—22.

[19] Ibid., p. 14, p. 12.

[20] *N. Brown,* Love's Body, New York 1966.

[21] *Foucault* (note 18), p. 173.

[22] *E. Bloch,* Tübinger Einleitung in die Philosophie, Frankfurt a. M. 1963.

[23] *H. Arendt,* Between Past and Future, New York 1969.

[24] *M. Bookchin,* The Ecology of Freedom, Palo Alto 1982.

a journey, to join in an endeavor which is not the construction of the totalizing systems of the futurologists but, rather, to engage in "the analysis of various transformations" within a specified future constituted as a realm of existence.

One strategy is to experiment with a particular condition which defines our situation, say, the matter of territoriality. Although to the historian the point at which the law of a group of people was transformed into the law of a given area is a moment of great significance, territoriality is not in the foreground in modern legal thought; it is almost taken for granted, a background assumption. The persistence of personal (non-territorial) normative systems is treated as an anomaly if not a curiosity. Federalism is a theme with considerable vitality. And territoriality figures prominently in various areas of legal doctrine, dominates conflict of laws, and is fundamental to international law. But it is difficult to find the Archimedean point from which territoriality itself can be made problematic unless we venture into a substantially different set of geopolitical arrangements. This has been done to some extent in legal ethnography and legal history, but usually under the aspect of the normativeness of territoriality as a feature of "advanced societies". What happens if one focuses not on the process of centralization of legislative and administrative activity through which "it became possible to make law, and to perceive it, as a universal order applicable to all the inhabitants of an area",[25] but rather on the transformation through which a flexible network of relations linking the social practices of autonomous communities was spun? For one thing, with respect to nature, the sharp contradiction between political-legal boundaries and ecological patterns is muted. The need to reconcile particular local activities with the more distant environment, to take fully into account the connectedness of all things, remains, of course, but now more explicitly as a responsibility to be shared within a network of relations in a space of dispersion, rather than as a task calling for general regulation of an extended territory (rendered vain, in any case, by the inability to control adjacent and even distant territories). Within this network, dependent on the actions of multiple, relatively autonomous loci of decision, the need for understanding of the subtle relationships within the environment is great. This knowledge must be tended carefully, extended constantly, deepened and shared, but both the shape of the knowledge and the action taken in the light of it operate within a space which is congruent with rather than at right angles to the ecology.

---

[25] *Unger* (note 7), p. 184.

To adopt the perspective from the future towards the present is not to set forth on the yellow brick road that leads to paradise on earth. Altering in imagination specific conditions of our own experience which are otherwise too easily universalized is a way of situating ourselves in a different problematic, not of rendering life unproblematic. Yet this approach can claim the virtue of admitting that the world it displays was constructed in imagination, and the process may make it possible to pose questions which otherwise would not be raised, to recognize relations among phenomena which otherwise would seem estranged, to give emphasis to what would otherwise be marginal.

From this standpoint, contradictory and ambivalent features of the present situation take on different meaning. The thrust of the struggle for empowerment at the base of movements for cultural autonomy, social equality and personal freedom can be applauded without necessarily endorsing every effort to cast these demands in legal terms. The quest for self-management in the workplace may indeed be paradoxical if pursued through the hierarchies of legal order.[26] The quest for equality through legal innovation is certainly chimerical so long as it ignores the institutional context in which particular inequalities are situated, and were it capable of obliterating all differentiation it would be deadly. The proliferation of rights, no doubt, is quixotic if they only cancel each other, while fostering a belligerent litigiousness. By the same token, the trend toward legalization and the movement for deregulation can be understood as aspects of a single thematic of centralized power, which shows itself now as "public", now as "private", but consistently denies the validity of non-hierarchic and spontaneous interaction. And while disruption of the everyday life-world is to be deplored,[27] it is not to be deplored without first asking whose everyday life and under what circumstances.

The discussion of the need for responsiveness, for reflexivity, for a "developing moral language of mankind"[28] is itself evidence of the impact of the struggles which already have taken place — in the workplace, in the "domestic sphere", within organizations, as well as in the forms of knowledge. The role of law in the dispersal of power is another matter entirely. "The people are difficult to keep in order because those above them interfere."[29]

---

[26] *K. Klare,* Critical Theory and Labor Relations Law, in: D. Kairys (note 17), p. 82.

[27] *J. Habermas,* Theorie des kommunikativen Handelns, Frankfurt a. M. 1981.

[28] *Unger* (note 7), p. 242.

[29] *Lao Tzu;* see *J. Clark,* On Taoism and Politics, in: Journal of Chinese Philosophy 10 (1983), p. 65 ff.

EMPIRISCHE SOZIALERKENNTNIS UND RECHTSWISSENSCHAFT

Von Karl A. Mollnau, Berlin

I.

Weder ruht das Recht in sich selbst, noch beruht die Gesellschaft auf dem Recht. Wie alle anderen ideellen Phänomene, so ist auch das Recht nur aus der gesamtgesellschaftlichen Totalität erklärbar. Wenngleich auch vielfach vermittelt, ist und bleibt das Recht von der materiellen Basis des gesellschaftlichen Lebens determiniert. Diese Basis ist gegeben mit der materiellen Produktion, die immer in doppelter Hinsicht ein Verhältnis setzt, nämlich jenes zur Natur, manifest geworden in den jeweiligen Produktivkräften, sowie jene Verhältnisse, die die Menschen untereinander in der Produktion eingehen.

Die kausale Beziehung zwischen Gesellschaft und Recht sowie seine gesellschaftliche Bedingtheit ist allerdings in historischer Dimension zu sehen, denn Recht ist nicht für alle Gesellschaften existenznotwendig, sondern nur für jene, in denen es Klassengegensätze oder -unterschiede gibt. Deshalb ist die gesellschaftliche Kausalität und Bedingtheit des Rechts kein Beweis für die Richtigkeit des Satzes: Ubi societas, ibi ius.

Fehl ginge auch eine Interpretation der in Rede stehenden Relationen zwischen Gesellschaft und Recht, die ein mechanisches und automatisches Hervorgehen des Rechts aus bestimmten nichtrechtlichen klassengesellschaftlichen Verhältnissen unterstellen würde. Das Recht entsteht vielmehr als Resultat von Anstrengungen und Auseinandersetzungen gesellschaftlicher Kräfte, die politisch respektive staatlich organisiert sind. Recht ist — um ein Wort von *Marx*[1] aufzugreifen — eine besondere Weise der Produktion und fällt als solche unter ihr allgemeines Gesetz. So wie die gesellschaftlichen Verhältnisse selbst das Resultat menschlichen Handelns sind, so kann der kausal-funktionale Zusammenhang zwischen Recht und Gesellschaft nicht außerhalb des Handelns von Menschen gedacht werden. Dieses Handeln, wie alles Handeln, erfolgt indessen immer unter bestimmten vorgefundenen Bedingungen, die vom Bewußtsein der jeweils Handelnden unabhängig existieren, aber das Ergebnis von Handlungen voraufgegangener Generationen sind.

[1] *Marx/Engels,* Werke, Ergänzungsband, 1. Teil, S. 20 f.

Das Kausalverhältnis zwischen Recht und Gesellschaft, die gesellschaftliche Determiniertheit des Rechts darf und kann nicht als absolute Vorherbestimmtheit des Rechts interpretiert werden. Die Produktion von Rechtsnormen erfolgt jeweils unter ökonomischen, politischen und ideologischen Rahmenbedingungen, innerhalb derer der Gesetzgeber einen mehr oder weniger großen Entscheidungsspielraum hat. Darin liegen aber auch Möglichkeiten, die gesellschaftlichen Verhältnisse sowie die Ziele zu ihrer Bewahrung oder Veränderung mit unterschiedlichem Adäquatheitsgrad rechtsnormativ zum Ausdruck zu bringen. Die Produktion von Rechtsnormen unterschiedlicher Güte ist die Folge. So ist es auch rechtsgeschichtlich ein geläufiger Befund, innerhalb vergleichbarer Rechtssysteme Kodifikationen von guter und schlechter Regelungsqualität ausmachen zu können. Der Code Civil beispielsweise stand im vorigen Jahrhundert lange Zeit einsam auf erstrebenswerten Höhen.

Um Recht aus den jeweiligen konkret-historischen klassengesellschaftlichen Verhältnissen heraus entwickeln zu können, ist ein auf empirischen Daten fußendes Wissen über diese Verhältnisse, ihren Inhalt, ihre Struktur und Entwicklung eine notwendige Voraussetzung. Wissen über die kausalen Faktoren des Rechts sowie über jene, die den Prozeß der Bildung und des Wirkens des Rechts konstituieren und in dieser oder jener Weise beeinflussen, sind die Basis sowohl für wissenschaftlich begründete juristische Entscheidungen wie für Effektivitätsanalysen und -kontrollen des Rechts.

Empirische Sozialerkenntnisse und darauf gestützte theoretische Aussagen sind erforderlich, um die kognitive Basis zu konstituieren, auf der Recht in Gestalt von generalisierten, konkretisierten und individualisierten Entscheidungen gesetzt werden kann. Empirische Sozialerkenntnis fördert also direkt kein Recht zutage, sondern liefert Material zur Produktion von Recht. Dies ist so, weil Recht nicht in gesellschaftlichen Tatbeständen als ontologische Vorgegebenheit existiert. Wäre das Gegenteil der Fall, dann wäre die empirische Sozialerkenntnis ein Mittel, um das bereits fix und fertig in bestimmten gesellschaftlichen Sachverhalten vorhandene Recht mehr oder weniger gut zu erkennen. Hier ist ein Punkt, in dem sich die marxistisch orientierte rechtssoziologische Fragestellung von virulenten bürgerlichen rechtssoziologischen Konzepten unterscheidet, die in der einen oder anderen Weise bestimmtes faktisches Handeln selbst bereits als Recht ausgeben. Diese Konzepte, gleich ob psychologistisch, biologistisch oder soziologistisch unterlegt, wurden in der spätbürgerlichen Rechtswissenschaft vor allem entwickelt, um einerseits den Klassencharakter des Rechts zu verdecken und es nicht als Resultat und Mittel des Klassenkampfes erscheinen lassen zu müssen, andererseits um in bewußter Frontstellung gegen das gesetzte Recht und im Namen des sogenannten faktischen Verhaltens der Normadressaten die bürgerliche Gesetzlichkeit zu untergraben, was oft den herrschenden Monopolen direkt zugute kam und kommt. (Daß dabei enormes Faktenmaterial zusammengetragen wurde und wird, was zu beachten ist, wird nicht bestritten!)

Eine der bedeutendsten Figuren, dessen Werk nicht nur konzeptionell auf einschlägigem Gebiet bis heute prägend ist, sondern auch die bürgerliche Rechtssoziologie als eigenständige Disziplin herausbilden half, war der Österreicher *Eugen Ehrlich* (1862—1922)[2].

Um die kognitive Basis für eine in zunehmendem Maße wissenschaftlich begründete Rechtsgestaltung zu konstituieren, sind, grob gesehen, in dreifacher Hinsicht empirische Sozialerkenntnisse in Theorie und Praxis des Rechts erforderlich — dementsprechend lassen sich auch drei große rechtssoziologische Fragebereiche innerhalb der Rechtswissenschaft ausmachen —:

Erstens werden empirische Sozialerkenntnisse benötigt, um die rechtliche Regelungsnotwendigkeit, -fähigkeit und -möglichkeit gesellschaftlicher Verhältnisse zu erkennen, auf der Grundlage dieser Erkenntnis entsprechende rechtliche Regelungen (Rechtsnormen) eben dieser Verhältnisse zu schaffen sowie den Prozeß der Rechtsetzung unter Umständen zu prognostizieren, zu planen und zu leiten.

Zweitens. So wie rechtliche Regelungsnotwendigkeit gesellschaftlicher Verhältnisse noch nicht die rechtliche Regelung selbst ist, so darf auch nicht die geltende rechtliche Regelung (Rechtsnorm) mit dem tatsächlichen rechtlichen Geregeltsein und der damit angestrebten gesellschaftlichen Wirksamkeit (Effektivität) gleichgesetzt werden. Um Rechtsnormen anwenden und ihre tatsächlichen Wirkungen feststellen zu können, sind ebenfalls empirisch gestützte Sozialerkenntnisse über die gesellschaftlichen Verhältnisse und Prozesse erforderlich, die mit Hilfe des geltenden Rechts beeinflußt werden sollen. Dies ist eine weitere Säule des rechtssoziologischen Fragebereichs innerhalb der marxistischen Rechtskonzeption. Empirische Sozialerkenntnisse sind beispielsweise in der Rechtsanwendung nötig, um die Sachverhalte zu ermitteln, die Rechtsnormen — vor allem wenn sie Generalklauseln oder Bewertungsbegriffe enthalten — auszulegen und ihre Bedeutung zu erfassen sowie die Entscheidungen zu begründen.

Drittens bedarf es der empirischen Untersuchung jener vielfältigen gesellschaftlichen, kollektiven und personalen, politischen, institutio-

---

[2] Sein wichtigstes Werk ist die 1913 erstmalig erschienene „Grundlegung der Soziologie des Rechts." Zur Rolle, die Ehrlich in der zeitgenössischen bürgerlichen Rechtswissenschaft spielt: *Manfred Rehbinder,* Die Begründung der Rechtssoziologie durch Eugen Ehrlich, Berlin (West) 1967.

nellen, ökonomischen, ideologischen, demographischen, psychischen, sozialpsychischen, moralischen und soziobiologischen Bedingungen und Faktoren (eingeschlossen ihrer Wechselwirkung untereinander), die die Bildung oder das Wirken des Rechts tatsächlich beeinflussen oder potentiell beeinflussen können.

Alle drei Komplexe sind natürlich in der Wirklichkeit untereinander verbunden und überschneiden sich teilweise. Dies ist zu beachten, wenn die angegebenen Ebenen der Ermittlung empirischer Sozialerkenntnisse in den verschiedenen Rechtszweigen angewandt werden. So etwa, wenn im Familienrecht die Gründe für Ehescheidungen, im Arbeitsrecht die Wirksamkeitsbedingungen gewerkschaftlicher Mitbestimmungsregelung oder im Zivilrecht die Ursachen für mietrechtliche Streitigkeiten analysiert werden sollen.

Die genannten drei Ebenen notwendiger empirischer Sozialerkenntnisermittlung sind von Bedeutung für eine Rechtswissenschaft, die Wert darauf legt, auch praxiswirksame Empfehlungen vorzulegen. Aber davon ist nicht zu trennen, wohl aber zu unterscheiden, die Bedeutung der empirischen Sozialerkenntnisse für die rechtswissenschaftliche Theoriebildung, die ja ihrerseits die Grundlage für Praxisrelevanz der Rechtswissenschaft ist.

Diese Unterscheidung wird nicht immer gemacht, was oft mit unklaren Vorstellungen über die Rolle der rechtswissenschaftlichen Grundlagenforschung und Theoriebildung zusammenhängt. Solchen Vorstellungen begegnet man mitunter in einer kurzschlüssigen Beurteilung der rechtswissenschaftlichen Theorie/Praxis-Beziehung. Wenn z. B. theoretische Thesen *ausschließlich* danach beurteilt werden, ob der Richter oder der Justitiar oder ein anderer Praxisvertreter unmittelbar in seiner täglichen Arbeit etwas mit ihnen anfangen kann, so läuft dies auf eine Aufgabe der Grundlagenforschung hinaus und führt in den Praktizismus, der jede theoriegeleitete Orientierung scheut und deshalb seinerseits die Theorie in die Rolle eines Ad hoc-Lieferanten pragmatischer Argumente drängt.

Es muß nicht besonders betont werden, daß solche Auffassungen mit dem Marxismus-Leninismus wenig zu tun haben, schrieb doch *Marx* schon am Anfang seiner Entdeckungen den Satz nieder, die Philosophie könne sich nicht verwirklichen ohne die Aufhebung des Proletariats, das Proletariat könne sich nicht aufheben ohne die Verwirklichung der Philosophie[3].

---

[3] MEW (FN 1), Bd. 1, S. 391.

Ohne Tatsachenmaterial, ohne empirische Basis kann sich die Rechtswissenschaft nur spekulativ entwickeln und gerät in die Gefahr, lebensfremd zu werden. Die marxistische Rechtskonzeption ist mit der praktischen Rechtsentwicklung, mit dem Kampf der Arbeiterklasse eng verbunden, sie geht deshalb vom wirklichen Lebensprozeß der Menschen aus, von ihrem wirklichen, empirisch anschaulichen Entwicklungsprozeß unter bestimmten Bedingungen. In dieser Konzeption haben die Fakten die Bedeutung von erkannten rechtlich relevanten Fragmenten der sozialen Wirklichkeit[4].

Empirische Basis und ihre rechtstheoretische Verallgemeinerung sollten in der marxistisch-leninistischen Rechtswissenschaft eine organische Einheit bilden. Anhäufung von empirischem Material als Selbstzweck ist ihr fremd; es wird vielmehr gewonnen, um theoretisch verallgemeinert zu werden. Umgekehrt geschieht die Faktengewinnung immer theoriegeleitet; schon aus diesem Grunde besteht eine verschlungene Wechselwirkung zwischen Theorie und Empirie. Dessenungeachtet ist die empirische Forschung als eine relativ selbständige Tätigkeitsebene innerhalb der Rechtswissenschaft, keine ihrer Disziplinen ausgenommen, anzuerkennen. Allerdings ist die Beziehung der einzelnen Rechtswissenschaftsdisziplinen zur Wirklichkeit unterschiedlich. So gibt es Unterschiede z. B. in den Beziehungen der Völkerrechtswissenschaft zu ihrer empirischen Basis im Vergleich mit den entsprechenden Beziehungen der innerstaatlichen Rechtszweigwissenschaften. Wieder anders sind diese Beziehungen in der Rechtstheorie (Rechtsphilosophie) und in der Rechtsgeschichtswissenschaft.

Noch auf einen weiteren Bereich der Beziehungen zwischen empirischer Sozialerkenntnis und Rechtswissenschaft muß aufmerksam gemacht werden; er spielt zwar gegenwärtig keine große Rolle, wird aber künftig entwicklungsbedürftig. Gemeint ist die empirische Basis, die für die Entwicklung einer juristischen Wissenschaftstheorie unentbehrlich ist. Sie steht mit der Methodologie rechtswissenschaftlicher Erkenntnis und Forschung im Zusammenhang, geht aber teilweise über sie hinaus. Zu einer marxistischen juristischen Wissenschaftstheorie gehören Fragen der Wechselwirkung zwischen Theorie und Praxis; ihre Spezifik infolge ihrer engen Verbindung zur Politik und zur Machtfrage; die Wechselwirkung der Rechtswissenschaft mit anderen Gesellschaftswissenschaften und bestimmten Zweigen der Naturwissenschaften; die Auseinandersetzung mit nichtmarxistischen oder antimarxistischen rechtswissen-

---

[4] Diese Begriffsbildung erfolgt in Anlehnung an *W. A. Stoff*, Problemy metodologii nautschnowo posnanija, Moskau 1978, S. 141, 137 f. Stoff macht noch folgende Unterscheidung: Hinter dem Begriff eines Faktums stehen unmittelbar Erscheinungen der Wirklichkeit (Faktum 1); ihre Beschreibung und Fixierung erfolgt in einer bestimmten Sprache (Faktum 2).

schaftlichen Theorien als eine Notwendigkeit der Weiterentwicklung der marxistisch-leninistischen Rechtswissenschaft usw. Kurzum, die Existenz, Entwicklung und Wirkung der Rechtswissenschaft muß selbst zum Gegenstand empirischer Untersuchung und Erkenntnisgewinnung gemacht werden.

II.

Daß empirische Sozialerkenntnisse in der Tätigkeit der Rechtssetzer und Rechtsanwender sowie der Rechtswissenschaftler unentbehrlich sind, ist eine Folge des Sachverhalts, wonach die Bildung und das Wirken des Rechts soziale Vorgänge sind. Rechtswissenschaft, die keine Elfenbeinturmexistenz will, noch Glasperlenspielbetrieb sein möchte, muß sich auf die Gesellschaftlichkeit des Rechts, seiner Bildung und seines Wirkens gründen. Die marxistische Rechtswissenschaft, die weiß, daß es darauf ankommt, die Welt nicht nur zu interpretieren, sondern zu verändern, betrachtet empirische Sozialerkenntnis als eines ihrer essentiellen Elemente. Sie unterscheidet sich damit von all jenen bürgerlichen juristischen Strömungen, die die Sozialwissenschaften als Trojanisches Pferd in der Zitadelle der Rechtswissenschaften denunzieren, in der sozialwissenschaftlichen Fundierung der Rechtswissenschaft ein geradezu ideales Betätigungsfeld für eine Strategie der Systemüberwindung der bürgerlichen Staats- und Rechtsordnung erblicken und deshalb eine Abwehrhaltung gegen eine solche Fundierung einnehmen[5]. Oder die, was im Ergebnis nichts anderes ist, den Sinn sozialwissenschaftlicher Informationen in der Rechtswissenschaft — also auch den von empirischen Sozialerkenntnissen — auf den niederen Zweck der Anreicherung juristischer Dogmatik herunterbringen. Mit einer solcherart orientierten Ausbildung wird die Hoffnung verbunden, sie werde die jungen Juristen davor bewahren, sich tatkräftig in den Dienst einer revolutionären Ideologie zu stellen[6].

Daß die empirische Sozialerkenntnis essentieller Bestandteil der marxistischen Rechtswissenschaft ist, hängt mit ihrem sozialtheoretischen Ansatz zusammen. Dementsprechend ist der Basissachverhalt der marxistischen Rechtskonzeption außerrechtlicher Natur; es sind die gesellschaftlichen Verhältnisse, vor allem die ökonomischen. Der Begriff „gesellschaftliches Verhältnis" ist ein Zentralbegriff der marxistisch-leninistischen Rechtskonzeption. Juristisch relevante empirische Sozialerkenntnisse beziehen sich deshalb in dieser oder jener Weise auf gesellschaftliche Verhältnisse oder sind mit diesen in irgendeiner Weise verbunden.

---

[5] Hierzu: *A. Heldrich*, Das Trojanische Pferd in der Zitadelle des Rechts?, in: JuS, Heft 5, 1974, S. 281 ff., S. 285.

[6] Ebd., S. 286, 285.

Die Frage ist nun, welche gesellschaftlichen Verhältnisse rechtlich geregelt werden müssen, welche sozialen Determinanten die Bildung und das Wirken des Rechts letztlich und wesentlich prägen. Die Antwort auf diese Frage ist zugleich ein Hinweis darauf, worüber empirische Sozialerkenntnisse im Bereich des Rechts und der Rechtswissenschaft unentbehrlich sind. Mit anderen Worten, es geht um das Erkenntnisobjekt der Rechtswissenschaft, um die sozialen Fakten, die juristischen Entscheidungen zugrunde liegen oder auf die sie direkt oder indirekt Bezug zu nehmen haben.

Im Unterschied zu jenen bürgerlichen rechtswissenschaftlichen Strömungen, die zwar auch die empirische Sozialerkenntnis als Teil der Rechtswissenschaft ansehen, die die Rechtswissenschaft als Sozialwissenschaft betreiben wollen und die Rechtssoziologie weder dazu mißbrauchen möchten, bloß die bürgerliche Rechtsdogmatik anzureichern bzw. zu zementieren, noch in der rechtssoziologischen Forschung ein wohlfeiles Mittel sehen, um ausschließlich blankes Herrschaftswissen zu produzieren[7], hebt die marxistische Rechtswissenschaft aus dem Gefüge der Determinanten des Rechts die aus der jeweiligen Produktionsweise hervorgehenden Interessen der ökonomisch und politisch herrschenden Klasse als entscheidend hervor. Dasjenige, was es erforderlich macht, bestimmte gesellschaftliche Verhältnisse rechtlich regeln zu müssen, ist letztlich nicht auszumachen, ohne den Zusammenhang zwischen der Entwicklung der Produktivkräfte und der Arbeitsteilung einerseits und der Entwicklung des Eigentums, der Klassen und ihrer Interessen andererseits theoretisch und empirisch zu analysieren. Gesellschaftliche Verhältnisse sind dann rechtlich zu regeln, wenn sie gemeinschaftliche Interessen der herrschenden Klasse verkörpern oder wenn es sich um gesellschaftliche Verhältnisse handelt, die Interessen verkörpern, welche in irgendeiner Weise Existenz, Entwicklung und Durchsetzung der gemeinschaftlichen Interessen der herrschenden Klasse tangieren. (Dabei kann es sich auch um eine Koalition herrschender Klassen und Schichten handeln.)

Ohne die Mehrdimensionalität des Rechts in Frage stellen zu wollen, ohne einem ökonomistischen, psychologistischen oder sonstwie gearteten

---

[7] Vgl. etwa *Hubert Rottleuthner,* Rechtswissenschaft als Sozialwissenschaft, Frankfurt/M. 1973; *ders.,* Rechtstheorie und Rechtssoziologie, München 1981. Zwar ist es übertrieben, in R. einen Marxisten sehen zu wollen (so: *K. F. Röhl,* Gegenwartsströmungen der Rechtssoziologie, Berlin 1977, S. 16), aber die Tatsache, daß R. Marx nicht ganz ohne Gewinn gelesen hat, genügt den Alt- und Neukonservativen unter den bürgerlichen Juristen und Soziologen bereits, R. unter Beschuß zu nehmen. *H. Schelsky,* Die Soziologen und das Recht, Opladen 1980, S. 75 ff., sieht beispielsweise in R.'s Konzept den bisher ungeschminktesten und zerstörerischsten Angriff auf die juristische Rationalität und das geistige und gesellschaftliche Selbstverständnis der bürgerlichen Juristen.

Reduktionismus in der Rechtswissenschaft das Wort zu reden, — wenn es um empirische Sozialerkenntnisse in der Rechtswissenschaft geht, können die Beziehungen zwischen gesellschaftlichen Verhältnissen, Interessen der herrschenden und beherrschten Klassen und Verhalten nicht ausgespart werden. Das Interesse ist dabei nicht als psychologische Kategorie zu fassen, sondern in seiner soziologischen und philosophischen Bedeutung zu sehen und als in der Wirklichkeit existierende gegenseitige Abhängigkeit der Individuen, unter denen die Arbeit geteilt ist[8], zu bestimmen.

Da die Transformation der gemeinschaftlichen Interessen der herrschenden Klasse in deren Rechte nicht direkt und einfach gradlinig, sondern über objektive wie subjektive Vermittlungen vor sich geht, sind auch diese in die empirische Analyse einzubeziehen. Mehr noch: die empirische Analyse gerade dieser Vermittlungen in der Rechtsetzung wie in der Rechtsanwendung ist ein Hauptfeld der marxistischen rechtssoziologischen Forschungen. Erst damit wird jeder kurzschlüssigen Denkweise und Argumentation vorgebeugt und deutlich gemacht, was es eigentlich auf sich hat, wenn *Marx* und *Engels* immer wieder darauf hinweisen, die Ökonomie bestimme *in letzter Instanz* das Recht. Man kann auch sagen, bei der empirischen Analyse der objektiven und subjektiven Vermittlungen des Rechts geht es um die rechtssoziologische Entfaltung der bekannten, oft aber nur auf ihre erste Hälfte verkürzt zitierten These Marxens aus seiner Gothaer Programm-Kritik: „Das Recht kann nie höher sein als die ökonomische Gestaltung und *dadurch bedingte Kulturentwicklung der Gesellschaft*[9]." (Von mir hervorgehoben — K. A. M.)

Die empirische Analyse der Vermittlungen zwischen materiellen, vor allem ökonomischen Ursachen und dem Recht bzw. einzelnen rechtlichen Erscheinungen, wie z. B. die Kriminalität, die Akzeptanz von Rechtsnormen und ihre freiwillige Einhaltung usw. ist rechtstypspezifisch und zunächst wohl immer bezogen auf eine bestimmte Rechtsordnung oder bestimmte ihrer Teile anzustellen. Welche Vermittlungen nämlich konkret wirken, kann sehr verschieden sein, auch hier wirkt die Dialektik zwischen allgemeinen, gesetzmäßigen Zusammenhängen und Einzelnem, Besonderem. Die empirische Analyse der Vermittlungen und ihrer konkreten Mechanismen bei einzelnen Rechtserscheinungen wird die Beziehung zwischen objektiven Gesetz, Notwendigkeit und Zufall mehr berücksichtigen müssen. Auch bei den Vermittlungen gibt es Zufälliges; dies ist zwar notwendig, aber nicht gesetzmäßig[10]. Dieses Problem wird

---

[8] MEW (FN 1), Bd. 3, S. 33.

[9] Ebd., Bd. 19, S. 21.

[10] *H. Hörz,* Zufall — Eine philosophische Utersuchung, Berlin 1980, S. 79 ff.

an Bedeutung gewinnen, je mehr die sozialistische Gesellschaft reift. Auf dem Hintergrund ihrer historisch langfristigen Existenz auf dem Wege zum Kommunismus werden ideologische Prinzipien und Verfahrensweisen, kulturelle Wertorientierungen, weltanschauliche Einstellungen, moralische Haltungen und Erfahrungen nicht nur tradiert werden, sondern sie werden die Vermittlungsschritte zwischen dem Recht und seinen gesellschaftlichen Grundlagen weiter auffächern. Da dies ein Prozeß ist, der jeweils unter den konkreten Bedingungen eines Landes geschieht, werden dabei nicht wenige Momente auftreten, die das Besondere oder Zufällige an sich haben.

Die empirische Analyse der Vermittlungsmechanismen des sozialistischen Rechts durchzuführen, ist eine unabdingbare Voraussetzung dafür, um seine rechtstypspezifische relative Selbständigkeit theoretisch näher zu bestimmen.

III.

Wie bereits weiter oben vermerkt, sind empirische Sozialerkenntnisse notwendig, um auf ihnen aufbauend jene kognitive Basis zu konstituieren, auf der wiederum juristische Entscheidungen in Rechtsetzung und Rechtsanwendung getroffen werden können. Die Konstituierung dieser kognitiven Basis hat in der Rechtsentwicklung ständig mehr an Bedeutung gewonnen, seit der juristische Entscheidungsmechanismus aus jener Naturwüchsigkeit heraustrat, die in gewissen primitiven Gesellschaftsformen anzutreffen war. Heute, da das juristische Entscheiden, vor allem die juristische Normenproduktion, zu einem enormen Gebiet der gesellschaftlichen Arbeitsteilung geworden ist, das selbst immer mehr, vor allem in der sozialistischen Gesellschaft, zum Gegenstand bewußter politischer Leitung gemacht wird, ist ohne Analyse der Probleme, die mit der Konstituierung der kognitiven Basis juristischen Entscheidens zusammenhängen, eine weitere Ausarbeitung der wissenschaftlichen Grundlagen rechtsetzerischen und -anwenderischen Entscheidens nicht möglich. Vor allem in der Rechtsetzung der sozialistischen Staaten stellt sich dieses Problem mit besonderer Dringlichkeit.

Hier ist die Frage nach der Informationsgrundlage — dies ist nur eine andere, erkenntnistheoretisch allerdings weniger präzise Wendung für den Begriff „kognitive Basis“ — der Rechtsetzung deshalb so wichtig, weil einerseits die Rolle des Rechts in der sozialistischen Gesellschaft tendenziell zunimmt, die rechtlich zu regelnde Materie aber komplexer und die Determinanten, die den rechtlichen Regelungsprozeß beeinflussen, verflochtener werden, und weil andererseits die Informationsbasis, die bei der Vorbereitung und beim Erlaß von Normativakten verfügbar ist, die Regelungsqualität des Rechts und über diese dessen gesellschaftliche Gestaltungskapazität und Effektivität beeinflußt.

Angesichts der hohen Komplexität des Regelungsgegenstandes kann die für die Rechtsetzung notwendige empirische Sozialerkenntnis von der Rechtswissenschaft nur in interdisziplinärer Zusammenarbeit mit anderen Wissenschaften bereitgestellt werden. Es geht um interdisziplinäre Zusammenarbeit, nicht aber um Aufhebung der wissenschaftlichen Arbeitsteilung; diese sowie die Spezifik des Rechts werden aber mit der manchmal leichthin geforderten systematischen Einbeziehung nichtjuristischer Disziplinen in die Rechtswissenschaft untergraben und die Rechtswissenschaft wird selbst dazu gedrängt, sich als scientia omnium rerum zu verstehen.

Letztlich sind solche Vorstellungen immer in dieser oder jener Weise mit Vorstellungen vom Recht und seiner Funktion verbunden, die aus ganz unterschiedlichen Motiven heraus die relative Eigenständigkeit und Spezifik des Rechts nicht anerkennen oder verwässern wollen. So wird beispielsweise in einschlägigen bürgerlichen Diskussionen aus der sogenannten Ubiquität und Omnipräsenz des Rechts[11] der multidisziplinäre Charakter der Rechtswissenschaft postuliert und die These aufgestellt, Rechtswissenschaft sei per se multidisziplinär und müsse sich wissenschaftstheoretisch, institutionell und methodisch diejenigen Wissenschaftsgebiete angliedern, die sie zur Beantwortung ihrer Fragen brauche. Rechtssoziologie wird in dieser Perspektive als Sammelbecken von Disziplinen, als eine sogenannte Tatsachenwissenschaft angesehen, welche die für das Recht nötigen empirischen Daten zur Verfügung stellen soll. Zu dieser Art von Rechtssoziologie werden dann Politologie, Psychologie, Sozialstatistik, Demographie, Ethnologie, Sozialanthropologie usw. gezählt[12].

Einen gewissen, durchaus nicht vollständigen Eindruck von der erforderlichen interdisziplinären Zusammenarbeit von Rechtswissenschaften und Rechtspraxis mit anderen Wissenschaftsdisziplinen zwecks Bereitstellung der für das Entscheiden in einzelnen Rechtsgebieten notwenigen kognitiven Basis vermittelt die folgende Übersicht.

Diese Übersicht macht auch die wachsende Bedeutung von natur- und technikwissenschaftlichen Daten und Aussagen für das juristische Entscheiden deutlich. Allgemein läßt sich infolge der Auswirkung des wissenschaftlich-technischen Fortschritts auf das Recht und das Entscheiden in Rechtsetzung und Rechtsanwendung die Tendenz festhalten, wonach innerhalb der kognitiven Basis des Rechts die natur- und technikwissenschaftliche Daten und Aussagen im Verhältnis zu den empirischen und theoretischen Sozialerkenntnissen (Daten und Aussagen)

---

[11] *Hans Ryffel,* Rechtssoziologie, Neuwied 1974, S. 166 ff.

[12] *Wolfgang Naucke,* Über die juristische Relevanz der Sozialwissenschaften, Frankfurt/M. 1972, S. 17.

Rechtsgebiet → / Wissenschaftsgebiet ↓	Arbeitsrecht	Strafrecht	Agrarrecht	Neuererrecht	Familienrecht	Wirtschaftsrecht	Umweltrecht	Gewerbl. Rechtsschutz
Ethik	x	x	x	x	x	x	x	x
Logik	x	x	x	x	x	x	x	x
Wirtschaftswissenschaften	x			x		x	x	x
Agrarwissenschaften			x	x		x	x	
Psychologie	x	x			x			
Technikwissenschaften	x		x	x		x	x	x
Chemie			x	x			x	
Genetik		x			x			
Ethologie	x	x			x			
Medizin	x	x			x		x	
Biologie			x	x			x	
Soziologie	x	x	x	x	x	x	x	x
Pädagogik		x			x			
Demographie	x				x			
Ästhetik				x				x

zunehmen. Angesichts des wissenschaftlich-technischen Fortschritts ändert sich aber nichts daran, daß das Recht klassengesellschaftliche Verhältnisse, also zwischenmenschliches Handeln und Verhalten, regelt; jedoch im Vergleich zu früheren Zeiten sind heute angesichts der wissenschaftlich-technischen Revolution zur Schaffung und Durchsetzung der rechtlichen Regelungen (Rechtsnormen) quantitativ und qualitativ mehr naturwissenschaftliche, technikwissenschaftliche und technische Informationen notwendig. Mit diesem Umstand sind ohne Zweifel neue rechtswissenschaftliche und rechtspraktische Problemstellungen verbunden, die noch nicht gelöst sind. Wie die Auseinandersetzung um diese Fragen zeigt, sind davon auch weltanschauliche Fragen tangiert.

Doch die neuen Anforderungen, die sich aus den Wechselbeziehungen zwischen Recht und wissenschaftlich-technischem Fortschritt ergeben, in eine fortschreitende fast ausschließliche Abhängigkeit des Rechts von technologischen Erkenntnissen umzudeuten und davon zu sprechen, das juristische Denken müsse letztlich dem technischen Denken weichen, dazu besteht kein Anlaß[13]. Das Recht wird künftig so wenig die Technik regeln, wie in der Vergangenheit; es war und bleibt ein Regulierungsmechanismus gesellschaftlicher Verhältnisse, der keine Überwucherung durch die Technik zu fürchten hat. Die komplementären Schlagworte von der Technisierung des Rechts und von der Verrechtlichung der Technik sind geboren aus Oberflächenerscheinungen gegenwärtiger Rechtsentwicklungen und haben das Ziel, die soziale und klassenmäßige Bestimmtheit des Rechts zu verdunkeln. Außerdem sind sie nicht neu, ähnliche Wendungen gab es auch schon zu den Zeiten, als sich das Eisenbahnrecht bzw. das Luftrecht herauszubilden begann. Überhaupt ist es sehr nützlich, bei den gegenwärtig anstehenden grundlagenbezogenen Untersuchungen zum Verhältnis Recht und Technik, Rechtswissenschaft und Technik- bzw. Naturwissenschaft die geschichtliche Dimension dieses Verhältnisses mit einzubeziehen. Kaum eine geschichtlich bedeutende Kodifikation dürfte es geben, die nicht auch gesellschaftliche Beziehungen regelte, welche mittelbar oder direkt mit der Technik, mit den Arbeitsmitteln in Berührung standen. Auch scheint es nützlich, die vergangenen rechtsphilosophischen Versuche, das Recht mit Hilfe natürlicher und technischer Daten sowie mit naturwissenschaftlichen Aussagen zu legitimieren bzw. zu illegitimieren, neu zu analysieren. Dabei geht es nicht nur um solche bekannten Rechtskonzeptionen wie die von *Montesquieu*, sondern auch um weniger Bekanntes: beispielsweise um *Polacks* Mathesis Forensis (1756), „worinnen die Rechenkunst, Geometrie, Baukunst, Mechanik und Hydrostatik, wie auch Chronologie, nach ihren Grundsätzen hinlänglich abgehandelt, zugleich die Anwendung derselben

---

[13] *H. Fischerhof*, Technologie und Jurisprudenz, NJW 1969, S. 1193 ff.; *Ernst Klingmüller*, in: FS Karl Oftinger, Zürich 1963, S. 121 ff.

auf die in der Rechtsgelehrsamkeit, bei allen obern und niedern Gerichten, vielfältig vorkommende Fälle, in besonderen Abhandlungen, zu nützlichem Gebrauch für diejenigen sowohl, welche bereits in Aemtern stehen, als auch die sich erst zu gerichtlichen und Cameralbedienungen geschickt machen wollen, deutlich gezeiget wird."

IV.

Da *Marx* und *Engels* ihre Rechtstheorie nicht als separates juristisches Unternehmen, sondern als integralen Teil ihrer dialektisch-materialistischen Gesellschaftstheorie begründeten, lieferten sie auch eine soziologische Betrachtungsweise des Rechts auf dieser Grundlage. Ihre das juristische Denken revolutionierenden Einsichten gewannen und begründeten sie, indem sie sich auf Ergebnisse soziologischer Untersuchungen rechtlicher Phänomene stützten. Solche Werke wie: „Der 18. Brumaire"; „Der Bürgerkrieg in Frankreich"; „Der Ursprung der Familie, des Privateigentums und des Staates" zeigen in exzellenter Weise welchen Platz empirische Sozialerkenntnisse im marxistisch-leninistischen Rechtsdenken einnehmen; gleichzeitig geben sie Hinweise über eine methodisch orientierte Strukturierung des rechtswissenschaftlichen Forschungsprozesses.

Von ihrem forschungstheoretischen und -methodischen Ansatz her ist deshalb die marxistische Rechtstheorie auch eine Rechtssoziologie, der rechtssoziologische Fragebereich ist einer ihrer unverzichtbaren Bestandteile. Aber auch die Rechtszweigwissenschaften kommen nicht ohne rechtssoziologische Forschungen aus. Ein gewisser Sonderfall ist die Rechtsgeschichtswissenschaft, denn sie ist in vielem eine in die Vergangenheit projizierte Rechtssoziologie.

Daß schon von ihrem Ansatz her die rechtssoziologische Fragestellung originär zur marxistischen Rechtswissenschaft gehört, wurde nicht immer beachtet. Vor allem unter dem Einfluß des von *Wyschinsky* 1939 entwickelten Rechtsbegriffes wurden rechtssoziologische Fragestellungen und Untersuchungen aus den juristischen Forschungen der sozialistischen Länder fast vollständig eliminiert. Das begann sich seit Ende der 50er Jahre zu ändern. Jetzt wurde immer deutlicher, daß die Anforderungen der real existierenden sozialistischen Rechtsordnung an die Rechtswissenschaft nur befriedigend erfüllbar sind, wenn diese selbst den rechtlichen Regelungsmechanismus empirisch untersucht.

Die Hinwendung zu rechtssoziologischen Forschungen erfolgte in den einzelnen sozialistischen Ländern nicht nur unterschiedlich intensiv, sondern auch zeitlich verschieden. In der Sowjetunion und in Ungarn wird rechtssoziologisch seit Ende der 50er Jahre gearbeitet.

Angesichts der Tatsache, daß sich in verschiedenen Ländern der Sozialismus auf seinen eigenen Grundlagen zu entwickeln beginnt, womit auch neue Fragen von der Rechtswissenschaft dieser Länder zu beantworten sind, ist die Entwicklung einer breiten empirischen Forschung unumgänglich, um die marxistisch-leninistische Rechtswissenschaft praxiswirksam weiterzuentwickeln.

THE INTERPLAY OF EMPIRICAL KNOWLEDGE, CRITICAL LEGAL RESEARCH, AND POLITICAL PRAXIS: SOME COMMENTS

By Matti Mikkola, Helsinki

The assigned subject, "Empirical Knowledge of Society and Legal Research", immediately raises some questions, for example:

— what sort of empirical knowledge serves or can serve legal research,

— where can one obtain such empirical knowledge, or how can legal science itself produce such knowledge,

— what is the function of this empirical knowledge from the point of view of the results of legal science, and

— is this knowledge of any use to an external analysis of legal science, in other words to the study of legal research itself?

In his presentation, Professor Mollnau has dealt with these questions on an even broader basis: not just from the point of view of research alone, but from the point of view of the entire legal order. According to him, empirical social knowledge forms some important basic pillars on which it is possible to have the legal order correspond to the demands of society. In my commentary, and in accordance with the theme, I shall limit myself to an examination of the significance of empirical

Legal Research and Empirical Knowledge

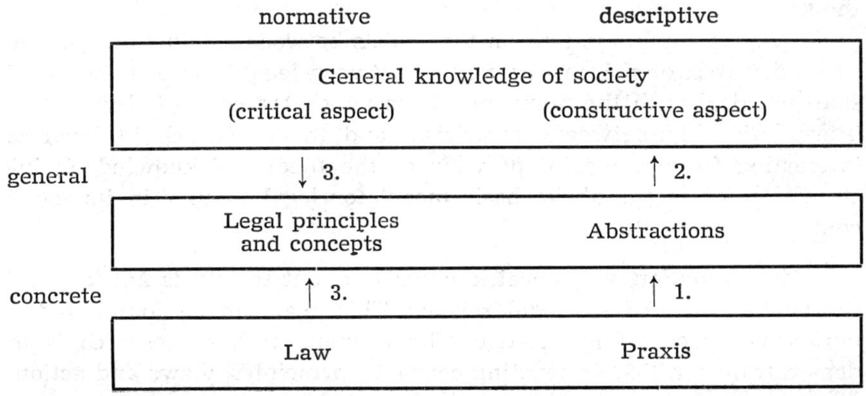

knowledge primarily from the point of view of legal research. I shall construct a model showing how legal science can itself produce empirical knowledge, and what this sort of legal science would be like.

1. In the Nordic countries, empirically oriented legal science has been carried out in the fields of criminal law, family law, labour law, social welfare law and administrative law. The special focus of research has been the praxis of authorities. Main topics of research have been: to whom are laws applied, by what procedures, with what results and with what immediate consequences.

This research has resulted in a number of *abstractions* about that praxis, and simultaneously in a large number of descriptions of the unsatisfactory states of affairs prevailing in the praxis. During recent years there has been a multitude of studies in Norway, Denmark, Sweden and Finland on, for example, legislation which discriminates against women and about deficiencies connected with employment security. Regarding employment security, it is evident in all four Nordic countries that a large portion of the marginal labour force falls outside the legislation: many young people, women with families, elderly people and the disabled, in other words precisely those groups of employees who most easily become unemployed and who most need security of employment.

2. Such demonstrations of unsatisfactory states of affairs are already valuable in themselves, but mere investigation of the praxis of authorities does not provide the answer to *why* such states of affairs exist. Answering this question demands an expansion of the field of research to include ideological factors and structural factors in society. In this, legal science takes a step whereby it faces the general task of the social sciences, the *constructivist task* of science, namely to provide a *theoretical explanation* for empirical observations and generalizations. At the same time, research reveals some essential conflicts in the existing praxis, for example the tension that exists between production and the social demands of citizens, as well as between legality and justice. — I shall not deal with the many problems which are connected with this interrelationship between empiricism and theory (which in itself is interesting from the point of view of the theory of knowledge); instead, I refer to the above basic model for legal inquiry in its social context.

3. The formation of general knowledge about society is not in itself the goal of research in legal science. This goal can be found in the normative aspect of knowledge. The ultimate task of research is to demonstrate conflicts in existing concepts, principles, views and action,

and replace them with new ones. The value foundation for this change can be found in law and in the conflicts uncovered by theoretical analysis. The ideal task of legal research is thus to question and change the previous results of legal science, on the basis of its value foundation, and through this, to influence practical action.

According to the model described here, influence on praxis can be exerted through three types of knowledge. Empirical knowledge is thus involved in all in one way or another. Research produces knowledge:

(1) for the examination of praxis in itself and for the demonstration of the immediate deficiencies in praxis,

(2) for a deeper understanding of praxis and its unsatisfactory states of affairs, and

(3) for the adoption and utilization in praxis of new basic legal concepts and principles.

Of these, tasks (2) and (3) touch upon the need for a development of legislation which corresponds to the demands of society. It is here that Mollnau considers that empirical knowledge forms the first basic pillar. It is my view that the nature of such knowledge is not so much empirically as *theoretically* and *critically* oriented. If capitalist and socialist societies are compared as the users of such knowledge, we find that in capitalist society, at least, the requirements for legislative reform are not analyzed in the way that Mollnau would require; instead, such reform is dictated by political praxis. It is true, however, that scientific knowledge may be passed on through the political establishment of goals for such reform.

The close connection between research and praxis is also apparent from Mollnau's presentation. We receive the impression that the results of research have a primarily *technical task* in serving the legal order. This is the way in which matters may be understood also in capitalist society, but it is not the only way. Research can and should also have the *critical task* I have demonstrated. It must be able to express, for example, the demands of citizens and the "civil society" against the state and against law. This requires that we detach research from its role as the direct servant of state praxis, and guarantee the institution of research a certain autonomy. This does, of course, make it possible to construct the Trojan horse mentioned by Professor Mollnau, but this is as it should be. It is my belief that even in a socialist society, in the drafting of prognoses and in the planning of new legal systems, one is faced with value choices where a critical attitude and the autonomy of research have their own important place.

POUND AND EHRLICH ON THE LIVING LAW*

By David Nelken, London

There is a common misconception that Pound's distinction between 'law in the books' and 'law in action' is much the same as Ehrlich's contrast between 'norms for decisions' and 'living law'.[1] To show why this is not correct I shall set out in turn the underlying theoretical assumptions and practical concerns of Pound and Ehrlich which give sense to each set of distinctions, concentrating, of course, on what distinguishes their work.

For Pound there is only one criterion of valid law which is equated with the law laid down by the authorities in a politically constituted society. Pound recommends a definition of law which he took from Jellinek's *Allgemeine Rechtslehre:*

> "What makes a precept law is that it obtains as a rule of conduct and of decision and what makes a legal right is that the precept which stands behind it obtains in action. This means that its psychological efficiency is guaranteed, that is that the authority which has prescribed it is so backed by social-psychological power as to be in a position to give effect to the precept, as a motive for action, in spite of counter-acting individual motives."

This is an imperative theory of law coupled with a Realist concern for what actually happens: "Judge made and statutory law fail continually because they have no social-psychological guarantee."[2] This confusion of the normative and the predictive identification of what constitutes law has been heavily attacked in different ways by Kelsen, Hart and others. For present purposes, what is of interest is the fact that Pound's insistence that law is only law if it produces action leads him to give credence to the idea that all legally relevant action, especially by legal

---

* The expanded version of this paper was first published in 1984 in *Legal Studies,* 157. The present paper is published with the permission of the Society of Public Teachers of Law.

[1] *R. Pound,* Law in Books and Law in Action, in: Amer. Law Rev. 44 (1910), p. 12; *E. Ehrlich,* Principles of the Sociology of Law (trans. W. Moll), Cambridge, Mass. 1936 (first published 1913); *K. Ziegert,* The Sociology Behind Eugene Ehrlich's Sociology of law, in: Int. J. Soc. of Law 7 (1979), p. 225; *J. Harris,* Law and Legal Science, Oxford 1979, p. 27.

[2] *Pound,* Jurisprudence, Vol. 3, St. Paul, Minnesota 1959, p. 361.

officials, counts as law. This failure to identify any means of deciding if and when action can fail to count as law has dogged those who have embraced the law in books vs. law in action distinction.

Ehrlich, on the other hand, considered that there were two kinds of law. In particular, 'norms for decision' were the rules and propositions to be found in the codes, in judicial decisions and in statutory enactments. These are the norms "which will be enforced by the courts in case the parties resort to litigation". By contrast, 'living law' was:

> "... the law that dominates life itself even though it has not been printed in legal propositions. The source of our knowledge of this law is, first, the modern legal document, secondly, direct observation of life, of commerce, of customs and usages, and of all associations not only of those that the law has recognized but also of those that it has overlooked or passed by, indeed of those that it has disapproved."[3]

As soon as Ehrlich had formulated this view of the living law he was immediately attacked by Kelsen on the grounds that he had confused normative and descriptive analysis. But, quite appropriately, the issue was not (as in Pound's case) how does action as such count as law, but the monist doctrine that law must be seen as a single unified normative system. This comes out clearly in the example which both protagonists felt supported their case. Ehrlich had illustrated the living law of Bukowina with the example of parents collecting the wages earned by the children they placed in service, even though this was against the rules of the Austrian code. "If we were to ask why children put up with such behaviour, we would be told that resistance would be unheard of."[4] Kelsen replied that this did not mean that such children had no right to dispose of their income.

> "Will Herr Professor Ehrlich reply: you are legally obliged to put up with the fact that your parents dispose of your income without your consent? I don't doubt that Ehrlich would help the child obtain his rights — even in Bukowina!"[5]

In Kelsen's one-eyed view of the law the norms which governed these transactions had to be seen as mere 'action'; the case was merely one where children chose to use their legally permitted right not to dispose of their income.

A second point of distinction has to do with the approach to law present in each author's writings. Pound's sympathy for the pragmatic philosophy and his own scientific background led him to view law in

[3] *Ehrlich* (note 1), p. 493.

[4] Cited by *M. Rehbinder,* Die Begründung der Rechtssoziologie durch Eugen Ehrlich, Berlin 1967, p. 104.

[5] Ibid.

terms its 'purpose'. Law was seen as an 'instrument' with certain functions to perform for society. He brought together the ideas of the German legal theorist Ihering and the early American sociologists Ross, Small and Ward to produce an approach to law as one method of 'social control'. This curiously slippery and freefloating concept (which was borrowed from E. A. Ross, his colleague at Nebraska) was allied to the notion that law had a part to play in the positive task of social engineering. This form of practical problem-solving was what early sociologists saw as necessary to deal with the social problems and disorganization which resulted from the growth of cities and the decline of primary group and traditionally based controls. Social engineers did not claim to be capable of creating new norms to replace those that had been destroyed in the process of urbanization and individualization. But nor did they share the sanguine views of writers such as Durkheim who claimed to detect a new normative order inherent in modern industrialized society which had replaced an outworn form of social solidarity. Social engineering was rather more a logical development of the early Benthamite vision of using law to affect the balance of rewards and sanctions so as to provide an incentive to harmonious effort which would create a reliable identification of interest in a stable society. Not for nothing was Ihering called a social utilitarian. Unlike some images conjured up by the term, Pound's social engineering was therefore a relatively modest matter of fine-tuning rather than a re-making of society, having more in common with what Popper came to call '*piecemeal* social engineering' rather than the collectivist projects of social reconstruction which were the bugbear of Popper's 'Open Society'. Insofar as such fine-tuning was required, however, it involved using legislation and judicial quasi-legislation as a regulatory device to alter and channel men's energies to the net social advantage.

Ehrlich's approach to law was rather different. One form of law could be seen as a conscious instrument for conflict-resolution or administration but the more fundamental 'living' law was to be understood as one aspect of social and economic life, organically connected and created by common patterns of life, work and types of relationship in groups and other collectivities.

> "The law does not consist of legal propositions, but of legal institutions. We must be able to tell how the state, the church, the commune, the family, the contract, and inheritance came into being, how they change and develop."[6]

The first question of juristic science is "which are the factual institutions that become legal relations in the course of legal develop-

[6] *Ehrlich* (note 1), p. 84.

ment, and which are the social processes through which this comes about."[7] The main sources of such legal relations are seen as corporations and other community life and family relations, ownership and other property rights, contracts and rights of heirs. These in turn are reducible to relations of interaction, domination, possession, agreement and the requirements of collective production and consumption.

Ehrlich was impressed with the much greater power of social forces and developments to create and change norms as compared to mere legislative or judicial enactments. Like Karl Renner, his younger contemporary, who was working on his *Institutions of Private Law* at the same time in the capital of the Austro-Hapsburg Empire, Ehrlich was persuaded of the inevitable disjunction between the pace at which state imposed and judicial norms were adjusted and the speed and rhythm at which living norms changed. Neither writer in fact refers to the other's work and Renner adopted an imperative and positivist view of law which led him to stress how economic forces altered the function of state and judicial norms out of all recognition. But Ehrlich with his more differentiated conception of law norms was able to see that social and economic changes were not anomic forces but brought with them their own *normative* changes which state created norms could either ignore, endorse or attempt to change. Ehrlich was not unaware of the creative potential of legislative and judicial law-making as a source of norms in their own right. Yet he displayed a clear bias against state law. Pound, writing in the American (Federal) legal system saw unified creative law-making as a valuable enterprise in circumstances where pluralistic and competing cultures and interests were all too evident. By contrast, Ehrlich in the outlying region of Bukowina, with its harmonious mix of distinct cultural groupings, saw the rise of the State and, in particular, centralized law-making from the capital of the Austro-Hapsburg Empire, as a crude intrusion into a 'working' normative order.

Ehrlich would not have accepted modern criticisms (largely levelled, it should be said, by those in the Pound tradition) which assert that his views were conditioned by and solely appropriate to circumstances in Bukowina, and to the limited role of the state not only there but everywhere else before the first world war. Ehrlich's point was not so much the need to respect the cultural and normative pluralism of Bukowina (though this obviously helped illustrate his argument), but the demonstration that norms helped to structure every group, organization and important social and economic activity, *so that law-makers never confront a normative vacuum.* Nor is his approach to the state quite as

---

[7] Ibid.

irrelevant as is claimed. Ehrlich argued that the role of the state ultimately depends on its military force (externally and internally). This point may be exaggerated but it is hardly irrelevant. He accepted that the state created living law (and not mere norms for decision) insofar as it itself had an organizational life and to the extent that its creation of a 'secondary order' effectively protected and shaped the primary working order of groups and organizations. He also claimed that insofar as the state itself did not produce economic wealth but merely re-distributed that which was generated by the economy, it was the development of the latter which created norms rooted in actual social conditions. Ehrlich's views are less persuasive now because of the increasing rise of government as a large-scale organizer and facilitator of economic production, as well as the increasing use of law both as an educator and as a regulatory device to change existing normative patterns. But there is still considerable force in his argument that norms usually emerge through patterned behaviour in working orders and that they gain their greatest stability by finding root in such orders.

That this argument is often lost sight of can be explained by the contrasting conception of norms in the work of these two writers. Pound sees society as made up of competing groups and individuals with conflicting claims, demands and interests. The job of law is to reconcile them or do its best to do so. In this approach norms easily come to be seen as mere counters or weapons without inherent value except inasmuch as they meet needs or affect claims and interests. Pound's approach to law, which has become the underlying presupposition of most modern law-making, is that the state produces law norms for the satisfaction of the consumer demands of its citizens. There is something of this view in Ehrlich's conception of 'norms for decision', at least with regard to the part they play in resolving conflicts of interests. But the understanding of norms contained in his descriptions of the 'living law' is far more subtle, complex and penetrating than anything produced by Pound. For Pound, norms are instrumentally useful or they are nothing. In Ehrlich we find an awareness of the organic connection between norms and activity in the best sociological tradition. Norms are frequently functional but not necessarily because they have been *chosen* to meet needs. Norms are held dear because they express common patterns of behaviour or feeling, they unify groups and bolster common identity. Norms help constitute and shape organizational and economic activity. The importance attached to them signifies a great deal about the stock of meanings of the group and this meaning cannot be calibrated in terms of their instrumental function. Whatever the conflicts between and within groups which condition which norms and whose norms prevail, normative obligations come to attain a special status which distinguishes them from other social facts and which destroys memory of their origins.

The attention which Ehrlich devotes to norms leads him to put forward one of his most criticized arguments in order to explain what distinguishes the norms of living law from other norms. For Pound, of course, there is no problem at all. Law norms are backed by the state, all other norms are not law (even though mere 'activity' can count as law). This solution is not available to Ehrlich. But 'living law' cannot include *all* social norms. Ehrlich chooses to differentiate norms on the basis of the 'internal attitude' that people have to different norms. He admits the difficulty of providing a 'scientific' classification but asks us to be practical and:

> "Compare the feeling of revolt that follows a violation of law with the indignation at a violation of the law of morality, with the feeling of disgust occasioned by an indecency, with the disapproval of faithlessness, the ridiculousness of an offence against etiquette and lastly with the critical feeling of superiority with which a votary of fashion looks down upon those who have not attained the heights which he has scaled."[8]

The common response to this is to deny that our reactions fall into such neat graduations and insist moreover that there is no necessary relation between the matters regulated by law and the degree of social concern over them.[9] But some of the criticism which refers to the considerable weight of administrative regulatory law to which the public reaction is indifferent, rather misses the point that Ehrlich is talking about 'living law' and not such matters which are often only 'norms for decision'.

In any case *both* Pound and Ehrlich are in some difficulty about drawing the boundaries of sociology of law. Pound is forced to include all relevant actions of legal officials or even of citizens which relate to or modify state and judicial legal propositions. Ehrlich should have been forced by his own arguments to consider all working norms or at least all those which give rise to legal-type psychological reactions. In practice he hurriedly short-circuits this problem and avoids the necessity for psychological investigation. Instead he focusses his study of the 'living law' on norms which have a parallel form and content to those found in modern Western 'norms for decision'; in particular the relationships which give rise to the social equivalent of contract, property and inheritance norms.

[8] Ibid., pp. 164—5.

[9] *N. Timasheff*, An Introduction to the Sociology of Law, Westport, Connecticut 1939, p. 26; *J. W. Harris*, Olivecrona on Law and Language — the Search for Legal Culture, in: Tidsskrift for Rettsvitenskap (1979), p. 625 at pp. 638—40.

Sufficient background has now been provided to make it possible to explain more precisely why these authors are operating with different distinctions and why the distinctions lead in different directions. First, and perhaps most important, both 'law in books' and 'law in action' refer mainly to the activities of judges and legal officials. The focal case is that of the rules on arrest and interrogation as contrasted with the actual practices of the police. There is a case for saying that the application of the distinction to other aspects of legal behaviour is parasitic on its relevance to this problem. By contrast, action by citizens can only be described as in conformity with the law in books or as out of keeping with what the law requires. But *their* actions, as such, would not be describable as the 'law in action'. The apparent exception is Pound's stress on the importance of jury sentiment, but in such cases the jury is acting as a suitably 'licensed' agent of the legal system. Ehrlich's distinction, on the other hand, is sharply bifurcated. 'Norms for decision' refers exclusively to action by judges, jurists and legal officials. But 'living law' applies mainly to those norms recognized as growing out of the social relations of citizens. With such different referents the range, applicability and point of the two distinctions are bound to be at odds. The difference is well brought out at one point in Ehrlich's argument concerning the 'living law' where he writes that:

> "... the enforcible contract does not rule the world to the extent that it is being enforced by the authorities, but to the extent that it has become a rule of conduct."[10]

On Pound's view of the 'law in action', however, with its underlying imperative theory of law, the question *is* how far the rule is successfully being enforced, not whether it has become a rule of conduct for the citizenry.

A further difference between the two distinctions also warns against their easy identification. 'Law in books' describes mere norms and rules as *opposed* to behaviour or action, indeed this limb of the distinction exists only to throw the 'action' part into greater relief. But Ehrlich's term 'norms for decisions' is more equivocal, despite the fact that the word 'norms' is used. The term 'norms for decision' includes both the rules *and* actual patterns of legal decision-making and therefore refers also to the actions by which such norms are derived and used. Conversely, 'living law', unlike 'law in action', refers mainly to *norms* rather than to action. Ehrlich was not, as such, interested in all that groups, organizations or businesses actually did, but only in the recurrent patterns of action which shaped behaviour because they were recognized as the appropriate or obvious way to do things. Ehrlich

---

[10] *Ehrlich* (note 1), p. 111.

contrasted 'living law' with official legal propositions only for the purpose of demonstration, to reveal that a discordant hidden legal system did in fact exist but *not* because he was concerned with the *extent* of divergence of such action from the 'norms of decision'.

In terms of norms and action, as the table indicates, the two sets of terms line up in almost the opposite way from that which they would be expected to do, in the conventional view.

	Norms	*Action*
State and Judge-made law	*Law in Books* Norms for Decision (as rules to be drawn on)	*Law in Action* *Norms for Decision* (as a process of decision-making)
Non-State law	*Living Law* (as recognized rules)	Living Law (insofar as actually followed)

Indeed, from the point of view of the members of a group or organization, 'living law' may seem to them simply the most closely relevant 'law in books'.

The application of both distinctions is crucially affected by the previous points of difference. Those who have worked with the distinction between 'law in books' and 'law in action' have found it helpful in demonstrating alleged divergence by legal actors and others from the duties or tasks for which they are deemed responsible. But it is far less appropriate for discussing cases of facilitative laws and the use of legal powers. For example, the fact that businessmen rarely rely on their contractual rights certainly seems an instance of the 'law in action' as noted both by Ehrlich and Pound and many writers since. But in what sense does this represent a *departure* from the 'law in books' (other than in the attenuated sense that this *may* be out of line with the implicit behavioural assumptions of legal text-book writers and judges)? If 'law in action' cannot be contrasted with 'law in books', the purpose of the distinction appears to be lost. The issue becomes instead, what are the relevant norms and influences which explain this pattern of business behaviour? It is this question which Ehrlich's distinction is better equipped to handle. Conversely, the concept of 'living law' applies particularly well to facilitative laws and rather less well to duty-imposing types of rule. 'Norms for decision' applies to both types of rules but particularly the latter. Thus facts about the way in which businessmen use contracts call for further study of the 'living law', whether or not businessmen conform to the norms of decision. They are of interest irrespective of the codified rules of contract law.

Why should this be? Why should Ehrlich be less interested than Pound in harmonizing official law and living law? The answer is that, contrary to Pound, Ehrlich does not consider official law to be the proper basis for regulating family, group or organizational life under normal conditions. In 'working orders' and relationships 'at peace' the appropriate norms will generally be those that constitute and shape interaction. The need for 'norms for decision' arises only in cases of dispute and conflict.

So far the argument here might seem to be a functional one concerning the need for 'formal social control' or the familiar liberal political doctrine that, as a 'necessary evil' restrictive of freedom, law should only be invoked where strictly necessary. But this is not what Ehrlich is saying. He is concerned with which set of norms is most suitable and which should prevail, whatever the consequences for individual freedom. Indeed, as Tönnies had earlier insisted, the rise of state law leads simultaneously to the rise of individual freedom by emancipating the individual from group constraints. Resistance to State law can leave the individual in chains. Ehrlich argues that only under certain conditions — those of 'war' or conflict — is it appropriate to use *different norms,* derived from an external source. The famous example that he gives concerns the acceptability of a normative régime of male ownership of peasant property under 'peaceful' conditions as compared with the correctness of the Austrian code's rules about assumptions of joint ownership should the parties seek to break up their relationship.

For Pound, since 'law in books' and 'law in action' both refer to the same subject matter under the same conditions, they cannot *both* be right and appropriate. One or other must be changed. But Ehrlich can accept that discordant 'norms for decision' and 'norms of living law' dealing with the same subject matter can co-exist because they are not intended to apply under the same conditions. 'Law in books' and 'law in action' are mutually exclusive categories, 'norms for decision' and 'living law' are not. Certainly Pound is aware that, as a matter of fact, 'law in books' and 'law in action' do co-exist in the world and that there may be reasons for this. But he sees this as a matter of 'legal fictions' which conceal *for the time being* that law is out of touch with the 'needs of society' or public opinion. Valuable as they are, they are also a warning signal. The response must be to change the law so as to meet the needs of society, or risk its effectiveness and good name. Pound has little time for the view which has since gained in popularity that law can serve as an 'educator' even whilst out of touch with public opinion — or rather just because it is in advance of opinion. Nor did he allude to the possibility of symbolic legislation, where the existence of 'law in books' is itself of intrinsic significance whatever the actual effects of the law.[11] For Pound, divergence between 'law in books' and 'law in action' was ultimately bad for the legal system, distorting legal procedures, encouraging deception, casting doubt on the state of the law and preventing the emergence of the least wasteful, most effective solution to society's needs. On Ehrlich's view, divergence between 'norms for decision' and 'living law' was not only to be expected and inevitable, but also something which was healthy and to be upheld.

The deep-lying difference between the two distinctions therefore lies in their relation to each writer's practical and policy concerns. Central to Pound's concerns was the 'problem' of a divergence between 'law in books' and 'law in action'. For Ehrlich, however, 'norms for decision' and 'living law' were classificatory devices with which to demonstrate and develop his argument about the social sources of law. But this is not to make the mistake of seeing Ehrlich as a 'theorist' and Pound as concerned with pressing practical interests at the expense of theory. Distinctions between 'Sociological Jurisprudence' and 'Sociology of Law' or the later contrast of 'Socio-Legal Studies' with 'the Sociology of Law' are misleading because all discussions of law in society have both a theoretical and a policy oriented component, however implicit either of these may be.[12] Ehrlich's work is structured by his practical concerns quite as much as Pound's but his problems and proposed solutions are different ones. Whereas Pound was worried by the debilitating effect of law which was out of touch with what was going on and remote from social needs, Ehrlich was more worried by the dangerous consequences of centralized insensitive law-making. Pound's characterization of ineffective law as mere 'law in books' was intended to prompt remedial action — by those who resented the suggestion that they were 'legal monks' uninterested in the real world. But Ehrlich's description of one source of law as 'norms for decision', on the other hand, was designed to identify and restrict the proper place and purpose of such law. Each writer developed the theory they required. To make his practical points the (only) sociological theory Pound required was found in talk of social action, social needs and social control.

---

[11] *V. Aubert,* Some Social Functions of Legislation, in: Acta Sociologica, 10 (1961), pp. 99—110; *J. Gusfield,* Symbolic Crusade, Illinois 1963; *W. G. Carson,* Instrumental and Symbolic Aspects of Factory Legislation, in: R. Hood (ed.), Crime, Criminology and Public Policy, London 1981, pp. 107—138.

[12] *D. Nelken,* The Gap Problem in the Sociology of Law: A Theoretical Review, in: Windsor Yearbook of Access to Justice, 1 (1981), pp. 35—63.

Ehrlich's attempt to lay bare the inherent law of the working orders of group and organizational life relied on a different (perhaps over-ambitious) account of social life in terms of the emergence and maintenance of institutionalized norms.

The simplest policy solution to Pound's problem was "to make the 'law in books' such that the 'law in action' can conform with it."[13] But other solutions which Pound proposed were not always this straightforward. Sometimes no more than formal recognition of a change in the law was necessary because to all intents and purposes the existing law had already been modified in practice, for example by constant jury reluctance to convict or find certain facts proven. Increasing resort to juries was, in Pound's opinion, a crude expedient often adopted to avoid the need for more thorough reform.

One example of a relatively straightforward case for reform of the 'law in books' was the need to end the practice of collusive evasion of the existing over-strict divorce laws by fabricating evidence of adultery. Another example was the need to change the common employment rule which judges were forced to distort in order to ensure that injured employees could get some compensation from their employers. But incorporating the 'law in action' into the 'law in books' was less easy to advocate in other cases. In Pound's view, the use of 'third-degree' techniques of interrogation by policemen was at variance with the 'law in books'. But he was equivocal about what to do about this because he was prepared to believe that their resort to such tactics was forced on them by the difficulty of achieving convictions within the confines of the 'law in books', whilst disapproving of their behaviour.

The question how far the 'law in action' in each case *should* dictate the 'law in books' is therefore always an open one. Pound's distinction does not itself imply any self-evident policy prescriptions as to what should be done: this will depend on the exercise of judgement in the circumstances of the particular case. But if judgement is involved, evidence of divergence as represented by the law-in-action can only count as suggestive but defeasible evidence in favour of altering the 'law in books'. Conversely, there may be arguments in favour of changing the 'law in books' quite apart from any such evidence and Pound himself commonly raises criticism of the individualism enshrined in many legal rules of his time without pointing to any particular discrepant patterns of 'law in action'. It was quite sufficient that the 'law in books' was, in his view, out of touch with social needs and could be made a more effective instrument of social engineering. Pound does

---

[13] *Pound* (note 1).

take the 'law in action' as a normally reliable guide to the required law of the situation for two reasons, but neither of them are very good arguments. Firstly, for him 'action' as opposed to mere paper rules or moral arguments has special ontological significance. It is part of the world of reality to which law-making must submit and all other considerations are less powerful than this material fact. "Men will do what they are bent on doing, law and tradition to the contrary notwithstanding."[14] Re-assertion of legal requirements as such cannot halt the progress of social action and social change. "In a conflict between the law in books and the national will there can be but one result, let us not be legal monks."[15] The second reason for favouring 'law in action' is that it is likely to reflect some function or need felt by those who resorted to it which the law-maker ignores at his peril. But both of these arguments are question-begging. Perhaps because of this, as well as the variety of situations he was discussing, Pound finally opts against any mechanical method of deciding when 'the law in books' or 'law in action' should prevail but recommends instead the delegation of such questions to an activist judiciary with discretion to make such choices on a case by case basis.

Pound's problem of discrepancies was of no interest to Ehrlich. The existence of discrepancies between 'law in books' and 'law in action' provided no evidence at all of the need for creative law-making. Such law-making would not be required in the usual case where the 'living law' was operating normally whether or not it was discrepant with the relevant 'norms for decision'. Only where there were disputes or conflicts of interests between individuals or groups was juristic creativity necessary and in such cases it would usually be right to follow the norms for decision. In sum, faced with a simple choice of whether to work to make existing 'law in books' a more effective force in society both authors had different motives and reservations. Pound objects to the form of much legislative and judicial 'law in books', considering it more detailed than was realistic in view of the complex and changing nature of the social circumstances which it regulated. It was also too rigid and one-sided, excluding the possibility of compromise. Instead of the mechanical and tightly controlled application of law, Pound favoured the pragmatic method of trial and error through which legislators and judges could learn from their experience of the results of their efforts. He also disliked the individualistic principles embodied in the law more especially because they were also largely responsible, in his view, for resistance to his vision of a more flexible role for judges

[14] Ibid.

[15] Ibid.

which could cut down the certainty of individual freedoms for the social good. Ehrlich also rejected the extension of the effectiveness of 'norms for decision' in daily life. Partly, like Pound, he thought that they were frequently out of date and that the process of law-making and application was insensitive to the substantive merits of the situation. But, above all, Ehrlich believed that centrally created norms were inevitably going to be out of touch with the already existing *norms* of the various working orders and associations which shaped daily interaction.

JURIDICAL AND SOCIOLOGICAL PERSPECTIVES ON LAW

By Sakari Sariola, Lawrence (Kansas)

Most legal scholars view law as a special mechanism for maintaining public safety and the just order. This view may be traced back to the Thomist conceptualization of law as the "rule and measure" imposed upon men by the "ordinance of reason" in conformity with the common good and with divine reason.[1] In the Thomist theory, as in modern legal theory, legitimacy is seen to arise from the act of promulgation.

Modern legal theory has another element in common with Thomism. Both accept the primacy of a single unambiguous rationale imposed upon the system through a recognized command line "from above". The modern legal theorist, no less than the Thomist, consequently refuses to assign any positive role to contradictions within the legal system. "Anomalies", although admitted to exist, are assigned a special non-essential status.

The Thomist rule against contradictions arose from Aquinas' classical theory of participation. As Aquinas saw it, law, being both a rule and a measure, resides (1) in the one that rules and measures but also (2) in the one who (or which) is ruled and measured. Such concurrence of rule and measure is possible insofar as the ruled partakes in the rule.[2] The participatory linkage entails harmony among the various levels of law. In more modern terms such harmony would best be called a *system*.

Thomist conceptualization is still clearly in evidence in John Austin (1790—1859), especially in his assigning legal antinomies a non-essential role. However he replaced the classical principle of participation by the principle of analogy. Positive laws are related to the laws of God "in the way of resemblance", he declared. Austin's analogy was two-directional. Besides being related to the laws of God, positive laws are "by strong analogy" related to the rules of morality set by opinion.[3]

---

1 *Anton C. Pegis,* Basic Writings of Saint Thomas Aquinas, Random House, New York 1945, p. 792.

2 Ibid., p. 749 ff.

3 *John Austin,* The Province of Jurisprudence Determined, The Noonday Press, New York 1954, p. 2 ff.

The consequences involved in substituting analogy for participation did not preoccupy Austin. Command and moral duty, he declared, are "correlative terms". When a command is signified, a duty is imposed.[4] Laws which merely express opinions or sentiments held or felt by men in regard to human conduct are "analogous to laws" but not laws proper.[5] Similarly to the Thomists, Austin argued that a law properly so called must flow from determinate authors: from rational beings or from determinate bodies of rational beings.[6] Only then is the source of authority securely one. Supreme power limited by positive law would be "a flat contradiction of terms".[7]

Hans Kelsen (1881—1973) subjected legal theory to a structural analysis and thereby separated it both from the philosophy of justice and from the sociology of law. For Kelsen law meant a kind of "social technique" involving no moral judgement.[8] Since law and justice are two different concepts, there may exist legal orders which "from a certain point of view" are unjust. In order to solve problems arising from such discrepancy, law permits the use of "force" by certain individuals. The individual who legally applies coercive measures acts as an agent of this order or — what amounts to the same — as an organ of the community. Law thus makes the use of force a monopoly of the community and precisely by so doing pacifies the community.

The rules of law, when valid, Kelsen called "norms". Any legally issued statement to the effect that something ought to occur then is a "norm" and no longer a statement of "natural" reality. Norms are valid even if they do not actually occur and even non-occurring norms are "binding" upon individuals and men ought to apply and obey them in principle.[9]

In summary, law in the legal conceptualization consists of the expressed will of special bodies vested with authority, and of the codified steps involved in enforcing this will. Jurisprudence is concerned with the validity of these processes, not with their efficacy or with their consequences for the society. Thus the law is something clearly different from ethics, from social control and from politics. The legal conceptualization of law has a corollary: A given set of laws remains unchanged and valid until its eventual repeal or amendment by an appropriate legislative act. Legal norms thus change only in an abrupt

[4] Ibid., p. 14.

[5] Ibid., p. 123.

[6] Ibid., p. 133.

[7] Ibid., p. 254.

[8] *Hans Kelsen,* General Theory of Law and State, Harvard University Press, Cambridge, Mass. 1945. p. 51.

[9] Ibid., p. 39.

manner reflecting the respective decision-making processes from which changes arise. In this respect they clearly differ from the norms held by private individuals, which change only gradually in an incremental manner involving no known decision making.

The sociologist, on his part, views laws in broader terms as the "living laws of the community". In his conceptualization law is something which along with other social mechanisms (such as religion and education) regulates systemic functions and contributes to the system's maintenance. In this function law reflects, or it ought to reflect, the core values of the "society" and cannot be reduced merely into something that is found in law books or into something that is practised by specialists with access to them. To the sociologist, law at all times permeates individuals' daily life and regulates it. He holds a structural-functional concept of law.

The structural-functional conceptualization of law may be formulated to convey criticism. The sociologist may then claim that for centuries legal authorities have been inventing, changing and discarding laws and legal systems in the hope that particular social problems could thereby be resolved. Such efforts have given rise to law-making as a consciously separate social institution which has become dangerously isolated from its authentic context — society.

The sociologist seeks the justification for his concept of law in evaluating not only how law is being applied but also how it "works" at different levels. Law for him is a property of the system; he not only wants to know how, why and in what circumstances particular laws came to existence and how they are being enforced, but also to what extent observed social change may be attributed to them. The sociologist not only studies laws as they are written down but also asks whether they make a difference in the community. Since law for him exists apart from the channels through which it is processed, "justice" also must be studied apart from the context of the action by legislative bodies and appellate courts.

The present paper argues that both the legal theoretical and the sociological conceptualizations of law are inadequate. Both involve analytic reductionism which distracts our attention from the broader issues of justice, authority, power, social structure, conflict and social control. More specifically, both the legal theoretical and the sociological types of reductionism fail to distinguish between (1) authority and power; between (2) the State and the society; and between (3) binding commands and customary norms. In the absence of these distinctions both fail to assign a constructive role to contradiction.

Any attempt to conceptualize lawful order begs the question on the ultimate principle in the name of which or for the sake of which it should be viewed as legitimate. The Thomists found that principle in "participation", Austin found it in "analogy". Kelsen's legitimacy rested upon *force,* which to him denoted a relation of superiority and inferiority. Kelsen's substitution of "force" for Austin's "power" was not an improvement in conceptualization. On the contrary, it resulted in the tendency to associate law with coercion.

In replacement for the notions of participation, analogy and power/force, the term *dialectical,* in the Hegelian sense, is introduced here.[10] In the Hegelian dialectics "the State" stands apart in its unique "universalizing" role through which the supreme World Idea becomes effective *(wirklich)* — not by virtue of its power nor by virtue of its possessing force but by *necessity.*

There are three analytic levels in Hegel's universe: the Family, the Civil Society, and the State. The Family is handicapped in the "universalizing" task by its limited scope; the Civil Society is handicapped by being torn into pluralistic dissenting segments. Only the State has the capacity to overcome and supersede the contradictions arising from the clash of special interests on the level of the "Civil Society". The State succeeds in its task by resorting to that selfless and egalitarian model which operates on the infra level — on the level Hegel calls "the Family".

For Hegel, the legitimacy that the State carries is of a self-sufficient kind which cannot be analytically reduced into any primary components. The "reason of the State" exists by necessity, for without efficient State "surveillance" societal contradictions from below — contradictions arising from civic pressures — would remain unsolved. When interfering "from above" with these tensions the State borrows its operational model from the non-conflictive "Family".

Thus arises the logical necessity of State sponsorship of lawful order. The fragmented Civil Society is unable to replace the State. The "Family" is unable by nature to dissolve societal contradictions, for it is limited in scope. But the State synthesizes and universalizes the valid impulses flowing from both of these lower orders and thus "negates the negation" that incapacitates the private sector.

The unique historical role commanded by the State cannot be translated into any segmental sociological category such as power, influence,

[10] *Georg Wilhelm Friedrich Hegel,* The Philosophy of Right, transl. T. M. Knox, Clarendon, Oxford 1949.

wish, persuasion, co-optation, motivation, coercion, force, education, socialization, habit formation, or the like. Hegel's statesmen may obviously engage in any of such practices, yet they do not exhaust the universalizing role of the State. Hegel does not aim to "glorify" the State, as some of his detractors have claimed. The role Hegel assigns to the State reflects simply an historical necessity for the State as the indispensable mediator uniquely capable of negotiated settlement.

Hegel does not dispense with the normative realm of values, needs and special interests prevailing in the Civil Society. These normative impulses, he points out, make increasing demands upon the *Staatsraison* and thereby contribute to bring about change in the legal order. Contradiction is basic here. The unfolding of the State reason occurs through confrontations rather than through consensus.

Such an emphasis brings Hegel into opposition with the consent theory professed by the liberalist political school. This is a pivotal point which must be emphasized. In principle, Hegel assigns a positive function to contradiction but his is not a coercive model. Although legal order does not rest on consensus, neither does it rest on force. It rests on the State's efficacy in mediation: on the logic of expediency.

How does the sociological concept of socially "embedded" law fit the Hegelian model? How does the legal practice of reducing law into a confrontation between the citizen and the legal authority fit it? Both of these conceptualizations translate the ongoing processes into simple one-to-one reciprocity relations. For the sociologist there is the individual versus the society (personality versus culture for the anthropologist). For the legal theorist there is the citizen versus the State. In either case, the reductionist fallacy remains.

Reductionism is most apparent in the sociologist's paradigm of social structure — whether this device comes in the disguise of the structural-functional (Parsonian) model or in the Marxist-structuralist (Althusserian) connotation.[11] In either case explanatory priority is given to the single-layered reciprocity relations between the structured whole and the functions sustaining it.

The reductionist fallacy involves the disposition to collapse commands with norms. Such a practice is misleading not only on philosophical grounds, it also encourages an unwarranted notion of automatic obedience to laws. It thus distracts our attention from the time involved in enforcing a law (a command) and citizens' responding to it either by compliance or by resistance, or by ignoring it. Max Weber con-

---

[11] *Nicos Poulantzas,* Political Power and Social Classes, Verso, London 1978.

tributed to this unfortunate fusion of command and norm by defining "power" *(Macht)* as a chance to impose one's will upon others "even against resistance".[12] Weber's conceptualization, however popular in sociology, blurs the distinction between authority and power and dulls the sociologist's sensitivity to the processes involving both power and a countervailing power. The sociologist who associates command with norm disregards the priority the initiative-taking party assumes in monopolizing the limited sources of power.

In the present paper the reductionist dilemma is examined in an historical framework. The Thomist view, holding man-made norms suspect and insisting that all valid laws emanate "from above", collapsed divine authority into human power. Some later formulations were no more successful in avoiding the reductionist fallacy. Hegel, by introducing his three-layered categories of authority, power and influence resolved the dilemma. His scheme not only separated the impulses "from above" from those "from below" but also specified the impulses "from above" into the categories of authority (residing in the State) and power (residing in the Civil society). The resulting three-layered paradigm and the dialectics occurring within it Hegel took to be the moving force in history.

Since the terms authority, power and influence arise not from Nature but from history, the three-layered Hegelian model has the advantage of replacing both in sociology and in legal theory such mechanistically and biologically derived concepts as equilibrium, harmony, and consensus. Both jurists and sociologists share their concern not with Copernican causal operations but with the settlement of tensions arising from a three-layered universe. Conflict, confrontation, protest, commitment, counteraction, competition, class interest, revolution and war belong both in the sociological and in the legal theoretical terminology.

The practice, common in sociology, to reduce the systemic imperatives into terms that take the system's self-regulatory capacity for granted must similarly be questioned. Perhaps it is more to the point to accept the assumption of basic contradictions threatening the system's ability to maintain public safety and to survive. Both jurists and sociologists should refrain from projecting sociopolitical systems into the mold of "only alternative worlds" surviving for unlimited time in the future. Such a projection of everlasting systems is philosophically and historically untenable; it presupposes the existence of isolated systems unconcerned with the contradictions and the new arrangements evolving from authority and power.

---

[12] *Max Weber,* Wirtschaft und Gesellschaft, I, Tübingen 1956, p. 28.

Human systems cannot be properly explained in simple interactionist terms. The interactionist model ignores the power-bound nature of public action and imposes a psychological explanation to account for the unevenness of individuals' commitments toward authority. Such treatment hampers the study of social-class ideologies, political parties, collective movements, alliances, realignments and enemy formations which make demands on legitimacy within the system. The successful study of these is equally in the interest of the legal scholar as it is in the interest of the sociologist.

Consideration should also be given to how Hegel's three-layered model was dealt with by Marx. Marx resented the Hegelian notion of "the World Idea" impinging upon history. Yet he applied the same basic three-layered paradigm in his structural analysis involving class-determined inequality in access to means of economic production. Hegel's Civil Society he collapsed into his economically rooted "social class". The class-dominated structure of the capitalist State meant for him not the framework for the emancipation of "man" but for the objectivization of a segmental class interest. Marx also added the notion of a "permanent revolution" as the consciously self-organizing countervailing class action emerging from the oppressed class and threatening the incumbent "superstructure" (authority). — In all this Marx did not reject Hegel's notion of a "universal class", nor Hegel's three-layered analysis. Marx assigned the universalizing task to a cognitively awakened and politically organized working class. The problematic part in Marx evolves not from his analytic treatment of authority, power and influence but from the difficulty in reconciling his "permanent revolution" with the eventual withering away of the State.

The Hegelian-Marxist approach resists the temptation of accepting the classical concept of "harmony" within the human systems as the principal explanatory tool. It also rejects the naive structural-functionalist predilection to presume that each of the system's components meaningfully supports the whole. Such simplistic structural-functional emphasis amounts to a conceptualization which focuses on the perpetuation of the systemic superstructure and rules out the possibility of complete structural-ideological overhauls. Such biases seem to stem from the practice of dealing with authority relations, power relations and influence relations as separate "subsystems" or separate "system levels" instead of dialectically interwoven processes.

In summary, the present paper questions the reductionist use of the terms "social" and "legal" in reference to whatever may connote the reciprocal, the interactional and other one-to-one relations within human systems. A three-layered model of authority, power and influence is proposed which has roots in Hegelian postulates. In this model relations involving authority and power are separated from normative behavior. Law in this conceptualization does not operate in a world of its own, but is seen as dialectically linked with the conflict-resolution necessitated by the pluralistic world of conflicting powers.

MACROSOCIOLOGICAL THEORIES OF LAW: FROM THE "LAWYER'S WORLD CONCEPT" TO A SOCIAL SCIENCE CONCEPTION OF LAW

By Csaba Varga, Budapest

Macrosociological theories of law — the concept represents a part of the law-related knowledge of the past one hundred and fifty years, which cannot be neglected. It represents a portion of knowledge which, in its formative era, with renewed effort stormed the frequently fortified gate of legal thought from outside — if not in the hope of admittance, at least in the hope of a meeting that might then result in the establishing of contact. However, as a result of initiatives from both sides, it has now become so deeply embedded in legal thinking that both sociology and legal science do battle to keep it within their own respective domains.

Therefore, it is difficult to define unambiguously exactly what field of knowledge is actually covered by macrosociological theories of law. Naturally, the author cannot have a moment's doubt about this when the International Association for Philosophy of Law and Social Philosophy puts the question on the agenda of its Congress, for it is then primarily interested in the effects of these theories, namely in what impact the approach they embody has had on legal thinking. And when the organizers of this Congress ask a researcher, whose work is perhaps most characterized by the effort to define the social theoretical foundation of legal thought, to make an opening speech on the macrosociological theories of law, then it is even more natural for him to concentrate on the role the macrosociological theories of law have had and can have in extending such thought beyond what is termed the "lawyer's world concept".

Perhaps it is sufficient to make three remarks to circumscribe the macrosociological theories of law.

1. These macrosociological theories of law are not necessarily the result of legal prompting. Merely for the sake of example, I mention four names: Marx, Durkheim, Weber, and Parsons. At the same time, it was not the first time in the history of legal science that "the study of law [could] no longer be regarded as the exclusive preserve of legal

professionals."[1] For fifteen hundred years, theology had a similar role in determining the position of law, defining the conditions of its validity and circumscribing its *raison d'étre*. At the moment, it merely permits the conclusion that the disciplines, which are not primarily directed at the legal specificity, but which investigate law *in unity with and as one of the components of social existence*, can be of considerable assistance in the exploration of the system of social relationships conditioning law.

2. These theories *were not necessarily created on generalizations of microsociological analyses*. As with philosophical and other social pictures, it can also be assumed in their case that historico-philosophical presumptions played a role in the composition of the picture as a whole. But what, then, makes them sociological theories? Well, my answer is rather weak, since there is not much to be said on this point except that it is their approach, the *desire to gain a comprehensive picture* of the structure and factors of social movement *by starting out from the interrelationships of the social environment*.

3. The concept of the macrosociological theory of law *cannot be limited to the sociology of law as a professional branch of sociology*. Primarily this is because the former can also develop independently of professional sociology, notably through economic, philosophical or exact legal investigations, if their approach or result makes them that.

First I intend to discuss the theoretical problem of circumscription in an effort to find an answer to the question: in what sense and to what extent can the investigation of the sphere "within the law" and that "outside the law" be separated (section I). Then I intend to consider how the macrosociological approach has enriched traditional legal thinking (section II). And thirdly, I argue that enrichment substantiates the role of macrosociological theories of law in extending beyond the "lawyer's world concept", an expectation which is the only option in the development of legal thinking, namely its integration in the social sciences (section III).

I. "Within the Law" and "Outside the Law"

A basic question is how to circumscribe what is a specific characteristic of law. In literature, this is expressed by pairs of relational concepts: "legal" and "social", "within the law" and "outside the law". It is characteristic of these pairs of concepts that they give no definition which is able to stand by itself in relation to any sphere, and usually

---

1 *A. Hunt*, The Sociological Movement in Law, London 1978, p. 1.

they do not even define the criterion of circumscription. "*Legal*" as a starting point is indisputably accepted as a normative precondition on the basis of the lawyer's view of law at any one time. Accordingly, "legal" is the network of rules, of institutions and practices that those professionally dealing with the shaping and functioning of law consider to be the acknowledged components of the law. Therefore, in the ranks of the professional public, there are more or less strict boundaries defining the "legal" domain; and everything that is outside them is automatically regarded as belonging to the other member of the pair of concepts. It is clear that the pictorial force of such a solution is considerable; however, its theoretical value is far from unambiguous.

First of all, the concepts interpreted/classified in this manner are characterized by *subordination* instead of co-ordination. Therefore, their relationship inevitably raises the question of the relationship between *the whole and the part.* I would describe it as the *fallacy of distinction.* One should recognise that what is termed "legal" is always only an element of the "social". It is an element which, although it has a "direct independence", does not exist in abstraction from the "social", or, in other words, without the "whole" of which it is a "relation".[2] On the other hand, it is also a weakness of these pairs of concepts that they conceive of law as something unchangingly identical with itself *(the fallacy of something-likeness),* or as a static state *(the fallacy of state-likeness),* whereas the fundamental rule of existence in the real world is the continuity of processes in contrast to the transitory nature of states.[3] Therefore, *any sort of formation showing a "something-likeness" also exists only as an irreversibly advancing process.*[4]

To develop this in more detail, this means that (1) if law is to be interpreted in its something-likeness, then nothing would be left as the sphere "within the law" but its set of norms: that is, legal objectivation would be dead, a mere something-likeness, as a form deprived of any sort of real existence. Thus a *legal norm becomes socially existing, topical and a component of the total social process only in its meaning, and the meaning is always concrete in so far as it is the function of the social context at any given time.* In the same way, this also applies to the law in the sense that *law has no existence which can be ab-*

---

[2] *G. W. F. Hegel,* Wissenschaft der Logik, ed. G. Lasson, book II, part II, chapter III, section A. 2.

[3] *N. Hartmann,* Ziele und Wege der Kategorialanalyse, in: Zeitschrift für philosophische Forschung 2 (1948), section III.

[4] *Gy. Lukács,* A társadalmi lét ontológiájáról (Zur Ontologie des gesellschaftlichen Seins), Vol. 3, Budapest 1976, p. 172. Cf. *Cs. Varga,* Towards the ontological foundation of law, in: Rivista internazionale di filosofia del diritto 60 (1983), section 3.1.

stracted from the practice of its social interpretation, conceived of as a series of concrete actualizations built upon each other. Law is not an objectivational form reduced to the physical components of signs constituting its text, which is statically identical with itself but a *historical continuum* originating in the continuous development of its states. The separation of "legal" and "social" fails even if (2) law is interpreted as a pure process. Notably false is the fiction that deals with law as if it were some sort of "black box" into which is fed at one end a "social" goal input for the transformation of certain requirements into "legality", and from which a "legal" output emerges at the other end for the enforcement, as a legal relationship in social reality, of what has been legally transformed. Because neither the shaping of legal objectivation *(law-making)* nor its functioning *(law-application)* can be described as if they were "within the law", as *both are located exactly where "within the law" and "outside the law" meet.*

At this point it is justifiable to raise the question: if everything is so much a function of the concrete social environment, then what is the *character of legality,* and what are the functional criteria defining it? There is nothing new in this dramatic question. Kelsen's view is definite: the normative concept of law defines itself as the object of any sociological investigation, because the sociology of law can study norms only as social facts and consequently it has to approach the concept of law from outside.[5] However, this is self-evident only to a normativist trend. In as much as it is beyond doubt that *the self-qualification of the law is the point of reference around which the whole practical life of law can be arranged and interpreted,* it equally goes without saying that *such self-qualification has a social meaning only if it meets with an effective social response.* Therefore, on the one hand, the law results from its own enactment and self-qualification, and, on the other, it presupposes such an existence, meaning and concrete sense of this, as the actual practice of its social acceptance, utilization and functioning conveys. In the final analysis, law is merely a *continuum deriving from the actual social practice of legal enactments.*

Thus, no complex that could properly be characterized as "within the law" can be found in social reality. Nevertheless, at the level of analysis, one must attempt to give an *ideal-typical description,* based on the fiction that it could really exist. The task of this description is *to reconstruct — in an abstract manner and to the largest possible extent,*

---

[5] *H. Kelsen,* Eine Grundlegung der Rechtssoziologie, in: Archiv für Sozialwissenschaft und Sozialpolitik 39 (1915), pp. 875—876. Cf. *H. Rottleuthner,* Rechtstheorie und Rechtssoziologie, Freiburg and Munich 1981, part B, chapter I, section 1.

only relying on and expressing in terms of its own system of requirements — and to clarify — in its own conceptual relationships — the reality desired, foreseen and planned by, and in accordance with, legal enactments. However, *this is not a description of reality, but only of the officially proclaimed principles of the legal process, called to life in order to mediate in reality.* Obviously, this description must be supplemented with that of the *real appearance and actuality* of the regulated phenomenon. The two viewpoints and the corresponding results undoubtedly complement each other. The seemingly identical question ("What is the law?") actually covers two different questions ("What is the law, *according to its officially proclaimed principles?*" and "What is the law, *according to its practice considered and enforced as legal?*"), and also two different answers. At the same time, these answers — both separately and together — are unsatisfactory and inadequate as theoretical answers, because *they confine the social phenomenon of law to mere factuality (the fallacy of factuality)*: the first (the positivist) one by seeing in it only the normative *enactment*, and the second (the sociologistic) one by limiting attention to its direct *practice*. In this way, not only does the law's historical nature and role as a vehicle of values become lost, but so also does its embedded nature in a wider system of conditions and relations which is the vehicle of the social character of law and really makes law a *social phenomenon*.

II. Fruits of the Macrosociological Theories of Law

The *traditional lawyer's approach* regards the law as a phenomenon that is able to stand by itself and be sufficient to itself. Regarding its formation, this approach is satisfied by the authoritative state body that has issued it; regarding its functioning, it requires only that the authoritative state body applies the law by observing its own rules and regulations. The effects of the law are simply of no interest to this approach. It is governed by a single viewpoint which is conformity to the enactment of the law, i. e. mere legality. At the same time, in contrast to the doctrine of legal positivism, the so-called "lawyer's world concept" was always *the outcome of the legal set-up itself: a necessary accident, an ideological complement.* It was the only adequate "world concept" by which the world of law could be interpreted in accordance with the requirements set for legal practice, because it projects as reality what the law conceives should be implemented regarding both its own formation and its functioning. Therefore, its ideological criticism[6] is justified. However, it does not affect the practical

[6] *K. Marx/F. Engels,* The German Ideology, as well as *F. Engels,* Juristen-Sozialismus, in: Die Neue Zeit, 1887, 2.

necessity that as long as the law itself requires *formal rule-conformity* on the part of the lawyer, the concept in question must be maintained.[7] On the other hand, the "lawyer's world concept" as a bare ideology has to be separated from its interpretation as theory, because *everything that is defined by practical requirements in the "lawyer's world concept" becomes inverted if it is interpreted as theory.*

It also has to be clear to all that to question the independence of the "legal" aspect is not to deny the *peculiarity* of law and the indefinability of the "distinctively legal".[8] It merely means that the special sphere of the law cannot be deduced from itself or interpreted through itself; *its life at any one time can only be analysed as a component of its social environment.* Therefore, *the basic regularities of its development and functioning should be found out by examining the social entity as a whole.*

1. Law and Positive Law

Law and positive law are categories that cannot be made equal. The law is what is officially enacted *(positive law)* or recognized *(customary law)* as law; and, at the same time, what is officially carried out in the name of the law *(judicial practice).* Obviously, the advance here does not lie in the extension of the concept of law. Rather, it lies in the fact that *emphasis has been shifted from the „designated" vehicle of normativity to its actual functioning, in other words, from the subject of mediation to the process of mediation itself.*

All this is probably necessary, and obviously also attractive. Nevertheless, it becomes a theoretically established answer only if it is also explained what has become of normativity. The explanations so far provided are of a reductionist character, they argue *ad regressum.* Irrespective of whether they tend to find the specificity of normativity in the reciprocity of right and duty,[9] in the reinstitutionalization of custom,[10] or in the secondary rule justifying the primary rule,[11] somehow they all argue around *authority.* However, the search for authority naturally leads to the desire to choose an extremist alternative: either *the state* embodies normativity, or it is dissolved in *pan-legalism* which

[7] *Cs. Varga,* Towards a sociological concept of law, in: International Journal of the Sociology of Law 9 (1981), section IV. 6.

[8] *P. Selznick,* The sociology of law, in: D. L. Sills (ed.), International Encyclopedia of the Social Sciences, Vol. 9, New York 1968, p. 51.

[9] *B. Malinowski,* Crime and Custom in Savage Society (1926), London 1961, p. 58.

[10] *P. Bohannan,* Law and legal institutions, in: D. L. Sills (note 8), Vol. 9, p. 75.

[11] *H. L. A. Hart,* The Concept of Law, Oxford 1961, chapter V, section 3.

tends to perceive something "legal" in everything and anything. Instead of this non-historical dilemma, I would prefer to quote Pospisil: if we wish to characterize our subject socially, *instead of "firm lines"* we can at most point out the *"zones of transition"*.[12]

By the way, this is the methodological problem of all concept-formation. Obviously, the more we link the concept of law to *modern* law, the richer its content becomes, but the less operational it is: it can be applied to the past only by extrapolation and thus gives a distorted picture. On the other hand, the more general we make it the more operational it becomes for the purpose of comparative historical investigation, but the less it explains since it also has to relate as much about history. Therefore, for this reason, too, the concept we apply is also a result of *convention*.

2. Law and the State

Under any circumstances, the relationship between law and the state is a watershed. It implies a dual question: (a) in what way and how absolutely can it be stated that *law is linked to the state?* and (b) in what way and how absolutely can it be stated that the unity of the state also involves *the unity of the legal system?* An answer to the first question requires an interpretation of the nature of *ancient societies*, of *primitive societies,* as well as of *large organizations* existing within the state and outside the state. An answer to the second question requires clarification of the question, whether the *legal system* is indeed organized into a harmoniously functioning one or is only as the ultimate result of its functioning made objectively interpretable as a system. Or, put another way, does the final unity of the legal system necessarily mean the unity of the *system of law,* or can the coexistence of systems of law (i. e. their conflict and competition) result in an objective unity of the legal system?

The root of the problem in this case lies in the trend and achievements of Western development, which reached their peak in the last two or three hundred years and were made absolute and formulated by reference to the past. Therefore, in this case too, the sociological approach involves a certain kind of socio-historical reconstruction. Accordingly, we must conclude that the *modern* structure is historically *particular. The linking together of law and the state and the recognition of a single system of laws within the state are the product of the past few centuries leading to modern statehood in the Western sense.*

---

[12] *L. Pospisil,* Anthropology of Law, New York 1971, chapter III.

And the *monist ideology* absolutizing this development is merely the redrafting of earlier absolutist ideas within the framework of Jacobin thought. From a sociological point of view, what is of prime interest here is that neither in this case is ideology simply a synonym of false consciousness. The monist conception expressed a real historical necessity. *The road to the act of government as a state activity led through monopolization of the basic functions of law* — the settlement of conflicts *(administration of justice)* and the enactment of laws *(law-making)* — *as part of the centralizing efforts of the state:* i. e. *the use of law as a means of state politics, in the interests of conscious planning and the influencing of social relationships.*

a) Law Within the State and Law Outside the State

Concerning the relationship between law and the state, the novelty of the macrosociological approach lies in the investigation of non-state regulations as analogous with state law. Even if the concept of "private legal systems"[13] makes excessive claims, *the analogical analysis of their functioning, or the investigation of their interrelationship with law,* is liable to bring about not only new realizations for legal science but also possible alternatives to the future replacement of law.

b) Systems of Law and Legal System

As regards the possibility of the existence of several systems of laws within a single legal system, sociological analyses force open a door. *Any system of laws is in itself a contradictory unit, developing through tensions and conflicts and reproducing itself by its own contradictions.* The contradictions clearly emerge in the structure of the legal system itself, if the systems of laws — due to historical reasons — exist alongside each other (as in the case of *pluralism),* or — due to the disturbances of development, modernization or adaptation — exist in relation to each other (as in the case of *redoubling)* in one given state.[14] The exact task of the sociological approach lies in clarifying *how these systems, in their conflict-ridden coexistence and competition, can serve the ultimate function of law: the integration of society.* This reveals that the possibilities of political integration are limited, and no single legal rationality corresponds to political rationality: *legal rationality can (also!) appear as a series of partial rationalities competing with each other.*

---

[13] *W. M. Evan,* Public and private legal systems, in: W. M. Evan (ed.), Law and Sociology, New York 1962.

[14] *Gy. Eörsi,* Összehasonlító polgári jog (Comparative private law), Budapest 1975, paragraph 264.

3. Law as a Social Process

The sociological approach sees law as much more than official enactment, a mere product of the state. In this approach law is a social process, which (a) cannot be reduced to a speculative operation defined by a logical conclusion, and (b) cannot be isolated from its conditioning social environment.

This is reflected in one of the basic statements of legal sociology: "The center of gravity of legal development lies [. . .] in society itself."[15] The social nature of law is determined by social conditions; it is men who shape social conditions; therefore, these relationships are also a function of human activity. In the struggle against feudalism, those opposed to the wielders of power carried the banner of the law into the mists of the supra-personal. However, as soon as they themselves started practising law, they had to realize that the norm was equivalent to life itself only in the honeymoon period of alliance. Necessarily, there reappeared on the stage the demiurgos of the whole process: man. The fact that government "is not the government of laws, but one of laws through men"[16] is theoretically expressed by the thesis of legal sociology, according to which it is procedure,[17] or justifiability,[18] that conveys the legal character. The oeuvre of the law therefore does not lie in itself. The law is a formation which *automatically points beyond itself to the possibility of becoming a social process.*

For the "lawyer's world concept", the process of law is merely a logical derivative, which can only relate to one issue if it strictly follows its own rules. However, according to sociology, human personality in its fullness participates in the oeuvre of law which is also the imprint of the whole history and culture of a nation. The *norms* are only signs which *by themselves mean nothing: they become alive only in the living practice of society.* If "the life of the law has not been logic: it has been experience",[19] then the legal process is a process that takes place in an actual social and human environment where *the organizational framework of decision-making, as well as the human factor that cannot be calculated in a formal-axiomatic way,* also have an influential role to play at decisive points.

---

[15] *E. Ehrlich,* Fundamental Principles of the Sociology of Law (1913), Cambridge, Mass. 1936, p. XIV.

[16] *K. N. Llewellyn,* Some realism about realism (1931), in: R. J. Simon (ed.), The Sociology of Law, San Francisco 1968, p. 38.

[17] *B. Horváth,* Rechtssoziologie, Berlin and Grunewald 1934.

[18] *H. Kantorowicz,* The Definition of Law, Cambridge 1958, p. 79.

[19] *N. Luhmann,* Positivität des Rechts als Voraussetzung einer modernen Gesellschaft, in: R. Lautmann/W. Maihofer/H. Schelsky (ed.), Jahrbuch für Rechtssoziologie und Rechtstheorie, Vol. 1, Bielefeld 1970, section VI.

Consequently, *logic* is but a specific medium of conceptual *organization, standardization and control.* Its role is manifest in the way *social problems filter through normative concepts and structures and are transformed into legal problems,* and in the way that *decisions taken concerning legal issues are justified by referring to such concepts and structures.* In other words, the law has its own programme[20] or system of fulfilment:[21] only in this way may it fulfil its mediating function. Accordingly, in the course of the administration of justice, *social conflicts are first rephrased as conflicts within the law, and then* (by operating with valid legal enactments and finding a logically justifiable solution) *they are refined into sham conflicts.*[22]

4. Law as a Complex

The realization that law in all its aspects is a social phenomenon also has an obvious effect on its concept. The sociological approach implies that *law is a complex: dynamic unity of different aspects and elements of reality,* which cannot be reduced to any of its components. This means that *the existence of law opens up the movement of those aspects and components that strengthen and cross each other,* that law is a functional unity *reproducing itself in the course of a continuous easing and renewing of tensions and conflicts.* In this way, what is "distinctively legal" is the interlinked unity of at least four aspects and relationships. They are (a) the *norm-structure,* (b) the *phenomenon of consciousness* constituting the direct condition and consequence of the functioning of the norm-structure, (c) the *social reality* embodying the direct medium and result of the functioning of the norm-structure, and (d) the *legal profession* destined for the operation and continuous maintainance and reproduction of all these.

The law interpreted as a complex feature is obviously wider than the sum total of the officially proclaimed and/or actually considered rules of decision. Within the legal complex, it is clearly necessary to arrange the rules in force logically and to judge the functioning of the complex on the basis of such rules. At the same time, law as a functioning unit cannot be deduced from any one of its components, and cannot be interpreted in this manner. Law as a complex entity involves a *dual approach,* but this duality also exists in reality. To wit, *the functioning of law can and must be evaluated on the basis of how far the officially proclaimed and actually considered rules of decision coincide with or deviate from each other.* At the same time, it must be

[20] Ibid.

[21] *Lukács* (note 4), Vol. 2, chapter II. Cf. *Varga* (note 7), section IV. 5.

[22] *Cs. Varga,* Recht und Rechtsverwirklichung, in: Archiv für Rechts- und Sozialphilosophie 49 (1983), section 2.

understood that this is but a lawyer's evaluation; in other words, as a characteristic of the functioning, it is an *internal aspect of the legal complex. It becomes socially relevant/interesting only when the actual functioning regularly leaves the operative system of the law* (i. e. its officially enacted rules) *unsatisfied to such an extent that it lays open to question the "distinctively legal" character of the whole complex.*

5. Law as a Specific Technique of Social Influence

The sociological approach is emphatically interested in the components, interrelationships, possible roles and real limits of law as a specific technique of social influence.

a) The Basic Functions of Law

In the broadest sense, the *maintenance of public order*, the *resolution of conflicts* and the *shaping of social conditions* are the three basic functions of law and have been throughout its recorded history. Historic changes do not occur through replacement of one function with another but through *shifts of emphasis between functions.* Thus in the first stages of legal development, the function of law in shaping social conditions was only a by-product, as the existence of law centred around the resolution of conflicts. The social function came to the fore only when law became a direct political operation. It was only then that law-making and law-application became formally separated and hierarchically arranged, with law-making taking the lead and pushing back the application of law into an almost mechanical reflex role. At the same time, this shift of emphasis also involved durability, namely the establishment of law-making as a latent function in the actual process of applying the law.

b) Law in the Sphere of Social Influence

Certain investigations have attempted to place law within the *total sphere of social influence.* A common feature of the characterization of law as *social engineering, social control, a mechanism of social integration,* or finally as a *sub-system within the political system* is that these analyses regard law *not only as a means to, but also as a result of* the current social achievement.

c) Legal Functions and Social Functions

In surveying the social functions of law, sociology makes the surprising statement that law can serve the fulfilment of *the most diverse functions.* Such functions may present themselves singly, together, and also in different combinations. In this plurality of roles, legally qualified conduct really plays only an instrumental role. The relationship can also be much more complex so that *the actual goal to be realized with the help of the instrument has only an instrumental role.* This happens in those cases where the main social motive of a regulation is only an additional effect in the course of legal procedure.[23]

At the same time, this plurality of roles, which seems to be unlimited in theory, in fact covers very limited social possibilities. I do not just have in mind the dangers of social planning and intervention, grossly overstated in Hayek's work,[24] but rather the fact that *it is essentially a fiction to assume an all-encompassing centralised foresight in the actual practice of social planning and intervention.* Practice at any given time merely indicates *the objective presence of a system illustrating loose interconnections and weak organization.* This is underlined by the observation that only a rather incoherent practice of continuously changing the details of various states of affairs, co-ordinated only by being linked to the status quo, obtains. It recoils from a comprehensive, structural transformation of the law, since nobody can foresee the consequences.[25] What takes place instead is an objective system effect in which even the best enactment is reduced to no more than the function of the total working of the system (including its inertia).

Regarding social functions, sociology traditionally differentiates *instrumental* and *symbolic* functions[26] where symbolic is seen as the opposite of instrumental. This however overlooks the fact that the symbolic can also be instrumental, in a different context, e. g. as an ideological function. For in addition to the whole functioning of law as ideology, *the merely symbolic legal enactments can also play a part in social change.*

Therefore I would rather suggest a classification which in the first place differentiates between (1) *real* and (2) *substitute* forms. The latter can be either (2.1) *voluntarist* or (2.2) *alibi* ways of regulation. The voluntarist way is characterized by the fact that it is intended to play a real role in the shaping of social conditions, but is unable to fulfil such a role as a result of natural limitations, whereas alibi regulation abandons in advance any real shaping role. The giving up of this role can manifest itself in (2.2.1) *sham-regulation,* or in the fact that (2.2.2) *regulation itself is introduced as a substitute activity.* Sham-regulation

23 *S. Diamond,* The rule of law versus the order of custom, in: R. P. Wolff (ed.), The Rule of Law, New York 1971, section II.

24 *F. A. Hayek,* The Road to Serfdom, London 1944.

25 *Luhmann* (note 19), section IV.

26 *J. R. Gusfield,* Symbolic Crusade, Urbana 1966.

is a false form of regulation which cannot legally influence behaviour, either, because (2.2.1.1) it contains no rules of behaviour but only politico-ideological *declarations,* or because (2.2.1.2) it contains unjusticiable or unenforceable rules of behaviour. Substitute activity, on the other hand, occurs when, instead of a concrete measure to be implemented in a given area, a legal regulation is applied as a substitute for the necessary reform.

The application of legal means as a form of substitute action has a varied past. Sociologically, these manifestations are of interest where different alibi regulations form the main content of law-making. This happens when, due to earlier developments, state politics come under extreme pressure, which leads to an excessive use of law, while a redirection of (organic) changes toward (inorganic) forced courses helps to strengthen voluntarist features already present and encourages alibi regulation. Although the consequences manifest themselves only in the long term, they are inexorable. There is a general loss in the prestige of the law, causing increasing damage to its reputation, and while this is believed to be balanced by regulations which follow each other at an accelerated pace these are increasingly unenforceable.[27]

d') The Limits of Rationalization and Formalization of Law

All this obviously raises the question of the social limits of law. It was already clear to Weber that the technical values of Western legal development, i. e. rationalization and formalization, might reverse themselves if adequate measures for their implementation were upset. Such adequate measures are all the more important, because other investigations have revealed that rationality in itself shows ambivalent features. Although it may implement a rational arrangement in a given direction, it may, at the same time in any other direction, *increase the irrationality of the non-rational.* In addition, rationalization as implemented in a given direction is in itself ambivalent, in so far as *it homogenizes its object* in accordance with the given (mainly economic) calculation and each and every *homogenization is also a distortion.*[28]

Over-regulation and over-formalization can only lead to *sham-rationality, which in the end results in the self-destruction of even existing rationalities, through the anarchic functioning of the whole system.* Therefore law, both as a means of social influence and as an institutional system implementing this influence with its own appara-

[27] *K. Kulcsár,* Politics and Law-Making in Central-Eastern Europe, Budapest 1982, sections II and III.

[28] *G. Zaccaria,* Razionalità, formalismo, diritto, in: Sociologia del diritto 8 (1981).

tus, is expected to explore all the initiatives and limitations which determine the success of its operation. This obviously extends beyond the problem of rationality interpreted in a technical sense. It is a problem of *parallels, tensions and conflicts of rationalities with different* (economic, political, etc.) *content,* and only a social science approach can successfully explore its components.

6. Law as an Alternative Means

The questions so far raised gradually lead to the investigation of law as an alternative resource. In the spirit of "dubito ergo sum", law is selfquestioning, but re-asserts itself through its position in the social history of legal development. At the same time, the raising of this question is diametrically opposed to the "lawyer's world concept", because it makes relative not only the social background of law, but also its historical bases. From the point of view of law, alternativity has two meanings.

a) Means Available Simultaneously with Law

One concerns means which are feasible and available simultaneously with the existing law. In the case of a conflict of interests, the choice of *litigation is* merely *a strategic recognition of pressing interests.* It is a secure process whose precondition is that *power factors* involved in the affair *are disregarded, to the benefit of the normatively relevant issues.*[29] Immediately the question emerges of who should be the third party resolving the conflict: a neutral *judge* following fixed procedures, an outside *mediator* free from procedural constraints, or an *administrator* with the same freedom and also the power of his office,[30] or should the resolution of the conflict be left to the *interested parties* themselves as is customary in business life?[31] At the same time it is not always the individual involved in the dispute who can freely decide on the alternative to be taken. His decision may depend on membership of a given group, or on the continued existence of traditions to such an extent that in certain cases it can be stated in advance: law will automatically become a side-issue.

b) Historical Alternatives

The other meaning of alternativity in law concerns the *historical classification* of the various forms of law, the *possibilities of replacing*

[29] *L. Mayhew,* The legal system, in: D. L. Sills (note 8), Vol. 9, p. 63.

[30] *T. Eckhoff,* The mediator, the judge and the administrator in conflict-resolution, in: Acta Sociologica 10 (1966).

[31] *S. Macaulay,* Non-contractual relations in business, in: American Sociological Review 28 (1963).

and exceeding its given form. The common feature of any such attempt is that it endeavours to convey the basic trends of legal development on the basis of a macrosociological theory. At the same time, it does not seek to describe the stages of development, but merely to characterize certain predominant trends. It sets up ideal types, usually based on a three-part division, of which the middle type represents the present. According to this interpretation, the present develops from and outstrips the past, as it inevitably must.

The first classification, relying on Tönnies' distinctions, divides legal development into a *bureaucratic-administrative* past, a *Gesellschaft*-type present of individual values, and a *Gemeinschaft*-type future restoring communal values.[32] The second scheme is based on the legal possibilities for social control. This views the main trends as: *bureaucratic law* acting as a *regulatory* power, *legal order* embodying legal values as *autonomous* values, and finally the development of a *customary order of social interactions.*[33] The third scheme starts from the specific character of the legal means and defines the possible alternatives as *repressive, autonomous,* and *socially responsive* law.[34] Finally, the fourth classification, tending to renew the existing legal system, differentiates among *technocratic, legalist* and *communal* possibilities of choice.[35]

All these different types obviously co-exist in every legal system, and have a role in this or that particular area. At the same time, it is equally obvious that the legal arrangements of different periods are characterized by the dominance of one type only. It is instructive that in all these typologies, past systems are described as structures based on a *purely external authority.* And each specifies the present, which is to be outstripped, in such a manner as to remind us of what might be termed *modern formal law* born with the emergence of *modern statehood.*[36] Concerning the future, each sets itself the goal of *loosening* the formal characteristics of the law, building on the forms of *traditional communal* attitudes, and giving priority to *democratic* forms and *non-legal professional considerations* as opposed to purely hierarchical

---

[32] *E. Kamenka/A. E.-S. Tay,* Social traditions, legal traditions, in: E. Kamenka/A. E.-S. Tay (ed.), Law and Social Control, London 1980.

[33] *R. M. Unger,* Law in Modern Society, New York 1976, chapters 2 and 3.

[34] *P. Nonet* and *P. Selznick,* Law and Society in Transition, New York 1978, chapters II—IV.

[35] *M. Galanter,* Legality and its discontents, in: E. Blankenburg/E. Klausa/H. Rottleuthner (ed.), Jahrbuch für Rechtssoziologie und Rechtstheorie, Vol. 6, Opladen 1980, section 1.

[36] *Cs. Varga,* Moderne Staatlichkeit und modernes formales Recht, in: Acta Juridica Academiae Scientiarum Hungaricae 25 (1983).

structures. Even if indirectly, this criticism is primarily directed against the continued dominance of that bureaucratic social organization which gave birth to modern statehood and modern formal law.

III. The Role of Macrosociological Theories in the Social Science Foundation of Legal Thinking

The common feature of the various theoretical approaches reviewed above is that they present law in unity with its social medium and environment, its movement the result of a combination of generating factors, and as embedded in the process embodying social existence. They also suggest that to surpass the "lawyer's world concept" requires more than simple verbal manifestation: it requires enrichment and a change of approach. Past experience has proved that mere assertion of the social character of law does not lead to such superiority. In this respect, one often meets with two manifestations, which deserve special attention. One (a) is the claim that Marxism from the very beginning *automatically* includes sociology and therefore the demand of superiority or any new result cannot even emerge.[37] The other (b) is the claim that there is a need for the sociological viewpoint but its application is only conceivable *within* and *subordinate* to the specifically legal viewpoint.[38] Seemingly these are the internal dilemmas of Marxist legal thinking. However, the lessons are of universal significance and the considerations behind them are generally realistic and justifiable.

For example, the claim that (a) *Marxism automatically includes sociology* can be proved both philosophically and theoretically. However, the question is not what sort of inner potential Marxism has, but what it provides in its concrete form. This is a question of fact which receives only a weak answer. The first ontological reconstruction of the methodological thought of Marxism appeared ninety years after Marx's death. Fifteen years later, there is only a single discipline where this synthetic attempt by Georg Lukács has passed unnoticed, and that is philosophy, although Lukács was serious about the promise of a Marxist renaissance. No standard work has yet appeared on the social theory on which Marxist legal thinking is founded, which can be compared to Lukács' posthumous Ontology, though there have been partial attempts. As a theoretical heritage, what is called *socialist normativism* is essentially a product of wishful thinking imbued with ideological-

---

[37] E. g. *I. Szabó, V. P. Kazimirtschuk, K. A. Mollnau* in: K. Kulcsár (ed.), Sociology of Law and Legal Sciences, Budapest 1977, part I, papers 1—3.

[38] E. g. *R. D. Lukic* (ed.), Symposium international sur la méthodologie des sciences juridiques, Belgrade 1973, p. 356.

political postulates.[39] Regarding the claim that (b) *the sociological viewpoint must be subordinate to the legal one,* the anxiety felt about a specifically legal approach is justified. The lesson of the past is well-known: in the spirit of neo-Kantian methodological purity, normativism has bankrupted itself (by acknowledging only values and eliminating facts from the sphere of its investigation) just as legal sociology almost sterilized itself when it attempted to banish normative qualities from the sphere of its attention. It is right to call attention to this danger. However, this does not justify making the theory of law a servant of legal political considerations, accepting their postulates as an unquestionable starting point, and, thereby, making the theory purely ideological. Moreover, the theory of law does translate such postulates into linguistic convention if it accepts as legal only what has the stamp of *state recognition* or the *self-qualification "legal"*, or if it knows the sociological method only as an analysis of results and effects added to *law-making.* Obviously an implied condition of this is that the theory of law should regard law-making as sacred. Nevertheless, legal sociology is still necessary as a practical aid, to promote the successful practical "realization" of legal regulation — from outside, by manipulating social conditions.

In the relationship between fact and norm the decisive thing is not the mere fact of dualism, still less the naming of the dominant partner in that relationship. Rather, it is the recognition of the *mutual and unbreakable interdependence of social facts and social norms and values.* It is the recognition that *norms and values are also social categories,* that is, that *they only exist as conditioned and made sensible and interpretable in a socially concrete fashion at any given time.*

At this point, legal sociology provides a fresh stimulus by defining its subject as being mainly ideological criticism of existing legal systems.[40] Nevertheless, in my opinion, such a purely "external" relationship, within whose framework the subject of investigation is the infiltration of legal reasoning by motives of an ideological (= class) character, turning what in formal regulation was an entity free of contradictions into a contradictory social content, cannot be considered here. Instead, at least in the course of macrosociological analysis, it is necessary to return to the general Marxian concept of ideology,[41] and the *law itself* (as a form of consciousness and, as such, a medium of

---

[39] *Kulcsár* (note 27), section III. 2.

[40] *R. König,* Das Recht im Zusammenhang der sozialen Normensysteme, in: Kölner Zeitschrift für Soziologie und Sozialpsychologie 1967, Sonderheft II, section III.

[41] *K. Marx,* Preface to A Contribution to the Critique of Political Economy (1859), in: K. Marx/F. Engels, Selected Works, Moscow 1968, p. 182.

social activity) *must be subject to ideological criticism.* This means that by *placing the qualifications and explanations given by the law in a social context, an answer must be sought to the question of* (1) *how these qualifications and explanations are transformed into an ideal and a standard;* and (2) *how they are transformed into a social force having an institutionalized effect and giving a formal significance to their working in the total social complex.* To return to the starting point of this train of thought, it is not a question of a distinction between "within the law" and "outside the law". It is a question of an ontological reconstruction which takes as its goal the tracing of the process by which this same notion (that of the separation of "within the law" from "outside the law" and of the corresponding separation of function) emerges.

In this way, the requirements set against the macrosociological theory of law are at least contradictory. On the one hand, the greatest possible *openness of approach* is desirable, and, on the other, *a sensitive guarding of the specificity of law.* In the same way, no macrosociological theory of law can claim that other theories should consider their own historico-philosophical presumptions, eschatological motives, and possible preconceptions resulting from ideological-political considerations, to be something more than, or different from, what Carbonnier has described as the "grand hypotheses".[42] At the same time, it may be assumed that not only past macrosociological theories of law had such presumptions behind them. As a matter of fact, it is necessary to have such presumptions as a help to thought in developing the extremely complex and flexible system of our knowledge, belief, and activity. Therefore, it is a laudable desire that the ultimate synthesis of legal sociology (in contrast to the deductive pattern of some legal theories) should consistently be based on proven theses and empirically verified results.[43] Nevertheless, permit me to express the view that this is only an ideal, which at most we can only approach, and even that only with moderation. To give you an example: the desire formulated by contemporary sociologists of law in the United States of ensuring a separation of science and policy as infatuated with technocracy[44] does not mean the value indifference of any theory. There is an old dilemma behind the film of novelty, a question raised almost 80 years ago by Felix Somló, a Hungarian philosopher and sociologist of law: *the fuller the immanent perfection achieved by sociological theory, the more ex-*

---

[42] *J. Carbonnier,* Flexible droit, Paris 1976, p. 5.

[43] *A. Podgórecki,* Law and Society, London 1974, p. 261 ff.

[44] *D. Black,* The boundaries of legal sociology, in: D. Black/M. Mileski (ed.), The Social Organization of Law, New York and London 1973, sections I and III—IV.

posed and mechanical it becomes in the hands of any policy, unless based on a theory of values, which sees more to social intervention than simple technique.[45] Thus at the end of my contribution, I have returned to the mutual interdependence of fact and value.

From the viewpoint of social science as a foundation of legal thinking, I see the role of the macrosociological theories of law in their novel approach rather than in the maturity of their statements so far. However, I believe that this is not insignificant for the present, and it is everything for the future if the desirable result is really to be achieved. Let me recall the apocryphal thought of János Bolyai, one of the most original mathematical thinkers, the retired captain of Marosvásárhely (Transylvania, now in Romania):

> "Therefore, I tell you: rich are those who have questions,
> and poorer than the poorest are those who only have answers."
>
> "Therefore, I tell you: you should be afraid
> not of the anxiety of the questions:
> but of the reassuring answers!
> And you should be afraid
> not of the complexity of the questions:
> but of the simple answers!"[46]

---

[45] Cf. *Cs. Varga,* Somló Bódog jegyzetei Arisztotelész állambölcseletéről (Felix Somló's unpublished commentary on Aristotle's philosophy of the state), in: Magyar Filozófiai Szemle 21 (1981), pp. 816—819.

[46] *Gy. Mandics/Zs. M. Veress,* Bolyai János jegyzeteiből (From the notes of János Bolyai), Bucharest 1979, pp. 57—58.

THEORIES OF LEGAL EVOLUTION: BETWEEN EMPIRICISM AND PHILOSOPHY OF HISTORY

By Hubert Rottleuthner, Berlin (West)

I. Macro-sociologies of Law

Sociology has differentiated itself into many hyphenated disciplines and a wide range of theoretical approaches and schools. Given this situation, there are numerous perspectives which can be used to give structure to this multifariousness. Among the customary distinctions is that between micro- and macro-sociology. The reference is to the levels of aggregation on which a sociological approach is based: individuals, small groups, interactions, organizations, or entire societies. From the standpoint of these finer levels of aggregation, the distinction between micro- and macro-sociology turns out to be a rather crude abbreviation.

Approaches which deal with entire societies as units of investigation are designated macro-sociological in the classical sense. However, extremely different types of statements can be made about any particular society, depending on the theoretical approach adopted. Obviously, it is inappropriate to speak of individuals and their actions and motives. Rather, one addresses the structures in which socialized individuals objectify themselves — which leaves open the question whether these structures are characterized by the respective mode of production or class configuration, the type of stratification or social control, the model of division of labor and social solidarity, the type and extent of differentiation in the society, or by the level of rationality attained and the prevailing image of the world. In any case, we find ourselves on a level of aggregation where the identity of our subject and its scope can be fixed only by specific symbolic characteristics and no longer on manifest features of a person or group.[1]

[1] I do not want to go further into the problem of how the identification of the subject, "society", can be dealt with. It raises the question whether legal orders can still be of use as a methodological tool for identifying societies or if they are on the verge of breaking down as political mechanisms of social integration.

The evolution of legal sociology from a more theoretical-conceptual orientation to an empirical discipline can be described as a descent from a macro-sociological to a meso- or to a micro-sociological level. The establishment of the central research areas of empirical legal sociology — efficacy of law and administration of justice, knowledge and opinion about law, access to law, alternatives to law, etc. — actually took place by the adoption of social-psychological concepts and by the use of the results of small group research and individualistic behavior theory. On the other hand, it has been possible to evolve approaches which seek to formulate statements about the law of entire societies.

(1) Comparative approaches

Worthy of mention, in the first place, are contributions to the comparative analysis of legal cultures (Evans 1965, 1968; Ehrmann 1976). Such works proceed empirically insofar as they establish indicators by operationalizing characteristics of legal systems (in order to correlate them with other social indicators). They make a quantitative measurement — of the number of statutes and particular legal norms, the extent of their alteration, the composition of the legal profession and the scope of its activities, the attitude towards law in the population, etc.

(2) Systematizing approaches

Donald Black (1976) has outlined an ambitious sociological general theory of law. It focuses on the dependence of law upon the central dimensions of "social space": stratification, morphology (differentiation, division of labor), culture, organization and extra-legal social control. This design is empirical insofar as Black selectively systematizes results of empirical legal-sociological research in the framework of his model.

(3) Structural-functional approaches

Statements which address the social function of law (whether it is seen as directing social change, maintaining social control, providing binding decisions in conflicts, or as securing behavior expectations) have only a loose connection with empirical investigations. In his macro-approach to legal sociology, Niklas Luhmann has pleaded most strongly against an empirical legal sociology which is not able to grasp law as the structure of entire societies, as generalized normative expectations which are congruent socially, situationally and temporally. He argues against an empirical legal sociology that misses its actual target, law, and in the name of research on the administration of justice has contributed rather to the sociology of the professions and to small group and social mobility research. (Luhmann 1972, 1981.)

But with this brief presentation of comparative, systematizing and structural-functional approaches to a macro-sociology of law, the repertoire is still not exhausted. One interest, if not *the* central interest of macro-sociological research — in the area of law as well — lies, in my opinion, in an analysis of the evolution of societies and thus in the framework of questions of evolutionary theory.

In the following I want to devote myself to such macro-sociological theories so far as they contain general theories of legal evolution.[2] I will begin with a very concise overview of some theories of legal evolution (II); then I will make some comments on the empirical data bases of such theories and attempt to develop a *macro*-sociological concept of law in this connection (III); go on to address some central evolutionary models (or "paradigms") (IV); and close with a discussion of regressive and ambivalent phenomena of legal evolution, through which the normative assumptions in the macro-sociological theories can be exposed (V). Thereby, perhaps some hints toward the practical utility of the macro-sociological theories in juridical contexts may appear.

II. Examples of Macro-sociological Theories of Legal Evolution

The encounter with unfamiliar cultures which let loose a flood of information in the period of discovery (as seen from a European perspective) led in the 18th century at the latest to a relativization of the societal conditions in Europe. So far as it could not be averted by treating the strangers as exotic, this relativization brought about the decline of rational natural rights theories. Moreover, this process was accelerated by the proliferation of models of evolution and progress in reaction against the relativization. The effect of estrangement, generated from experiences with extra-European peoples, including those with high cultures, could be coped with so far as one could interpret European civilization as the summit of a world historical movement, as the bearer of historical progress. Natural law reflections, then, were no longer possible in the form of substantive rules for a good political order, but only in a formal sense (Kant) or in a radically historicized perspective, as in Hegel.[3]

[2] In contrast to C. Varga (cf. his contribution in this volume), I therefore do not raise the question of the utility of the methods and results of macro-sociological research in practical-juridical context. At any rate, I deal with a special *macro*-sociological concept of law. Varga in comparison uses a general sociological concept of law.

[3] With reference to Kant compare *Dreier* 1980. Hegel is the theorist who expanded the idea of historical evolution in the sense of progress in every sphere of Spirit. As is well known, for him history is characterized as "progress in consciousness of freedom". And this consciousness of freedom mani-

The 19th century was the great period of evolutionary theories of nature and society. The classical social theorists are evolutionary macro-sociologists — in the field of law as well. Marx and Engels see prevailing property relations as dependent on the level of productive forces, and they also write about legal evolution as they foresee it after the proletarian revolution, until the withering away of law in communist society. Maine described a change from status dependent to contractually formed social relations.[4] Durkheim located the passage from mechanical to organic solidarity above all in the replacement of a repressive law by a restitutive one. For Max Weber European legal evolution constituted the model for the realization of the occidental rationalization process, which, however, he saw as threatened if not already terminated by present day tendencies toward materialization of formal law.[5] At the very time that the efforts towards a "universal legal history" reached their zenith in Josef Kohler, they also apparently came to their conclusion, at least for bourgeois theorists.

Since then, with respect to social evolution, things have become very quiet[6] — at all events, in the theories which accompany it. Macro-sociology has been boiled down to empirical questions. The anthropologists, perhaps, have busied themselves with problems of legal evolution, but they are more interested in the *origin* of state and law in general (that is to say, how state and law appeared in the world of humankind), rather than in their further evolution. Only in recent years has the interest in a comprehensive analysis, particularly of *legal* evolution, appeared to awaken. Unger (1976) developed a stage model of customary law, bureaucratic law and legal order, which, however, he does not claim to correspond absolutely to an actual evolution. Nonet and Selznick (1978) construed the evolution of law as a sequence of repressive, autonomous and responsive law. Luhmann (1972, 1981) correlated legal evolution with the underlying stages of a segmentary, stratified and functional differentiation. Habermas (1976, 1981) also has taken into consideration the evolution of law in his attempts at a reconstruction of historical materialism and in the framework of his theory of communicative behavior. Finally, in Teubner (1982) we find an attempt to integrate these new approaches in a developmental model, in which the stage of "reflexive law" marks the tentative high point.

---

fests itself particularly for Hegel in the evolution of law — in his time in the post-revolutionary codifications with their legal guarantee of liberty of property, person and trade.

[4] *Peter Stein* (1980) asserts that the idea of legal evolution reached its high point in Maine. — Compare *Grawert* 1983.

[5] Compare on this *Schluchter* 1979.

[6] Probably with the exception of Parsons' systems theory. Compare *Parsons* 1966, 1967, 1971, 1977.

III. Comments on the Empirical Basis of Theories of Legal Evolution: Dimensions of Law

In the sketch of macro-sociological theories of law, I have already mentioned the fact that their relation to empirical legal research is more or less loose. Such a loose connection apparently is favored particularly in theories of legal evolution. In any case, I see that as the primary reason for the difficulty of debating with and between the different approaches. In what follows I want to suggest some minimal standards which a theory of legal evolution must meet, if it wants to lay claim to being empirically grounded.

To test or even to discuss a thesis presupposes that there has been clarification of what is being spoken about, of what the subject and its field constitute. In particular that means:

- To what time span does the theory refer? Many approaches claim to deal with the entire span of human experience; others only with the "modern" evolution. Most also periodicize. According to what criteria?
- Specifically, to which legal sphere do the statements relate? In addition to the evolution in Europe, is also that in China, the Islamic world, etc. taken into consideration?
- Which legal fields primarily are taken into account? Are the principal examples taken from private law, from criminal law or public law (so far as such a differentiation is applicable)?[7]
- With which aspects or "dimensions of law" does the theory deal? I have suggested elsewhere (Rottleuthner 1981, pp. 163—171) that in empirical legal research no rigid concept of law should be used, but that it is necessary to make clear in which dimensions a possible concept of law operates. Such a clarification does not occur at all in the theories under concern. It is, however, of central importance for a macro-sociological concept of law to ask:
  - Is one referring primarily to statutes and other legislative actions?
  - Is one focusing on characteristics of specific groups and organizations which have the competence to make binding decisions in conflicts and to implement these decisions?

[7] With respect to these points in recent theories: Luhmann claims to treat the entire field; Nonet/Selznick spare archaic law and primarily deal with the Anglo-Saxon legal sphere; Habermas sketches the evolution of "modern law" which, however, he understands particularly in the sense of bourgeois (private) law. The common denominator, then, will be very small. Compare *Teubner* 1982.

— Do judgements in conflicts and their justification stand in the foreground (perhaps mediated by a dogmatic legal systematization)?
— Or is a theory of legal evolution erected out of the ethereal structures of the respective legal philosophies?
— Is one attempting to ascertain legal norms from social behavior or from opinions and attitudes?

For an evolutionary history it is essential to declare in which dimensions it operates, whether its dimensions change, or whether new ones supervene — particularly because these dimensions of law themselves develop historically.[8]

I hold that the weak connection to the empirical foundations is attributable to the fact that a rather special systematization of the historical materials is being made in these theories of legal evolution. Apparently a comprehensive and meaningful context is being reconstructed in which disparate facts not only are compiled but which primarily fulfills a practical orienting function. Theories of legal evolution administer the estate of the philosophy of history. They design models for an orientation in the present, models in which they reconstruct history as a meaningful and exemplary context. Thus, they are (more or less) empirical theories with a practical purpose. Therefore, the fact that they are highly selective is to be understood in light of the practical purposes of the theories. One who wants to make his way in the world should not have too many scruples.

IV. The Tradition of Philosophy of History in Theories of Legal Evolution

What are the models which guide the reconstruction of historical development in these theories of legal evolution? I want to distinguish, in what follows, two "paradigms" in which the evolution of law, and also of morality and politics, have been explained, since the 18th century at the latest: one model which was borrowed from scientific (that is, natural science) progress and another which employs the analogy between phylogenesis and ontogenesis.

---

[8] The discussion on Durkheim's thesis of the primacy of repressive (criminal) law in so-called primitive societies is a clear example of change of levels. Durkheim himself evolved his theory on the basis of written law (*Durkheim* 1893/1977, pp. 179—187). In the recent discussion the thesis has been displaced not only to entirely different societies, but also has moved into a different legal dimension, that which is characterized by organizations (mediation, judge, police, counsel). (Compare *Schwartz/Miller* 1964/65; *Wimberley* 1973; *Baxi* 1974; *Schwartz* 1974; *Spitzer* 1975; *Turkel* 1979).

1. Scientific Progress

Even before the period of the Enlightenment, circular models of historical development were unrolled into a linear and open process, extending into the future, which could be thought of as "progress". The experiences which underlay this model of progress stemmed primarily from the scientific-technical field: the cumulation of discoveries and inventions which, towards the end of the 17th century, allowed an attitude to arise that one had gone further than the "ancients". Then, this technical-scientific model of progress was transferred to the moral-legal sphere (supported, inter alia, by the discovery of peoples who could be downgraded as "primitive"). On the one hand, the methodological claim was propounded that scientific-technical methods also apply to the field of moral life and to the legal constitution of the political order ("more geometrico"). On the other, it was believed that one could recognize a parallel evolution: an "improvement" of morals and the political constitution going along with technical progress and, later, economic progress. But from the start this idea of progress was accompanied by critical voices which pointed out that while technical knowledge accumulates, this does not necessarily occur in the realm of the moral and legal quality of a society.

Today, for us, the analogy between scientific and moral-legal progress has become suspect — not only on the ground of the experience of the "uneven maturation" of technics and morals, for example, in Nazism, but also to the extent that scientific-technical progress itself has become a moral question, the question of an "ecological morality". We have said farewell to an optimism about a universal social progress which flows or is built up from scientific-technical progress. The idea of progress has surrendered to the theories of "social change".

The great evolutionary theories of the 19th century[9] at most now furnish key words for more or less metaphorical elements in what survives today of broad historical theories of social evolution. Parsons saw a "greater generalized adaptive capacity" as a (normative) criterion

---

[9] The experience of scientific-technical progress, the conception of the capacity to mould the future, of an unendless "perfectibility", fed evolutionary ideas in other disciplines as well. Already in the 18th century, geology and biology were projecting evolutionary concepts into the development of nature itself. Then in the 19th century evolutionary themes became prevalent and were retransferred to the society in the form of social Darwinism. Some authors expressed societal evolution in biological-organic analogies (compare *H. Spencer,* Principles of Sociology, e.g. § 271); others asserted a factual continuum of natural and social processes. Both cases are linked to a macrotheoretical departure from the individualistically oriented social doctrine of utilitarianism. These currents can be traced right up to the sociobiology of our own time.

for distinguishing between primitive, intermediate, and modern societies (1966, p. 110). And Luhmann works analogously with the concepts of variation, selection and stabilization; in particular, he makes the claim that law should match differentiation with "adequate complexity".[10]

If moral-legal progress does not follow automatically from scientific-technical progress, if it can no longer be seen as a reliable sign of civilization, the question arises, according to what criteria is it possible to judge the progressiveness of one form of legal regulation over another — which means to judge not by just *any* standard but rather by standards *which are derivable from historical evolution.*

2. Ontogenesis and Phylogenesis

One would no longer advocate, outside of political rhetoric, a simple historicism which derives *should* from *would.* However, what recently has appeared to be promising is the attempt to take normative criteria from ontogenetical evolution and transfer them to the historical evolution of societies. The idea of analogizing ontogenesis and phylogenesis certainly is not new,[11] but it has become more prominent through the findings of developmental psychology. The works of Piaget and Kohlberg substantiate the existence of sequential stages in the evolution of moral judgment in children and adolescents. These stages also can be interpreted as a normative rank ordering.

It may be obvious that the criteria for judging the higher rank of one stage in comparison to others cannot be transferred offhand to the processes of entire societies, particularly not to legal evolution. Nevertheless, Kohlberg's theory has been alluring enough to be employed "heuristically" at least,[12] even if, finally, only the idea of stage development remains. Ontogenetical prototypes, for example, appear in Habermas' "organizational principles" and "rationality structures", as patterns of entire societies. The greatest obstacle to transferring Kohlberg's stage model to the evolution of law probably lies in the fact that the

---

[10] *Luhmann* 1973, 1974. For a transfer of evolutionary concepts into macrosociology which is not merely analogical see *Giesen* 1980, p. 55 ff.

[11] To be sure, it is one thing to interpret generally the story of a life as a structured process of evolution. (According to what model or set of age stages — or whatever kind of stages — is this development explained?) But it is another thing to transfer this model to human history. (Why does one at first view the Greeks and Romans as "Elders" and then in the 17th century invert the schema, so that the present generation is understood as the older and more experienced one, while the "ancients" are seen as a younger generation in the history of humanity?) — Hegel's conception of world history as the realization of Spirit in the world also could be discussed in terms of its analogy to a thinking (and acting!) *subject.*

[12] Compare *Eder/Frankenberg/Rödel/Tugendhat* 1978; *Tugendhat* 1980.

placement of a statement, that is, a moral judgment, in a particular developmental stage is done on the basis of the structure of the reasoning, not on the basis of its result, that is, the content of a decision. It is, therefore, not unexpected that such stage concepts would be applied primarily to legal-philosophical texts, texts which readily meet the requirements of the procedure (compare Tugendhat 1980). If, however, we are speaking of legal evolution, we mean primarily the content of the legal norms and decisions, as well as the shape of legal institutions and procedures. There is probably only secondary interest in the type of justification given for legislative acts or judicial decisions — these relatively late appearing phenomena.

We should expect that a theory of legal evolution be adequate to the specifics of law:

a) It should ground its statements in data obtained empirically and also make clear in which dimension of "law" it operates (see section III above).

b) Legal norms and legal institutions are not merely indicators of social evolution (for example, the social "solidarity" of Durkheim) or merely "expressions" of the mode of production (as in a simplistic Marxism), but rather follow their own "logic". This "relative autonomy of law" was emphasized especially by M. Weber in the sense of an increasingly professionalized elaboration of law and an increasing technicity, which tends to the exclusion of moral considerations.

c) A legal order is distinguishable from other classes of social norms in certain particulars. Especially in theories of social development patterned on research about moral judgments, there is a blurring of the difference between law and morality. However, there is an "internal morality" specific to law — according to Fuller (1969): certain minimum standards which a legal order must satisfy in order to render possible an intersubjective action orientation. Moreover, a legal order cannot be characterized solely on the basis of "material" legal norms. If it is also a task of law to facilitate the making of binding decisions and to put them into effect — no doubt, not only consensually but ultimately with force — then its characterization primarily depends upon what procedures it has and where it locates jurisdiction for final decisions.

V. Regressions and Ambivalences in Legal Evolution

Thus, the simplistic rectilinearity of many, including recent, evolutionary theories of law treats contradictions as marginal phenomena to be relegated to footnotes or does not allow them to cross the threshold of recognition. No doubt, it often happens that countertrends, regressions or detours that do not fit the model are given mention, but there is no systematic analysis of such occurences. In German authors, such as Habermas, Luhmann and Teubner, the Nazi period, for example, is not mentioned. I have no doubt that one can relatively easily reach agreement that Nazi law, from a normative viewpoint, is regressive. But the chance to sharpen the judgemental criteria by focusing on these phenomena has not been made use of, probably because such a side trip would make it difficult to stick to the path of evolution. The price for the elegance of a model of evolution is a partial fade-out.[13]

How can we establish, then, the regressivity of legal developments under National Socialism?[14]

— On the level of substantive law it is particularly the legislation against the Jews that shocks us morally. We do not accept today that "natural" characteristics, for which one is not personally accountable, should be used as a basis for negative discrimination. We appear readier to make *positive* discriminations on the basis of ethnicity or gender — but we should not believe that the principle of negative discrimination on the ground of "natural" characteristics has vanished from the world — a glance at the situation in South Africa dims such optimism.

— Again, on the level of legal norms, damage to the "internal morality" of law was frequently allowed to take place: through retroactive legislation, the abrogation of the prohibition on the use of analogy in criminal law and extremely indefinite norms.

— State and party agencies did not observe the legal norms they promulgated despite an almost total instrumentalization of the norm-making apparatus. Thus, the principle that the state binds itself was annulled. Legality was no longer the mode of directing the activities of the state apparatus.

— Within the power system of National Socialism a rivalry between different offices appeared, a chaos of jurisdictions, a host of intrusions, a polycratic diffusion which led to a lack of clarity about who really was empowered as the law giver (within the government, between state and party, between the courts and the police, etc.).

---

[13] The relevant author stressing countertrends, discontinuities and regressions is, of course, Michel Foucault (e. g. *Foucault* 1969, 1975).

[14] In addition to this question, phenomena of continuity (before 1933 and after 1945) and even progress should not be forgotten: in the stock of norms, personnel, legal reasoning, major figures of doctrine and legal philosophy as well as in legal conduct and legal experience in general. — Continuities in penal law are worked out in *Naucke* 1981, 1982; doctrinal trends in private law, reflected in the philosophy of Neo-Hegelianism, are discussed in *Rottleuthner* 1970.

Thus, the achievements of the state's monopoly of force and of a structure of separate powers were negated.

— In legal doctrine, especially in constitutional law, the level of elaboration in legal materials declined. The ideological demands of the regime were integrated readily into legal doctrine. Legal philosophy distinguished itself by its value laden nebulousness. The distinction between law and morality was blurred. The legal reality of the Nazis disappeared behind a veil of ritual rhetoric.[15]

— We can derive nothing about the actual legal consciousness and legal activities in everyday Nazi life from the official documents. Opinion polls and research on the daily legal operations are meaningless in a system that pretends that Ought and Is are congruent.

It is an open question whether what we can learn about legal evolution from National Socialism is that one must return to the internal morality of law, to the principle of separation of powers, to strict compliance with the law by the state apparatus. Probably, these are necessary protection against a possible regression. But the question remains whether in such a framework problems which already have begun to appear can be adequately dealt with. In the face of a range of phenomena such as the huge instrumentalization of the state's legal mechanism for directing social change, the availability to the state of the power of a law-abiding legal profession as well as the military, the "materializing" tendencies in law, which seek to compensate for or neutralize social inequality — and, what is more, the pressure from advocates of an "ecological morality", the protagonists of a new law of nature — a law for Nature — no clear answer can be given.

There is a similar ambivalence to any judgment on legalization tendencies, which also must be held in suspense. In concluding, I want briefly to turn to this. In the analysis of legalization tendencies, our multi-dimensional concept of law again proves valuable. By legalization is meant[16]

— the quantitative expansion of legal norms (flood of legislation).[17] At any rate, the question is rather less about the intrusion into areas long unregulated by law and rather more about the degree of specificity in the legal provisions.

---

[15] Compare *Rottleuthner* (ed.) 1983.

[16] Compare *Voigt* (ed.) 1980; *Werle* 1982.

[17] The great classical evolutionary thesis of the "withering away of law" is contradicted by the increase in the quantity of legal norms in the countries of actually existing socialism. From a purely quantitative viewpoint they share this fate with the western industrial capitalist countries.

— the increase of the activities of the state apparatus and the legal profession, as well as the increase of personnel. This can be seen in connection with a growing inclination to take social conflicts to court (judicialization, mobilization of law).

— in social relations, the increase in the amount of legally governed conduct. Behavior within interactions and organizations takes place more often in legally structured tracks; legal norms or going to court are more often "thematized" in everyday life.

Each of these processes is recognized in recent theory, but with quite contradictory evaluations and predictions:

— It is common ground that it is doubtful whether an increase in legal regulation improves governmental capacity to direct social change. Yet, on the one hand, other models of legal devices are proposed, while, on the other hand, "deregulation" is demanded.

— The capacity of legal procedures to serve the needs of conflict resolution has been drawn into question. "Alternatives to law" are being sought which operate "closer to the conflict". But at the same time there is repeated emphasis on the protective function of the rule of law — to defend against an overextension of therapeutic or moral "discourses" into what is seen as the legal sphere.[18]

— The destruction of the everyday "life-world" through the intrusion of law is deplored (Habermas 1981, vol. II, p. 489 ff.). Yet, law founded on the principle of compensation (especially social welfare law) paradoxically strengthens tendencies towards the decay of "life-world" structures (sometimes called solidarity or morality).

The discussion of legalization reveals the strong ambivalence in an appraisal of legal evolution. In the face of such complex phenomena, the evolutionary models lose much of their appeal. The practical orientation that they promise in their voyage through history comes to a halt at the barrier to the future, that obstacle which is, for us, the present.

Bibliography

Baxi, Upendra (1974), Comment — Durkheim and Legal Evolution: Some Problems of Disproof, 8 Law and Society Review, pp. 645—651.

Black, Donald (1976), The Behavior of Law, New York.

Blankenburg, Erhard/Ekkehard *Klausa*/Hubert *Rottleuthner* (eds.) (1980), Alternative Rechtsformen und Alternativen zum Recht, Opladen.

[18] Compare *Blankenburg/Klausa/Rottleuthner* (ed.) 1980.

Dreier, Ralf (1980), Das Fortschrittsproblem in rechtstheoretischer Sicht, in: U. Immenga (ed.), Rechtswissenschaft und Rechtsentwicklung, Göttingen, pp. 1—15.

Durkheim, Emile (1893), De la division du travail social. (German transl.: Über die Teilung der sozialen Arbeit, Frankfurt a. M., 1977.)

Eder, Klaus/Günter *Frankenberg*/Ulrich *Rödel*/Ernst *Tugendhat* (1978), Die Entwicklung von Gerechtigkeitsvorstellungen und Begründungsverfahren im modernen Recht als soziologisches Problem, unpubl. paper, Starnberg.

Ehrmann, Henry W. (1976), Comparative Legal Cultures, Englewood Cliffs.

Evan, William M. (1965), Toward a Sociological Almanac of Legal Systems, International Social Science Journal, pp. 335—338.

— (1968), A Data Archive of Legal Systems: A Cross-National Analysis of Sample Data, Archives Européennes de Sociologie, pp. 113—125.

Foucault, Michel (1969), L'archéologie du savoir, Paris.

— (1975) Surveiller et punir. Naissance de la prison, Paris.

Fuller, Lon L. (1969), The Morality of Law, London/New Haven (rev. ed.).

Giesen, Bernhard (1980), Makro-Soziologie. Eine evolutionstheoretische Einführung, Hamburg.

Grawert, Rolf (1983), Ideengeschichtlicher Rückblick auf Evolutionskonzepte der Rechtsentwicklung, 22 Der Staat, pp. 63—82.

Habermas, Jürgen (1976), Zur Rekonstruktion des Historischen Materialismus, Frankfurt a. M.

— (1981), Theorie des kommunikativen Handelns, Frankfurt a. M.

Luhmann, Niklas (1972), Rechtssoziologie, Reinbek.

— (1973), Gerechtigkeit in den Rechtssystemen der modernen Gesellschaft, in: Luhmann (1981), pp. 374—418.

— (1974), Rechtssystem und Rechtsdogmatik, Stuttgart et al.

— (1981), Ausdifferenzierung des Rechts. Beiträge zur Rechtssoziologie und Rechtstheorie, Frankfurt a. M.

Naucke, Wolfgang (1981), Die Aufhebung des strafrechtlichen Analogieverbots 1935, in: NS-Recht in historischer Perspektive, München/Wien, pp. 71—108.

— (1982), Die Mißachtung des strafrechtlichen Rückwirkungsverbots 1933—1945 — Zum Problem der Bewertung strafrechtlicher Entwicklungen als „unhaltbar", in: Europäisches Rechtsdenken in Geschichte und Gegenwart. Festschrift für Helmut Coing zum 70. Geburtstag, München, pp. 225—247.

Nonet, Philippe/Philip *Selznick* (1978), Law and Society in Transition. Toward Responsive Law, New York.

Parsons, Talcott (1966), Societies, Englewood Cliffs.

— (1967), Sociological Theory and Modern Society, New York/London.

— (1971), The System of Modern Societies, Englewood Cliffs.

— (1977), Social Systems and the Evolution of Action Theory, New York/London.

Rottleuthner, Hubert (1970), Die Substantialisierung des Formalrechts, in: O. Negt (ed.), Akutalität und Folgen der Philosophie Hegels, Frankfurt a. M., pp. 211—264 (reprinted in: Hubert Rottleuthner, Rechtswissenschaft als Sozialwissenschaft, Frankfurt a. M. 1973, pp. 209—244).

— (1981), Rechtstheorie und Rechtssoziologie, Freiburg/München.

— (ed.) (1983), Recht, Rechtsphilosophie und Nationalsozialismus, Archiv für Rechts- und Sozialphilosophie Beiheft XVIII, Wiesbaden.

Schluchter, Wolfgang (1979), Die Entwicklung des okzidentalen Rationalismus, Tübingen.

Schwartz, Richard D. (1974), Legal Evolution and the Durkheim Hypothesis: A Reply to Professor Baxi, 8 Law and Society Review, pp. 653—668.

Schwartz, Richard D./James C. *Miller* (1964/65), Legal Evolution and Societal Complexity, 70 American Journal of Sociology, pp. 159—169.

Spitzer, Steven (1975), Punishment and Social Organization: A Study of Durkheim's Theory of Penal Evolution, 9 Law and Society Review, pp. 613—635.

Stein, Peter (1980), Legal Evolution. The Story of an Idea, Cambridge.

Teubner, Gunther (1982), Reflexives Recht. Entwicklungsmodelle des Rechts in vergleichender Perspektive. 68 Archiv für Rechts- und Sozialphilosophie, pp. 13—59 ("de-teutonized" version in: 17 Law and Society Review (1983), pp. 239—285).

Tugendhat, Ernst (1980), Zur Entwicklung von moralischen Begründungsstrukturen im modernen Recht, in: W. Hassemer/A. Kaufmann/U. Neumann (eds.), Argumentation und Recht, Archiv für Rechts- und Sozialphilosophie Beiheft XIV, Wiesbaden.

Turkel, Gerald (1979), Testing Durkheim: Some Theoretical Considerations, 13 Law and Society Review, pp. 721—738.

Unger, Roberto Mangabeira (1976), Law in Modern Society, New York.

Voigt, Rüdiger (ed.) (1980), Verrechtlichung, Frankfurt a. M.

Werle, Raymund (1982), Aspekte der Verrechtlichung, 3 Zeitschrift für Rechtssoziologie, pp. 2—13.

Wimberley, Howard (1973), Legal Evolution: One Further Step, 79 American Journal of Sociology, pp. 78—83.

ZUM PROZESS DER RECHTSSOZIOLOGIE: SOZIALE KONTROLLE UND RECHT IM LICHTE OBJEKTIVER WIRKFAKTOREN DES GELTUNGSANSPRUCHS VON NORMEN

Von Erich Zalten, Basel

Die Diskussion der Wirksamkeit außerrechtlicher Normsysteme als rechtssoziologisch und rechtspolitisch entscheidende Kategorie der „Vorgegebenheiten der Rechtsbildung" ist in den letzten Jahren von *Paul Trappe*[1], *Günter Dux*[2], *Klaus A. Ziegert* und anderen Autoren so produktiv geführt worden, daß es mir notwendig zu sein scheint an ihre Forschungsansätze und Konsequenzen anzuknüpfen. Sie können durchaus weitere Früchte tragen. Denn die bisherigen normsoziologischen Überlegungen folgen einer, wie ich glaube, einsichtigen systematischen Linie: Der Rechtssoziologe wird das Recht aus seinen Reflexionen nicht ausklammern. Er wird aber — als Soziologe — die Norm dort aufsuchen, wo sie ihren Ursprung hat: in der Interaktion. Dabei läßt sich zeigen, daß die Struktur der Interaktion in sich normativ ist. Interaktionen laufen über die Rolltreppe von Erwartungen, die an den anderen als Aufforderung adressiert werden. Sie enthalten ein proto-normatives Moment des Sollens. Das Sollensmoment dringt auch in den Begriff und in die Funktion der Kontrolle ein. Ohne abrupt ihren Sinn zu verlieren, ist die Kontrolle als Richtigkeitskontrolle bestimmten Normen verpflichtet und schöpft das Potential für Kritik und Rationalisierung aus der Produktion spezifischer Normen. Nicht zuletzt hier dürfte aber auch der Grund dafür liegen, daß Menschen und gesellschaftliche Gruppen auf die Dauer sich nicht mit der Bindung an persönliche Autorität begnügen können. Sie sehen vielmehr in den Normen eine Autoritätswirklichkeit mit ganz eigenen Kontroll-, Begründungs- und Legitimationsmechanismen. Normen regulieren Bereiche der sozialen Wirklichkeit, unseres täglichen Lebens und schützen uns vor dem Zugriff und der Willkür der Mächtigen. Wenn dies evident ist, können wir mit *Aristoteles* sagen:

---

[1] *Paul Trappe,* Außerrechtliche Normsysteme, in: K. Eichenberger et al. (Hrsg.), Grundfragen der Rechtssetzung. Social Strategies, Vol. 11, Basel 1978, S. 149—171. Neuabdruck in: *Paul Trappe,* Kritischer Realismus in der Rechtssoziologie, Wiesbaden 1983, S. 25—66.

[2] *Günter Dux,* Rechtssoziologie, Stuttgart/Berlin/Köln/Mainz 1978, S. 30—128 (Grundlagen einer allgemeinen Normtheorie).

„Wir werden nicht von Menschen regiert, sondern von Gesetzen[3].“ Der Begriff der sozialen Kontrolle unterstellt stets eine *Verhaltensnormierung* der handelnden Personen.

Der Begriff der sozialen Kontrolle taucht in der Soziologie der Jahrhundertwende zunächst in einer unscheinbaren Fassung der Formel des Wissenschaftsprogramms von *Auguste Comte* („Savoir pour prévoir, prévoir pour faire“) auf: in *Lester F. Wards* Formel „predict in order to control[4].“ Ward und andere Begründer der amerikanischen Soziologie gebrauchen den Begriff im Sinne der Möglichkeit sozialer und geistiger Kontrolle der sozialen Entwicklung („Telesis“). Hier ist die Doppelbedeutung des Begriffs „soziale Kontrolle“ noch klar: (stabilisierte) Expansion und (expansive) Stabilität. Unklar hingegen ist die Bezugsgröße: ob Personen (um der Systeme willen) oder Systeme (um der Personen willen) kontrolliert werden sollen. Innerhalb dieser Matrix — Stabilität, Expansion, Person, System — läßt sich die weitere Entwicklung des eine Zeitlang stark ausfächernden Kontrollbegriffs beschreiben.

Die vor dem Hintergrund eines lädierten ökonomischen Systems in den USA durchgeführten industriesoziologischen Untersuchungen der dreißiger Jahre verwenden beispielsweise einen Kontrollbegriff, der das Stabilitätsmoment und die Person- oder Rollenbezogenheit stark hervorhebt. Auch die daran anschließenden theoretischen Reflexionen halten sich an diese Gesichtspunkte[5]. Soziale Kontrolle meint hier wesentlich die der Person auferlegten Verhaltenserwartungen, Rollenerwartungen, Uniformitätsregeln, unpersönliche und zugleich objektbezogene Normen, die als gesellschaftliches Gewissen internalisiert werden. Neben den institutionell evidenten Kontrollnormen aus Staat, Wirtschaftsgesellschaft, Religion und Familie interessieren vor allem die subtileren Arten sozialer Kontrolle: wie Brauchtum, Sitte, Mode, epochale Kulturstile. Als besonders ergiebig erweisen sich die Analyse von Kontrollmechanismen in spezifischen Institutionen sowie der Mechanismus des Rechts.

Empirisch bezeichnen diese Bereiche mikro- und makrosoziologische Brennpunkte sozialer Kontrolle in komplexen Industriegesellschaften. Theoretisch ergeben sich hier Anschlußpunkte zur Rollen- bzw. Systemtheorie. Institutionell spezifizierte Verhaltensmuster, deren Nichtbefolgung vom Führungspersonal der jeweiligen Institution negativ sank-

---

[3] *Aristoteles*, Politik IV, 1293 a 17.

[4] Vgl. *H. E. Barnes/Lester Frank Ward*, The Reconstruction of Society by Social Science, in: dies. (Hrsg.), An Introduction to the History of Sociology, abrd. ed., Chicago/London 1948; *E. A. Ross*, Social Control, New York 1904.

[5] Vgl. *G. Gurvitch/W. E. Moore* (Hrsg.), Twentieth Century Sociology, New York 1945.

tioniert wird (z. B. Betriebsstrafen), dienen der sozial notwendigen Stabilisierung dieser Institutionen durch Verhaltensstabilisierung (Verhaltensnormierung) ihres Personals. Im gleichen Sinne (hier nur in größerem Rahmen) wird das Recht aufgefaßt. Durch die Institution des Staates, die über den Gesetzesapparat alle anderen Institutionen kontrolliert, — durch den zur Durchsetzung der Rechtsnormen eigens ermächtigten Stab (Richter, Staatsanwälte) und durch die außerordentlich starken zur Verfügung stehenden negativen Sanktionen (Todesstrafe oder lebenslängliches Gefängnis) stellt der Kontrollmechanismus des Rechts, verstärkt durch die technische und ökonomische Evolution, den Hauptinhalt notwendig legaler Herrschaft dar. Der Gesetzgeber als Autoritätsträger statuiert und verwaltet die Normen, die der Kontrolle dienen. In partiellem Sinn statuieren und verwalten auch jene Exegeten des Rechts diese Kontrollnormen, die sich in ihrem Anspruch kollektiv konstituieren und geltend machen. Denn wenn auch für letztere keine ihnen unmittelbar zugeordnete personbestimmte Autorität namhaft gemacht werden kann, so kommt auch ihnen dennoch jene unpersönliche, auf Normen beruhende Autorität zu, die ich als Charakteristikum aller Normwirklichkeit ansehe.

Der Funktionalismus hat relativ früh die personbezogene normative Autorität zugunsten unpersönlicher Normen, die gleichsam objekthaften Status haben, aufgegeben. Er hat zugleich Maße gesetzt, denen sich weder der „Autoritätsverwalter" noch der „Autoritätsadressat" ohne negative Sanktion oder Pflichtverletzung entziehen kann. Die Tatsache bleibt, daß Normen sich durchgängig in der Weise unpersönlicher und sozusagen objekthafter Autorität geltend machen, und zwar unabhängig von dem äußeren Tatbestand ihres jeweils unterschiedlichen gesellschaftlichen Konstitutions- und Sanktionsgefüges. Normen binden jedenfalls den Menschen an soziale Pflichten. Es müßte freilich noch klar werden, ob und inwieweit diese Aussage auch für die Rechtsnormen gilt. Der Geist des Rechts fußt auf den sozialen Normen, die ein steter Born der Weisung für den Gesetzgeber sind. Oder mit *Arthur-Fridolin Utz:* Die Anerkennung des Gewissens ist eine nicht minder wirksame Norm des Rechtslebens. Der Sinn des Rechts ist die „Anerkennung des Rechts als einer konkret wirksamen Norm"[6].

Parsons sieht die Zweckmäßigkeit und Nützlichkeit des Rechts und führt aus, daß Kontrollmechanismen sich zwar einerseits auf Persönlichkeitsmechanismen der „Anpassung" und des „Widerstands" beziehen und in dieser Hinsicht eine enge Beziehung zum psychologischen Begriff des „Über-Ich" aufweisen, daß sie aber andererseits nur partiell diesen Per-

---

[6] *Arthur-Fridolin Utz,* Sozialethik mit internationaler Bibliographie, II. Teil: Rechtsphilosophie, Heidelberg und Löwen 1963, Vorwort, S. V.

sönlichkeitsmechanismen zuzuordnen sind und eigentlich als Mechanismen des sozialen Systems verstanden werden müssen[7]. Am Beispiel des Rechts wird besonders deutlich, wohin eine Entwicklung, in der die *Systemfunktion von Kontrollmechanismen* konsequent zu Ende gedacht wird, führt. *Luhmann,* der als Rechtssoziologe zugleich die Ideologiekritik im Stil *Theodor Geigers*[8] kultiviert, erklärt: „Das Vertrauen in die soziale und politische Ordnungskraft des Rechts hat in den letzten zweihundert Jahren in auffälliger Weise abgenommen. Die große Zeit des Vernunftrechts und seines Versuchs, das Verhältnis Mensch—Gesellschaft als ein Rechtsverhältnis zu bestimmen, liegt weit hinter uns." *Dadurch, daß der Ideologieverdacht auf das Recht gerichtet wurde,* sei es auch möglich geworden, daß „das Recht erstmals in der Weltgeschichte vollständig positiviert, das heißt der Entscheidung des politischen Systems der Gesellschaft überlassen wird ... Die Positivierung des Rechts bedeutet, daß für beliebige Inhalte legitime Rechtsgeltung gewonnen werden kann, und zwar durch eine Entscheidung, die das Recht in Geltung setzt und ihm seine Geltung auch wieder nehmen kann. Positives Recht gilt kraft Entscheidung[9]."

Der Begriff der sozialen Kontrolle wird von *Luhmann* in umfassender Art beschrieben und gewürdigt. Er zeigt — ohne auf die Konzeption des Naturrechts einzugehen —, daß der Rechtspositivismus durch komplizierte Organisation kooperativer Entscheidungsprozesse und insbesondere durch „Normierung seiner normativen Entscheidungen" zunächst sich selbst kontrollieren müsse und — da er dies offensichtlich nicht leisten kann — auch keine direkten kontrollierenden Wirkungen (z. B. auf Personen) ausübe. Es fehlen die Kriterien einer richtigen oder wenigstens einer besseren Ordnung.

„Recht" in der von *Luhmann* beschriebenen Form des Rechtspositivismus stelle primär ein Input-System dar. Auf dieses System sei die Gesellschaft als Gesamtgesellschaft bezogen.

All dies zeigt bereits, daß hier eine Kehre des Begriffs des stabilisierenden Kontroll-Mechanismus vollzogen wird. Konflikte, ob sie nun innere Konflikte des Menschen als Auseinandertreten von Sitte und Gesetz oder Konsens-Konflikte zwischen den sozialen Gruppen sind, werden

---

[7] *T. Parsons,* The Social System, London 1951, S. 206 f.

[8] Vgl. *Theodor Geiger,* Ideologie und Wahrheit. Eine soziologische Kritik des Denkens, Stuttgart/Wien 1953. Trefflich beschreibt *Trappe* den Denkstil Theodor Geigers in: Kritischer Realismus in der Rechtssoziologie (FN 1), S. 3—4 und S. 109—138.

[9] *N. Luhmann,* Positives Recht und Ideologie, in: ders., Soziologische Aufklärung. Aufsätze zur Theorie sozialer Systeme, Frankfurt 1970, S. 178 f. — Zum Begriff der Kontrolle vgl. *Niklas Luhmann,* Rechtssoziologie, Reinbek bei Hamburg 1972, Bd. 2, S. 282—293.

für das von *Luhmann* antizipierte Kontrollsystem nur dann wichtig, sofern es darauf eingerichtet ist, diese Konflikte als Probleminput zu verarbeiten. Darüber hinaus gehören die Konflikte in die Kategorie der „Umweltkomplexität". — Die Konsequenz: Die Ebene der Kontrolle wird mit dieser Aufgabenstellung den Sinn des Gemeinwohls verfehlen. Sie scheint sich von einem umfassenden Normensystem gelöst zu haben, so daß die gesamten menschlichen Werte, soweit sie überhaupt sozial realisierbar sind, in diese Art der Kontrolle gar nicht eingehen können. Soziale Kontrolle wird in der Systemtheorie zum vorrangigen „Planungsinstrument" (*Schelsky*) ohne kulturelle Traditionen.

Zur Aporie der sozialen Kontrolle kann gesagt werden, daß mit diesem Begriff ein Konzept sich anbietet, das der Soziologe kaum entbehren kann. Man kann mit diesem Konzept soziale Aktionen beschreiben und erklären. Man kann die Stabilität und die Instabilität sozialer Ordnungen „auf den Begriff bringen" und zugleich über deren Reichweite und Dauer reflektieren. Mit einem so weit gefaßten Begriff, der aber unter Umständen der erfüllteste Begriff werden kann, stellt sich die Frage, wieweit er überhaupt noch konkrete und sinnvolle Aussagen zuläßt.

Zum Funktionsmechanismus sozialer Kontrolle gehören die vielfältigen realen Faktoren, die soziale Normen zusammenhalten und garantieren. Sie gehören zum wichtigen Knotenpunkt der allgemeinen soziologischen Theorie und insbesondere zur Soziologie des Rechts.

Als objektive Wirkfaktoren des Geltungsanspruchs von Normen im Kontext der sozialen Kontrolle müssen zwei unverzichtbare Kategorien zum Tragen kommen: das Sanktionsgefüge und das Legitimationsgefüge.

Der Bedarf an Sanktionsentscheidungen ist zweifellos eine der markantesten Triebkräfte für die Institutionalisierung der sozialen Kontrolle. Sanktionen führen uns zum *Autoritätsanspruch* von Normen, seinen Wirkgesetzlichkeiten und Geltungsgründen. Würden norm- und subjektbezogene Sanktionen nicht zu den unverzichtbaren Normverinnerlichungen führen, wäre der Autoritätsanspruch von Normen gescheitert oder der Ungewißheit der Zukunft überlassen. Ohne erfahrbare Sanktionsdrohung läßt sich eine Norm nur schwer aufrechterhalten. Es liegt deshalb nahe, die Geltungsstruktur der Norm (Verhaltensgeltung und Sanktionsgeltung) als Basis des Autoritätsanspruchs von Normen anzusehen. In der Tat gilt zumindest für den Bereich der Rechtsnormen als dem wichtigsten Normenkonvolut, daß ihre Geltung sich kaum außer Kraft setzen läßt, wenn die politischen Instanzen mit ihren Machtmitteln entschlossen sind, sie aufrechtzuerhalten.

Die objektiven Wirkfaktoren des Geltungsanspruchs von Normen würden auf schwachen Grundlagen stehen, wollten wir nur das normtheoretische Interesse an das Sanktionsgefüge binden. Die Leitfrage nach dem Autoritätsanspruch von Normen muß angesichts der *Relevanz außerrechtlicher Normen* tiefer betrachtet werden. Denn es wäre problematisch, die Geltung von Normen ganz auf die Sanktion auszurichten. Ist es nicht die *Sanktionsbereitschaft* selbst, die auf die Geltung einen Einfluß ausübt? Ist es nicht das Bewußtsein des Normadressaten mit seiner *Sanktionsoption* als einer sozialen Wertoption, die *den ganzen Menschen* erfassen muß, um den Normen zum Durchbruch in die soziale Wirklichkeit zu verhelfen?

Die Leitfrage nach dem Autoritätsanspruch von Normen, die für jede wirksame soziale Kontrolle und für die Sphäre des positiven Rechts von höchster Wichtigkeit sind, kann mit der Klärung ethischer Werte und der Empirie als den Bedingungskomponenten dieses Anspruchs eine Antwort erfahren. Partielle Sichten auf der rechtssoziologischen Ebene können die *Gesamtsicht* nicht vermitteln. Mit anderen Worten: Um den Autoritätsanspruch von Normen tiefer zu fassen, muß man nach dem moralischen Legitimationsgrund der spezifischen autoritativen Ansprüche fragen. Norm und Sanktion sind korrelative Begriffe, ohne die keine Rechtsordnung auskommt. Normen fordern unter dem Aspekt des Autoritätsanspruchs letztlich ihre moralische Rechtfertigung. Autorität kann sich nur moralisch qualifizieren. Die sozialen Normen, lehrt *A. F. Utz*, sind „Strukturgesetze der Gesellschaft, die gelten, bevor der einzelne sich in Freiheit für sie entscheidet. Sie integrieren a priori das Individuum im Ganzen. Sie sind als ‚grundsätzlich' nicht von der freien Meinungsäußerung des Individuums bestimmt. Allerdings sehen diese Normen nicht von der menschlichen Person und ihrer Freiheit ab. Die menschliche Personwürde ist in den sozialen Normen ebenso a priori enthalten, wie diese auch für das Individuum als Glied des Ganzen gelten[10]." Mit diesen *vorgeprägten sozialen Normen* kommen jene Wirkkräfte in den Blick, die unabhängig von allen zusätzlichen subjektiven und subjektbezogenen Einstellungen das menschliche Normbewußtsein in seinem Aufbau objektiv mitbestimmen und ihm sowohl die äußere gesellschaftliche Abstützung als auch das innere sozialethische Fundament geben. Die Tatsache nun, daß eben diese Wirkkräfte, wie sie in den sozialen Norm-Vorprägungen jedem Mitglied der Gesellschaft angeboten werden und als Sitte oder „faits sociaux" (*Durkheim*) gleichsam gebündelt erscheinen, sich im Zug der Normentwicklung immer stärker ausdifferenzieren und als je eigene Bestimmungsgrößen des Autoritäts-

---

[10] *Arthur F. Utz*, Ethik und Politik. Grundfragen der Gesellschafts-, Wirtschafts- und Rechtsphilosophie. Gesammelte Aufsätze herausgegeben von Dr. Heinrich B. Streithofen, Stuttgart-Degerloch 1970, S. 26 f., und: *ders.*, Die philosophischen Grundlagen der Wirtschafts- und Sozialpolitik, Freiburg/Schweiz 1961, S. 10.

anspruchs von Normen erkannt werden, läßt jetzt zugleich auch die außerrechtlichen Normen und die Rechtsnormen in ihrer spezifischen Eigenwirklichkeit hervortreten. Von hier aus thematisiert sich dann zugleich auch das Problem der sozialen Kontrolle und des Rechts und seiner autoritativen Ansprüche.

Paul Trappe[11] hat in mehreren Aufsätzen die Eigenfunktion außerrechtlicher und rechtlicher Normierungen unter dem Aspekt der sozialen Ordnungswirklichkeit hervorgehoben und mit der elementaren menschlichen Erfahrung konfrontiert. Was sagt uns die Erfahrung? Trappe schreibt: „Es ist ganz offensichtlich, wird aber gerne verdrängt, daß sich außerrechtliche Normsysteme mit unterschiedlicher Reichweite etablieren und sich auch mit mehr oder weniger großer Eindeutigkeit manifestieren. Sie regulieren Bereiche der sozialen Wirklichkeit ..." „Kodifizierte Rechtsordnungen ... ‚funktionieren' nur dann, wenn sie von sozialen Normsystemen durchdrungen sind ...[12]." „Außerrechtliche Norm-

---

[11] *Trappe,* Kritischer Realismus ... (FN 1), S. 141: „Heute scheint Einhelligkeit darüber zu herrschen, daß zwischen Recht und sozialer Wirklichkeit eine intensive, wenn auch nur schwer lokalisierbare und abschätzbare *Wechselbeziehung* besteht. Nicht so einhellig wird eingeräumt, daß neben den Rechtsregeln andere Regeln wirken ..." („Die legitimen Forschungsbereiche der Rechtssoziologie"). Ich möchte feststellen: Es handelt sich einsichtigerweise um „Regeln", „Prinzipien", „Normen" *technischer* und also *sachbezogener* Art. Sie sind *objektive Wirkfaktoren,* die den Geltungsanspruch und die Wirksamkeit der Normarten „soziale Normen" und „Rechtsnormen" *mitgestalten, ergänzen, umkleiden.*

Technische Normen als objektive Wirkfaktoren fasse ich als Teil eines seit *Max Weber* in das öffentliche Bewußtsein getretenen universalen Rationalisierungsprozesses auf. Ich würde freilich nicht so weit gehen und behaupten, daß technisch-objektive Wirkfaktoren die Ausdrucksform irrationaler neuzeitlicher Tendenzen aufgrund jederzeit möglicher Normveränderungen sind. Wenn wir technisch-objektive Wirkfaktoren beschreiben, setzen wir voraus, daß sie zum singulären Aspekt der Natur der Sache gehören. Das Singuläre kann jede Rechtsnorm und jede soziale Norm auch intensivieren.

Objektive Wirkfaktoren technischer Art sind Prämissen des Normenkonvoluts. In allen Normarten gibt es Normverklammerungen, die durch technische (sachbezogene) Partikularnormen als objektive Wirkfaktoren im Geltungsanspruch von Normen zur Erscheinung kommen. Das Anderssein einer Norm erhält zuweilen ein Gewicht, das dem Phänomen der Normverklammerung *(H. Popitz)* nahekommt. Auf der Ebene der objektiven Wirkfaktoren erhält das Anderssein der Norm normative Gestalt. Was eine Norm an wesentlichen Imperativen enthält, muß nun koordiniert werden und zur Geltung kommen. Die Normveränderung durch objektiv-technische Wirkfaktoren hat schließlich Grenzen. Der Norm-Kern als spezifischer Imperativ muß selbst im Bezugssystem der objektiven Wirkfaktoren freigelegt werden. Er muß zur Geltung kommen.

Die Trennung von Norm-Kern oder dem eigentlichen Imperativ der Norm von den objektiven Wirkfaktoren technisch-sachbezogener Art ist oft von prinzipieller Schwierigkeit. Vgl. hierzu die beiden vom Ansatz grundverschiedenen Norm-Theorien: *H. Popitz,* Die normative Konstruktion von Gesellschaft, Tübingen 1980 und *Hans Kelsen,* Allgemeine Theorie der Normen, hrsg. von Kurt Ringhofer und Robert Walter, Wien 1979.

[12] *Trappe,* Außerrechtliche Normsysteme, 1978 (FN 1), S. 160.

systeme stützen das Recht oder ergänzen das Recht[13].“ „Keine soziale Ordnung ist nur auf der Grundlage von Rechtsnormen eine Ordnung, allenfalls eine höchst lückenhafte Ordnung[14].“ „Soziale Normsysteme wirken nicht nur *neben* dem Recht; sie wirken in einer besonderen Art von Symbiose mit dem Recht. Sie sind allerdings deutlich vom Recht trennbar, und zwar nicht nur idealtypisch[15].“ Zum besseren Verständnis ist zu sagen: Trappe nennt Kombinationen sozialer Normen ein „Normsystem“ und weist zum Schluß darauf hin, daß die soziale Kontrolle der vorrechtlichen Sphäre zugerechnet werden kann, also derjenigen Sphäre, in der die sozialen Normen gebündelt als Normsysteme bis in die Interpretation der Rechtsnormen und der Rechtsanwendung zur Geltung kommen. Darf nun gesagt werden, daß die außerrechtlichen Normsysteme als etwas Primäres erfaßt werden, worauf die rechtliche Ordnung erst aufzubauen berufen sei? Das würde zu dem Ergebnis führen, daß das Recht aus der Sphäre der Gesellschaft zu erklären und zu begründen wäre. Im Grunde ist dies schon das Ergebnis von *Eugen Ehrlichs* „Grundlegung der Soziologie des Rechts“, wenn er bei der Betrachtung der „Tatsachen des Rechts“ sagt: „Die erste Frage der Rechtswissenschaft, die Frage nach dem Ursprung des Rechts, geht in die Frage über: welche tatsächlichen Einrichtungen werden im Laufe der geschichtlichen Entwicklung zu Rechtsverhältnissen und durch welche gesellschaftlichen Vorgänge werden sie es?[16]“ Denn diese Frage setzt die beiden Normarten, von der wir hier sprechen, voraus.

All die ordnenden Prinzipien, die aus den Normarten Recht und soziale Normen hervorgehen, sagen unter dem Aspekt der Kontrolle nur eines aus: die Gesellschaft vermag kontrollierend einzugreifen. In ihr lebt eine Reflexion über die Wirklichkeit und gleichsam eine Teleologie, die über Normen, Abweichungen und Kontrollen die gesellschaftlichen Prozesse zu leiten vermag. Es wird damit deutlich, daß „Kontrolle“ weit über die Nominierung von Instanzen, die sie ausübt, hinausgeht und eine Entscheidungsprüfung und eventuell Änderungen und Innovationen anweist und zugleich einen Prozeß der Regulierung meint, der letztlich von den vorgeprägten sozialen Normen und ihren Interpre-

---

[13] Ebd., S. 161.

[14] Ebd., S. 161.

[15] Ebd., S. 151. Bei solcher Wirksamkeit objektiver Wirkfaktoren im Geltungsanspruch von Normen als „latente Normen“ (*Trappe*) darf gerade in der heutigen Forschungssituation der Rechtssoziologie auf *Eugen Ehrlichs* klassisch gewordene Bemerkung hingewiesen werden: „Der Schwerpunkt der Rechtsentwicklung liegt auch in unserer Zeit, wie zu allen Zeiten, weder in der Gesetzgebung noch in der Jurisprudenz oder in der Rechtssprechung, sondern in der Gesellschaft selbst.“ (*Eugen Ehrlich:* Grundlegung der Soziologie des Rechts, München 1913, Vorrede.) In der pluralistischen Gesellschaft weist die Rechtsentwicklung in die ausformulierte politische Dimension.

[16] *Ehrlich* (FN 15), S. 68.

tationen abhängt. Der Begriff der Kontrolle als soziotechnische Steuerungsmöglichkeit autonomer Gesellschaften oder spezifischer Gruppen hat Rückweisungsmechanismen in der von *Trappe* dargestellten Art und ist Ausdruck der gesellschaftlichen Aktivität. In ihm sehen wir die ordnenden Prinzipien: a) das kognitive Prinzip und b) das agitative Prinzip und c) das regulative Prinzip (die Rechtsidee). Alle drei Prinzipien sind Ausdruck der Vernunft als einem vielschichtigen System des Dialogs zwischen den sozialen Gruppen und einem System von Interaktionen mit Sanktionsmomenten, die zugleich verhaltenssteuernd wirken. In „organisierten" Systemen werden dabei die wesentlichsten Interaktionszusammenhänge mit „Kontrollcharakter" institutionalisiert, das heißt: als Suborganisationen herausgebracht. Das deutlichste Beispiel für ein institutionalisiertes Subsystem der sozialen Kontrolle ist das Rechtssystem einer Gesellschaft, soweit es in kodifizierten Rechtssatzungen und spezifische Institutionen der Rechtsfindung, der Rechtsprechung, der Rechtsdurchsetzung umgesetzt worden ist.

In weniger umfassenden gesellschaftlichen Systemen beschränkt sich die Institutionalisierung der sozialen Kontrolle auf die Ausdifferenzierung kontrollberechtigter und kontrollverpflichteter Positionen innerhalb der Organisation. Wo immer soziale Kontrolle institutionalisiert wird, führt sie zu der eigentümlichen Problematik von Status- und Herrschaftskonflikten und in der Regel zu einer Steigerung der Konflikthaftigkeit eines Sozialsystems durch normative Ansprüche. Das heißt, daß die Steigerung der Konflikte eines Systems durch soziale Kontrolle *nur dort nicht auftritt,* wo diese Kontrolle nicht in formalisierten Positionen oder Subsystemen institutionalisiert ist, sondern sich ausschließlich im Bereich der informellen sozialen Beziehungen abspielt. Hier kann die Aussage gewagt werden: Das zielgerichtete soziale System „Organisation" integriert seine Mitglieder immer nur *partikular* über deren zielbezogene Interessen. Je mehr Interessen der Menschen dabei außerhalb der Organisation verbleiben, um so größer wird die Möglichkeit der Konflikte und damit die Notwendigkeit der sozialen Kontrolle.

Rechtssoziologische Problemstellungen der beschriebenen Art treten in der Tat schon in einem weiten „vorrechtssoziologischen Raum auf" (*Trappe*). Es war die Aufgabe meines Referats, die Vielschichtigkeit meines Themas anzudeuten und die wissenschaftlichen Aussagen sinnvoll zu reduzieren.

III. Voraussetzungen und Folgen des Rechtsrealismus

LEGAL REALISM OR KELSEN VERSUS HÄGERSTRÖM

By Jes Bjarup, Aarhus

I. Realism

In his book *The Concept of Law* H. L. A. Hart writes that "it is obvious that predictability of punishment is one important aspect of legal rules."[1] Indeed, some jurisprudents have turned their attention to this aspect only, and, claiming to be realists, have favoured the predictive analysis of legal rules. To mention an example, O. W. Holmes puts the fundamental question: "What constitutes the law?" His answer is well known. It is: "the prophecies of what the courts will do in fact, and nothing more pretentious, are what I mean by the law."[2] This view is, to use the words of Karl Llewellyn, the "internationally-cited goblin-painting of realism."[3]

Predictive analysis is not only favoured among the Americans, giving rise to the school of jurisprudence known as American Legal Realism, but also by Alf Ross in his book *On Law and Justice*. Ross belongs to another school of jurisprudence usually known as Scandinavian Legal Realism.

People use the term "realism" in many senses. It seems to me that Americans use it in the sense in which it is used in literature, i. e. true to actualities as opposed to ideals. In art the term "realism" was introduced in 1855 by the French painter Gustave Courbet, who "wanted not prettiness but truth."[4] Courbet wanted his pictures to be true to nature and also to be a protest against the accepted conventions of his day, to "shock the bourgeois" out of his complacency, and to proclaim the value of uncompromising artistic sincerity as against the deft handling of traditional clichés.

As Holmes says, the vital point is that "we must think things not words, or at least we must constantly translate our words into the facts

[1] *H. L. A. Hart*, The Concept of Law, Oxford 1961, p. 10.

[2] *O. W. Holmes*, The Path of Law, Harvard Law Review, vol. 10, 1897, p. 457—78.

[3] *Karl Llewellyn*, The Common Law Tradition — Deciding Appeals, Boston 1960, p. 511.

[4] *E. H. Gombrich*, The Story of Art, 13th ed., Oxford 1978, p. 403.

for which they stand, if we are to keep the real and the true". This implies that the object of the study of law must be the prediction of the incidence of public power through the instrumentality of the courts.

Among the Scandinavian realists — the Swedes Axel Hägerström, Anders Vilhelm Lundstedt, and Karl Olivecrona, and the Dane Alf Ross — only Ross shares this view. Ross wants "a realistic interpretation of law", and this interpretation must be "an interpretation in accordance with the principles of an empirical philosophy."[5] This leads Ross, mainly influenced by the philosophy of logical positivism, to adopt predictive analysis in his book *On Law and Justice*. By contrast, the founder of the Scandinavian realist school of jurisprudence, Axel Hägerström, rejects predictive analysis. In this respect he is followed by his pupils A. V. Lundstedt and Karl Olivecrona.

II. Hart's Query

Karl Olivecrona claims that "the identification of rights with predictions is an obvious mistake."[6] In this respect Olivecrona agrees with Hans Kelsen's view that "the meaning jurists attach to the concepts of legal duty and legal right is not a prediction of the future behaviour of the courts."[7]

So Olivecrona and Kelsen agree that predictive analysis must be rejected. Again Hart writes, "It is worth inquiring why such different conclusions as to the character of legal rules are drawn by these two jurists in spite of their agreement on many points."[8]

Hart's remark has prompted me to consider the agreement and disagreement between Hägerström and Kelsen, which I shall try to present in this paper. To do so, I have chosen to consider Hägerström's view rather than Olivecrona's. After all, Olivecrona writes, in the preface to *Law as Fact*, that his "endeavour to treat law as fact could not have been made without the basis supplied by his [i. e. Hägerström's] work". The Swedes Lundstedt and Olivecrona think of Hägerström as a cognitive sovereign who presents the only true way of seeing the world, and consequently Hägerström must be obeyed. Rather than just to obey Hägerström I wish to consider his credentials.

---

[5] *Alf Ross*, On Law and Justice, London 1974, p. IX.

[6] *Karl Olivecrona*, Law as Fact, 1st ed., London 1939. Reprinted 1962, p. 214.

[7] *Hans Kelsen*, General Theory of Law and State, Cambridge 1949, p. 167.

[8] *Hart* (note 1), p. 233. Concerning the character of legal rules, Olivecrona claims they are independent commands, whereas Kelsen holds that they are norms. The difference between Kelsen and Olivecrona hinges on the meaning and importance of "ought". For Kelsen "ought" is meaningful, for Olivecrona "it is sheer nonsense to say that it signifies a reality".

III. Hägerström's Epistemology

Like Holmes, Hägerström wants to proceed from "sounds to things". This is his version of realism. As Hägerström writes, "we must destroy metaphysics, if we ever wish to pierce through the mist of words which has arisen out of feelings and associations and to proceed from 'sounds to things'."[9]

For Hägerström there is an intimate link between epistemology and ontology. It is epistemological considerations which determine what is real. This in turn is important for Hägerström's inquiries into the nature of laws and morals; this is what I claim in my discussion of Hägerström's philosophy in my dissertation *Reason, Emotion and the Law. Studies in the Philosophy of Axel Hägerström.*[10]

For Hägerström it is vital to follow the right path of knowledge, and it is just as vital to abandon the wrong path of metaphysics, i. e. ignorance and superstition, in order to understand the nature of man's place in nature and society.

What is crucial for an understanding of Hägerström's philosophy is, I think, that his path of knowledge is determined by the Platonic and Aristotelian view of the conceptual primacy of the aim. The aim needs to be known in order to understand anything. The question then is, what is Hägerström's aim? The answer to this is that the supreme aim for Hägerström is order, in nature as well as in society. This aim is in turn the foundation for his more specific aims, viz.

1. to discover the truth about man and nature,
2. to promote personal happiness,
3. to achieve social harmony.[11]

These three aims do not require the notion of certainty, which for Hägerström is the criterion of genuine knowledge. Knowledge, to be genuine knowledge, must be both necessary (i. e. it cannot be conceived as otherwise) and universal (i. e. it admits of no exceptions).

What is crucial to the understanding of what is real is neither will nor sensations, but scientific thinking or reason. For Hägerström reason stands in contrast to faith as well as to sense-experience. What human

[9] *Axel Hägerström,* A Summary of my Philosophy (1929), translated into English by Robert T. Sandin and printed in: *Hägerström,* Philosophy and Religion, London 1964, p. 74.

[10] Submitted to the University of Edinburgh for the degree of doctor of philosophy, awarded 1982.

[11] Hägerström's aims are the typical basic aims of the rationalist philosophers, see *William Berkson,* Skeptical Rationalism, Inquiry, vol. 22, 1979, p. 281—320.

beings can achieve by reason is taken to embrace the entire field of knowledge since reason guarantees certainty. What holds for reason is "necessarily and universally valid", as Kant held.[12] Hägerström, however, differs from Kant in holding that reason does not make order, but finds order. Reason or scientific thinking reveals the nature of what is real as opposed to the illusions of wishful thinking dominated by feeling and volition which had to destroy order in nature as well as in society.

There is, therefore, yet another aim, viz.

4. to have a rational method for forcing agreement amongst contending parties.

Hägerström claims to possess this rational method, the way of truth as opposed to the root of metaphysics, i. e. the way of opinion and the way of ignorance. The way of truth is tantamount to Hägerström's thesis "the completely logical character of sensible reality."[13]

Hägerström's philosophy is then to be seen as guiding people towards the goal of a rational understanding of their place in the world. Ordinary people and their ways of understanding the world do not constitute genuine knowledge because their views are based upon unsatisfactory or unknown causes, which lead them to pursue wrong ways. By contrast Hägerström's way of understanding the world is based upon satisfactory and known causes, which lead him to pursue the only correct way of inquiry. The correct way of inquiry about any given object is to hold that the object for thought is a definite, real thing. If an object, say law, is studied then law must exist. As one follows the way of truth, one's thinking is concerned with what exists which must be determinable and describable by means of fixed concepts. This is the way of scientific research where Hägerström holds that whatever we inquire into exists, and it cannot not exist.

Hägerström's way of truth is very much akin to the ancient ideas of Parmenides, that there is a harmony between knowledge and reality, and a harmony between thought and action. They share the aim of writing the truth, not malicious fables. They both want to establish everything in a perfect and rational manner by appealing to the law of non-contradiction. In the end this approach is a failure.[14] Hägerström's way of truth is, however, important to his conception of law, and to this I now turn.

---

[12] *I. Kant,* Critique of Pure Reason (transl. N. K. Smith), London 1976, p. B 140 (p. 158).

[13] *Hägerström,* Philosophy and Religion (note 9), p. 37.

[14] Cf. my dissertation Reason, Emotion and the Law, p. 277 ff.

IV. Hägerström's Theories of Law

For Hägerström, a jurist studies law, and if the jurist is a tough-minded Hägerströmian, what he studies is not the nature of law, in the sense of obligatory rules "which lack all basis in reality", but rather the nature of law in the sense of "the actual conception of law", which amounts to studying law as "a merely social-psychological fact"[15].

This is one of Hägerström's theories of law, which I shall call the psychological theory of law. What is overlooked is, as I claim in my thesis, that Hägerström also offers another theory of law, which I shall call the formal theory of law. This has been overlooked, but is, I believe, the reason why his two acolytes, Lundstedt and Olivecrona, hold different views. I shall not, however, explore this theme, but rather limit myself to an exposition of Hägerström's theories of law.

The formal theory of law states that "positive law is only a system of rules for the so-called organs of the state — themselves defined in the rules — a system of rules which is actually carried through."[16] According to the formal theory of law, it is the nature of law to be a normative system of objective rules for rights and duties. This system has binding force in the sense that it is above the governing authorities and the people. The foundation of law is "its own spirits", i. e. the principles of equity and public utility, which are capable of being objectively ascertained by the governing authorities, and also determine the legislature in issuing legal rules. These legal rules have to be obeyed, since there is an obligation to obey the law. What is right and wrong is expressed in legal rules, i. e. independent commands which are made known to people through formal promulgation. As a means of securing obedience to law there are sanctions, in the sense of penalties, attached to legal rules. The authorities have an obligation to enforce the rules against offenders against the legal system.[17]

Then there is the psychological theory of law, according to which "law is, at any rate to a large extent, an expression of interests, and this is true both of its foundation and of secondary rules. Therefore the question of the intention and the significance of a law is a legitimate

[15] *Hägerström*, Inquiries into the Nature of Law and Morals (transl. C. D. Broad), Uppsala 1953, p. 287.

[16] *Hägerström*, "My Philosophy", in: Filosofiskt Lexikon, ed. Alf Ahlberg, Stockholm 1925, translated into English, from the 1933 edition, by Robert T. Sandin, and reprinted in Philosophy and Religion, p. 316; cf. *Hägerström*, Inquiries (note 15), p. 354.

[17] It may be added that to adopt this theory is natural for an atheist like Hägerström who wants to hold both that there is no God, and that there is nevertheless right and wrong conduct.

one."[18] This theory states that law is an expression of conflicting interests. Law is a coercive system of emotional and attitudinal responses to independent imperatives. These imperatives have binding force, i. e. they are upheld as links in a causal psychological chain between the prevailing ideas of values of the socially predominant class and the behaviour of people. Feelings are maintained by the authorities' use of words to cause the right behaviour. Promulgation is a piece of magic which works. The important thing is that unpleasant consequences, e. g. penalties, follow where the use of words alone fails to achieve the purpose of securing a comprehensive and harmonious system of feelings to keep people in awe of the state and its offcials. The foundation of law is interest upheld by force. Right or wrong conduct is simply what the authorities use words to command. To know what is right and wrong is a question of paying attention to commands. This theory, it may be added, achieves the same purpose as the formal theory, viz. to establish law and order, but by using persuasion rather than by appealing to reason or thought. The important difference between the formal and the psychological theories is this. If you hold the formal theory there are actions which are right or wrong independent of any legislation. If you hold the psychological theory, then there are no right or wrong actions independent of the words of the authorities. In other words, if there is no civil authority, then Hägerström is logically committed to saying that there are no right or wrong actions. For, on this theory it is only the words expressed in commands which make actions right or wrong, hence the importance attached by the Swedes to the civil authorities and their use of words. As far as legal science is concerned, the important thing is to offer guidance to the authorities. The formal theory does this by supplying information as to right and wrong conduct. The psychological theory does this by supplying motivation in terms of words to make the authorities apply the formal theory in its unadulterated form. This fits in with the fact that Hägerström holds that "the law is undeniably a condition of culture itself. Without it, as the Sophist Protagoras already saw, we should never have been able to win the lordship over other species."[19]

To be sure, Hägerström does not clearly present what I have called the formal and the psychological theories of law as distinct theories. The reason is that Hägerström, considering the question of the binding force of law, fails to notice that it is ambiguous. The question "what is the binding force of law?" has but one question mark, but it is not on that account only a single question. At least four distinct questions are raised, as follows:

[18] *Hägerström,* Inquiries (note 15), p. 41.

[19] Ibid., p. 262.

1. The binding force of law with respect to its directive force, viz. the moral question: granted that x is a valid legal rule, have I an obligation to obey x?
2. The binding force of law with respect to the directive force of the criteria for a rule to be a legal rule, viz. the jurisprudential question: how are rules to be identified as legal rules? This is the question of categorical validity. It implies the question of the sanction of law in the sense of promulgation or confirmation of x as a valid legal rule.
3. The binding force of law with respect to the coercive force of legal rules, viz. the jurisprudential question: is there a sanction attached to a legal rule? The word "sanction" is here used in a different sense from the sense mentioned above under 2. "Sanction" may also mean "penalty" or other forms of specific enforcement enacted in order to enforce obedience to a valid legal rule in sense 2. The question may be put: granted that x has been promulgated in due form as a legal rule, is it the case that there is also a penalty or damages enacted as a method of enforcing legal rules?
4. The binding force of law with respect to empirical questions whether law is as a matter of fact executed, viz. the question whether the sanction, in the sense of penal or civil remedy is as a matter of fact enforced by the authorities, and the further question whether the person as a matter of fact is put in jail or pays damages as the case may be. This is the question of categorical application.

Hägerström conflated these distinct questions, because of his claim that the reality with which science is concerned cannot be described by means of judgments which contradict each other. The question then is whether the formal and the psychological theory contradict each other. In my opinion these two theories need not be in conflict with each other.

The formal theory is a non-empirical theory concerned with the conditions which must be fulfilled in order to make a rule a legal rule. The reality which corresponds to law "is in fact the system of legal rules which is the result of following the prevalent rules for interpretation and supplementation in regard to actual law". There is no reference to the existence of " 'a social communal will' as the *principle* for interpreting and supplementing actual law."[20]

The psychological theory is an empirical theory, concerned with the influence of legal rules upon people's behaviour. It is a causal theory which claims that one set of events, viz. the promulgation of legal rules, and another set of events, viz. that persons act in certain ways, are links in a causal chain. The psychological theory presupposes that there are legal rules, whereas the formal theory is concerned with the question of how to bring rules about as legal rules. The test for the

[20] Ibid., p. 103.

psychological theory is experience, i. e. whether the behaviour occurs as a "factor in the system of nature"[21]. The test for the formal theory is whether a rule is a legal rule, i. e. "a factor in the established legal system, which it becomes through being formally promulgated". And "a law can cease to be in force through formal abrogation."[22]

The psychological theory takes for granted that there are legal rules, which we also know how to identify. This is precisely the issue. The question is whether the criterion for x to be identified as legal rule is

a) the fact that x has been duly promulgated by the relevant authority; this is categorical validity, or

b) the fact that x has been duly promulgated by the relevant authority and x has been actually applied to persons in the relevant state-of-affairs within the scope of x. This is categorical validity and application.

According to Hägerström's formal theory only (a) is a relevant criterion. If (b) is now offered as well within the formal theory, then Hägerström contradicts himself. The conclusion is that he has not attained his aim of presenting a coherent system of concepts.

Of course, it may be that the criterion (b) is offered only as a criterion within the psychological theory. But then Hägerström's theory fails. It fails because the criterion for whether or not a rule is a legal rule is now whether the rule is actually applied in real life. There is an ambiguity in the criterion offered by Hägerström, since the actual application can be related to the judge's activity in passing sentence on the one hand and the actual infliction of the judgment upon the defendant in the form of being put into jail or actually paying damages in civil cases on the other. The law may be "irresistibly in force" in the former situation, but not in the latter. Hägerström fails to make clear whether the criterion applies also to the second situation which necessarily includes the first. But the first does not necessarily imply the second. People being sentenced may have no money or may leave the country before being taken into custody.

My conclusion is that Hägerström does not present "a true picture of the law itself" to use Olivecrona's words.[23] Hägerström is not interested in testing whether his psychological theory is true or false. This is, after all, a matter of empirical investigation. And as an empirical theory Hägerström's psychological theory is false since as a matter of fact general rules are not "irresistibly carried out", as he claims they

---

[21] Ibid., p. 116.

[22] Ibid., p. 38, p. 355.

[23] *Olivecrona* (note 6), p. 11.

are. It is worth noticing that Hägerström is not at all interested in testing his theory since his complaint against Kelsen's theory of law is that Kelsen "makes no incorrect statements about social facts; but one finds also that he avoids all risk of doing so because he does not allow jurisprudence to have anything to do with actual social existence."[24]

By contrast, Hägerström does allow jurisprudence to be concerned with actual social existence by putting forward his psychological theory, but the statements which he makes are incorrect.

V. Hägerström and Kelsen

Hägerström has shown great interest in Kelsen's theory of law as put forward in Kelsen's *Hauptprobleme der Staatsrechtslehre, entwickelt aus der Lehre vom Rechtssatze* and *Allgemeine Staatslehre*. The latter book is discussed by Hägerström in a lengthy review published in German in a rather obscure Swedish journal *Litteris*.[25] This may explain why his critique of Kelsen has by and large been neglected except among the Scandinavians, Lundstedt, Olivecrona and Ross. Lundstedt dismisses Kelsen's theory as "pure fantasy", as has been shown "briefly and irrefutably by Hägerström."[26] For Olivecrona, Kelsen's theory is "the great mystery", which it is not worthwhile to explore.[27] Ross is more positive, but in the end he also rejects Kelsen's theory. Ross's argument is that "Kelsen has at the outset precluded himself from dealing with the heart of the problem of the validity of law — the relation between the normative idea content and the social reality."[28]

Yet Ross treats Kelsen, his former teacher, with respect. Hägerström shares this attitude: he does not dismiss Kelsen as a purveyor of nonsense but on the contrary, says that "Kelsen's theory ... is very well worthy of attention."[29] Perhaps Lundstedt should have listened to this piece of advice, and should have read Kelsen rather than depreciate him as a "dilettante", who had failed to take any part in "thorough and comprehensive discussions of social and sociological questions", as

---

[24] *Hägerström*, Inquiries (note 15), p. 267.

[25] Vol. 5, 1928. The review has been translated into English by C. D. Broad and reprinted in *Hägerström*, Inquiries (note 15), p. 257 ff.

[26] *A. V. Lundstedt*, Legal Thinking Revised, Stockholm 1956, p. 406, and notice Lundstedt's decrying of Kelsen's intelligence at p. 405.

[27] *Olivecrona* (note 6), p. 21.

[28] *Ross* (note 5), p. 70 and to this Kelsen's rejoinder, Eine „realistische“ und die reine Rechtslehre, in: Österreichische Zeitschrift für Öffentliches Recht, Bd. 10, 1959, p. 1—25. See my Skandinavischer Realismus, Freiburg/München 1978.

[29] *Hägerström*, Inquiries (note 15), p. 297.

Lundstedt has done on the basis of the scientific point of view of his master Hägerström. But then Lundstedt fails to realize that the master has two theories of law: the formal theory of law, according to which the essence of law is reason, i. e. law has authoritative character as an announcement of actual duties, and the essence of duty is to submit oneself to the law; and the psychological theory of law, according to which the essence of law is will, i. e. law is an expression of the interests of the socially dominant class, and the essence of duty is nothing but the natural feeling of a duty to observe the law, i. e. what the authorities say by means of empty words. It is only by confounding these theories that Lundstedt manages to speak of legal rules at all.

I have suggested that there are similarities and differences between the views of Hägerström and Kelsen. The similarities are that they are both preoccupied with the methodological problems of a science of law. Kelsen's campaign aims at purifying legal science of foreign elements, and establishing a pure theory of law. This is quite similar to the campaign of Husserl and Frege for pure logic as against such foreign elements as psychologism. Hägerström wants to purify thinking of the foreign elements of feeling and volition.

Both Kelsen and Hägerström are in search of a method whereby the intellect can penetrate through the mist of metaphysics to the structure of the real world. For both, to know an object means the same thing as to recognize it as an item in a unified whole. And the basic principle of all cognition is the law of contradiction.[30]

What is more important is the epistemological difference between Hägerström and Kelsen. As I see it, the difference is that Hägerström, like Freud, applies thinking as a method by which to penetrate the irrational forces of the human soul, viz. volition and feeling.[31] Kelsen, by contrast, applies thinking to apprehend in a rational way the manifold materials of law. The difference can also be put in this way. Hägerström regards legal ideas as the outcome or expression of certain interests. His interest is to unravel the conditions which produce such ideas. Thus, he claims that his psychological theory is the proper key to an understanding of law.

Kelsen accepts this but thinks it a matter for sociological or psychological research. His interest is rather in legal ideas as norms, as in-

[30] For Kelsen's conception of knowledge see my paper: Hans Kelsen's Theory of Law and Philosophy of Justice, presented at the 8th Annual Conference of the UK Association for Legal and Social Philosophy, Edinburgh 1981.

[31] Cf. *Hägerström,* Inquiries (note 15), p. 350 referring to instinct and his distinction between an ideal ego and an empirical ego, p. 148, cf. p. 129, 131, 181.

dependent intellectual constructions to be judged in terms of their consistency and clarity. This is akin to Hägerström's formal theory. The similarity between Kelsen and Hägerström is that both offer a general theory. Kelsen's theory of law is a general theory of law stating a general scheme for the criterion of validity of any legal system. Hägerström's theory of law is rather a general psychological theory stating various conditions which must operate in order to maintain the legal system.

The difference between Kelsen and Hägerström is that the former explicitly claims that cognition is creative, whereas the latter denies that this is the case. It is a clash between the view of knowledge in terms of a maker's knowledge and knowledge in terms of a finder's knowledge.[32] It is worth noticing, I think, that Kelsen's scientific or jurisprudential aim is to construct a conceptual model for the legal universe. He is interested in an elucidation of fundamental legal concepts just as Ernst Mach is interested in an analysis of fundamental scientific concepts.[33] Mach's aim is to take away "the magic from things", to present scientific knowledge as based upon connection between experience, and to present the results in an economically proper way. Science merely describes, it does not explain, sensations. Mach dedicated his *Science of Mechanics* to Karl Pearson. Kelsen refers to Mach as well as Pearson in his book, *Hauptprobleme der Staatsrechtslehre.*[34] As his motto Kelsen refers to Pearson's distinction between civil and scientific law. He also explicitly refers to Mach's formula: science is not concerned with "why" but solely with "how". This is rather interesting because it suggests that Kelsen's background is the empiricism of Mach and Pearson, as against the received opinion that he is influenced directly by Kant.

Like Mach and Pearson, Kelsen denies that legal science explains. Legal science describes, in statements using the concept of ought in a descriptive sense, the norms in which the concept of ought is used in a prescriptive sense. It is not the business of legal science to offer causal explanations of the origin of rules, and how they function in society. This is not to say that such inquiries are unimportant. They are, indeed, important, but the method used, the causal method, differs from the method of imputation used in legal science. Like Pearson and Mach, Kelsen favours the unity of science which depends upon method, not subject-matter. The important thing for Kelsen is that there is not

---

[32] See *J. Hintikka,* Knowledge and the Known, Dordrecht 1974, and my dissertation Reason, Emotion and the Law, p. 209 ff.

[33] Cf. *John Passmore,* A Hundred Years of Philosophy, Penguin Books 1968, p. 320 f.

[34] *Kelsen,* Hauptprobleme der Staatsrechtslehre, p. 3, cf. p. 353.

just one method, the causal method, used in science dealing with nature, but also another method of imputation used in science dealing with norms. And then Kelsen, like Pearson, uncompromisingly denies that religion or metaphysics provide us with scientific knowledge. There are only two ways of arriving at genuine knowledge, the methods just mentioned. If we employ these methods we are bound to arrive at the same conclusions. It is quite otherwise concerning a discussion of values, where different systems compete. The jurist, qua jurist, cannot take sides in this conflict. That is not to say that norms cannot be criticized from a moral point of view. They can, but this is distinct from giving a description of the normative meaning of legal norms.

Hägerström is opposed to metaphysics. But he is also opposed to Mach's approach, which he condemns as metaphysics. The aim of science is to penetrate to things, not to remain within the area of one's own sensations. The latter view is idealism. Kelsen's view implies that mind can only know its own ideas. Since ideas are mental it leads to the view that the real is mental. It is not, Hägerström claims; it is material. Hägerström holds the realistic view that the mind does not create ideas of facts for itself nor does it create the connections between facts. Everything that the mind can apprehend, objects as well as relations, exists already in the world independently of the mind whose function it is to describe and explain objects and relations as they are.

If this is so, theories are rather forced upon us. This immediately raises the question of how error is possible. Hägerström's answer to this is to refer to the influence of feeling and volition upon thinking,[35] hence the importance of the psychological theory. Hägerström is also interested in taking away the magic, but he uses the causal method. His analysis is based upon reasoning from known effects to looking for possible causes of norms, rights and duties. It is a manifest fact that we have ideas of rights and obligations. It is also obvious to Hägerström that foreign elements are attached to these ideas. These ideas must then be purified to achieve a system of internally coherent concepts of the empirically given reality. This is Hägerström's formal theory, which is not kept distinct from the psychological theory, by reason of his theory of knowledge and meaning. We have direct and true knowledge of independent and actual reality. We find objects and their characteristics divided by nature into real and objectively delimited classes. This is expressed in judgments using concepts. Everything we know about the thing gold is embodied in the concept of gold,

---

[35] This presupposes that feelings and volitions are active rather than passive. Hägerström denies this. His theory is then incoherent, cf. my dissertation Reason, Emotion and the Law, p. 149 f.

that it is yellow, does not rust, has great malleability, is highly valuable, etc. Each of these facts constitutes part of our concept of gold, of which the word "gold" functions as a name. Similarly, for the genuine concept of law, we have to look for the psychological facts covered by the concepts, of which the word "law" in a proper sense is the name.

This approach suggests that the task of inquiry is to look for a real world of fixed and coherent concepts, i. e. concepts stating all the characteristics that can be known about objects in the spatio-temporal world. This approach, then, makes all judgments analytical judgments. This is Hägerström's conception of science built upon the criterion of the law of contradiction as the only criterion of meaning and truth.

Now Kelsen's approach and Hägerström's approach are quite compatible, as far as I can see. They seek to maintain a distinction between analytical inquiry and empirical inquiry into law. Analytical inquiry is based upon the law of contradiction as the only relevant criterion of meaning and truth. Empirical inquiry must be supplemented by another criterion — or criteria — for testing the truth of judgments, which I shall not try to develop. The important thing is only that different statements have different criteria of truth.

Kelsen is quite explicit in this respect. Hägerström, by contrast, obliterates this distinction by merging his formal and psychological theories. There can be but one inquiry into law. This inquiry is based upon Hägerström's epistemology and his method of essentialism. If there is knowledge then there is only one independent reality of objects related to each other in a systematically connected order, beside which no other is conceivable.

There can be only one correct definition of law which states its essence, viz. the actual fact of fixed rules for the exercise of coercion, which is irresistibly upheld as a matter of fact by the authorities.

Kelsen thinks that another concept of law is conceivable, viz. that there are fixed norms for the exercise of coercion which ought to be carried out by the authorities according to norms. This raises the problem for Hägerström of how to decide between his definition and Kelsen's. His answer is based upon the method of essentialism and an appeal to his epistemology. This is unerringly and indubitably true, hence it follows that Kelsen's theory is not a case of knowledge, but of opinion. This is Hägerström's epistemological objection.

Hägerström has also another objection, based upon legal considerations. According to this, if a jurist follows Kelsen's theory, then he is committed to "primitive superstition and medieval scholasticism" or "primitive positivism"[36]. Primitive positivism claims that only positive law is valid and eliminates considerations based upon "an axiom given in the consciousness of justice". Primitive positivism is against "sound reason". It follows that a jurist should not follow Kelsen's theory. I have considered these objections in my oral presentation.

VI. A Reply to Hart

In this paper I have tried to present the agreement and disagreement between Hägerström and Kelsen. They both agree that the predictive analysis favoured by American Realists, e. g. Holmes, and, one may add, the Scandinavian Realists, e. g. Ross, is inadequate. They also argue that what matters is an epistemological approach to law and legal science. Epistemology, then, is important, but here Hägerström and Kelsen part company.

For Hägerström there is only one type of knowledge: to understand anything, to have knowledge of it, one must know its cause or explanation. This leads him into historical and psychological inquiries. The implication for legal science is that the study of law must be reducible to social psychology. What matters for legal science is not to predict how judges will act but rather to inspire people to act according to the law. Law consists of commands, albeit independent commands: as *independent* commands they are impersonal and worthy of respect, as independent *commands* they are binding.

By contrast Kelsen's theory of law is based upon the view that there are at least two types of knowledge, empirical knowledge in terms of causes, and normative knowledge in terms of reasons. The implication for legal science is that the study of law cannot be reducible to social psychology. What matters for legal science is neither to predict nor to inculcate the proper disposition to obey the law. Law as norm is the object of an autonomous legal science which tries to describe the meaning-content of norms by using the principle of imputation.

The difference between Hägerström and Kelsen is then whether legal science is an autonomous science or not. Another difference between them relates to values. For Kelsen, government is effective whenever its institutions are strong, and corrupt whenever its machinery fails to function adequately. Hägerström's approach, by contrast, is that, if men who control the institutions of government are corrupt, the best possible institutions cannot be expected to shape or constrain them, whereas if men are virtuous, the health of institutions will be a matter of second-

[36] *Hägerström*, Inquiries (note 15), p. 271, 272, 274, 278, 298.

ary importance. Hence derives the importance of legal science as a means to sustain the proper spirit of officials, the people and the laws, with Hägerström as a cognitive sovereign. This leads to a society which, above all else, values unity, harmony and stability, at the cost of suppressing human freedom and creative experiment.

The issue at stake in the debate between Kelsen and Hägerström is then the crucial political one of man's freedom and rights.

LEGAL REALISM OR HÄGERSTRÖM ALONG WITH HART*

Some Comments on Bjarup

By Enrico Pattaro, Bologna

In my opinion Bjarup's paper,[1] albeit rich and stimulating, is a misrepresentation of Hägerström's thought, especially as far as the latter's theory of law is concerned.

My paper is divided into two parts. In the first I put forward some points of my disagreement with Bjarup. In the second I outline my interpretation of Hägerström's theory of law and emphasize some analogies between it and that of H. L. A. Hart.[2]

I.

1. Hägerström Made Fun Of

Bjarup claims that Hägerström adopts the following two theories of law:

(i) A formal theory of law according to which "the essence of law is reason", "it is the nature of law to be a normative system of objective rules for rights and duties", "legal rules have to be obeyed, since there is an obligation to obey the law", "law has authoritative character as announcements of actual duties."[3]

(ii) A psychological theory of law according to which "the essence of law is will", "[r]ight or wrong conduct is simply what the authorities use words to command. To know what is right and wrong is a question of paying attention to commands."[4]

---

* This work was supported by the Italian Ministero Della Pubblica Istruzione.

[1] *J. Bjarup,* Legal Realism or Kelsen Versus Hägerström, in this volume. I want to thank Bjarup for his kindness in letting me have a copy of a part of his dissertation Reason, Emotion and the Law: Studies in the Philosophy of Axel Hägerström (1982).

[2] Cf. *E. Pattaro,* Il Realismo Giuridico Scandinavo. Vol. I: Axel Hägerström, Bologna 1974, pp. 178—200; *Bjarup,* Skandinavischer Realismus, Freiburg/München 1978, p. 138.

[3] *Bjarup,* Legal Realism, sections V, IV.

[4] Ibid.

If Bjarup is right then it follows:

(iii) from (i) that Hägerström holds a natural law theory, namely a rationalistic one, which reminds us for instance of that of Thomas Aquinas.[5]

(iv) from (ii) that Hägerström holds a positivistic will-theory of law, similar, for instance, to that of Thomas Hobbes.[6]

(v) from (i) and (ii) that Hägerström's theory of law is an inconsistent mélange of natural law and legal positivism.

Moreover, if Bjarup is right, then two further inconsistencies affect Hägerström's thought:

(vi) since natural law rationalism involves a cognitivist metaethics[7] and Hägerström, as is well known, holds a non-cognitivist metaethics,[8] Hägerström contradicts himself in (iii).

(vii) since Hägerström maintains, as is well known, that will-theories of law are mistaken,[9] he contradicts himself in (iv) too.

Other scholars have considered Hägerström as a kind of bizarre mind if not as mad.[10] Bjarup's reconstruction of his philosophy is a contribution to this interpretative trend.

2. Misunderstandings

a) Let us consider first the so-called formal theory of law ascribed to Hägerström.

As a matter of fact Hägerström *deals with* views of law that are in keeping with some rationalistic natural law trend, but he does not share them. He speaks of them as living "in jurisprudence", "in the

---

[5] *Thomas Aquinas,* Summa Theologiae, 1.2., q. 90, aa. 1, 2, 4; q. 91, a. 1; cf. 1.2., q. 96, a. 1, q. 95, a. 4. I am not using the term 'natural law' in the same sense as *Bjarup,* Reason, Emotion and the Law, 1982, p. 424.

[6] This is openly maintained by *Bjarup* (note 5), p. 422. Cf. *M. A. Cattaneo,* Il Positivismo Giuridico Inglese. Hobbes, Bentham, Austin, Milano 1962.

[7] Cf. *F. E. Oppenheim,* Moral Principles in Political Philosophy, New York 1968, ch. II.

[8] Cfr. *Pattaro* (note 2), p. 71 ff.; *S. Castignone,* La Macchina del Diritto. Il Realismo Giuridico in Svezia, Milano 1974, p. 41 ff.; *S. Strömholm/H.-H. Vogel,* Le "Realisme Scandinave" dans la Philosophie du Droit, Paris 1975, p. 29 ff.; *Bjarup* (note 2), p. 42 ff.; *L. L. Hierro,* El Realismo Juridico Escandinavo, Valencia 1981, p. 146 ff.

[9] Cf. *Pattaro* (note 2), pp. 77—118; *Castignone* (note 8), p. 53 ff.; *Bjarup* (note 2), p. 118 ff.

[10] About them see *C. Faralli,* Diritto e Magia. Saggio su Axel Hägerström, in: Contributi al Realismo Giuridico, edited by E. Pattaro, Milano 1982, p. 59 ff.

popular consciousness", in "current legal opinion". He openly says, for instance, that "the proposition that the positive law is as such obligatory is (...) a part of the theory of natural law" and states fully and clearly that it has nothing to do with his own theory of the "primacy" of law (which I will consider in II.2).[11]

Passages where Hägerström is describing such views of law are taken out of context by Bjarup and presented as if conveying Hägerström's own view of law.[12]

No wonder if, by adopting such a method of reading, one should also claim that Hägerström holds that norms, duties and rights are supernatural bonds and powers depending on supernatural agencies which men, especially priests, are able to control by using appropriate words and ritual techniques.

Hägerström, indeed, *deals with* such ideas when describing the ancient Roman view of law. He maintains that the Romans held such magical-religious beliefs.[13] Of course he does not hold them himself, in other words he does not believe in magic. However if one adopted Bjarup's way of reading Hägerström's works, one would have to conclude that Hägerström believed in it.

b) Let us consider now the psychological will-theory ascribed to Hägerström.

Bjarup writes that according to such theory "the essence of law is will, i. e. law is an expression of the interests of the socially predominant class."[14]

It is paradoxical that Bjarup identifies 'will' with 'interests'. In fact it is true that, in Hägerström's view, law is an expression of interests. However it is also true that Hägerström openly denies that to conceive law as an expression of interests allows it to be represented as an expression of will. "The force of a legal norm," Hägerström writes, "never 'depends' merely on the fact that a certain section of persons within the group desires that it shall be universally observed; it depends always on many other factors, such as habit, inertia, traditional

---

[11] *A. Hägerström,* Inquiries into the Nature of Law and Morals, edited by K. Olivecrona, translated by C. D. Broad, Stockholm 1953, pp. 205—206, 156—157, 198, 90, 54.

[12] *Bjarup* (note 5), pp. 405—406, with reference to Hägerström's pages as quoted in the previous footnote. In his contribution to the present volume Bjarup develops his view of Hägerström's formal theory of law on the basis of this dissertation.

[13] On Hägerström's legal historical works see *Faralli* (note 10), as well as Faralli's contribution in this volume.

[14] *Bjarup,* Legal Realism, section V.

modes of thought, and so on". Hägerström admits that "the question of the intention and significance of *a* law [*en lag*] is a legitimate one", but immediately adds, "the mistake consists in the fact that one thinks, in this connexion, of a unitary will, which in the beginning adjusted its desires in accordance with a certain system of values, and thereafter acted in accordance with this system. The real state of affairs, on the contrary, is that, in the conflict of interests within a society, certain interests come to express themselves in the form of laws [*i rättsformen*]. The system of rules which arises in this way then becomes actualized because a whole mass of heterogeneous factors conspire to maintain it, without there needing to be in the group any unitary will to that end."[15]

Bjarup claims that, according to the psychological theory — which he ascribes to Hägerström — "it is only the words expressed in commands which make actions right or wrong."[16] However Bjarup does not quote any passages in which Hägerström puts forward such a contention. Nothing in Hägerström's theory of law justifies its interpretation as a kind of new Hobbesianism.

Hägerström's view of the assumption that a legislator's commands can possibly make actions right or wrong is well expressed in what he writes on Felix Somlo's imperativist theory: "By such reasoning, forsooth, we might conclude that an animal-trainer creates for his animals a valid empirical ought through his commands!"[17]

3. Hägerström, a Realist Open to Normativism

Hägerström does not expound his theory of law systematically and no doubt there are obscurities and probably inconsistencies in his work. However, there is only one Hägerströmian theory of law, which is fully socio-psychological and quite compatible with Hägerström's non-cognitivist metaethics.

To a jurist Hägerström's theory of law has the significance and the limits of a sociological theory: in other words, it is no help in tackling the problems of legal dogmatics, but most useful if one wants to understand how law works and is integrated with the social and cultural system.

---

[15] *Hägerström* (note 11), pp. 40, 41, my italics. My insertion of the Swedish words from the original version: *Hägerström*, Är gällande rätt uttryck av vilja?, in: Hägerström, Rätten och Viljan, edited by K. Olivecrona, Lund 1961, p. 82.

[16] *Bjarup*, Legal Realism, section IV.

[17] *Hägerström* (note 11), p. 261, cf. p. 143 ff.

In comparison to other sociological theories and especially to behaviourist theories of law,[18] Hägerström's theory offers the advantage of pointing out, indeed of emphasizing, the importance of the idea of norm in law. As far as this aspect is concerned Hägerström's theory of law has several points of similarity with the theory Hart put forth forty years later.[19]

I shall now try to reconstruct briefly some of the main points of Hägerström's theory of law by showing the analogies with Hart's theory. In such a way I hope I shall be able to give a faithful picture of Hägerström's thought in order to counteract Bjarup's interpretation.

II.

1. Norms and Commands

According to Hägerström, both norms and commands stir up in the people as objectively subsisting and by their nature connected with an imperative expression like "it ought to be done", "it should happen" *et similia*. A norm, then, is a socio-psychological fact resulting from social conditioning.[20]

Hägerström's concept of norm — it is worth noticing — is very similar to the concept of social rule propounded within sociological literature, especially by Durkheim and Parsons.[21]

According to Hägerström, both norms commands stir up in the recipient a conative impulse "devoid of valuation", i. e. they create directly in him an intention to act in a certain way.[22] In spite of this there are relevant differences between norms and commands, *inter alia* the following.

(1) *Contextual requirements*. In the case of a norm the effectiveness of the imperative expression does not require any special relationship between the giver and the recipient. A command, on the contrary, requires it. A command does not act as an "independent imperative"[23].

---

[18] Cf. *A. Ross*, On Law and Justice, London 1958, p. 70 ff.

[19] *H. L. A. Hart*, The Concept of Law, Oxford 1961.

[20] *Hägerström* (note 11), pp. 153—156, 192 ff.

[21] Cf. *L. Gallino*, Norma Sociale, in: Gallino, Dizionario di Sociologia, Torino 1978, p. 478 ff.

[22] *Hägerström* (note 11), pp. 120, 130—131, 192, cf. p. 126.

[23] Ibid., pp. 120—121, 125, 193. This distinction has been developed by K. Olivecrona later on. Cf. *Pattaro*, Olivecrona's Theory of Imperatives, in: U. Kangas (ed.), Essays in Legal Theory in Honor of Kaarle Makkonen, Helsinki/Vammala 1983, pp. 223—237.

(2) *Rightness.* In the case of a norm, but not in the case of a command, the required action "is regularly thought of as being that which is *right* or *proper* under the actual circumstances."[24]

(3) *Recipient's state of mind.* In the case of a norm, "a consciousness of an obligation" to do the required action, as being the right one, is present in the recipient's mind and connected with a feeling of duty. This is not the case with the recipient of a command.[25]

(4) *Verbal expressions.* In the case of a norm, but not in the case of a command, people use sentences in the indicative mood, by which they state the existence of a duty, *e. g.* "this action *is* my duty", "I *am* under an obligation to act in this way" etc.[26]

(5) *Universalizability.* In the case of norms people take their general validity within a given group for granted. As Hägerström puts it, "It may be that, in my opinion, the system demands a peculiar action in the circumstances in which I am placed. But I always hold that the same action would be right for another person, with the same individual peculiarities placed in the same situation". Hence the moral indignation and disesteem for persons not performing the right action. All this is not the case as far as mere commands are concerned.[27]

(6) *Sanctions.* In the case of a norm the idea of duty leads one to consider the sanction attached to disobedience as just and submission to the sanction as a duty as well. In the case of a command, on the contrary, if a sanction is attached to disobedience to it, the sanction will be considered as a mere fact.[28]

Let us now turn to Hart.

Hart's distinction between rules — or laws — and orders is similar to Hägerström's between norms and commands. Hart emphasizes that the context of an order is a "face-to-face situation", where there is a relationship between the giver and the recipient, consisting of a "mere temporary ascendancy" of the former over the latter. Laws, on the contrary, do not require a face-to-face situation, and are *standing,* continuous.

As regards 'standing', by the way, it is worth noticing that Karl Olivecrona uses, with reference to laws, the Swedish expression

---

[24] *Hägerström* (note 11), p. 144.

[25] Ibid., pp. 193, 133 ff., 142 ff., 165 ff.

[26] Ibid., pp. 132 ff., 193 (Hägerström's italics).

[27] Ibid., pp. 156—157, 170 ff., 193 ff.

[28] Ibid., p. 194, cf. pp. 174 ff., 179 ff. Cf. *Pattaro* (note 2), pp. 119—200, 242—262.

fristående imperativer, literally 'free-standing imperatives', meaning by that what he calls 'independent imperatives' in his English writings.[29]

According to Hart there is a social rule when certain behaviour is regarded by a group "as a general standard to be followed by the group as a whole". This not only means convergence or identity of behaviour within the group but also that any deviations from standard behaviour are regarded "as lapses or faults open to criticism". Criticism, in its turn, is not "just in fact made but deviation from the standard is generally accepted as a good reason for making it". In other words, criticism is considered as "legitimate or justified". All this finds its characteristic expression in the use of normative language, as in sentences like 'I (You) ought to (. . .)', 'I (You) must do that', 'That is right', 'That is wrong'.

Then Hart's remark that "the statement that someone has or is under an obligation does indeed imply the existence of a rule" is readily understandable, since he rightly maintains that "there is involved in the existence of any social rules a combination of regular conduct with a distinctive attitude to that conduct as a standard."[30]

Regular conduct — social behaviour — is the external aspect of rules, the attitude of regarding it as a standard is their internal — psychological — aspect. The existence of a rule is then a socio-psychological fact.

Such a concept of a social rule is quite close to Hägerström's concept of a norm. In particular, the meticulous analysis Hägerström devotes to the ideas of norm, rightness and duty, as well as to the allied conative impulses, is an analysis of what Hart calls the internal aspect of social rules.[31]

2. Law Is Not Made Up Of Commands. It Requires Norms

The detailed analysis, by which Hägerström as well as Hart distinguishes commands or orders from norms or rules, is meant to show that law as a way of social control cannot be explained in terms of commands but only in terms of norms or rules.

On this point it is illuminating to compare what Hägerström writes about a hypothetical society based on commands and another based

[29] *Hart* (note 19), pp. 18 ff., 21, 23, 24; *K. Olivecrona,* Rättsordningen. Idéer och fakta, Lund 1966, p. 132 ff. Cf. *Pattaro,* Riflessioni su Olivecrona, in: Rivista Trimestrale di Diritto e Procedura Civile, 1968, pp. 721—764.

[30] *Hart* (note 19), pp. 55, 54, 56, 83.

[31] Ibid., p. 112 on the internal aspect of rules and the idea of 'right', 'correct', 'obligatory'; *Hägerström* (note 11), pp. 143—152 on 'rightness'. Cf. *Pattaro* (note 2), pp. 159—165.

on norms, with the pages where Hart imagines how things would go if a hypothetical King Rex ruled only by usually obeyed commands first, and then if he ruled on the basis of an actually accepted rule of recognition. The continuity and persistence of law as well as legal limitations on legislative power belong only to a society based on norms, they are not possible in a society based on commands.[32]

As Hägerström puts it, there is no case of state domination *(herravälde)*, apart from pure despotism and mob-rule, "in which the actual possessors of power are not subject to rules, having an ideal force, on the basis of whose authority or in accordance with which, exercise of power alone can take place". Rules precede power, they constitute it as an actual capacity of determining people's behaviour. "Just as the private individual must appeal to the positive law [*rectius*, valid law, in Swedish *gällande rätt*] when making claims on other individuals if he is to get [*realisera*] his rights, so too must the political authority base himself on the existing constitution in making his regulations for social relationships if those regulations are to have the force of law."[33]

One might think that Hägerström, by subordinating the force of law to an existing constitution, has a formalistic outlook as Kelsen has. However this is not the case. Unlike Kelsen, Hägerström deals with the formal validity of laws as a condition of their effectiveness.

The effect of legislation — Olivecrona writes, following Hägerström — "results in the first place from the general reverence in which the constitution is held". Thanks to such an attitude towards the constitution people are prepared to obey. It is only necessary to tell them *how* they have to behave. They will obey on condition that they are told to do so *in the proper form*, that is, according to the rules of the constitution. People will obey if they are told to do so by those who, like the lawgivers, are in a key position "to use those formalities, which, considering the psychological situation in the country, are required in order to give practical effect" to laws.[34]

According to Hägerström it is not a *de facto* power of the authorities that creates norms; on the contrary it is the existence of norms that creates the authorities' *de facto* power. In other words, constitutional rules, concerning the exercise of power, constitute the actual basis of an actual power, and not vice versa. Certain people have a real power to

---

[32] Cf. *Hägerström* (note 11), pp. 194—196; *Hart* (note 19), pp. 50 ff., 56 ff., 97—98.

[33] *Hägerström* (note 11), pp. 34—35, 30—31. My insertion of the Swedish words from the original version: *Hägerström*, Är gällande rätt . . . (note 15), pp. 75—77, 72—73.

[34] *K. Olivecrona*, Law as Fact, Copenhagen/London 1939, pp. 52, 57.

determine other people's behaviour because they are in a position of authority, thanks to the rules of the constitution.

Legislators enact laws that are complied with and courts deliver judgments that are carried out — in this sense all of them possess actual power, that is, they succeed in getting done what they prescribe — since they act as legislators or judges in accordance with a constitution accepted as a binding norm by the citizens. The citizens comply with laws and judgments because the latter are in accordance with the constitution, not because they are somebody's personal commands or will.

Here Hägerström is defending the "primacy" of law and its normative character.[35] One should read the pages in which he criticizes will-theories of the kind supported by the followers of John Austin. One should also read the pages in which Hägerström maintains against Salmond the primacy of constitutional rules over "constitutional practice" and/or "*de facto* organisation of state" and those passages in which he rejects as "unreasonable" the idea of a state-authority binding itself by its own will.[36]

According to Hägerström there would be no effective legal power or law if constitutional rules were not conceived as binding norms by the common people and if the authorities did not act in accordance with them. In this way Hägerström's view of the primacy of law is a descriptive, scientific view, not a prescriptive one or an ethical doctrine.

Similarly Hart maintains that Austin's theory — according to which law is a set of commands — is incorrect. Moreover according to Hart only the existence of rules — defining who has the right to enact laws, who is entitled to succeed to a legislator, stating that the laws are in force regardless of the legislator's personal history and stating which forms and limits are to be observed so that certain declarations may become law — can account for the continuity of power, the persistence of laws and the legal limitations on legislative power.

These fundamental rules, as Hart calls them — Hägerström speaks of constitutional rules or rules concerning the exercise of power — constitute the rule of recognition. Their existence lies in their being accepted as patterns of behaviour. Legislators accept and acknowledge them when they enact laws in accordance with these rules; so do courts when they apply laws passed in accordance with these rules; so do experts when they guide ordinary citizens on the basis of the laws

---

[35] Cf. section I. 2. a) in this essay.

[36] *Hägerström* (note 11), pp. 28—35 (quotation from p. 30). See also *Hägerström*, Rätten och Staten, edited by M. Fries, Stockholm 1963, p. 120 ff.

enacted in compliance with these rules; so does the ordinary citizen when he acquiesces in the behaviour of legislators, courts and experts.[37]

3. Final Remarks

I have tried to pinpoint the analogies between Hägerström's theory and Hart's. There are of course many differences left, the main one being Hart's juridical insight, through which he fully understands and meets the requirements of legal dogmatics. For instance, by means of the idea of the existence of subordinate rules, by which he understands their validity according to the system's criteria, he recovers the classical juridical approach.[38]

Nevertheless I think that from the comparison that has been made one may conclude that Hägerström's theory of law is indeed up to date. Taking into account Hart's general philosophical trend, one can also find further evidence that a consistent application of the analytical and neo-empiricist method leads to a radical reconsideration of some fundamental tenets of traditional legal positivism, including Kelsen's theory of law.

In fact Hart, by criticizing Austin's theory of law, overcomes it so as to elaborate a theory of law that could be considered to some extent realistic. Since he ascribes a fundamental importance to the concept of a social rule, by which he understands behaviour conceived and accepted as an objective standard within a social group, Hart's realism is different from American but similar to Scandinavian realism. Hart openly acknowledges the relevance of the latter's contribution as far as the normative character of law is concerned.[39]

Hart is more of a normativist than Austin because his legal theory replaces Austin's concept of coercive order with a concept of rule and assumes that law is not the expression of the will of those actually in power but a set of standing rules. Hart may be considered something of a realist in the same sense as the Scandinavian realists are, both for the reasons that make him more of a normativist than Austin and in virtue of his psychological and sociological concept of rule, which he shares with Hägerström. This is to say that Hägerström's and his followers' realism meets the requirements of a fair consideration of the normative character of the law better than is generally thought and, in any event, better than certain varieties of legal positivism based on naïve will-theories.

---

[37] *Hart* (note 19), pp. 50 ff. (esp. 59—60), 60 ff., 64 ff., 97 ff.

[38] Cf. ibid., pp. 99 ff., 106—107, 113—114, cf. pp. 68, 247.

[39] Ibid., p. 10 ff.

PUNISHMENT AND RESPONSIBILITY IN SCANDINAVIAN LEGAL REALISM

The Views of Vilhelm Lundstedt

By Silvana Castignone, Genova

The great contraposition in the debate about criminal law is that between the retributive and the preventive (or utilitarian) theories of the function of punishment. The former looks back at the past and it is founded on *quia peccatum est:* punishment is inflicted because a crime has been committed, and it is *just* because the criminal has *deserved* it; the latter is founded on *ne peccetur,* and looks forward to the future: punishment is inflicted in order to influence the behaviour of people and to prevent crime. We talk of *special prevention* when punishment is conceived as a deterrent for the singular person who has already committed a crime (a deterrent for his future behaviour). We talk of *general prevention* when punishment is seen as a deterrent for the whole population. Strictly connected with the utilitarian or preventive theory is the idea of the moral improvement of the criminal *(reform).*[1]

Scandinavian realists follow the preventive theory and criticize the retributive one. I will briefly examine the views of Vilhelm Lundstedt, who, as is well known, was deeply concerned with criminal problems.[2]

Lundstedt starts with his criticism of the "method of justice", that is to say with the criticism of the belief in an objective or material law which is shared by the majority of jurists and legal philosophers. This material or objective law is supposed to emanate from the will of the community or the State, which is seen as a subject whose will enacts a body of legal rules or norms, also called imperatives or commands.[3]

---

[1] See for instance *A. Ross,* Skyld, ansvar og straf, Berlingske Forlag, København 1970, and *H. L. A. Hart,* Punishment and Responsibility, Oxford University Press 1968.

[2] See *K. Olivecrona,* Vilhelm Lundstedt (1882—1955), in: Rivista Internazionale di Filosofia del diritto, 1957, pp. 473—75. Lundstedt's works here referred to are: Superstition or Rationality in Action for Peace. Arguments against Founding a World Peace on the Common Sense of Justice. A Criticism of Jurisprudence, Longmans, Green & Co., London 1925; Legal Thinking Revised, Almqvist & Wiksell, Stockholm 1956.

[3] *Lundstedt,* Legal Thinking Revised (note 2), pp. 23 ff.

These authoritative imperatives give rise to objective rights and duties which are to be protected by the legal machinery. According to Lundstedt, who follows Hägerström, these objective rights and duties do not exist: they are only ideas in the imagination of men, and are the result of a process of objectification and exteriorization of the inner feelings of power and compulsion to which the regular functioning of the machinery of law gives rise. Material law or justice, writes Lundstedt, lacks the character of reality, and "the common sense of justice (...) far from being able to support the 'material law', on the contrary receives its entire force through the maintenance of law, i. e. legal machinery, which takes the common sense of justice (= the feelings of justice) into its service and directs it to the advantage of society."[4]

What has happened, has been an inversion in the causal chain of phenomena: effects have been considered as causes and vice versa. Men (and legal philosophers too) have thought that rights and duties existed first, as real entities, and that the legal order was created later, in a second period, in order to protect them. However, in effect the truth is the exact opposite.

On the basis of this criticism of the ideology of justice, Lundstedt analyses and destroys the current notions of legal duty, subjective right, validity, wrongfulness, responsibility and also the notion of norm itself, seeing them all as consequences of the inversion between cause and effect above mentioned.

It is necessary to go back, to go through the process again, the other way round. It is necessary to put things "on their feet", to give precedence to the functioning of legal machinery, which after all is only a mechanism of monopolization of force directed to social ends. The psychological impact of this mechanism 'creates' the imaginary entities called duties, rights, wrongs and so on.

During this operation of discovering the true empirical nature of law, Lundstedt also criticises, as said above, the notions of wrongfulness and responsibility, and faces the problem of the justification of punishment. "Actus non facit reum nisi mens sit rea": according to the traditional opinion punishment follows a crime, the transgression of a rule. But behaviour contrary to the rule is not alone a sufficient condition for punishment. Punishment must also be *just:* and it is just only when the subject who has violated a rule, in doing so has also violated an objective duty established by the rule itself. Moreover, the violation of duty must have been done consciously: that is to say, what

[4] Ibid., p. 53.

is needed is *mens rea*. In this way one develops the concept of guilt, or guiltiness, which justifies punishment.

But if objective duties and material justice do not exist, then it makes no sense to talk of guilt, *mens rea* and the justice of punishment. Turning the concept upside down, it is possible to see that punishment finds its reason and justification only in social utility, because without criminal law, society could not exist. Moreover this helps us to understand that the essential factor is not punishment but the existence of criminal law. We have to pay attention to the social function of criminal law rather than to the social function of punishment.

Lundstedt intends to replace the ideology of justice with the method of *social welfare:* he thinks that the ideology of justice is not only wrong from a scientific point of view, but also dangerous from the practical point of view, dangerous to society, because the feelings of justice which constitute its basis are of an individualistic nature. The ideology of justice bases itself on the principle of giving each person his own deserts, on the "suum cuique tribuere" of Ulpian. Natural justice consists chiefly in maintaining that each individual has rights towards others, and that he can advance claims: e. g., the claim of justice by the owner is what Ulpian calls the right of the owner to receive what is his own. It follows that natural justice is mainly of a compensatory character, as it tends to compensate one for the wrong or the insult that one has suffered, to restore the *status quo ante* on behalf of right-holders. One can see it very well, writes Lundstedt, in the law of torts and particularly in the so-called culpa rule and fault liability. The social welfare method, on the contrary, has a preventive character, since it conceives law as a social mechanism which tends to guarantee, through the regular application of certain rules, types of behaviour and situations useful to society.

Applying the two methods (ideology of justice or social welfare) to criminal law, we can see that the ideology of justice leads to the retributive theory of punishment, whose principal element is the notion of guilt; while the social welfare method leads to the preventive or utilitarian theory of punishment: or rather, as said before, to the preventive theory of criminal law. It is not the single punishment which has importance: it is the regular application of criminal law that allows society to exist. "If it is so that certain actions may be punished in order that man *in general* may abstain therefrom, and the society accordingly may exist, then there *can* be no other reason for the particular punishment than that it is an element in the maintenance of the criminal code as a law in force. The question then becomes: what is the foundation for the maintenance of the criminal law? Again no other answer can be given than that the maintenance of criminal law is necessary so that the society may not be overrun by those actions which we call crimes and all society life may not be stifled, in brief, so that society may be able to live."[5]

In which way does the existence and the maintenance of criminal law assure the existence of society? Not so much through the fear of punishment in individual cases, but by making people in general feel very strongly about the (moral) necessity of respecting criminal laws. "It is the inviolability of certain social values which is impressed through the maintenance of criminal law."[6] The regular application of criminal law gives rise, among the whole population, to a spontaneous and instinctive feeling of dislike for criminal acts. That is to say, the regular maintenance of criminal law and the fact that certain types of behaviour are always punished (and the certainty of punishment is for Lundstedt of capital importance), leads men to develop an instinctive attitude of dislike towards the acts qualified as crimes by the law. This attitude of dislike, through the mechanism of exteriorization and objectification of feelings, becomes a feeling of objective duty: the general moral attitude against crime which exists in social life is so conditioned by the existence of criminal law.

"On the basis of Hägerström's analysis" — writes Lundstedt — "of the conception of duty and its origin, I have made it clear that the *essential* function of punishment is to promote in the community in general a sentiment of duty of a special kind, a *moral instinct,* as it were, against crimes. In comparison with the importance of this moral instinct the *deterrent* effect of punishment scarcely deserves mention, and, at any rate, plays a very inferior role."[7]

We are here witnessing an overturning of the retributive theory: it is not the violation of duty which justifies punishment, but it is the existence of criminal law, of which punishment is an element, that gives rise to moral duty. It is particularly important — says Lundstedt — to remember that this general sense of duty, or moral instinct, with regard to crime, far from being a basis for criminal law, is on the contrary a consequence of the administration of criminal law for generations.[8] The error which is common in all branches of law has occurred again; the error of confusing cause and effect.

Lundstedt also criticises the idea, which he qualifies as *fantastic* and *ridiculous,* that punishment should have the task of reforming criminals,

[5] Ibid., p. 221.

[6] Ibid., p. 230.

[7] *Lundstedt,* Superstition or Rationality (note 2), p. 48.

[8] Ibid., p. 49.

of improving them morally and of making better citizens of them. In reality what happens is exactly the opposite. "The penalty of imprisonment morally breaks down the criminal and often pushes him into the socially branded class of people known as convicts or convinced criminals."[9]

Society rejects the individual who has been condemned and has expiated his crime, while it esteems 'without stigma' the man who, although having committed bad deeds, has not been legally prosecuted (for instance in the case of amnesty).

Moreover, if the aim of criminal law were the moral improvement of people, then all individuals who clearly show criminal tendencies (although they have committed no crime in practice) should be sent to prison, together with real criminals, in order to improve themselves.[10] "The next thing to do for the advocates of this doctrine" — writes Lundstedt — "is to send their own more obstinate and stubborn sons and daughters to penal institutions to participate in such moral improvement."[11]

Lundstedt also disagrees with Grolman,[12] who maintained the thesis of special prevention, that is to say the thesis that the essential element in punishment is "the prevention in some way of the recurrence of the same or similar crime on the part of *the punished individual.*"[13] According to Lundstedt it is a wrong thesis, although it takes into account prevention and not retribution, because the really important element is the existence of criminal law which generates feelings of moral duty, and not punishment, which may dissuade the individual from committing crimes again. "Criminals are only drops in the sea of people."[14] Moreover, the theory of special prevention may be seen as an aspect of the retributive theory, because the attention given to punishment of the individual is strictly connected with the idea of guilt.

The function of criminal law is and cannot be anything else but general prevention: "One can no more speak of any principle of justice or of any justification for the punishment of crime by the community —

---

[9] Ibid., p. 46.

[10] Ibid.

[11] *Lundstedt,* Legal Thinking Revised (note 2), p. 227.

[12] *K. Grolman* (1775—1829), Grundsätze der Criminalrechtswissenschaft, nebst einer systematischen Darstellung des Geistes der deutschen Criminalgesetze, Giessen 1798; Über die Begründung des Strafrechts und der Strafgesetzgebung, nebst einer Entwicklung der Lehre von dem Masstabe der Strafen und der juristischen Imputation, Giessen 1799.

[13] *Lundstedt,* Superstition or Rationality (note 2), p. 47.

[14] *Lundstedt,* Legal Thinking Revised (note 2), p. 223.

in the sense that the community uphold a system of criminal law — than one can speak of such a principle or reason for putting on one's clothes when one rises in the morning, or for partaking [of] food. Both are done simply in order to prevent certain disastrous consequences: in the one case, sickness and death of the individual; in the other, of the community."[15]

This way of thinking had as a consequence that Lundstedt was accused of being a cynic and of treating the convict as "an innocent beast of sacrifice"[16]. But certainly, irrespective of this extreme accusation, we must remark, as is well known, that the utilitarian theory may present some difficulties and can even be very dangerous: for example, in the name of social utility one may justify the punishment of the innocent.

Various kinds of remedy have been presented to avoid these difficulties and dangers. As regards Lundstedt, I think that, on the basis of his social welfare theory, he would defend his position by stressing the socially dangerous consequences which can derive from the punishment of the innocent: dangerous consequences that on the whole would be greater than the advantages to society deriving from the enforcement of criminal law.[17]

[15] *Lundstedt,* Superstition or Rationality (note 2), p. 44.

[16] *Lundstedt,* Legal Thinking Revised (note 2), p. 233.

[17] It is impossible here to analyse also Lundstedt's conception of responsibility. See *S. Castignone,* La macchina del diritto. Il realismo giuridico in Svezia, Giuffré, Milano 1974; *id.,* Il realismo giuridico scandinavo: principi teorici e proposte operative, in: Annali della Facoltà di Giurisprudenza. Università di Genova, 1974, 2, pp. 568—580.

ANTHROPOLOGY AND HISTORY IN THE STUDY OF LAW

Axel Hägerström's Romanist Works

By Carla Faralli, Bologna

I.

A typical feature of the method of Scandinavian realists is, as is well known, to try to understand juridical concepts and their function by tracing back what they meant to the authors who handed these concepts down to us.

Axel Hägerström offers the most interesting examples of the application of such a method, particularly in his research into ancient Roman law. The results of this can be found in the booklet *Das magistratische Jus in seinem Zusammenhang mit dem römischen Sakralrecht,*[1] and in two massive volumes *Der römische Obligationsbegriff im Lichte der allgemeinen römischen Rechtsanschauung,*[2] which were to have been followed by a third, that was left a mere outline on the author's death.[3]

With the exception of the Scandinavian countries, these works by the Uppsala leader have had little impact on European culture. Philosophers of law briefly mention these studies and usually acknowledge their importance in Hägerström's work as a whole but they have never, for instance, investigated the connection between such historical studies and the criticism of „ought". Neither have they examined the relationship between these studies and the well-known "thesis of reality",

[1] Uppsala 1929.

[2] I, Uppsala/Leipzig 1927; II, edited by K. Olivecrona, Uppsala/Leipzig 1941.

[3] Hägerström gave an outline of what should have been the third volume in the essay: Nehrman-Ehrenstråles uppfattning av grunden för ett löftes juridiskt bindande kraft belyst genom å ena sidan romersk, å andra sidan naturrättslig rättsåskådning, in: Minnesskrift ägnad 1734 års lag, II, Stockholm 1934, pp. 571—630. This essay was later edited by Olivecrona for its first abridged edition with the title: Über den Grund der bindenden Kraft des Konsensualkontraktes nach römischer Rechtsanschauung, in: Zeitschrift der Savigny-Stiftung für Rechtsgeschichte, Romanistische Abteilung, 1943, pp. 268—300. A second unabridged German edition was published as a monograph with the title: Recht, Pflicht und bindende Kraft des Vertrages nach römischer und naturrechtlicher Anschauung, Stockholm 1965.

which is the fundamental point of Hägerström's ontology and gnoseology. On the other hand experts on Roman law have too hastily branded Hägerström's theses "absurd and grotesque", usually without discussing them in any critical way.

Such an attitude may be partially due to some extrinsic qualities of Hägerström's works, such as his method of exposition. In fact the author interrupts and intertwines the development of his main ideas with subsidiary investigations, often going into details which are not always necessary and which make it hard to follow the logic of his arguments. In addition, he includes very long foot-notes which can extend to whole essays — one foot-note in the first volume runs to 24 full pages. This helps to make the text very difficult to read.

Olivecrona remarks that the philosophical content of Hägerström's works — one should not forget that they are the works of a philosopher, not a student of Roman law — could have been adequately contained in a volume of moderate size. In that way, all the main ideas would have been within easy reach of any jurist, philosopher or historian. Hägerström feared that such a concise method of exposition would weaken their impression on specialists in Roman law, so he deliberately added plentiful documentation.[4] In fact — as even his censorious reviewers concede — he makes use of a huge amount of documents from every available source: historical, literary and juridical.

Although the difficulty of the text may have put off readers — as De Francisci says[5] — by making them "give up the search for some good sheaf of corn amidst the tangle of wheat grass", that alone cannot account for the lack of interest in Hägerström's works. It was his main thesis, that Roman law was based on magic and superstition, which provoked a negative reaction to his works.

I think that, in order to understand Hägerström's romanist works properly, one must examine them from two different points of view — one internal and one external, so to speak — which have a significant point of intersection.

From the internal point of view one has to bear in mind that Hägerström's interest in the history of Roman law is strictly related to the realist and anti-metaphysical aspects of his own philosophy, which led him to criticize metaphysics in all fields such as science, morals and law. By metaphysics he means a combination of words whose epis-

---

[4] *K. Olivecrona,* Editor's Preface, in: A. Hägerström, Inquiries into the Nature of Law and Morals, edited by K. Olivecrona, Uppsala 1953, p. XIV.

[5] *P. De Francisci,* Primordia civitatis, Roma 1959, p. 363.

temological status cannot be determined with certainty by the pronouncer: it hides "itself under utterances which, at first glance, seem to have a strictly empirical and non-suspicious character."[6]

As is known, on the basis of the thesis of reality Hägerström states that the empirical time-space dimension is the ultimate and privileged context of reality. Nevertheless he also admits "psychological" and "fantastic" realities. "Ought" is unreal, therefore no science can come from it, but, since "ought" is a product of the human mind (psyche) and imagination, it is real and therefore can be investigated scientifically: this is the aim of sociological, anthropological, psychological and historical studies. Rights and duties are real just as magic is real, even if entities, as they are thought of by legal philosophy, are not real nor are those imagined by magic. Moreover, rights and duties and magic are, in Hägerström's view, strictly related: his historical research into ancient law, indeed, originates from this interpretation.

On the other hand, from the external point of view, I think that Hägerström's romanist works are related to positivism. Within the domain of legal research it has been claimed that historical research correctly applies the positivist method — by which we mean a refusal of any metaphysical construction and a verification of actual "positive" facts, located in time and space.

This research is to be carried out from a sociological point of view, as Durkheim pointed out in Fustel de Coulange's words: "*la véritable sociologie c'est l'histoire*",[7] to which various disciplines, both historical and social, should contribute in order to be able to comprehend past ideas, morals and culture.

The positivists themselves, on the other hand, often abandoned these methodological premises and, while claiming to give total explanations, came to historical determinism and transformed history while searching for laws of evolution.

Some scholars of the history of law, especially in France, were those who appreciated and agreed with such a method and began to cooperate with sociologists and anthropologists. Hägerström's attitude, as we shall see later, is not far from the attitude of these scholars. In *Der römische*

---

[6] *A. Hägerström,* Axel Hägerström, in: R. Schmidth (ed.), Die Philosophie der Gegenwart in Selbstdarstellungen, VII, Leipzig 1929, p. 136 (cf. also *A. Hägerström,* Framställning av den egna filosofien, in: A. Hägerström, Filosofi och vetenskap, edited by M. F. Fries, Stockholm 1957, p. 12 ff., and *A. Hägerström,* A Summary of My Philosophy, in: A. Hägerström, Philosophy and Religion, edited by R. T. Sandin, London 1964, p. 33 ff.).

[7] *E. Durkheim,* Année sociologique, 1896—1897, p. III.

Obligationsbegriff im Lichte der allgemeinen römischen Rechtsanschauung he intends, as is clear from the title itself, to reconstruct the original Roman juridical concepts — *die allgemeine römische Rechtsanschauung* — as they were in actual fact, by making use of all available data and sources: juridical, literary and historical, without being influenced by contemporary juridical ideas. According to Hägerström such ideas are "metaphysical" in the sense already explained and lead to the historically distorted ideas of Roman institutions. Such a distortion is inevitable — as Hägerström points out in a sentence that is emblematic of his whole historical method — "when the Roman juridical world is being forced into the straitjacket of modern ideas on law" ("wenn man die römische Rechtswelt in die Zwangs-Jacke moderner Rechtsvorstellungen einzwängen will").[8]

In this attempt to reconstruct the features of the various juridical institutions, as they were actually conceived in Roman culture, Hägerström carries out research based on a direct analysis of their sources. He interprets and integrates them either by using the etymological origin of words to discover the original meaning *or* by comparing the sources with the beliefs that late 19th century anthropology and ethnology considered typical of all primitive peoples. In particular Hägerström openly refers to the English evolutionary school.

I have said that the internal and external points of view, which form the basis on which I have examined Hägerström's romanist works, meet at a significant point. In the light of what has been said up to now, I think it is clear that this meeting point can be found in the positivist conception of the social sciences — such as ethnology, anthropology and psychology — which were initiated and promoted by 19th-century philosophical positivism. The method of these sciences consists in the analysis, comparison and historical reconstruction of the spiritual products of social life.

Hägerström's realism, arising from the rebellion against Christian Jacob Boström's idealism — which prevailed in Sweden until the end of the 19th century — is a 20th-century version of the classical positivist attitude which in many ways, during the first half of our century, assumed more complex and famous forms — as in the neo-empiricism, for instance, to which the philosophy of the Uppsala school is often ascribed.[9]

[8] *Hägerström* (note 2), I, p. 584.

[9] For a more comprehensive approach and a more exhaustive bibliography see *C. Faralli,* Diritto e magia. Saggio su Axel Hägerström, in: E. Pattaro (ed.), Contributi al realismo giuridico, I, Milano 1982, pp. 1—169, and Storia del diritto romano e scienze sociali: un'integrazione difficile, in: Materiali per una storia della cultura giuridica, 1982, pp. 307—341.

II.

In order better to outline Hägerström's historical method, I shall spend some time on his analysis of some Roman juridical institutions, such as the *possessio*, the *obligatio*, the *mancipatio*, the *sponsio*, the *promissio*.

First of all we must not forget — as Cassirer points out[10] — that Hägerström proceeds in the history of law as a geologist who wants to look into the past, to understand its formation and identify the various layers before reaching the primeval stage. In fact he follows the doctrine of "survivals", as it is conceived by E. B. Tylor. According to Tylor, survivals are "processes, customs, opinions that have survived through habit in a society that has become different from the original one. Survivals are proofs and examples of a more ancient culture from which a new one has originated."[11] Hägerström, taking into account Tylor's doctrine, starts by examining the juridical institutions of the classical period and in these he tries to find signs and survivals of older institutions which have no documentary sources. He does this in an attempt to discover the juridical concepts in their primitive form free from the theoretical confusion which later elaborations caused.

In the idea of *possessio,* for example, Hägerström can see obvious signs of older beliefs which, following Tylor's theory, he identifies with animism, the first stage of man's religious evolution, according to which all objects have souls.

Hägerström criticizes the opinion which the scholars of Roman law shared: that in the Roman conception the *possessio* consisted of two elements, one material — *corpus possessionis* —, the other one spiritual — *animus. Animus* is to be interpreted as *animus possidendi,* that is as an intention or a will of the owner to dominate the thing. He also maintains that contrary to this, the *possessio* was for the Romans a mixture of a physical power over the thing itself and a supernatural power of the owner's *animus* over the *animus* of the thing, the animal or the slave.

In order to support his interpretation, Hägerström quotes the frequent use of the word *species* in juridical texts concerning the *possessio.* According to him the most accurate meaning of *species* — as regards the sources — is best explained as the unity of the thing holding together its various elements, in other words, as the principle of identity of the

---

[10] *E. Cassirer,* Axel Hägerström. Eine Studie zur schwedischen Philosophie der Gegenwart, in: Göteborgs högskolas årsskrift, 1939, p. 84 ff.

[11] *E. B. Tylor,* Primitive Culture. Research into the Development of Mythology, Philosophy, Religion, Language, Art and Custom, London 1871, p. 16.

thing despite the changing of its accidental features, which makes it a unity in itself, separate from all others. Starting from this meaning of *species,* Hägerström comes to the conclusion that *species* is nothing but the old soul of things, naïvely conceived, philosophically rationalized and elevated to concept. In other words *animus* and *species* are, according to Hägerström, synonyms, but they belong to two different historical periods and two different conceptions. The first one belongs to the animistic conception, the second one to those doctrines that were influenced by Greek philosophy. In particular, the vocabulary used by Roman jurists seems to come from Aristotle and the Stoics. They use the words *species* and *spiritus* (translated from Greek πνεῦμα from πνέυειν = breathe) as opposed to material. Such vocabulary could have spread and influenced scholars of classical law because they could have seen animism, deep-rooted in the conscience of the Roman people, undergo a transformation.[12]

As far as obligation is concerned, Hägerström looks for the oldest Roman conception. Classical jurists — particularly Gaius and Paulus who, being influenced by Greek culture, interpret the *vinculum* established in the *obligatio* on the basis of the moral idea of duty — provide an interpretation that is a superimposition of a structure totally alien to the Roman mind.

In Hägerström's view, the *obligatio* was a mystical bond imposed on one person by another ("mystische Gebundenheit einer Person durch eine andere") demanding a certain behaviour as a way of fulfilling such obligation — the usual formula was *me a te solvo liberoque.*

Hägerström finds proof of the validity of his interpretation in the juridical-ritualistic vocabulary used in Cicero's time. The religious language had conservative features, so its origins must go back to very ancient times. Things sacred to gods were named "*religione obligatae*" while "*res profanae*" were called "*religione solutae*" or "*liberatae*". It was thought that over the "*res religione obligatae*" the divinity acquired a mysterious power from outside. The analogy of these terms to the juridical formulae of the *obligatio* is absolute. From this Hägerström assumes that the power attributed to the divinity and the power ascribed to those entitled to the right possess the same nature. Many people — Hägerström remarks — justify the identity of terms in both juridical and religious language by the fact that *pontifices* originally held the religious power as well as the juridical power and they ob-

---

[12] Cf. *Hägerström* (note 2), I, pp. 236—295. On Hägerström's theory of the *possessio* see commentaries by *K. Marc-Wogau,* Tingidentitet och animism. Ett motiv i Hägerströms tolkning av den romerska "possessio"-läran, in: S. Strömholm (ed.), Uppsalaskolan — och efteråt, Stockholm 1978, pp. 33—39.

viously tended to use the same terms in both contexts. Nevertheless in order to corroborate the existence of an actual link between religious bonds and civil ones, it should be remembered that nothing that was dedicated to the gods — *res religione obligatae* — could be owned either by a private citizen or by the state. According to Hägerström that means that the power wielded by the gods over a thing was thought to have the same nature as the power a person had according to civil law. In the case of the opposite hypothesis it would, in fact, be impossible to understand how powers with different natures could exclude each other reciprocally.[13]

The institutions of the *possessio* and the *obligatio* show, according to Hägerström, that the Romans held the view that rights over things and persons were mysterious powers lying beyond the visible world ("außerhalb der Grenzzeichen der sichtbaren Welt") and enabling the person entitled to the right to bind the thing or the person to himself.

Hägerström, through the interpretation of those institutions, explains the acts — such as the *mancipatio*, the *promissio*, the *sponsio* — by which powers and bonds were manipulated.

Such acts capable of establishing some powers over a thing or a person were, in Hägerström's view, acts of imitative, verbal and figurative magic and were absolutely similar to some religious acts such as, for example, the dedication of a building to a divinity. During such a ceremony, after which a god was supposed to acquire a supernatural power over the building, symbolic actions — like the touching of a doorjamb and the pronouncing of *verba solemnia* from a *carmen pontificale*, which was thought to have magical power — were carried out as they were in legal procedures.

Following Tylor and Frazer, Hägerström gives a magical interpretation of the pontifical Roman religion. Roman gods were probably thought of as magical forces embodied in beings which appeared to have will-power. Their benevolence was provoked in a magical and unavoidable manner by the religious act itself whose importance lay in certain actions and formulae.[14]

In fact, following the conceptions of primitive peoples, it was thought that to represent something in a ceremonial way would make the

---

[13] Cf. *Hägerström* (note 2), I, pp. 19 ff., 419 ff.

[14] *Hägerström* (note 1), pp. 33—67, and *Hägerström*, Vergleich zwischen den Kraftvorstellungen der primitiven und der modernen Kulturvölker, in: E. Kaila/J. E. Salomaa/E. Ahlman (ed.), Festskrift tillägnad Arvi Grotenfelt, Porvoo 1933, p. 63 ff.

represented thing become real, just as certain words pronounced by certain people using certain formulae on a certain occasion could actualize their content.

This is one of the two principles, according to Frazer, on which magic is based: the first is that like produces like, or that the effect leads to the cause, the second principle is that once things have been in contact they continue to influence one another at a distance even after the physical contact ceases. We may call the first principle the law of resemblance, the second the law of contact. On the basis of the first principle the magician can draw the conclusion that he can produce any effect simply by imitating it; on the basis of the second principle he can deduce that anything he does to an object will in some way influence the person with whom the object has been in contact, whether it was part of his body or not. The spells based on the law of contact may be called contagious magic, those based on the law of resemblance may be called imitative magic.[15]

According to Hägerström an act of imitative magic was the *mancipatio* which Gaius describes as a symbolic selling *(imaginaria quaedam venditio)*. It took place between the seller and the buyer in the presence of at least five Roman citizens, *puberi,* and one of the same status, the *libripens,* holding a *libra,* a pair of scales. The buyer after grasping the object to be alienated (in Gaius' example it is a slave) would declare: "*hunc ego hominem ex iure Quiritium meum esse aio isque mihi emptus esto hoc aere aeneaque libra*", and then throw a piece of copper *(aes)* into the scale and finally put it into the seller's hands.

During this ceremony every word and every gesture had to comply with the fixed rules. Otherwise the act would be invalidated, just as in a religious ceremony. In fact the *mancipatio,* based on symbolic and solemn formulae, was, in Hägerström's view, an act of magic, in which the Romans thought they were establishing a mysterious bond. With this "invisible thread" the buyer would bind the thing and exert over it a power similar to that which god had over a thing sacred to him.

Hägerström thinks that his own interpretative hypothesis provides a solution to the difficulties encountered by the romanist doctrine in its efforts to explain the *mancipatio* formula, which neither describes a juridical matter nor expresses a will, but along with other conditions, makes what is pronounced become real. The buyer makes use of words to which primitive societies ascribed particular magical-mystical powers. He does this in order to attract invisible forces to himself, as if he

---

[15] *J. Frazer,* The Golden Bough. A Study in Comparative Religion, London 1911, I, pp. 220—240.

wanted to penetrate the mysterious world of the gods through magic formulae.[16]

From Hägerström's standpoint, the *sponsio* and the *promissio* too, as well as the *mancipatio,* were acts of imitative and verbal magic, through which *obligatio verbis* (neither *re* nor *consensu) contrahitur (Gaius).* It means that, as Hägerström maintains, in those acts the formality must be considered not a condition of the act's validity, but a force creating certain effects, such as the establishment of the *obligatio.*

The *sponsio* consisted in a solemn question from the promisee to the promiser, "*spondes?*", and in the latter's answer "*spondeo*". In order to understand the structure and the value of such an act, Hägerström looks for the origin of the verb *spondere:* judging from the most ancient sources it seems to be typical of religious language and to mean "to promise someone something in a sacrifice". It may derive, according to the etymology given by V. Flaccus, as quoted by Festus, from the Greek σπένδειν, meaning "to have a libation". So in ancient times, in Hägerström's view, the *sponsio* was a libation or a sacrifice during which someone would make a promise which, being linked to the ritual, was considered a sworn promise. Its breach would contaminate or make the person impure by calling forth the wrath of the gods.

Sponsiones with a strictly religious value continued to be performed in *ius gentium* and in *sponsalia* until Gaius' days, whereas in the domain of private law the *sponsio* lost its religious character at the time of the Twelve Tables of the Law. Only the formula *spondes? spondeo* was left, which, however, was considered to be symbolic and representative of the old religious act, and was thought to be just as powerful. The reason for this was that it was based on the principle "*in sacris simulata pro veris accipiuntur*", which was very important in Roman religion and was a rule of symbolic magic. According to such a belief the symbolic representation became as powerful as the actual act.

As a consequence, just as the promiser during sacrifices submitted to the power of the gods present at the act and would be contaminated by their wrath if he did not fulfil his promise, in the same way, when sacrifices were no longer carried out, the promiser by pronouncing the formula *spondes? spondeo* would bind the promisee and he in turn would gain power over the promiser. In more ancient times such power, if the promise were not fulfilled, would be exercised over the promiser himself and in more recent times over his *bona.*[17]

---

[16] Cf. *Hägerström* (note 2), I, p. 35 ff.

[17] Cf. ibid., II, pp. 107—117, 151—153.

Just like the *sponsio,* the *promissio* too consisted in a solemn question: *promittis? promitto.* Once again Hägerström, in order to retrace the act's original magical-religious meaning, goes back to the oldest usage of the terms pronounced during the *promissio.* Originally the verb *promittere* might only have meant "push forward", "give". It might have been constructed with the accusative *dextram,* even if this grammatical form cannot be found directly in the sources. We have documentary evidence that the act of promising was confirmed by the holding out of the right hand — note particularly the expressions *fidem dextra dare* or *fidem dextramque dare* to be found in Cornelius Nepos, Plautus and Terentius.

The act constituting the historical basis of *promissio* was performed, according to Hägerström, as follows: the promiser held out his right hand, pronounced the promise, and the promisee clasped the promiser's right hand with his own right hand. Only after that hand-shake was the promise considered binding.

This act implied a belief that the right hand possessed a particular power capable of achieving certain aims and that the *dextrarum iunctio* established in a supernatural way a communion of the two sources of power, called *fides.*

In order to support his theory Hägerström maintains that primitive societies considered those powers *fluida* and thought that they were passed on from one object to another through contact or proximity. In fact primitive people often used to wear animal skins because they thought that the skin would pass on the animal's power. They also used to drive a nail into the animal's footprint to provoke its death, believing that the animal had left some of its power on the ground.

The manipulation of somebody's hair or nail-clippings was also supposed to influence destiny. In Rome, for example, the hair and nails belonging to a *flamen dialis* were buried under an *arbor felix,* a tree with a propitiatory force, so that the power of the nails and hair might increase and influence the *flamen's* propitiatory power itself.

Regarding the *promissio,* Hägerström writes that the right handshake, as well as being a solemn declaration also created a supernatural communion of powers. If a special promise was made and not kept, this would imply an attack on the new power source and would ruin the transgressor.

In Rome the *dextra porrecta* came to represent *Fides* which became a divinity, to which the right hand — being the seat of its power — was dedicated. In the light of what has been said, Hägerström deduces that the formula *promittis? promitto* was a short form of *fide promittis?* etc.

The ablative *fide* can be explained by assuming that the *dextra porrecta,* the seat of the *fides,* was an instrument used to give *promissio* its religious value.

In the course of time, as happened with the *sponsio,* the religious act of shaking each other's right hand was abandoned, but in Hägerström's view the formula *promittis? promitto* was considered a verbal representation of the act itself: the words were just as powerful as if the act had actually been performed. By pronouncing them, the promisee was granted power over the promiser, who could free himself only by fulfilling the promise.[18]

III.

The cultural background of Hägerström's romanist works, as I mentioned earlier, can be traced to positivist tendencies, above all in sociology and anthropology, around the turn of the 20th century. Both his documentary sources and the similarities between Hägerström's theories and those of some contemporary authors are related to that background.

Apart from Tylor and Frazer, he often quotes Fustel de Coulanges, Henry Sumner Maine, Albert Post, Wilhelm Wundt, Emile Durkheim and Paul Huvelin.

Hägerström quotes Fustel de Coulanges regarding the relationship between *fas* and *ius,* which the French author develops in his best known work, *La cité antique* (1864) where he emphasizes the effects of supernatural beliefs on the type of law corresponding to the primitive form of the Greek-Roman πόλις; he also quotes Wundt regarding his studies on ethics and his work on the psychology of nations, *Völkerpsychologie* (1900—1920) in which he outlines a psychological history of the development of law stage by stage. He quotes Maine's writings on ancient law, *Ancient Law* (1861) and *Lectures on the Early History of Institutions* (1875), in which Maine compares various legal systems, particularly the Roman and the Indian ones. Hägerström also cites Durkheim's studies on ritual and Huvelin's studies on obligation and on the role played by magic in the development of law. Huvelin, a student of Roman law and Durkheim's disciple, published many studies on the subject and maintained that magic conceptions influenced only individual law, whereas Hägerström claimed that they influenced all sectors of law.

Hägerström and the French romanist historiographers influenced by Durkheim share similar attitudes, as Henri Lévy-Bruhl clearly implied

---

[18] Cf. ibid., pp. 153—173, and *Hägerström,* Om handslagets ursprungliga innebörd, in: Presens 1938, p. 53 ff.

by reviewing the second volume of *Der römische Obligationsbegriff* together with writings by Noailles, Cornil and Magdelain, in "Année sociologique".[19]

Durkheim's work, *Les règles de la méthode sociologique,* was clearly in favour of both an anti-metaphysical and anti-dogmatic method and a realistic and positive one. This approach was followed by L. Duguit and by some historians of law, such as Gernet and Huvelin, and later on by H. Lévy-Bruhl, G. Cornil, P. Noailles and G. Le Bras, who represent the second generation of historians of law influenced by Durkheim's sociology.

The methods of these French historians of law are well explained by Gernet,[20] according to whom the historian of law must see beyond his own specialization in order to be able to place the object of his study in the context of the social and spiritual life of a people. He must try to penetrate the way of thinking of ancient societies and their psychological ideas, since legal institutions can only be understood in a comprehensive survey, which takes into account social, political, economic and religious conditions as well as psychological attitudes and that "system of representations, mental habits and beliefs forming the specific notion of law".

To achieve this aim the historian has to make use of all possible available sources: juridical and literary texts, archaeological monuments, rituals, oral traditions — even the most absurd legends, as long as they are credited by the people, as H. Lévy-Bruhl reminds us in quoting E. Lévy's famous sentence: "les droits sont des croyances."[21]

Sources, according to Huvelin, are nothing but signs of ancient law: the historian must draw out the living substance from those signs and revive past law without being misled by useless categories of contemporary law. On the other hand he should be able to make use of the categories of ancient law at the same stage of development.[22]

---

[19] 1940—1948, pp. 601—604.

[20] Cf. *L. Gernet,* Introduction à l'étude du droit grec ancien, in: Archives d'histoire du droit oriental 1938, p. 261 ff., and Droit et prédroit en Grèce ancienne, in: Année sociologique 1948—1949, p. 21 ff. (now also in: *L. Gernet,* Anthropologie de la Grèce antique, Paris 1968, p. 175 ff.)

[21] Cf. *H. Lévy-Bruhl,* Qu'est-ce que le fait historique?, in: Revue de synthèse historique 1926, pp. 53—59, and Histoire et chronologie, in: Revue de synthèse historique 1934, pp. 169—173 (both of them can also be found in the appendix to *H. Lévy-Bruhl,* Aspects sociologiques du droit, Paris 1955, p. 178 ff.).

[22] Cf. *P. Huvelin,* Etudes sur le furtum dans le très ancien droit romain. I. Les sources, Paris-Lyon 1915, pp. 1—13, and La solidarité de la famille en Grèce et la méthode du droit comparé, in: Revue historique de droit français et étranger 1907, pp. 199—204.

Leaving aside the similarities of the method in Hägerström and the historians of law who were Durkheim's followers, it may be interesting to draw a parallel between his theses and some of theirs.

I have already mentioned Huvelin's theory of the role played by magic in the juridical development of some institutions.[23] Now I should like to examine a work by one of Durkheim's collaborators, *Essai sur le don* (1923—1924) by Marcel Mauss, which throws light on the origins of contract-based relationships in primitive societies. In it Mauss examines the procedure of exchanging gifts as a specimen of what he calls "total social phenomena", which comprehend all types of religious, juridical, moral and even economic expressions. This procedure might be an example of an archaic form of exchange, in which the act of giving obliged the donee to make an equivalent or more valuable return within a fixed period of time.

Such behaviour is based, according to Mauss, on the assumption of the existence of a magic force — *mana* — whose origin is in the donor himself and is transferred to the donee through the gift. Mauss finds signs of this ritual in ancient Roman law too. The older form of *obligatio, nexum,* might be what is left of ancient compulsory gift exchange. The term *res,* which Mauss compares with the Sanskrit *rah,* should mean "gift". The solemn delivery of *res mancipi* during the *mancipatio* might have bound the *accipiens* who could then free himself by paying the price in exchange for the thing.[24]

Since Hägerström does not mention them, we do not know whether and how much he knew about Mauss' and the other authors' research. He probably did hear of them through Durkheim's and Huvelin's works.

Aside from this it is particularly interesting to note that just when Hägerström was carrying out his research on Roman law, anthropological and sociological literature — influenced by positivism — was dealing with the problems of ancient and primitive societies in a way that reminds us of Hägerström's approach.

The references and similarities I have mentioned so far, are meant to suggest a better way of understanding Hägerström's ideas and the

---

[23] See in particular Les tablettes magiques et le droit romain, in: Annales internationales de l'histoire du droit 1900—1901; Magie et droit individuel, in: Année sociologique 1905—1906; Stipulatio stips et sacramentum, in: Studi giuridici in onore di Carlo Fadda, Napoli 1906.

[24] Cf. *M. Mauss,* Essai sur le don. Forme et raison de l'échange dans les societés archaiques, in: Année sociologique 1923—1924, pp. 30—186 (also in: M. Mauss, Sociologie et anthropologie, Paris 1950).

realism of his school. It is not by chance, I think, that an idealist philosopher of law, like Julius Binder, considered — even if in a critical and disparaging manner — *Der römische Obligationsbegriff* as a philosophical work to be ascribed to that positivist and psychological school which in his view had become old-fashioned.[25]

[25] *J. Binder,* review of Hägerström, Der römische Obligationsbegriff, I, in: Kritische Vierteljahresschrift für Gesetzgebung und Rechtswissenschaft 1931—1932, pp. 269—315.

SCANDINAVIAN LEGAL PHILOSOPHY

By Stig Jørgensen, Aarhus

I. Nordic and Scandinavian Realism

By "Scandinavian legal philosophy" is meant nowadays — almost without exception — the variant of a *"realistic legal theory"* called "Scandinavian realism". Scandinavian realism has its philosophical foundation in the theoretical and practical philosophy of the Swede *Axel Hägerström* from the beginning of this century. Its most outstanding representatives are said to be the Swedes *Vilhelm Lundstedt* and *Karl Olivecrona* and the Dane *Alf Ross*.[1]

Like most other truths this, too, is a qualified truth. In the first place the realistic tradition within Nordic legal philosophy, "Nordic realism", goes back much further, secondly "Scandinavian realism" has had only a limited influence on legal science in the other Nordic countries, thirdly it is for several reasons inaccurate to include *Alf Ross* among the representatives of "Scandinavian realism"[2].

Below I shall not dwell in detail on the so-called "Uppsala School", which had a considerable influence on Swedish legal philosophy and legal science in the 1930s and 1940s. I shall leave that to my Swedish colleague and co-speaker Professor *Jacob Sundberg*. Neither shall I comment in detail on Finnish legal philosophy, which was influenced on only a limited scale by the realistic elements of the "Uppsala School", but which in the post-war era has been especially influenced by the analytical elements in Nordic legal philosophy. These questions will be elucidated by my Finnish colleague and co-speaker Professor *Hannu Tapani Klami*.[3]

[1] See for instance *Dias* (1976), p. 639 ff.; *Lord Lloyd of Hampstead* (1979), Ch. 8; *Stone* (1964), p. 92 ff.; *Fikentscher* (1975), p. 322 ff.; *Verdross* (1965), p. 196 ff. See further *Vogel* (1972); *Strömholm* and *Vogel* (1975); *Pattaro* (1975); *Bjarup* (1978); *Castignone* (1981); *Olivecrona* (1959), p. 125 ff.; *Schmidt* (1978), p. 149 ff.

[2] See my previous articles: *Jørgensen* (1970b), p. 529 ff.; (1976b), p. 241 ff.; (1976a), p. 504; (1980), p. 25 ff.; (1979), p. 25 ff.; (1968a), p. 49 ff.; (1970a), p. 116 ff.; (1971d), p. 17 ff.

[3] Professor Klami's co-report is published as *Klami* (1985). For a brief survey of legal philosophy and legal culture in Iceland, see *Karlsson* (1985), also a co-report at the World Congress in Helsinki.

II. Sources of Law

To understand the above-mentioned relationship between "Scandinavian" and "Nordic" realism it is necessary to give a short historical outline. From ancient times a close political, legal and cultural cooperation has existed on the one hand between Denmark and Norway, which were united from 1397 to 1814, and on the other hand between Sweden and Finland, which were united until 1809.

A common basis of the development within law[4] in all the Nordic countries, Iceland included, is found in the so-called "landskabslove" (provincial laws) of the 12th and 13th centuries, containing records of older customary laws with substantial features in common. Later codifications (Danske Lov 1683, Norske Lov 1687, Svenske Lov 1734) are, to a considerable extent, conservative compilations of the rules of these provincial laws, supplemented by subsequent legislation. Real, comprehensive codifications in a modern European sense were never introduced in the Nordic countries. On the other hand specific law reforms were introduced in individual fields from the end of the 19th century, partly on a common Nordic basis. From 1872 Nordic "jurists' meetings" were held at regular intervals. Since 1953 the "Nordisk Råd" (Nordic Council) has been a consultative body for Nordic parliamentarians, and at regular intervals the Nordic ministers of justice meet to discuss common problems concerning legislation.

The lack of codification, on the other hand, favoured the further development of the antiquated and incomplete law material through theory and legal usage. Even though *Samuel Pufendorf* lived and worked in Sweden for twenty years from 1668, rationalist natural law did not gain a footing in legal usage — or later in legal theory — until the 18th century.[5] However, a real, independent philosophy and science of law did not exist until the 19th century.

III. Nordic Realism. A. S. Ørsted

The Danish lawyer and politician *A. S. Ørsted* (1778—1860) is generally considered as the father of Danish-Norwegian legal science.[6] He was influenced — like *von Savigny* — by *Kant's* critical philosophy, and he therefore rejected the rationalist natural law theory and fa-

---

[4] See to the following *Jørgensen* (1971c), p. 65 ff.

[5] Roman Law had at an earlier date been introduced into Sweden, which since the Thirty Years' War had controlled large possessions on the Continent. See *Jägerskiöld* (1967), p. 175 ff.

[6] See also *Jørgensen* (1970b) and (1968b), p. 76; *Tamm* (1978), p. 243 ff.

voured a positive and realistic jurisprudence. While von Savigny pointed to the spirit of the people and to history as the source of law, Ørsted — like *Montesquieu* — referred to "the nature of things" ("nature des choses", "Natur der Sache") as the subsidiary, supplementary source of law. Concrete social conditions and common sense are the necessary foundation for a right supplementing of the law and for a right legal policy. While *Jeremy Bentham* pointed to public utility as the purpose of the law, Ørsted referred to "public benefit"[7].

Thus, it is clear that *Ørsted,* like *Montesquieu* and *Bentham,* built upon an empirical theory of cognition and a realistic theory of law, although he never gave up his religious belief. Neither Montesquieu nor Bentham[8] recognized *Kant's* fundamental criticism of cognition, which maintains that it is not possible to deduce moral and legal laws from natural laws. Therefore, in his sociological theory Montesquieu assumes that there are certain "rapports necessaires", which decide divine, social and natural laws; and from his psychological theory that human beings are in fact in search of happiness, Bentham concludes that happiness ought therefore to be *the* aim.

However, *Ørsted* was not only familiar with *Kant*'s philosophy, but had even begun his scientific work by a defense of Kant's moral and legal philosophy. Later he rejected it, as remaining too abstract. He then for some time subscribed to *Fichte*'s theory, but later repudiated it, as it developed in a speculative and systematizing direction, like the theories of *Schelling* and *Hegel.* Especially because he had to continue his practical career as a lawyer, judge and politician, he gave up philosophy and concentrated on his activities in the areas of legal policy and the study of legal dogma. He found an example of "public benefit" in the *interplay between theory and practice*[9] and initiated the publication of law reports at regular intervals. If the study of and consideration for social conditions (in Denmark-Norway) and the "public benefit" are to be the foundation of the law, it is — in his opinion — not only for moral reasons but also because in the long run a *condition* of general obedience to the law is that the population *accepts* it as being right.[10] As we shall see, this socio-psychological basis of law is characteristic of later "Nordic" and "Scandinavian" realism.

Ørsted's legal theory was adopted by the Norwegian professor *A. M. Schweigaard,* who in a well-known publication rejected German legal

[7] See *Jørgensen* (1978c), p. 135 ff.

[8] See *Dalberg-Larsen* (1977), p. 230; *A. S. Ørsted,* Af mit Livs og min Tids Historie (abbreviated ed. 1951), p. 126.

[9] See *Jørgensen* (1978b), p. 33 f.

[10] *Ørsted* (1817).

philosophy from *Wolff* to *von Savigny* as vague, metaphysical and abstract. He emphasized Ørsted's *analytical-descriptive* method,[11] which became the norm for one of the movements in later Norwegian legal theory and legal science.

Ørsted had no direct influence on Danish legal philosophy, represented by *C. Bornemann.*[12] Bornemann fully adopted *Hegel*'s and *Puchta*'s systematic-constructive theory, which saw the basis of law in the development and manifestation of the spirit of the people in society, and attached only secondary importance to considerations of expediency. On the other hand Ørsted had an extremely great influence on Danish legal practice and on certain parts of the study of legal dogma (legal dogmatics).

Carl Goos[13] tried to combine *Ørsted*'s practical realism with *Bornemann*'s idealism. In his theory of *unlawful actions,* which contained elements of *Kant*'s categorical imperative as well as of *John Stuart Mill*'s utilitarianism, Goos endeavoured to establish general rules for limiting liberty of action. These rules were laid down on a basis which tried to balance the citizens' liberty of action on the one hand against the interests of society on the other. From the same considerations he defined the concept of *subjective right* as a "morally protected good". Thus he arrived at a conception akin to *Rudolf von Jhering*'s contemporary realist definition of the right as a "legally protected interest".

However, his dualist legal philosophy was apparent in the distinction between the *purpose* of law and the *grounds* of law. The practical purpose of the criminal law is to prevent crimes, whereas its ethical grounds must be sought for in the punishment of the sane will. The grounds of private law are — on the one hand — to be found in the "principle of person" and the "principle of will", but — on the other hand — within the law of property this principle must compete against the "principle of society". These grounds, attaching decisive importance to the "interests of commerce" and the "principle of reliance", result in the establishment of a "principle of expectation", which competes with the "principle of will". From the end of last century this "principle of expectation and reliance" has led to the development of an objective law of contract and obligation throughout Scandinavian legislation.

Jhering's legal philosophy had considerable direct influence on two Norwegian jurists. *Francis Hagerup*[14] was influenced especially by the

---

[11] In: Juridisk Tidskrift, 23 (1834), p. 332 f.

[12] See *Jørgensen* (1970b), p. 531; (1968b), p. 78 ff.

[13] *Jørgensen* (1970b), p. 531; (1968b), p. 81.

[14] *Jørgensen* (1970a), p. 123; (1970b), p. 531.

young Jhering's "constructive" and "natural scientific" method, whereas *Frederik Stang*[15] to a greater extent was influenced by the elder Jhering's "cultural scientific" legal conception. Hagerup — like the German "Interessenjurisprudenz" — insisted on a logical-systematic control of the practical balancing of interests derived from the purpose of the law. Stang (and, later, *G. Astrup Hoel*)[16] — like the "German Freirechtsschule" and "sociological theories" — endeavoured to develop a "cultural scientific" or "sociological" theory, which derived legal decisions from a direct balancing of the interests involved. This so-called "epic-lyrical" method has in modern Norwegian legal science competed with the above-mentioned empirical-analytical method.[17]

IV. Legalism in Finland

Before discussing the Dane *Viggo Bentzon,*[18] who was also influenced by *Jhering*'s realist theory of the balancing of interests, it is reasonable to pause for a moment to consider both the general development in Sweden and Finland and the general international current within philosophy around the turn of the century. For various reasons realist currents penetrated Swedish and Finnish legal philosophy more slowly. Well into the 20th century legal philosophy in Sweden and Finland was dominated first by movements related to natural law and later by idealist movements, characterized by a strict conceptual formalism. One explanation is that industrial development and urbanization began later in these two countries; another explanation is that there were — especially in Finland — political reasons for maintaining a *legalistic* attitude towards Tsarist Russia, which, as mentioned, had political control of Finland from 1809 to 1918. As we shall see, realist legal science was introduced into Sweden as early as the 1920s and especially in the 1930s, whereas Danish-Norwegian and Swedish realism, as I have said, had only a limited influence on Finnish legal philosophy and legal science. The same was true of Jhering's theory of interest as well as of the "Freirechts"-movement. It was not until after World War II that Finnish legal science was able to free itself from the legalist tradition, and it was analytic-hermeneutic rather than realist movements which inspired the legal theorists, even though sociological as well as Marxist elements formed part of the development; *Otto Brusiin, G. H.*

15 *Jørgensen* (1970a), p. 123 f.; (1970b), p. 532.

16 *Jørgensen* (1970b), p. 533; (1970a), p. 122.

17 The former method is represented among others by *Ragnar Knoph, Kirsten Andersen,* and *Carl Jacob Arnholm,* and the latter among others by *Per Augdahl, Johs. Andenaes,* and *Sjur Braekhus.* See *Jørgensen* (1970b), p. 533.

18 *Jørgensen* (1970b), p. 533; (1970a), p. 123 f.

von Wright and *Kaarle Makkonen* anticipated and played an important part in this development.[19]

V. Cognition and Valuation

The general rejection of the idealist philosophy of cognition and moral philosophy throughout the Western World influenced *Viggo Bentzon*'s conception and therefore also "Nordic realism" as well as Swedish legal philosophy, which till then had been dominated by the general continental natural-law-systems of the 18th century and by German idealist "Begriffsjurisprudenz" in the 19th century, but which at the beginning of the 20th century developed "Scandinavian realism".

As I have said, *Montesquieu* assumed that there existed "rapports necessaires" between "les choses" and "des lois", i. e. necessary connections among natural phenomena and between these and social laws. *Kant*, however, divided the world into "the realm of necessity", the world of nature, which *presupposes* the law of causation, and "the realm of freedom", the spiritual world, which *presupposes* the law of responsibility. In this way he managed to combine empiricism with rationalism: on the one hand he had to agree with *Hume* that the law of causation cannot be proved empirically, but on the other hand he found that our apparatus of cognition cannot function without ideas of time, space and causation. What is beyond cognition, "das Ding an sich", can be reached only by means of intuition.

In contrast to *Montesquieu, Kant* — as mentioned — did not find evidence of a necessary connection between cognition and valuation. On the contrary the concept of responsibility must imply the freedom of the will, which makes it impossible to infer an "is" from an "ought".

Thus, *Kant,* on the one hand, separated "thought" (idea) and "reality", and, on the other, limited cognition to that part of reality which corresponded with the thought (the idea), whereas *Hegel* completely identified reason with reality, considered as the thought (the idea), which is also concretized in actual morality and law.

This was the situation which dominated the philosophical and legal-theoretical world at the turn of this century, and which gave rise to coincidental disputes in various places. Rationalism was replaced by irrationalism or voluntarism, which emphasized intuition as the tool for establishing the connection between "objective" reality and the "objective" system of value, to which reason cannot obtain an insight, as

---

19 See *Aarnio* (1983) and *Klami* (1985).

reality and values are not structured in accordance with thought (idea) and language.

Even though *Henri Bergson*'s intuitionism was of a doubtful nature it influenced the contemporary conception of the relationship between subject and object and the relationship between cognition and valuation.[20] There had been, as it were, a change of paradigm[21] in the philosophical and legal-theoretical debate, a change bearing on the progress of psychology which had resulted in a changed conception of mental processes. Irrational feelings were preferred to rational thoughts, decisions to conclusions, motives to grounds. In this respect *William James* had great international importance, when he strengthened the interest in psychology, the science of religion, and an intuitionist-pragmatic theory of cognition.[22]

Edmund Husserl's phenomenology and hermeneutic were based on the condition that he who recognizes by means of intuition can obtain direct insight into the nature of things without using the rational apparatus of cognition, and that this insight can be achieved in an "objective hierarchy of value"[23].

Even the "German Freirechtsschule" had — as mentioned — completely rejected the idea that a judicial decision or the application of the law are logical conclusions; as reality is not constituted logically, either in the form of projection of cognition, "Natur der Sache" *(Kant)*, or through the rational logic of things, "sachlogische Strukturen" *(Hegel)*, a judicial decision cannot be the result of a logical-deductive operation from an exhaustive legal system, but must be a decision, *creating law*, governed by intuition and the concept of justice. Later, legal theory in Germany developed the so-called "Interessenjurisprudenz", a teleological theory of interpretation and application, which on the basis of an analysis of the *purpose* of law was to find some guidelines for valuations.[24]

A group of academics in the USA — among them *Oliver Wendell Holmes* — developed a pragmatic philosophy, which also assumes *that* "facts" exist prior to cognition, and *that* the "truth", of statements about facts as well as of values, depends on their "use"[25]. The great problem

---

20 See *Larenz* (1979), p. 64; *von Stephanitz* (1970), p. 214 f.

21 On this subject see *Kuhn* (1970).

22 *James* (1891), (1902), (1907). See also note 25.

23 *Husserl* (1901).

24 *Larenz* (1979), p. 64 ff. and 406 ff.; *Kaufmann/Hassemer* (1981), p. 52 ff., 94 ff.; *Henkel* (1977), p. 371 ff.; *Zippelius* (1982), § 8, p. 49 ff.

25 *Dewey* (1903); *James* (1907).

of phenomenology as well as of pragmatism is to select and describe "facts" in relation to the intentional or instrumental values which depend on a kind of "consensus".

The Englishman *G. E. Moore* also undertook this anti-transcendental search back to things as they are from the *common-sense assumption* that they exist prior to cognition. Thus, he denies that existence is identical with cognition,[26] and in his contemporary *Principia Ethica* he disputes the possibility of defining "good" as an abstraction because it is not an attribute of things. However, this does not mean that "good" does not exist, nor that it is a subjective concept. Moore himself found that values are objective, but indefinable, and therefore cannot be derived from scientific cognition. On the other hand our intuition enables us to apprehend "good", "God", and other high values.

VI. Scandinavian Realism. Axel Hägerström

Some years later the Swede *Axel Hägerström*[27] initiated his campaign against idealist and transcendental philosophy. He claimed — like the above-mentioned philosophers — that things exist prior to and independently of cognition, which, on the other hand, can have only the physical world as its object. As valuations are not attributes of things, but subjective feelings, objective cognition cannot think in norms, but only about norms, and neither can it deal with "metaphysical" phenomena like God, chimaeras, and other supernatural things.

It was this "realist" and "value-nihilistic" cognitive and moral philosophy which subsequently came to dominate Swedish legal philosophy. Its most consistent spokesman was *Vilhelm Lundstedt,*[28] who deprived legal science of its scientific character as a dogmatic-exegetic discipline; he insisted on "*public utility*" as the only realistic guide to the application of law.[29] The somewhat younger *Karl Olivecrona*[30] did not adopt such radical ideas, but yet maintained the "realist" foundation of law. He considered law as a socio-psychological fact, "independent imperatives" motivating and internalizing norms in the citizens. Like legal philosophy in the Socialist countries, "Scandinavian realism" attached great importance to the pedagogical and internalizing element of rules of law.

---

[26] *Moore* (1903).

[27] *Hägerström* (1908).

[28] *Lundstedt* (1932—33).

[29] See on the contemporary Danish jurist *Fr. Vinding Kruse,* in: *Jørgensen* (1970a), p. 124 (1970b), p. 532.

[30] *Olivecrona* (1971).

VII. Logical Empiricism. Alf Ross

These philosophical and legal ideas were prevalent when *Viggo Bentzon* in 1914 published his paper 'Skøn og Regel', in the introduction to which he refers to *Bergson's* intuitionism as an important source of inspiration. As mentioned, he had already published a textbook on jurisprudence (1904) and on the sources of law (1905), in which he had adopted *Ørsted*'s realism and rejected *Goos*' attempt to combine practical realism with theoretical idealism. Bentzon, in particular, had advocated a "descriptive" source-of-law-theory, which took as its starting point the judges' actual grounds for their decisions, but he now abandoned this "freirechtliche" point of view in favour of the conception that judicial decision in a concrete case has to balance a regard for concrete justice and "factual considerations" on the one hand against regard for the fact that a decision can serve as a guide to future decisions on the other. "The estimate must have its place, but the rule must not be disregarded."[31]

Within modern Danish legal philosophy *Knud Illum* has most markedly carried on the realist tradition initiated by *Ørsted* and *Bentzon*. In his book "Lov og Ret" (1945) Illum adheres to the interplay of legal theory and legal practice, considering "the general sense of justice" as the basis of law. According to Illum this general sense of justice is expressed especially in "the jurist's ideology", whereas *Alf Ross* finds the criterion of "valid law" in "the judge's ideology"[32].

However, *Alf Ross* especially became well-known abroad, although he cannot directly be included among the representatives of "Scandinavian realism". In the preface to the Danish version of his book "Ret og Retfærdighed" (1953)[33] Ross refers to his three teachers: *Viggo Bentzon, Hans Kelsen,* and *Axel Hägerström.* His first book, "Theorie der Rechtsquellen" (1929), was influenced by Hans Kelsen's "Reine Rechtslehre", the formal idealism of which he adopted. His second book, "Kri-

[31] Viggo Bentzon, who in note 1 of (1914) refers to *Henri Bergson's* Inspiration, was philosophically influenced by the Danish philosopher *Höffding's* book (1903—4), which took as its starting point the psychological framework. In his publications Bentzon attaches importance to *psychological features* in man's identification of himself with rules and their application, as well as to *custom:* "The criteria of the sources of law develop from legal usage", he writes in (1905), p. 136 and 74, and in: Svensk Juristtidning (1929), p. 533 ff. He distinguishes between rules, for instance rules of law, which the courts *must* apply, and other rules — including custom and usage — which the courts *may* apply. See *Bentzon* (1905), p. 76 and 82.

[32] See *Ross* (1968b), p. 49 ff.

[33] The English version of Ross' book, (1958), mentions in its preface only Kelsen and Hägerström. Ross mentions that from Kelsen he has learned logical conclusion, from Hägerström about the emptiness of moral metaphysics, and *from Bentzon a realistic juridical method.*

tik der sogenannten praktischen Erkenntnis" (1933), was inspired by Hägerström, and in his third book "Virkelighed og Gyldighed" (1934),[34] which was inspired by Bentzon, he adopted an extreme realism, considering law as a "phenomenon" and judicial decision as a "psychological process of motivation". In his chief work "On Law and Justice" Ross combines these three aspects and considers law as a combination of "legal ideological" and "empirical" phenomena.[35] Law is the supra-individual normative ideology which inspires the judges of a given society; but an insight into this ideology can be obtained only through the judges' normative *grounds* for decision. Ross here distinguishes between the actual psychological process of motivation leading to a decision and the normative grounds indicating the rules, which the judge *feels* that he is bound to follow.[36]

Ross himself protested with justice against being identified with the behaviorist attitude of "American realism". He claimed — like British analytical legal philosophers — that "law" implies obligation. But while *Herbert Hart,* for instance, considers "obligation" to be a logical category, "obligation" in Ross's opinion is a real phenomenon, a feeling of being obliged. His theory, like *Olivecrona*'s and *Illum*'s, is what he himself calls *ideological realism.*[37]

However, *Ross* is not altogether blameless in the matter, as his conception of law can be understood only as part of his conception of science or theory of science. Here it is important to establish that "On Law and Justice" is a book on *legal science*, and the theory of science adopted is *logical empiricism*[38] and not the "Uppsala-philosophy", which is a general theory of cognition. According to logical empiricism, a scientific statement is either true or false, if it states something about reality, which is as it were reflected in our consciousness. Therefore, statements can be verified by comparing their linguistic content with the results of measurement defining the conditions of truth. In contrast to "Scandinavian realism", not only are objects in time and space "real", but statements about "positive" norms and mathematical-logical coher-

[34] English version: *Ross* (1946).

[35] See to the following Chs. 1—2 of *Ross* (1958). In the Danish version of the book, (1953), p. 41 note 1, Ross admits that in his "Virkelighed og Gyldighed" (engl. *Ross* 1946) he one-sidedly defined law as a real phenomenon. He refers to *Ofstad* (1952). This article by the Norwegian philosopher was his source of inspiration to the conception that law is of the nature of an idea as well as of a phenomenon.

[36] *Ross* (1958), p. 34 ff., 68 f.

[37] *Ross* (1958), p. 70 ff. (p. 70, note 1); although Ross himself repudiated this name (see *ib.*, p. 72, note 32). In his later book, (1968a), Ross develops his theory still further, and recognizes that the "obligation" has a purely logical side as well.

[38] *Ross* (1958), p. 38 ff.

ences can also be true. On the other hand, valuations are — also according to this theory — without "semantic reference", just as statements about God and other "metaphysical" phenomena cannot be the subject of scientific discussion.

The difficulties of a logical-empirical verification of statements about "valid Danish law" are due to the uncertain instrument of verification. As I have said, *Illum* refers to the general jurist's ideology as the criterion of the "validity" of law, whereas *Ross* refers to the judge's ideology. Ross's opinion is a consequence of his thesis that law implies the use of the machinery of power in society. Therefore, the rules of law are ultimately considered as directives to legal authorities to sanction violations of the citizens' *norms of conduct*, which on the other hand are considered to be a reflex of the *norms of competence* of the authorities.[39] Therefore the process of verification will consist in calculations of the probability of the courts' making a given norm the basis of a hypothetical future case.[40] According to this criterion several rules of law would be unverifiable, as there would be no judicial decision, but in practice it is undoubtedly true that the "calculation of probability", which the lawyer pretends to make, is in fact a *direct* valuation of the "validity" of the rule. And it should be added to this — as it has also been objected — that justification of the condition whereby anybody is able to make a calculation of probability and the rules of law can "function as a scheme of interpretation" for the machinery of justice is the very fact that the citizens, like the judge, have an insight into the rules.

Not only does the instrument of verification obscure this element in the concept of law, but it even becomes unnecessary, since both lawyers and judges have to find the solution on the basis of the same sources and by the same method. One difficulty is that the "common ideology of judges", which is the criterion of "valid law", is one of these "superindividual" and consequently "metaphysical" phenomena, which cannot be verified according to the chosen theory of science. Another difficulty is that a real insight into "law" = "ideology" can only be obtained by reading the grounds of judgements, while *Ross*, on the other hand, from his value-nihilistic point of view cannot be sure that the given grounds correspond to the real motives, as the grounds can be "transcendental nonsense" *(Felix Cohen)*. Difficulties arise for the theory of the sources of law as well, since Ross, admittedly, recognizes the existence of binding sources of law, but on the other hand includes "the ideology of the sources of law" in "the ide-

---

39 *Ross* (1958), p. 32 ff.

40 *Ross* (1958), p. 40 ff.

ology of law", which, as I have said, is identical with the judges' feeling of being bound, and which only appears in the grounds for judgements. So we end up with a "descriptive" theory of the sources of law, and therefore — as stressed by *Illum* — the grounds for judgements cannot be criticized.[41]

VIII. Sociology of Law

I have mentioned above some of the difficulties which arise when Ross tries to combine an "ideological" (psychological) theory of law with a "sociological" theory of law. The Norwegian *Vilhelm Aubert* early called attention to the fact that the Uppsala school of legal philosophy in principle must lead to the gradual change of the science of law into a sociology of law,[42] and Aubert and his colleague *Torstein Eckhoff* also founded the Nordic school of sociology of law.[43]

IX. Pluralism

I have now described the lines of "Nordic" and "Scandinavian" realism up to the present time and indicated the criticisms which, even within Scandinavia, have been put forward against their consequences. I suppose that the younger generation has preserved a "realist" foundation,[44] inasmuch as this generation to a still higher degree has been occupied with the problem of the *application of law* in the widest sense, i. e. the analysis of the relation between the abstract rules of law and concrete reality. Thus this is a problem of judicial decision as well as of the dogma of law, as it is a well-known fact that the purpose of the rules of law is to influence social reality. In this respect the *analytical philosophy of language* created by *Wittgenstein* has exerted a great influence on the Nordic legal philosophers, especially in Finland,[45] but the general *hermeneutics* derived from German philosophy have also influenced Danish as well as Swedish legal philosophers.[46]

These theories have in common a rejection of the basic conditions of the logical-empirical theory of science, i. e. the theory that "reality" is

---

41 See *Jørgensen* (1978d), p. 151 ff., p. 9 ff.; (1979), p. 30 ff.; (1982b), p. 337.

42 In: Tidsskrift for Rettsvitenskap (1943), p. 174 ff.

43 *Eckhoff/Sveri* (1952); *Aubert* (1968); *Eckhoff* (1974). *Theodor Geiger* worked in Denmark in the 1940s and wrote here among other things his Vorstudien zu einer Soziologie des Rechts (1947).

44 *Peczenik* (1974).

45 *Aarnio* (1977), (1979); see also *Makkonen* (1965), *Brusiin* (1949) and *Lauridsen* (1974), (1977).

46 *Jørgensen* (1971a), (1978d), (1971b), (1978a); *Klami* (1981); *Strömholm* (1976).

of such a "linguistic" structure that it can be "reflected" in our (linguistic) consciousness. This criticism highlights the fact that "reality" cannot be described in "objective" language, but has to be "qualified" linguistically instead, which is an act or the result of a decision, inasmuch as the language is intentional, i. e. meant to achieve certain purposes, and that our concepts therefore are value-loaded.

In an analysis of the problem of the application of law the *legal argument* appears to be very important. "Teleological" as well as "pragmatic" elements, combined with linguistic-logical and (legal) ideological arguments, form part of this analysis. In modern moral philosophy it has been recognized that *justice* is a social value competing with public utility.[47] In an attempt to fill the gap between cognition and valuation, some have seen tendencies derived from neo-natural law,[48] whereas others have found it possible to define the criteria of valuation so distinctly that they assume an "objective" character.[49] Some have stressed the more or less intersubjective character of valuation, while others have made (legal) sociological analyses of the concept of justice.[50]

Altogether, however, there is in our time a pluralist conception of legal philosophy, which results in the fact that logical,[51] analytical, system-theoretical,[52] and Marxist[53] theories can be found side by side with theories derived from neo-realism[54] and neo-natural law.[55]

In order to be accepted in juridical practice, legal philosophy must concentrate on legitimating an applicable way of studying the dogma of law.[56] This may explain why Scandinavian legal philosophy is primarily "realistic", and has therefore not agitated in favour of extreme idealist, formalist and sociological theories. If this produces a picture of a special Scandinavian philosophy of life, it is, I suppose, not altogether wrong, although there are variations in the five different Nordic countries.

---

47 See *Jørgensen*, works cited in note 46, as well as (1982a); see also *Eckhoff* (1974).

48 *Castberg* (1965) points out that human rights and justice must be respected by a valid legal system (p. 25 ff.); a new cultural legal idealism has been formulated by *Sundberg* (1978).

49 *Jareborg* (1975).

50 *Eckhoff* (1974).

51 *von Wright* (1977); *Kanger* (1972); *Jørgensen* (1982a).

52 *Eckhoff/Sundby* (1976).

53 *Eklund* (1974); *Eriksson* (1980).

54 *Strömholm* (1976); *Peczenik* (1974); *Lauridsen* (1974), (1977); *Jørgensen*, works cited in note 46.

55 *Sundberg* (1978).

56 *Dalberg-Larsen* (1977), p. 545 ff., (1979), p. 104 f.

Bibliography

Aarnio, Aulis (1977), On Legal Reasoning.

— (1979), Denkweisen der Rechtswissenschaft.

— (1983), The Development of Legal Theory and Philosophy of Law in Finland, in: id., Philosophical Perspectives in Jurisprudence.

Aubert, Vilhelm (1968), Rettssosiologi.

Bentzon, Viggo (1905), Retskilderne.

— (1914), Skøn og Regel.

Bjarup, Jes (1978), Skandinavischer Realismus.

Brusiin, Otto (1949), Über die Objektivität der Rechtsprechung.

Castberg, Frede (1965), Forelesninger over Rettsfilosofi.

Castignone, Silvana (1981), Il Realismo Giuridico Scandinavo e Americano.

Dalberg-Larsen, Jørgen (1977), Retsvidenskaben som samfundsvidenskab (with a German summary).

— (1979), Four Phases in the Development of Modern Legal Science, in: Scandinavian Studies in Law, vol. 23.

Dewey, John (1903), Studies in Logical Theory.

Dias, R. W. H. (1976), Jurisprudence, 4th ed.

Eckhoff, Torstein (1974), Justice.

Eckhoff, Torstein/Nils Christian *Sundby* (1976), Rettssystemer.

Eckhoff, Torstein/Knut *Sveri* (1952), En lov i sökelyset.

Eklund, Per (1974), Rätten i klasskampen.

Eriksson, Lars D. (1980), Marxistisk teori och rättsvetenskap.

Fikentscher, Wolfgang (1975), Methoden des Rechts, vol. II.

Henkel, Heinrich (1977), Einführung in die Rechtsphilosophie, 2. Aufl.

Husserl, Edmund (1901), Logische Untersuchungen.

Hägerström, Axel (1908), Das Prinzip der Wissenschaft. Eine logisch-erkenntnistheoretische Untersuchung, in: id., Die Realität.

Höffding, Harald (1903—4), Filosofiens Historie I—II, 2nd ed.

James, William (1891), Principles of Psychology.

— (1902), The Varieties of Religious Experience.

— (1907), Pragmatism.

Jareborg, Nils (1975), Värderingar.

Jägerskiöld, Stig (1967), Roman Influence on Swedish Case Law, in: Scandinavian Studies in Law, vol. 11.

Jørgensen, Stig (1968a), Entwicklung und Methode des Privatrechts, in: id. (1968b).

— (1968b), Vertrag und Recht.

— (1970a), Die Bedeutung Jherings für die neuere skandinavische Rechtslehre, in: F. Wieacker/Chr. Wollschläger (ed.), Jherings Erbe.

— (1970b), Grundzüge der Entwicklung der skandinavischen Rechtswissenschaft, in: Juristenzeitung, vol. 25.

— (1971a), Law and Society (in German: Recht und Gesellschaft, 1971).

— (1971b), Norm und Wirklichkeit, in: RECHTSTHEORIE, Vol. 2.

— (1971c), Traits Principaux de l'Evolution des Sources du Droit Danois, in: Revue Internationale de Droit Comparé, Vol. 23.

— (1971d), Typologie und Realismus, in: Nachrichten der Akademie der Wissenschaften in Göttingen, I. Philologisch-Historische Klasse Nr. 3.

— (1976a), Legal Science during the Last Century, in: Rotondi, Inchiesti di Diritto Comparato, vol. 6.

— (1976b), Skandinavische Rechtswissenschaft 1850—1950, in: Österreichische Zeitschrift für Öffentliches Recht, vol. 27.

— (1978a), Hermeneutik und Auslegung, in: RECHTSTHEORIE, Vol. 9.

— (1978b), Idealism and Realism in Jurisprudence, in: id. (1978d).

— (1978c), Natural Law Today, in: id. (1978d).

— (1978d), Values in Law.

— (1979), Über die allgemeine Rechtslehre in Dänemark, in: Archiv für Rechts- und Sozialphilosophie (ARSP) Beiheft Neue Folge, Nr. 13.

— (1980), On Legal Theory in Denmark, in: E. Pattaro (ed.), Legal Philosophical Library: an International Bibliography of Philosophy and Theory of Law/Denmark.

— (1982a), Pluralis Juris.

— (1982b), Die rechtliche Entscheidung und ihre Begründung, in: id. (1982c).

— (1982c), Rhetorische Rechtstheorie.

Kanger, Stig (1972), Law and Logic, in: Theoria.

Karlsson, Mikael M. (1985), Legal Philosophy in Iceland, in: E. Bulygin et al. (ed.), Man, Law and Modern Forms of Life.

Kaufmann, A./W. *Hassemer* (1981), Einführung in Rechtsphilosophie und Rechtstheorie der Gegenwart, 3. Aufl.

Klami, Hannu Tapani (1981), Confessiones Methodologicae.

— (1985), Legal Philosophy in Finland, in: E. Bulygin et al. (ed.), Man, Law and Modern Forms of Life.

Kuhn, T. S. (1970), The Structure of Scientific Revolutions, 2nd ed.

Larenz, Karl (1979), Methodenlehre der Rechtswissenschaft, 4. Aufl.

Lauridsen, Preben Stuer (1974), Retspolitisk argumentation.

— (1977), Retslaeren.

Lord Lloyd of Hampstead (1979), Introduction to Jurisprudence, 4th ed.

Lundstedt, Vilhelm (1932—33), Die Unwissenschaftlichkeit der Rechtswissenschaft, I—II, in: id. (1956).

— (1956), Legal Thinking Revised.

Makkonen, Kaarle (1965), Zur Problematik der juridischen Entscheidung.

Moore, G. E. (1903), Refutation of Idealism.

Ofstad, Harald (1952), Om deskriptive definisjoner av begrepet rettsregel, in: Tidsskrift for Rettsvitenskap, vol. 65.

Olivecrona, Karl (1959), The Legal Theories of Axel Hägerström and Vilhelm Lundstedt, in: Scandinavian Studies in Law, vol. 3.

— (1971), Law as Fact, 2nd ed.

Ørsted, A. S. (1817), Over de første Grundregler for Straffelovgivningen, in: Eunomia, vol. 2.

Pattaro, Enrico (1975), Il Realismo Giuridico Scandinavo.

Peczenik, Aleksander (1974), Juridikens metodproblem.

Ross, Alf (1946), Towards a Realistic Jurisprudence.

— (1953), Om Ret og Retfaerdighed.

— (1958), On Law and Justice.

— (1968a), Directives and Norms.

— (1968b), Some Reflections on the Method of Legal Science and on Legal Reasoning, in: Scandinavian Studies in Law, vol. 12.

Schmidt, Folke (1978), The Uppsala School of Legal Thinking, in: Scandinavian Studies in Law, vol. 22.

von Stephanitz, Dieter (1970), Exakte Wissenschaft und Recht.

Stone, Julius (1964), Legal Systems and Lawyers' Reasonings.

Strömholm, Stig (1976), Allgemeine Rechtslehre.

Strömholm, Stig/H.-H. *Vogel* (1975), Le "Realisme Scandinave" dans la Philosophie du Droit.

Sundberg, Jacob (1978), Från Eddan till Ekelöf.

Tamm, Ditlev (1978), Anders Sandøe Ørsted and the Influence from Civil Law upon Danish Private Law at the Beginning of the 19th Century, in: Scandinavian Studies in Law, vol. 22.

Verdross, Alfred (1965), Abendländische Rechtsphilosophie, 2. Aufl.

Vogel, H.-H. (1972), Der skandinavische Rechtsrealismus.

von Wright, G. H. (1977), Handlung, Norm und Intention.

Zippelius, Reinhold (1982), Rechtsphilosophie.

SCANDINAVIAN UNREALISM:
CO-REPORT ON SCANDINAVIAN LEGAL PHILOSOPHY

By Jacob W. F. Sundberg, Stockholm

I. Introduction

Professor Jørgensen has left to me to deal with "a considerable influence on Swedish legal philosophy and legal science" which the so-called 'Uppsala School' allegedly exercised in the 1930s and 1940s. I will oblige by letting this Co-Report focus on the influence of the school, or rather the movement of Scandinavian realism, on the administration of justice. When measured against the practical impact, the school's accomplishment is best put in perspective. I will thus be less concerned with how legal philosophers read each other than with how they were understood by judges and bureaucrats and lawyers at large.

II. Realism — American and Scandinavian

The two movements — American Legal Realism and Scandinavian Realism — should be compared with each other.[1] Neither of them was composed of a group of men with an identical creed and a unified programme. Among the Scandinavians there were wide differences but they had in common that they were all influenced by the philosophical works of Hägerström, much as the English analytical positivists were influenced by the work of Wittgenstein.[2] The American movement was "a peculiar method of approach, a specific way of thinking about law which is typical of those writers who describe themselves as legal realists."[3] There were however similarities between the two movements inasmuch as both shared a radically empiricist attitude towards life and law and a disinclination to discuss and determine the supreme values to be served by the legal order.

---

[1] For such comparisons, see e.g. *Bodenheimer,* Jurisprudence. The Philosophy and Method of the Law, Harvard U.P. 1962, p. 120 f., and *Paton,* A Textbook of Jurisprudence, 3rd ed. (by Derham), Oxford 1964, p. 36 f.

[2] *Paton* (note 1), p. 36.

[3] *Bodenheimer* (note 1), p. 116. For an attempt to present the school of American Legal Realism to a Swedish-speaking audience, see *G. O. Zacharias Sundström,* Kritik och reform, in: Defensor legis 1971, p. 59—84.

As will be seen, however, the Scandinavian movement was more speculative in its approach to jurisprudential problems. The Scandinavians sought an objective and scientific explanation of the nature of law, divorced from judgments of value and emotional attitudes. They focused on developing a formal philosophy of law, seen as a body of rules which will explain law logically and scientifically as a necessary part of the organization of society as a whole.

The Americans were mainly interested in the work of the courts and the factors relevant to decisions made by courts. The decision and its impact was the focus of their inquiry. Sometimes the analysis was permeated with a deep-seated skepticism and distrust in the power of human reason (Thurman Arnold): value skepticism and value-pluralism was seen as the means to prevent the rise of intolerant and totalitarian political regimes.[4]

As an off-shoot of American realism we find the future-oriented approach to the decision-making process that is known as the Lasswell and McDougal policy-science. It focuses vision strongly upon the probable impact of a decision upon the future of the community.

The comparison makes the Scandinavian movement look rather sterile as transpires from the following comments upon the schools:

> "The abiding contribution of the American realist school which built upon the insights of the sociologists, was in discovering the importance of a clear focus on decision. [...] The one significant contribution of the Scandinavian realists would appear to reside in their development of the art of verbal windmill jousting. The members of this group have been deadly bent upon destroying any lingering deference any of us might have about any alleged unique 'validity' or 'binding character' of legal rules. For many of us, fortunately, this is a work of supererogation."[5]

Myres McDougal who wrote these lines, has had no answer from the Scandinavian realists. In Sweden, certainly, it belongs to the cultural climate to make a non-issue out of such criticism and a non-person out of such a critic. Perhaps more generosity is called for than that. At least Scandinavian realism should be taken out of its sheltered existence and be seen in a broader context.

III. The Hägerströmian School: Some Characteristics

The University of Uppsala where Hägerström was active was a university of small dimensions. School building was a tradition and persecution of those of other schools was not unknown. Hägerström made

[4] *Bodenheimer* (note 1), p. 120.

[5] *Myres McDougal*, Jurisprudence for a Free Society, in: Georgia L. Rev. 12 (1966), no. 1.

his fame partly by breaking the hold of the previous Boströmian school on Uppsala (and indeed on the Swedish bureaucracy at large), but when he and his followers were in secure positions, they did not behave very differently from their predecessors. In Uppsala, Hägerström's followers were held to be fanatics.

It took Hägerström many painful years before he was able to formulate his deadly criticism against the Boström school. "You must consider ... how the idealistic view reigned supreme at that time in our country, and how strongly it had permeated the whole of philosophical thinking" wrote his daughter.[6] This difficult struggle made an indelible imprint. The Boström school is always the formidable enemy and every step in the fight is taken in mined territory. Thus, in a negative sense, all Scandinavian realists remained ruled by Chr. Jacob Boström from his grave.

As to the rest, I limit myself to quoting my colleague, Professor Stig Strömholm:[7]

> "After Boström, the decisive role in laying the foundations of legal theories was played by Axel Hägerström (1868—1939) in the first decades of the 20th century. He promoted that deep and influential renewal which was named 'Uppsala School' and, later, Scandinavian Realism. The themes with which the scholars of the Uppsala School dealt, with the use of the linguistic analysis, — they may be summarized as those themes regarding the nature and the meaning of legal concepts — dominated the theoretical-legal debate at least up to 1950. The concepts of 'valid law' and of 'legal right' were the object of close analysis in this period."

But it is from a closed world that Hägerström exercises his influence. Hägerström "ne connut guère d'autre horizon que sa table de traivail et les salles de cours de l'université d'Upsal";[8] he had no interest whatsoever in travelling.[9] Furthermore,

> „he himself never presented his views in a systematic fashion. His many philosophical writings are mostly devoted to rather special questions, and much of their space is taken by polemics against authors with whom he disagrees. The influences that molded his thought were diverse and seemingly somewhat incompatible."[10]

---

[6] *Margit Waller,* Axel Hägerström. Människan som få kände, Stockholm 1961, p. 179.

[7] *Stig Strömholm,* On Legal Theory in Sweden, in: Pattaro (ed.), Legal Philosophical Library: Sweden, Bologna (n.y.), p. 35.

[8] *J.-F. Battail,* Le mouvement des idées en Suède à l'âge du bergsonisme, (Bibliothèque nordique 5) Paris 1979, p. 183.

[9] *John Landquist,* Möten, Stockholm 1966, p. 83. In this Hägerström was like Immanuel Kant. But it meant more in Hägerström's case, because much of Europe passed through Königsberg, due to Napoleon, in Kant's days while Uppsala remained off-route in Hägerström's days.

[10] *A. Wedberg,* Hägerström. Encyclopedia of Philosophy, New York 1967, vol. 3, p. 402.

From the practical view, the two most interesting aspects of his influence were his anti-metaphysical stance and his pro-Marxist inclination.

"Under the influence of Kant, he came to regard metaphysics as impossible. ... Like Kant, he considered the pure Ego, the same in all individual minds, as somehow the principle of the reality given to us, as the source of the laws of logic, and also as the source of certain synthetic propositions a priori, such as the principle of causality. Gradually the role played by this pure Ego was taken over, in his thought, by 'the concept of reality' [...] Speculation about the concept of reality was to remain a fundamental ingredient in his mature philosophy [...] Like so many antimetaphysicians, Hägerström was prone to label any view opposed to his own as metaphysical. The word 'metaphysics' as he used it remains somewhat vague as to connotation as well as to denotation."[11]

In the field of law and morality, metaphysical concepts of this kind were especially abundant and prominent. In Hägerström's opinion, metaphysics were a mere play with words. That implied that certain legal terms and expressions were habitually employed as if they had a real meaning, though this was not the case. All metaphysical concepts were sham concepts. Psychologically, they were to be explained by the emotional background. This being Hägerström's attitude, his favourite saying was a paraphrase of Cato, the Roman: *praeterea censeo metaphysicam esse delendam.*

The anti-metaphysical stance set a very definite limit to his thinking. It was the chief producer of non-issues.

It could be argued that the central concern of jurisprudence is with propositions such as: This is a valid law but I have no obligation to obey it. Is this a self-contradiction? Hägerström could see no contradiction. He was only concerned with truth-functional analysis. Propositions incapable of truth-functional analysis could not stand in logical relation to each other or to genuine judgments. Consequently, no question of contradiction could arise. The problem was simply not a problem for Hägerström. It was a non-issue. The world got simpler.

The political potential of Hägerström's teaching was quickly seen. One of his listeners wrote in a letter of 1926:

"After many lectures and still more disputes with fellow students I have now arrived at the definite conclusion that Hägerström's legal philosophy is a security risk at the very national level (riksfara).

It may serve as an excuse for Bolsheviks as well as for Fascists."[12]

And in 1940, having listened to another Scandinavian realist, he observes:

---

[11] Ibid., p. 402.

[12] *Gunnar Hägglöf,* Möte med Europa, Stockholm 1971, p. 11—12.

"Didn't I already imagine in Uppsala that Hägerströmianism could be exploited to defend Fascism as well as Communism."[13]

Hägerström was known to be 'leftist-minded' (vänstersinnad);[14] he referred to Karl Marx as a genius. Hägerström's study of 1909 on "Social Teleology in Marxism" is indeed a book on the subject. Although sharply criticizing the Marxist philosophy of history, it appears, writes Wedberg,

"that he was influenced by, or at least in strong sympathy with, certain other aspects of Marxism — its materialism and its views on the functions of ideologies. In his lectures Hägerström soon characterized his outlook as 'enlightened materialism'."[15]

Hägerström's pro-Marxism added little that was positive to his view of law. Marxist ideas of the legal order were markedly negative. Marxists were mainly preoccupied with law as a force for the destruction of human values such as individual dignity. Law was primarily a vehicle for the manipulation by the powerful of the powerless. The Marxist message was cynicism about human motivation and a dark view of law in society. They painted a world in which at every turn one found corruption and concealment; in which individuals and groups were motivated by narrow self-interest, by lust for power and wealth, never by genuinely felt moral vision.

Hägerström was undisturbed. He wrote in 1933:

"In my research in legal philosophy, I have found Marx's presentation of the ideology of law to be particularly thought-inspiring. By itself, the idea of law has no reality. But it has a basis in reality as a superstructure on economic conditions. In the class struggle the specific features of the law therefore find their reality only in these separate interests. Hereby, it is clear to me too, that the doctrine on the duties of States toward one another, irrespective of their life interests, which doctrine now runs rife like a popular psychosis, has no real basis at all but is a mere creation of the imagination. Only if economic difficulties were to force a world organization of production and distribution — a world economic order — would the belief in unconditional international law duties be anything more than dust."[16]

Hägerström's legal philosophy thus ends with a dream of a" world organization of production and distribution — a world economic order" that would make law something more than dust, give it some kind of reality.

---

[13] *Gunnar Hägglöf,* Samtida vittne 1940—1945, Stockholm 1972, p. 67.

[14] *Ingemar Hedenius,* Minnen av Adolf Phalén, in: Filosofisk tidskrift 1980, p. 26.

[15] *Wedberg* (note 10), p. 402.

[16] *Hägerström,* Marx och filosofin, in: Tiden 1933, p. 147 f.

IV. Boström's Legal Philosophy

The philosophy of Chr. Jacob Boström being of crucial importance to the Hägerströmians, its contents should be sketched briefly. Hans Larsson wrote that "the feeling for law seems to have been the clue to all his philosophy."[17] So law permeates Boström's *rational idealism!* Wedberg's article on Boström in the Encyclopedia of Philosophy outlines what was meant by the latter term.[18]

Boström's 'rational idealism' is a spiritualistic metaphysics. He made use of a distinction between a thing as it is in itself (essence) and a thing as it appears to us (phenomenon). The things-in-themselves, which underlie the appearances, are purely rational minds whose existence is nonspatial and nontemporal: Boström called them 'ideas'. These ideas form a series that reaches its summit with God, the maximal idea. We will now let Hans Larsson continue the line of thinking:

> "Each individual has and carries within himself his perpetual idea. But in the idea of man is included the idea of God (as in Leibnitz's monads); it is experienced in each feeling of reverence, of duty, of altruistic love, all feelings that point to something beyond the self to a spiritual reality. There is something inside man that is above man. Something of such a specific kind we experience according to Boström in the feeling of justice. This cannot be explained either from the idea of man or from the idea of God. It points to a specific idea, the idea of the state. Its claim for justice does not coincide with the claim of morality or the claim of religion. Between the idea of man and God Boström conceives even other ideas than that of the state, and below man also an interminable series of lower ideas."[19]

Boström's successor, C. Y. Sahlin, sketched what this meant when applied to the legal system:

> "From the state, however, those private persons who are its members receive each his legal sphere, within which they are entitled to decide themselves what they want to do or not to do. The fact that the state grants such a legal sphere means that the free choice between undertaking or abstaining from certain possible actions is distinguished from arbitrariness and receives the form and the sanctity of right. Each such free choice, authorized by the state, between several possible actions relating to a legal object is a legal right. The legal sphere that the state grants to this person by determining the legal rights of a private person, the state must oblige the other members of the state to respect. [...]
>
> In this way, by the state somehow determining all the rights of whatever kind of all its members, as well as by the correspondence between each citizen's rights and all others' duties to respect this right, an all-inclusive and all-pervasive legal order is established which is based on law and

[17] *Hans Larsson*, Filosofiens historia, 4 uppl. Stockholm 1944, p. 99.

[18] *A. Wedberg*, Boström, Christopher Jacob, Encyclopedia of Philosophy, New York 1967, vol. 1, p. 353.

[19] *Larsson* (note 17), p. 97.

which reaches its perfection in the general regard for everybody's right. The right that is determined by the state shall also be protected by the state. The protection is set up against all such violations of a right which mean intruding in the legal spheres as determined by the state's law, and which violations threaten to annul the legal order that the state has introduced, in a wider or a more limited sense."[20]

Hans Larsson summarized the Boströmian philosophy as meaning:

"The State is responsible for the law, but is not allowed to extend its coercive power beyond what the law requires. Boström wanted a principled limit set to state power and thereby he exercised much influence on our legislation. Surprisingly, when doing so he came to support claims for individual freedom, claims that are otherwise associated with Liberalism. The difference was that he derived his claims from the idea of the state, while the liberals took it from the claim of the individual."[21]

Consequently, the idea of the state being a compromise between free individuals with fundamental inalienable rights was deeply repulsive to Boström. The Boströmian state was recently characterized in the following language:[22]

"In the view of Boström the state is ... so to say instituted in heaven. The idea of the state is higher than the idea of individuals, while the latter are only organs of the state. Men are there for the sake of the law, not the law for the sake of men. Sovereignty, then, is not derived from beneath, from the people, but from above, from the idea of the state and in the last resort from God."

Thus, the Boströmian school provided the civil service with an ideal philosophy. The position of the civil service was derived from the idea of the state taking bodily form in the monarch.

"The Boström School had corresponded to the conservative attitude of the civil service, honouring such words as fairness, right, reason. The civil servant had been able to identify, in a self-evident way, with the idea of the state, carrying out in a rational and impartial way what the state ordered."[23]

V. The Traditions Boström and Hägerström Joined: A Bureaucratic Profile

Trying to fathom the impact of the Hägerström school on the administration of justice, both the negative and the positive sides have to be taken into account, both the anti-metaphysical stance and the pro-Marxist inclination.

---

[20] *C. Y. Sahlin,* Om ministrarne i den konstitutionella monarkien enligt Boströms statslära, (Smärre skrifter utgifna af Boströmsförbundet xvi) Stockholm 1910, p. 11, 12.

[21] *Larsson* (note 17), p. 98.

[22] *Svante Nordin,* Den Boströmska skolan och den svenska idealismens fall, Lund 1981, p. 27.

[23] Ibid., p. 142.

Some may still be among us who were students at the universities of Uppsala and Lund during the 1930s. They will confide what a shocking experience it was for many of them to be exposed to Hägerström's message that rights and duties were nothing more than superstition and in fact did not exist. So all that they had been told about right and wrong then, was only superstition? There were no limits to what could be ordered by statute? — The response to this devastating message was to look for the one single factor in life that was real and not just superstition. That was *power*. So the ultimate effect of Hägerström's message among lawyers was to create a generation of bureaucrats who were thoroughly sceptical as to what was right or wrong, but who were naturally submissive to what was powerful. Gradually, this new type of bureaucrat replaced the previous Boströmian one who believed that the Swedish state somehow originated in heaven and found its legitimacy in God.

Seen in retrospect, the Hägerström school succeeded in undoing the two greatest practical achievements of the Boström school: the creation of an honest and god-fearing bureaucracy and the setting of a limit to the expansion of the state. Together, the two traditions created a specific Swedish bureaucratic profile. The arrogance towards those administered, that was a natural consequence of the god-sent mission of the Boströmian Swedish bureaucrat, combined with an attitude of submissiveness when faced with the new power centers that were progressively being established under the one-party rule that began in 1933, was to dominate Swedish legal life for almost half a century. The most remarkable quality of the school of Scandinavian realism thus seems to have been its ability to power-corrupt the bureaucrary at the same time as it welcomed an enlarged bureaucracy taking on more tasks.

VI. Scandinavian Unrealism and the Rule of Law

The genius of the school of Scandinavian realism has been its ability to avoid criticism by limiting itself to the issue of anti-metaphysics. Those writers have been given no hearing who have addressed matters tending to show that law is something more than "a psychological adjustment to conflicting emotional needs" and that its beneficial function is not enhanced by introducing the enormous Marxist bureaucratic apparatus that is certain to accompany the establishment of a "world economic order". The unrealism of Scandinavian realism thus stands out when you are dealing with the pluralist rather than the monolithic situation, e. g. a market situation or an international situation. The greatest challenge to the pretentious use of the term 'realist' comes from those who have addressed those situations. It is characteristic that the Scandinavian realists seem never to have ventured any opinion on this side. It has been a non-issue, raised by a non-person. Consequently, it is interesting to follow for a moment the thinking of one of these non-persons, Friedrich A. Hayek, on the non-issue, the rule of law.

Hayek's book *The Road to Serfdom* appeared in 1944 in an English version and in a Swedish translation. The book addresses the problems that go with the planning process, thus with the world economic order that is to be established according to Hägerström, if law is ever to be anything more than dust. One chapter is devoted to "Planning and the Rule of Law". Its opening paragraph reads as follows:[24]

> "Nothing distinguishes more clearly conditions in a free country from those in a country under arbitrary government than the observance in the former of the great principles known as the Rule of Law. Stripped of all technicalities, this means that government in all its actions is bound by rules fixed and announced beforehand — rules which make it possible to foresee with fair certainty how the authority will use its coercive powers in given circumstances and to plan one's individual affairs on the basis of this knowledge."

The surprising fact is that Hägerström himself at one time thought along similar lines: "where pure despotism ... exists, one may question whether there really is any legal order."[25] But we will let Hayek go on:

> "Under the first [Rule of Law] the government confines itself to fixing rules determining the conditions under which the available resources may be used, leaving to the individuals the decision for what ends they are to be used. Under the second [arbitrary government] the government directs the use of the means of production to particular ends. The first type of rules can be made in advance, in the shape of *formal rules* which do not aim at the wants and needs of particular people. They are intended to be merely instrumental in the pursuit of people's various individual ends. And they are, or ought to be, intended for such long periods that it is impossible to know whether they will assist particular people more than others. They could almost be described as a kind of instrument of production, helping people to predict the behaviour of those with whom they must collaborate, rather than as efforts toward the satisfaction of particular needs.
>
> Economic planning of the collectivist kind necessarily involves the very opposite of this."

Hayek's argument proceeds along the following lines: The more the state 'plans', the more difficult planning becomes for the individual.

---

[24] *Friedrich A. Hayek,* The Road to Serfdom, Univ. of Chicago Press 1976, p. 72.

[25] *Hägerström,* Inquiries into the nature of law and morals, Uppsala 1953, p. 35. My book: Haegerstroem and Finland's Struggle for Law, Fred B. Rothman 1983, explores what may have prompted Hägerström to use this phrase.

If the state is precisely to foresee the incidence of its actions, it means that it can leave those affected no choice. As planning becomes more and more extensive, it becomes necessary regularly to qualify legal provisions increasingly by reference to what is "fair" or "reasonable". "One could write a history of the decline of the Rule of Law, the disappearance of the *Rechtsstaat*, in terms of the progressive introduction of these vague formulas into legislation and jurisdiction."[26] There can be no doubt that planning necessarily involves deliberate discrimination between particular needs of different people, and allowing one man to do what another must be prevented from doing. The important question is whether the individual can foresee the action of the state and make use of this knowledge as a datum in forming his own plans, with the result that the state cannot control the use made of its machinery and that the individual knows precisely how far he will be protected against interference from others, or whether the state is in a position to frustrate individual efforts.

Hayek thus is able to construe his great paradox:[27]

> "It may appear paradoxical to claim as a virtue that under one system we shall know less about the particular effect of the measures the state takes than would be true under most other systems and that a method of social control should be deemed superior because of our ignorance of its precise results. Yet this consideration is in fact the rationale of the great liberal principle of the Rule of Law."

Considering that Hayek was the co-winner of the Nobel Prize for Economics, 1974, the absence of debate among Scandinavian realists of this late champion of the Boströmian school and his thought, shows the importance of the limits of the Hägerströmian school. Seen in this context, it is less surprising that other writings, focusing on the inability of Scandinavian realists to deal with the pluralist international field in matters of penal law, have been coldshouldered in the same way.[28]

The Hayek example illustrates how much the Hägerströmian school has been dependent upon the structure of Swedish society in the formative years of Hägerström's thinking about law. If that structure evaporates and is replaced by quite another — say, the one suggested by Hayek — then sticking to the old analysis is not realistic but *unrealistic*. The Scandinavian realists seem to have been too much stuck in their old anti-metaphysical attitude to have bothered about the world coming apart around them. It has been a non-issue.

---

[26] *Hayek* (note 24), p. 78.

[27] Ibid., p. 75.

[28] See e.g. *J. Sundberg*, Lagen på gärningsorten, in: SvJT 1973, p. 361 ff., an article discussing the principle of one time-one place-one law.

This aspect of the school has caused some concern among younger scholars. Annika Lagerqvist Almé writes:[29]

> "In the Swedish postwar period the formulas employed by Hägerström often look as if brought to a head and seem to be out of touch with real life. To a generation listening to the maxim 'politics is will', his thesis about the absence of will in legislation seems a bit out of place. Neither Hägerström's definition of law in force as 'an idea about a system of rules that comes to realization', nor his hypothesis about the relationship between law and state take account of such maxims.
>
> It may therefore now be time to ask if Hägerström's teaching is not based upon and tied to a time when constitutionalism was an imperative postulate, to such an extent that it has become a stranger to a Sweden which is so indifferent to constitutional law problems that the 'exodus from constitutional law' is the popular phrase of both legal scholars in general and the drafters of the 1974 Constitution in particular.
>
> How have Hägerström's theories bearing the imprint of Liberalism, mastered the confrontation with Socialism? The Uppsala school may still be supported in legal theory — but is it possible to combine it with a reality that has by now been dominated for more than 40 years by a Social-Democratic movement that sees in legislation primarily (as the matter was put by Minister Lidbom) an instrument for achieving political goals, and which consequently has had little consideration for the law abiding qualities referred to by Hägerström and even less for the autolimitation of Jellinek?"

VII. Scandinavian Unrealism and High Tax Society

Scandinavian realism perceives society as it was around the turn of the century. It is the Boströmian state with definite limits set to the legitimate use of state power and a deep-rooted respect for the rights of the individual.

Today we are far away from that society. The fact that so little in the Hägerström school has been allowed to change says something about the unrealism of the school of Scandinavian realism.

Hayek writes:[30]

> "The idea that there is no limit to the powers of the legislator is in part a result of popular sovereignty and democratic government. It has been strengthened by the belief that, so long as all actions of the state are duly authorized by legislation, the Rule of Law will be preserved. [...] If the law says that such a board or authority may do what it pleases, anything that board or authority does is legal — but its actions are certainly not subject to the Rule of Law. By giving the government unlimited powers, the most arbitrary rule can be made legal; and in this way a democracy may set up the most complete despotism imaginable."

[29] *Annika Lagerqvist Almé*, Rätten och viljan. En studie över Gunnar Strängs lagstiftning, in: Skrifter till minnet av Halvar G. F. Sundberg, Stockholm 1978, p. 150 f.

[30] *Hayek* (note 24), p. 82.

The ideas pursued by the politicians responsible for the 1974 Constitution meant — wrote Jägerskiöld — that with us, finally, "Rousseau replaces Montesquieu."[31] This was in part a depreciation of the courts and their role in society, in part the clearing of a way for a massive output of delegated legislation: a new statute every eighth hour.[32]

Subject to this was placed a people without rights. The idea of an independent legal right had been killed by the Scandinavian realists. So-called rights, the students had been told by Lundstedt, were only advantageous positions which had followed as a consequence of maintaining statutory rules: "You must understand that the talk about a new statute being capable of violating the right of property is as meaningless as a parrot's babble."[33]

Such a philosophical underpinning made the acceptance of High Tax Society easy. This new phenomenon requires a brief analysis.

The analysis will have to start with *tax thinking*. This is fundamental in high tax society. We are facing the rule that

> "as soon as economic problems are discussed, be they large or small, the pattern is always to discuss not only what consequences these circumstances will have taxationwise, but also and above all what possibilities there are of minimizing the taxes."

In a high tax society like Sweden where even 100 percent or more may be claimed in tax, tax thinking is not only wise, it is a must. Moving without tax thinking is like sending a cripple naked into battle.

Tax thinking invites *high tax imperialism*. By this is meant that tax rules are being used to achieve results of another kind than state income. Taxes become multipurpose. They are given tasks that traditionally were entrusted to normal laws. The most glaring non-tax purpose of the Swedish tax laws today is a redistribution of property between various population groups, so-called "transfers", a goal that evidently has nothing at all to do with revenue purposes. Transfers nowadays take more than 50 percent of the Swedish state budget. The multipurpose tax deadlocks the tax level. Whatever improvement in tax morale can be achieved, taxes will not go down — no more than fines would be lowered if criminality diminished.

High tax imperialism enjoys a sheltered existence under the protection of *high tax absolution*. By this is meant the belief that there are

---

[31] *Jägerskiöld*, Statsrättslig forskning kring den nya grundlagen, in: Statsvetenskaplig tidskrift 1976, p. 50.

[32] *Björn Tarras Wahlberg*, Lagstiftning till döds? Stockholm 1980, p. 11.

[33] *Lundstedt*, in: Social-Demokraten 10 Sep. 1928.

no restraints on the power to determine the object or the rate of a tax: that there are no limits to the exercise of the taxing prerogative. Whatever legal obstacles might have impeded the way of a normal statute can be brushed aside as soon as the matter is called 'tax'.

Tax law is left in the hands of the *tax bureaucracy*. With few exceptions the tax law consists of directives to the tax administration and not of imperatives to the tax payers. The imperatives perceived, i. e. the kernel in high tax imperialism, are only conclusions drawn by the tax payers from the directives to the tax bureaucrats.

In high tax society, tax law develops *megalomania*. All income of whatever nature is supposed to be fitted into the tax system. In other areas the Law remains content to control only certain aspects of societal life leaving people free to arrange the rest for themselves as they please. Tax law attempts wall-to-wall carpeting. The system of tax law must totally and without exception cover all variations in economic life and deal with all conceivable situations. In this sense it is totalitarian.

As the megalomania entails that taxes are present everywhere, all doors must be open to the tax authorities. They are given all kinds of privileges relating to police work and procedure.

The *Al Capone syndrome* was the first big effect. It was observed:[34]

> "An advocate, who is made public defence counsel and who has been entrusted with documents which are important in the case, may thus not be forced to deliver them up if his client is suspected of gross fraud with falsification, but he is forced to do so if the suspicion relates to a minor tax offence."

Prosecutors saw it too: Why let oneself be hampered by the petty guarantees set out in procedural law and elsewhere (the characteristics of a society under the Rule of Law) when you could get everything you wanted only by suggesting the need for tax control. In this way arose the Swedish replica of the American dilemma: when fighting the gangland gangsters in Chicago with many dead witnesses, the American legal system was only able to convict the leader, Al Capone, of tax fraud.

More and more of the activities of the tax payers came to be seen as anti-State behaviour. An atmosphere was being whipped up in which it became axiomatic that taxation was something good per se, that everything that limited the reach of taxation, such as deductions, was

---

[34] *Lännergren,* Sekretesskydd för handlingar hos advokat, in: Tidskrift för Sveriges Advokatsamfund 1976, p. 105.

something bad per se, and that no sacrifice was too great to ensure the total realization of a total tax system. A sermon-text was prepared for the occasion: it read

> "Thou shalt love thy taxes as thy neighbour, because it is by paying taxes that thou showest thy true love for thy neighbours."[35]

Finally, high tax society broke all dams. As taxes mounted, each little transaction had to be judged by the authorities from the point of view of tax liability. In high tax society, whatever aberration taxmen The entire criminal law apparatus, which was supposed to be built up found, it was possible for them to brand it as tax avoidance or worse. to prevent the evasion of taxes, suddenly cut through into the relationship between individuals. The tolerant and happy-go-lucky atmosphere in which one was prone to make one's deals with others of similar inclination became, equally suddenly, a grave crime threatening the state, indeed the so-called 'economic crime'.

Now society was hit by legal seasickness. The new Swedish Constitution set no limits to the rate of taxes: not even 100 percent. At the same time the Scandinavian realists had deprived the people of their rights. In the absence of any genuine perception of the right of property the idea was insinuated that whatever income people made belonged to them only by grace of the state. The public purse was in principle entitled to the entire income of the individual. What was not taken away in taxes was something which the State ceded to the individual. In this perspective, a deduction was equivalent to state assistance. When business put paid advertisements in opposition newspapers and could deduct the expense from taxable income, one could say that society was paying for anti-state activities. When the members of a Philadelphia congregation borrowed money from the bank in order to invest it in a church building, deducting the interest payments from their taxable income, the news headlines read: "Philadelphia church being built at the expense of the taxpayers." Recently, a trade union figure made herself notorious by classifying part-time work as tax evasion:

> "If you reduce your work to part-time, you deprive society of the value of your work. You are using the common time for your own private ends: baking bread, painting window frames, making jam, or whatever it might be."[36]

In this way Scandinavian realism contributed forcefully to the creation of a society building upon the all-pervasive idea of total state

---

[35] The text was released by the author, Professor Gunnar Adler-Karlsson (a faithful supporter of the one-party rule) as an address at the general church meeting in Jönköping 1970, printed in: Vår Lösen 1970, No 7.

[36] *Anna Hedborg*, interview in Dagens Nyheter 1 Aug. 1982.

ownership, inclusive the body and soul of common man. Individual rights being a non-issue and limits to the state power being a non-issue, the totalitarian state arose naturally. "They are the first of the new totalitarians" wrote Roland Huntford about the Swedes in 1971.[37]

VIII. Scandinavian Unrealism and Human Rights

It may seem as if Hägerström wanted to reduce concepts like legal rights and duties to absolute zero. In his view, and those of his followers, a right or duty was not something objective, which could be described in the same way as a chair or a table. According to Hägerström, it is rather a feeling, like the feeling that something is beautiful or ugly or morally right or wrong.[38] Hägerström's conclusion, says Olivecrona, is as follows:[39]

> "What we have in our minds when talking about rights is a power. But it is a power raised above the facts of social life. He therefore calls it a 'supernatural' power. Since it is impossible to grasp this power with the mind, he also calls it 'mystical', or 'metaphysical'."

There he stopped: Hägerström never discussed the problems of the actual use of the notion of a right in social life. He left the matter to others. But the effect was that Swedish legal scholarship lost interest. Reluctantly, the concept of a right was accepted as a kind of formal and functional notion. It was seen as a mere function of the state of statute law.

In such a context, the introduction of the notion of *human rights* means a revolution. What is right comes from beneath rather than from above. There are definite limits to what the powerholders can lawfully will, to what the government can legitimately decree. That so much of the postwar evolution in legal thinking, not to mention the foreign policy of the Swedish Government, has been controlled by the notion of human rights therefore means an intense challenge to the Scandinavian realists. Nevertheless, it has been treated as a non-issue. It is not unnatural to ask how it comes that the school never approached this new field.[40] Certainly, the silence has left the bureaucracy uneasy. A highly placed judge who wanted to remain anonymous aired the

---

[37] *Roland Huntford,* The New Totalitarians, London 1971, p. 11.

[38] Cf. *Folke Schmidt,* The Uppsala School of Legal Thinking, in: Scand. Studies in Law (ScSt) 1978, p. 156.

[39] *Karl Olivecrona,* The Theories of Hägerström and Lundstedt, in: ScSt 1959, p. 130.

[40] The only discussion I have been able to find was authored by *Alexander Peczenik,* The Concept 'Valid Law', in: ScSt 1972, p. 243—249, but I do not think Professor Peczenik would like to be classified as a 'Scandinavian realist'.

matter when interviewed recently on the occasion of a human rights colloquy in Stockholm:

> "Human rights have so far been mostly regarded as window-dressing (honnörsord) in our country. You have somehow failed in clean habits, legally speaking, when talking about them."[41]

Bureaucrats taught in the Scandinavian realist tradition were sure to find the Socialist Camp tradition easier to understand. In the West, the notion of a right was coupled with the individual, not with the state, and rights emphasized personal initiative, not public organization. The Socialist collectivist philosophy gave human rights a fundamentally different substance. The aspect of defending the individual against the state is ignored. Rights are subordinated to the overriding goal of making society develop towards Communism, the ultimate destiny of world history. Consequently, human rights are not timeless, but are based on orthodox social prognosis, the contents of which are reformulated into legal norms. Consequently, again, human rights can be no more than the mirror image of whatever legislation has been enacted. The Scandinavian realist is at home.

For such reasons I think it is fair to say that it is due to the school of Scandinavian realism that, unlike most other European countries west of the Socialist Camp, human rights are considered mostly a matter of foreign policy in Sweden. Nothing could testify better to this than the attitudes displayed in 1969 when a special Minister without portfolio, Mr. Carl Lidbom, was charged with taking care of human rights questions.

> "This charge summoned Sverker Åström, at that time Permanent Undersecretary for Foreign Affairs (kabinettssekreterare) in the Ministry of Foreign Affairs to make worried protests. It is not possible to take human rights questions out of their political environment."[42]

There was much merit in Sverker Åström's argument, Mr. Lidbom later wrote in his memoirs,

> "much more than I understood to start with. Often there is just no room for a legal approach which does not coincide with the approach of the politician or the diplomat. [...] I was only going to deal with the legal aspects of human rights and with international treaty work. But, as Sverker Åström noted, the legal aspects are difficult to isolate. Furthermore, when things are getting serious, they have to be subordinated to things political."[43]

---

[41] "Det har inte varit juridiskt riktigt rumsrent att tala om dem". Colloquy on Laws, Rights, and the European Convention on Human Rights, organized by Institutet för offentlig och internationell rätt, at Svea Court of Appeals, March 29, 1983: see Expressen 4 Apr. 1983, p. 10.

[42] *Carl Lidbom,* Reformist, Stockholm 1982, p. 37.

[43] Ibid., p. 37.

IX. Conclusions

To sum up, the school of Scandinavian realism represents a school of thought, isolated from the world at large, focusing on special questions and disclaiming the ambition to create a harmonious whole. Within this format, the school concentrates on metaphysics as its enemy in general. Its most important product, seen in retrospect, is non-issues. This has simplified the line of defence considerably, and polemics have occupied a disproportionate place (as suggested by Myres McDougal). The impact of the school has been considerable, but it is a negative impact. It has faded away because it was overtaken by social developments to which it could not or would not adapt. The comfort felt at its fading may be marred however by the properties of the developments it brought to life.

THE "UPPSALA SCHOOL" IN SWEDEN

A Choice and Its Consequences in a Changing Society

By Annika Lagerqvist Almé, Stockholm

In order to understand how the "Uppsala School"[1] could gain such authority in Sweden after 1920, it is illuminating to penetrate the factual situation at the turn of the century. During this period, the Swedish state and its system of government went through several major changes of a revolutionary nature, although without a civil war, and unfortunately, without revising the written fundamental laws enacted in 1809 and 1810.[2] These were, however, affected when the sovereignty of the King was reduced by the factual entry of parliamentarism. Voices in favour of armed action were raised, but never followed. Nevertheless, the political and ideological struggles were intense.

The formation of political parties and foundation of labour unions occurred throughout this period. These events involved disputes and disruptions. In 1905 Norway succeeded in liberating itself from the union with Sweden — or from the union with the Swedish King, as the Norwegians would rather say.

The ruling philosophical school during the first three decades of this period (about 1880—1920) was J. C. Boström's metaphysical transcendental "variation" of Kant's philosophical ideas.[3] At the time, philosophy was one of the examination subjects in the law degree, and it had a direct influence on legal theory. When the sufferings and horrors of the First World War opened the human mind to a non-metaphysical realism, with its lack of heroism and determinism, legal theory turned instead to so-called "legal realism". In the early thirties, the word "metaphysics" was treated as almost tantamount to bad language.

A change of theories, in which the later showed such an implacable hostility to its predecessor, would suggest a change of attitude in the

---

[1] The Swedish branch of so-called "Scandinavian legal realism".

[2] The 1809 Constitutional Act, or more correctly: The Formula of Government, and the 1810 Order of Succession.

[3] J. C. Boström's theory is not further discussed in this paper.

whole of society.[4] It was not merely the outcome of an academic fight. Throughout history, academic struggles have had little influence upon Swedish society. This would indicate that the theories were associated with different political groups or parties, or with factions within groups or parties.

At the turn of the century, two main currents of constitutional theory were offered to the Swedes. The conservative school represented the academic tradition from J. C. Boström, whereas the liberal, radical "legal realism", the originator of which was Axel Hägerström, was opposed to it. The former was divided into two groups, the nationalists and the reform conservatives. Though of much less political importance after the First World War, the nationalists played a leading role during the Victorian epoch (1870—1918). In the last 18 years of this period, Rudolf Kjellén was their principal theorist. Kjellén's theory was built mainly on a primitive form of "Darwinism",[5] Nietzsche's ideas, geography and corporatism. This branch of the conservative party was later defeated so comprehensively that it is not even mentioned in current Swedish public law doctrine.[6]

In order to obtain a comprehensive view of any theory that influences a society during a certain epoch, it is important to analyse a cluster of complex historical events consisting of, e. g., when and where the theory was introduced, what it claimed to refine or oppose (i. e. its predecessor and its competitors), what it may have tried to assimilate (i. e. the contemporary prominent theories in other sciences), and, no less important, the career of the creator of the theory.

I. Rudolf Kjellén (1864—1922) and His System of Innate Polities[7]

1. Kjellén's Curriculum Vitae

At the impressionable age of sixteen, Kjellén commenced his academic career at the University of Uppsala. He was a descendant of the Swedish provincial middle-class[8] and had no natural links with Stock-

[4] The revisions of the electoral law in the beginning of this century cannot be the sole explanation of so great a change, which included a majority within the traditional groups of power in the Swedish society.

[5] That is, Kjellén's version of Darwin's theory of evolution.

[6] In Sweden the subject Public law consists of Constitutional law and Administrative law. The Professor of Political Science, N. Elvander, is the only modern scholar who has accorded Kjellén special attention; cf. *N. Elvander*, Rudolf Kjellén och nationalsocialismen, in: Statsvetenskaplig Tidskrift (1956), pp. 15—41.

[7] A presentation of this, "by way of experiment", is *Kjellén*, Statsformernas naturliga system, in: Festskrift till P. Fahlbeck, Lund 1915, pp. 121—149.

holm and its young, cosmopolitan and liberal radicals of the 1880's. As one of Professor Oscar Alin's[9] disciples, he soon became deeply involved in the conservative movement and was, through his beloved master who was a member of parliament, tied to its reactionary core, the "Professor's conservative group" in parliament. He thereby became at once an opponent of contemporary fashionable political and cultural ideas and a respected adherent of the prevailing academic tradition. Kjellén remained true to his master ("his fatherly friend and noble ideal"[10]) and to his master's work as long as Alin lived. His liberation from Alin's ideological heritage was more a logical development of some of Alin's basic ideas than a real dissociation. It is a matter of conjecture whether Alin would have consented to and appropriated Kjellén's conclusions about the union crisis in 1905, since Alin was already dead when they were published. However, research has brought to light documents which suggest that Alin had been moving in this direction.[11]

After the union crisis a gap was clearly visible within the conservative party. Kjellén, at the time Professor of Political Science and Statistics at the Academy of Gothenburg,[12] and his group "the national democrats", never abandoned the conservatives, most of whom had by then grown more moderate. Harald Hjärne, Professor of History at the University of Uppsala, became the leader of the "Professor's conservative group". Kjellén's movement towards a relative independence was probably simplified by his departure to Gothenburg in 1894. Not only was the distance as such of importance, even more important was the possibility of making new acquaintances. Two men, who became his closest friends, exerted an especially important influence on his political and scientific thinking. One was Oscar Norén, a militant nationalist and editor whose newspaper[13] was at the disposal of Kjellén and his young-conservative "national democrats". The other was Vitalis Norström, Professor of Philosophy at the Academy of Gothenburg. Norström was an idealist and an admirer of Nietzsche, to whose writings he introduced Kjellén.

---

[8] He was, like Hägerström, a son of a vicar, and he grew up in Skara and on Torsö, in the south-west of Sweden.

[9] O. Alin was the leader of the Conservative nationalists during the 1890s, and holder of the Chair of Political Science and Rhetoric (Professor Skytteanum) at the University of Uppsala.

[10] The quotation is taken from: *G. Andrén,* Rudolf Kjellén — några ord till tioårsminnet av hans död, Svensk Tidskrift (1932), pp. 377—394.

[11] *N. Elvander,* Harald Hjärne och Konservatismen, Uppsala 1963.

[12] He was called in 1901. Prior to this, he served as a lecturer of Political Science and Geography (1894—1901).

[13] The daily, now extinct, "Göteborgs Aftonblad".

During his last decade in Gothenburg (1905—1914), Kjellén finally became a Member of Parliament.[14] As such, he was a member of the constitutional committee (1912—1916), and a member of the security committee (1917). In 1915 the University of Uppsala called Kjellén to the chair of Political Science and Rhetoric, the chair once held by Oscar Alin.

Though today almost forgotten, Kjellén was highly esteemed as a scholar by his contemporaries. He did not have to apply for either of the chairs he held: he was called to both. In 1911 he was created a Knight of the Order of the North Star. Further evidence of his public recognition is his invitation to membership of the Royal Society of Science and Literature in Gothenburg in 1899, two years ahead of his first professorship. He later also became a member of the American Academy of Political and Social Sciences (1912). In Germany, where his "Geopolitics" awoke the greatest response, he was made an honorary doctor of the University of Rostock in 1919.[15]

2. Kjellén's Theory

Swedish political science and public law doctrine was founded on the German historical school. This made it only natural for Swedish scholars to accept and appropriate any changes within German doctrine. Consequently, when the latter gradually changed its view of the State from that of an organism founded on law ("Rechtsstaat") to that of an organism (respectively, organisation) of power ("Machtstaat"), the Swedes followed suit. Hägerström's liberal "legal realism", Hjärne's "moderate conservatives" and Kjellén's "national democrats" were all, though differently, affected by the change. This change received powerful support from Darwin's theory of evolution, putting any divine influence on a new, innate, level.

Kjellén never abandoned the idea that the State was something mortal, an organism. However, by changing paradigms in trying to assimilate the theory of evolution, Kjellén gave up Alin's basic idea of the State as a judicial entity. Instead, he adopted his "Geopolitics" as the new basis of his theory. By geopolitics he intended to establish

---

[14] Between 1905—1907 he also served as a member of the select vestry of Gothenburg.

[15] In Germany he was officially greeted as one of the founders of national socialism, as this party used geopolitics as its scientific basis. In Kjellén's own writings the idea of "pure blood" was revised, as no genetically "pure blood" could be found in Europe. He supported "socialism", if interpreted as a designation of a strong State. In Sweden the word had, however, been taken over by the trade unions to define a group-centred egoism.

"the influence of the earth on mankind."[16] Consequently, the State would be an organism of power and, furthermore, subject to "that law of Nature which imposes the cyclicity of the systems of polity."[17] This cycle comprises the four major forms of state administration known to history. The cycle[18] starts and closes with absolutism, and on its way passes through constitutionalism and democracy. Before reaching democracy, Kjellén (using Macchiavelli's terminology) introduces the principate as the fourth inevitable form, beyond the three generally accepted ones.

In a principate all state power is formally divided, but is in practice handed over to the leader. The dominant desire within a State at this stage of the cycle is to enforce order, which can only be achieved through a strong personality. This personality can only emerge from the basic and strongest unit of the population, the nation, which is an ethnic entity. A nation is united by solidarity, and not only by the loyalty which is the bond between the nations constituting the people of a State.[19] Kjellén called this the biological settlement of the task, that was once set up by the historical school, to define satisfactorily "the soul of a State". By overlooking the vital importance of the nation one failed to touch on "the missing link".

From these ideas (or as Kjellén maintained, based on this empirical evidence) Kjellén concluded that the ideal and stable State should consist of as few nations as possible. According to the periodicity of the innate system of polities, the re-entry of the principate must be impending, and Kjellén therefore recommended the States to pass strict migration laws. The stage of democracy in Europe, having begun in 1789 with the French revolution, was now declining and was bound to be replaced by an era of principates. The liberal "ideas of 1789", liberty, equality and fraternity, would be replaced by the "ideas of 1914", order, justness and nationalism, in order better to meet present needs. By order he meant discipline and conformity of the individual to the collective. By justness he meant corporatism, i. e. that each corporation should be given its share and its value in proportion to its significance. By nationalism he meant the abolition of cosmopolitan ideas of fraternity.[20]

---

[16] *E. Thermaenius,* Geopolitik och Politisk Geografi, in: Statsvetenskaplig Tidskrift (1937), p. 225.

[17] *Kjellén* (note 7), p. 144.

[18] In Kjellén's geopolitics the circle as a form plays a vital role. Even a country should ideally be a circle, thereby making France and Iceland ideal amongst the states.

[19] E. g. the Finnish and the Swedish nations in Finland, which together are the people of Finland.

Kjellén claimed to have a solid basis in natural science for this related digest of ideas and conclusions. As proof of the validity of his theory and his predictions, he greeted the events in Italy in 1922, leading to the assumption of power by Mussolini — the first of a new line of "principes".

At the time, Kjellén received powerful support and was allowed great space in the debate, since his theory did not oppose the still ruling theory, but claimed to be a refined extension of it. This may also be the real reason for Kjellén's total disappearance from Swedish public law doctrine — especially after the Second World War, when "the world" reacted strongly against Nazism. Who would, during this period, wish to "air his own dirty linen", when it was already thrust to the bottom of the closet?

In order really to understand the success of legal realism and, even more important, to determine the frame of reference for its interpretation, it is however necessary to dig up even the "soiled past". I have previously[21] expressed puzzlement as to why and how legal realism, as it was initially formulated by A. Hägerström, could have gained such an overwhelming reputation. Legal realism being an alternative to Kjellén's theory and its disastrous offspring, this puzzle seems rapidly to dissolve. After the Second World War a wave of natural law swept over the western world. Sweden, which was not represented at the Nuremberg trials, did not respond to this wave.

II. Shortcomings of Swedish Legal Realism, Theoretically and As Illustrated by Some Legal Cases

Today we owe a heavy burden of gratitude to the theoretical alternative that helped to save us from sharing the destiny of the losers at Nuremberg. On the other hand, this cannot allow us to ignore fair criticism of the basic assumptions of the theory. At the point where the weaknesses of a theory outweigh its advantages, it will lose its trustworthiness.[22] This point is reached when the theory can no longer satisfactorily deal with the realities of everyday life. Beyond this point, the theory becomes useless, since it will fail to fulfil one of its purposes,

[20] The possible effects of nationalism on world peace did not frighten Kjellén, as he regarded war and its sufferings as a uniting and educative force.

[21] *A. Lagerqvist Almé,* Rätten och Viljan, Stockholm (1975). Published in: J. Sundberg (ed.), Skrifter till Minnet av H. G. F. Sundberg, Stockholm 1978, pp. 147—160.

[22] Only fanatics can provide the world with foolproof theories called "the truth".

i. e. to give authoritative guidelines to practitioners, and it should be readjusted or replaced. A neglect of the needs of a theory or a theoretical framework, applicable to the factual life of society, would extend itself into chaos. As an example, coherent answers would not be obtained to questions such as which settlement to choose, when none is specifically appointed by law and a denial of justice is prohibited. If a society in this way fails to treat citizens equally, or if nothing can objectively claim superiority, everybody including public servants may start to apply their own judgement. This would, logically, lead to a drastic inequality in the application of State power and even to directly opposing settlements of the same question by different courts of law. Such a development nowadays appears to occur in Sweden, and is obviously destructive to any society built on the sovereignty of the people and on freedom of opinion. History repeatedly shows that fortuitousness offers a superior soil to fanatic dogmatism, which seriously limits individuality and freedom of opinion.

1. Theoretical Shortcomings

A statement frequently made by practitioners is that they never, or only very rarely, deliberately apply a certain theory when solving their cases. In refutation of that, it might be argued that every member of a society is subject to its cultural influences, involving not only concreteness, but mental stimulation such as legal theory. Towards this, the practitioner will automatically adjust his solutions in order to have them accepted without argument. If an individual tries to overlook cultural demands, he will lose the dispute. If a legislator tries to ignore culture when passing a statute, he may have to deal with civil disobedience. We are all vastly influenced by the culture surrounding us. It is therefore inevitable first to change the culture, until any settlement presupposing a change within cultures may expect to meet with no strong reservations.

My main objection to Swedish legal realism is its inability to deal with the specific needs of our judicial system, as it is basically a theory *about* law. Hägerström's exclusion of an *active* will-power within enacted statutes has, by legal science and by politicians, been transformed into a denial of the presence of *values* in statutes. This "scientifically based" disregard of values makes Swedish legal realism unable to create tools fit to handle one of law's inbuilt presumptions.

Hägerström himself could not avoid unspecific abstractions (though obviously unaware of them since they were denied), and claimed a reality beyond the empirical to be senseless and absurd.[23] Explaining

[23] *M. Waller,* Axel Hägerström — Människan som få kände, Stockholm 1961.

relations between state and law, he claimed them to be "law-maintaining forces within a people."[24]

Hägerström defines "valid law" as "an idea of a system of rules that is actually carried through."[25] This definition has later been emphasized by the Danish Professor Alf Ross in his "prognosis theory", in which "valid law" is constituted by those rules that the courts actually apply. He thereby also solves the problem of obsolescence, but simultaneously creates another one: the validity of those rules that have not yet been tested in court.

The perpetual retrogression in Ross's theory has been clarified by the Danish Professor Preben S. Lauridsen. This retrogression is also to be found in the works of the Swedish Professor Ingemar Hedenius on legal philosophy.[26] The common fundamental weakness of Ross's and Hedenius's theories is the basic assumption of a cycle as the correct application in philosophy of Einstein's theory of relativity. Hedenius especially appears committed to the conclusion that life is measurable to man through man's own judgment only. Since "truth" really cannot be found, because everything in life is "only" relative, Hedenius's logical conclusion is that man is left to indifference. Later both authors sought for a way out of this logical trap. Ross pointed out the way by re-introducing the "ideal type" as an objective measuring rod, an idea later adopted by Hedenius.[27] They both, however, overlooked the point that the tasks of defining this ideal type and of relating real types to the ideal cannot be done without recourse to values.

The theory of relativity should not be made responsible for these interpretations, as it only implies that everything that "is" is relative or we could not perceive it. On the other hand, the theory does not deny any existence beyond human perception. Since present scientific equipment (or even the human mind?) does not allow as subtle observations as are needed, positive information regarding such existence cannot be obtained.

---

[24] Rätten och Staten (ed. M. Fries), Stockholm 1963, p. 253. Compare p. 241, where Hägerström says that the state is a creation of the influence of law on the human mind.

[25] Ibid., p. 218.

[26] Om moraliska och rättsliga normer, and: Om den rättsfilosofiska domstolsrealismen, reprinted in: Människovärde, Stockholm 1982, pp. 141—173.

[27] Plato and, in modern philosophy, Oppenheim supplied the concept. Cf. *A. Ross,* Hvorfor Demokrati?, Köpenhamn 1967 (1st ed. in 1946); *I. Hedenius,* Analysen av äganderättsbegreppet, in: B. Belfrage/L. Stille (ed.), Filosofi och Rättsvetenskap, Lund 1975, pp. 37—61.

2. Case Studies

In a recent verdict (NJA 1982: 71) recorded by the Supreme Court, inconsistencies within the Swedish legal system had to be decided. This verdict clearly illustrates the necessity for a theoretical settlement as to how inconsistencies should be handled.

The legal question in this case was whether or not an invalid promise of gift might ever be taxable according to the Act of Gift Tax. The lower courts ruled against the taxability of an invalid promise since, according to civil law, invalidity implies that a promise has never existed. The Supreme Court had a different opinion. According to its verdict, the liability to pay gift tax according to the Act of Gift Tax remains, independently of whether or not the promise to give is invalid according to civil law, and independently of whether or not a transfer of property ever occurred. The verdict had to be based on an analogy, since no immediately applicable section was found in any of the laws involved. The Court stated the ground for its verdict on "the expressed opinion of the legislator (the Minister)", as shown in the preparatory works for the 1941 Tax Recovery Act. This statement is further motivated by a division of the concept of invalidity into two groups: one group in which validity is at the disposal of the parties involved, and another in which invalidity occurs automatically. As the deed of gift belongs to the first group, the Supreme Court ruled in favour of taxability. However, seemingly uneasy, the Court concluded its argumentation by referring to present possibilities for the loser to appeal to the Administrative Authorities for tax recovery.

The verdict is not convincing, and its basis is obviously fragile. Had the Court had the support of an established theory as to how inconsistencies were to be settled, possibly such urgent need to avoid open settlement of the confrontation would not have been expressed. By actually trying to apply both laws, and in looking for help to the preparatory works (as advised by modern Swedish legal realism), the Court broke hitherto valid rules of interpretation. A subjective method was applied to preparatory works written in 1941, when the objective method of interpretation still prevailed within the legal system. Thus a result based on the preparatory works was produced, that would not even have been anticipated in 1941.

Until recently, the courts in Sweden have upheld a limit on the influence of preparatory works on interpretation. This limit was drawn where no trace of the opinion was to be found in the text of a statute, and must be upheld, at least when dealing with earlier legislation.

Today, under the influence of the new "framework" technique of legislation, the subjective method of interpretation is frequently used by the Labour Court. An illustration including settlements of inconsistencies is provided in the two verdicts, AD 1979: 118 and AD 1980: 72, where the court had to interpret "important decision making" in 11 § of the Act of Co-determination (MBL). In both cases the appointment of managing director was concerned, a task already regulated by the Company Act (ABL).

As in the Supreme Court case, the Labour Court in these cases had no direct support in the text of the section or in its preparatory works. The question whether or not the MBL could be applied to the appointment of managing directors, was settled solely with respect to the definition of "important decision making" in 11 § MBL. No note was taken of the purpose of its regulation in ABL (8:3). An equal indifference was shown towards the constitutional aspects brought up in cases, where the appointment of an editor-in-chief is excepted from the competence of MBL with reference to the special motivation given for the 2nd § MBL in the preparatory works. However, the true reason for the incompetence of MBL in this matter, is that the appointment of an editor-in-chief is regulated by the 1949 Press Law (TF), the changing of which would require a revision in due order of this fundamental Act.

This ignorance of the value of the fundamental higher law, prescribed in the 1974 Constitutional Act (1:3, 8:15 and 8:17 §§), and the one-sidedness in settling inconsistencies, is further illustrated in the verdicts of the Labour Court concerning the competence of MBL in decision-making by the local government administration (AD 1978: 88, AD 1980: 34 and AD 1981: 57).

III. Recommendations

This brief survey suggests the need for a rebirth of legal theory in Sweden. This branch of Positivism, expressed as legal realism, has led jurisprudence into a passive study of preparatory works and court decisions, expecting the courts and the legislators to provide science with empirical facts, out of which a knowledge of valid law is sought to be achieved, neglecting the vital role of jurisprudence as provider of theoretical support and development.

Realising this, a possibility in dealing with realities suddenly arises. To accept the simple fact that law cannot exist independently and cannot be understood without the presence of values and ethics, must not necessarily or logically lead to despair.

If only the evaluation is accounted for and not unrealistically denied, one task for jurisprudence is to clarify relations within a judicial system, and to uphold and adjust the theoretical framework of law. A unitary settlement of how inconsistencies may be solved is a necessity, since a relation requires a measuring rod to be perceptible. In a state with a fundamental law (or laws), this law should be given the role of the legal framework from which all other rules derive their legitimacy. Furthermore, in dealing with the Swedish Constitutional Act of 1974, where the legislators quite consciously built the system of polity on value judgements,[28] an evaluation is inevitably present in any interpretation or application of the Act. In order to achieve a unified application (legal security), this evaluation should be openly accounted for.

Without open acceptance of and accounting for the theoretical background of all practical decisions, these appear as separate actions only, and the continuity, internal coherence and consistency of the system is lost. This implies that the survey of historical aspects is obstructed, and contemporary integration within and between the different areas of the legal system is seriously impaired. The final outcome is, in turn, that the dynamic progression and development of the system is lost in favour of derangement.

---

[28] See especially chapters 1, 2 and 8.

LE REALISME JURIDIQUE AMERICAIN: UN MOMENT DE L'HISTOIRE DE LA DOCTRINE JURIDIQUE AMERICAINE OU DAVANTAGE?*

Par Françoise Michaut, Paris

La portée du réalisme juridique américain est très controversée.

Pour les uns, il n'aurait été et ne serait qu'une immense erreur éphémère, une théorie suscitée par une situation particulière qui aurait donné à voir une image aberrante du phénomène juridique.

D'autres critiques, au contraire, nous invitent à constater que ce courant a marqué de manière décisive la doctrine juridique américaine, qu'il lui a donné son caractère spécifique et que son attrait s'est fait sentir au-delà même des frontières des Etats-Unis, en Europe, par exemple, où certains travaux contemporains, allemands notamment, semblent s'en inspirer directement.

Un spécialiste du réalisme américain, le Professeur William Twining, il y a quelques années, a pensé pouvoir résumer l'attitude de ses collègues américains vis-à-vis de ce réalisme de la manière suivante: «le réalisme est mort, nous sommes tous réalistes maintenant.»[1]

A quel titre le réalisme juridique américain peut-il intéresser le juriste d'aujourd'hui? Ne représente-t-il qu'un moment de l'histoire de la doctrine juridique américaine ou est-il davantage?

N'a-t-il marqué qu'un court instant la réflexion juridique américaine ou s'est-il perpétué directement ou indirectement plus ou moins longtemps? Jusqu'à aujourd'hui? Sous quelle forme? Quelle a été son influence réelle? Pourquoi est-il apparu? Pourquoi a-t-il duré ce qu'il a duré? Pourquoi son influence?

Quels peuvent être ses mérites aux yeux du théoricien du droit d'aujourd'hui? Nous offre-t-il une piste fiable pour l'étude du phénomène juridique ou n'est-il qu'un mirage? Pose-t-il les bonnes questions

---

* L'auteur de cet article a présenté depuis une thèse de doctorat d'Etat intitulée: «L'école de la 'sociological jurisprudence' et le mouvement réaliste américain: le rôle du juge et la théorie du droit» (Université de Paris X — Nanterre, Année Universitaire 1984—1985, thèse dactylographiée).

[1] *W. Twining,* Karl N. Llewellyn and the Realist Movement, Weidenfeld and Nicolson, London 1973, p. 382.

ou de bonnes questions? Appelle-t-il notre attention sur des problèmes qu'on aurait tendance à oublier?

Autant d'interrogations que suppose le titre de cet exposé et auxquelles il faudrait répondre précisément pour donner une réponse exhaustive.

Notre intention ne peut être que plus modeste ici. Il s'agit simplement de tenter d'y voir un peu plus clair sur ce réalisme: mérite-t-il toutes les critiques qu'on lui adresse? a-t-on bien compris son message? en quoi peut-il, dans ses grandes lignes, aider le théoricien d'aujourd'hui à construire sa propre théorie?

Dès le début, les arguments suivants furent opposés aux réalistes: (1) vous êtes victimes d'une mode intellectuelle qui érige les sciences expérimentales en modèle universel, vous faites du droit une science de l'être alors qu'il est science du devoir-être, vous vous trompez sur la nature de l'objet et sur la nature de la science capable de l'appréhender; (2) vous appliquez, à l'étude du phénomène juridique, les doctrines behavioristes alors que cette théorie psychologique en vogue n'est pas satisfaisante dans la mesure où elle ne tient pas compte du fait que l'homme parle, vous sacrifiez les motifs aux mobiles, le rationnel à l'irrationnel; (3) vous exagérez la part de ce dernier, vouz niez l'existence de règles juridiques alors qu'elles sont la substance même du droit, vous justifiez tous les totalitarismes.

Ces reproches sont-ils justifiés ou n'expriment-ils que le refus par leurs auteurs d'admettre l'image qu'offre un miroir qu'ils n'ont peut-être pas bien su lire d'ailleurs?

Qu'est-ce que ce réalisme? Une théorie du droit comme prédiction? Mais qu'est-ce à dire? Une approche sociologique du droit? L'étiquette «réalisme» renvoie à l'approche comportementale choisie pour mettre en évidence le processus de création sociale du droit, pour souligner les différents facteurs qui interviennent dans ce processus. Mais si c'était malgré tout, avant tout, une doctrine au sens premier, l'expression d'une certaine philosophie du droit?

Le réalisme américain est un enfant du pragmatisme philosophique pour lequel une chose se résume à ses effets. Il saisit en définitive le droit comme institution.[2] Au coeur de celle-ci, il place l'activité du juge à propos de laquelle il pose deux questions — et non pas une seule, comme on aurait tendance à l'affirmer: qu'est-elle? que doit-elle être?[3]

---

[2] *K. N. Llewellyn,* dans: «My Philosophy of Law» (ouvrage collectif), Boston Law Book Company, Boston 1941, p. 183.

[3] *F. Cohen,* Transcendental Nonsense and the Functional Approach, 1935, dans: Lucy K. Cohen (ed.), The Legal Conscience: Selected Writings of Felix S. Cohen, Archon Books, 1970, p. 48.

I. La Théorie de la Prédiction

La théorie de la prédiction est souvent considérée comme le tout du réalisme.

En fait cette théorie avait vu le jour dans l'oeuvre d'un auteur de la fin du dix-neuvième siècle, Oliver W. Holmes, Jr., qui s'apparente davantage à la «sociological jurisprudence» qu'au réalisme (Cf. en particulier la conception du droit idéal et la manière d'appréhender le rapport du droit et de la société d'O. W. Holmes, Jr.).

1. Les Origines de la Théorie de la Prédiction

Quand O. W. Holmes, Jr. avait proclamé: «The prophecies of what the courts will do in fact, and nothing more pretentious, are what I mean by the law» («la prédiction de ce que feront en fait les tribunaux, et rien de plus, voilà ce que j'appelle le droit»), il avait entendu mettre en garde ses auditeurs contre deux habitudes courantes de la doctrine dominante: celle de considérer que les décisions judiciaires découlaient d'une application automatique des règles, étaient le résultat d'un simple syllogisme et celle de confondre ce qui moralement semblait devoir être avec ce qui juridiquement était.[4] O. W. Holmes, Jr. reconnaissait à la décision posée quelle qu'elle soit et à elle seule valeur juridique.

Etait-ce une forme de positivisme extrême comme on l'a dit parce qu'il reconnaissait à la décision jugée, par la doctrine, non conforme à la règle, valeur de droit? Ce serait plutôt un positivisme conséquent. En effet si l'on considère le droit positif, on peut dire que la décision contraire à la règle ne crée pas d'obligation pour celui qui peut demander son annulation — et en supposant qu'il l'obtienne — ou pour celui qui a l'obligation de ne pas y obéir — cas rares — mais on ne peut pas être sûr qu'elle ne produise pas d'effets tant qu'elle n'est pas annulée et elle en produira la plupart du temps si elle n'est pas annulable. On ne peut pas faire qu'elle ne soit pas un produit d'un système juridique à prendre en compte en tant que tel par la science du droit.

O. W. Holmes, Jr. avait soutenu que le droit évoluait pour s'adapter aux transformations de la société et que cette évolution pouvait se faire plus vite sentir dans la décision que dans les règles justificatives, dans le dispositif que dans les motifs, la décision étant prise sur d'autres fondements que les règles préétablies.[5] Il entendait aussi contribuer à l'avènement d'une nouvelle science du droit qui aurait justifié les dé-

[4] *O. W. Holmes, Jr.*, The Path of the Law, 1897, dans: id., Collected Legal Papers, Harcourt, Brace and Howe, New York 1920, p. 167 et suiv.

[5] Id., The Common Law, MacMillan and Co., London 1881, p. 35.

cisions non par l'ancienneté de la règle (surcroît de valeur accordée aux précédents anciens) mais par son utilité.[6] Si la règle d'hier n'était pas nécessairement et surtout ne devait pas être nécessairement celle d'aujourd'hui, elle n'avait plus d'intérêt que comme instrument éventuel de prévision, un instrument d'ailleurs mal adapté à cet effet par la force des choses. La science du droit devait intégrer d'autres données pour remplir sa mission.

O. W. Holmes, Jr. avait redéfini le droit (le droit, c'est ce que fait le juge — le droit d'aujourd'hui, c'est ce que fera demain le juge en statuant sur les situations d'aujourd'hui) et donné un nouvel objet à la science du droit: la prévision des décisions mais, en même temps, il rêvait d'une autre science du droit qui, un jour, au nom de la science dicterait la solution adéquate (le devoir-être).

2. La Reprise de l'Idée par les Réalistes

L'idée d'une science du droit qui aurait pour objet la prévision des décisions va réapparaître vingt ans plus tard dans des travaux réalistes.

Elle comportera au moins deux variantes.

Pour Joseph W. Bingham qui le premier s'en inspira, il s'agissait de construire une science du gouvernement dont la science du droit aurait été l'une des branches et de mettre à jour ainsi les facteurs qui intervenaient dans l'élaboration du droit et leur importance respective.[7]

Pour d'autres, il s'agira purement et simplement de considérer les règles de droit traditionnelles comme ayant le statut de prédictions. Dans ce cas, les règles sont appréhendées comme des généralisations de l'expérience antérieure, à l'image des lois des sciences expérimentales et, comme elles, susceptibles d'être infirmées en raison de l'expérience nouvelle, apportée ici par un monde en évolution, dans les décisions ultérieures.[8] On retrouve alors, comme chez O. W. Holmes, Jr., la même idée à la base de la théorie de la prédiction: la solution de demain ne se trouve pas et ne doit pas être considérée comme se trouvant obligatoirement dans le droit exprimé hier, le droit de demain n'est pas obligatoirement contenu dans la règle d'hier. La prévision est toujours d'aussi mauvaise qualité sauf connaissance des autres variables. Il s'agit de substituer un être à un devoir-être dans le discours de la doctrine existante pour la subvertir et introduire ailleurs un autre devoir-être.

---

[6] *Holmes* (note 4), p. 186.

[7] *J. W. Bingham,* What is the Law?, dans: Michigan Law Review XI (1912).

[8] Cf., par exemple, *Arthur L. Corbin,* Jural Relations and their Classification, dans: Yale Law Journal 30 (1921), p. 226—238.

L'essentiel de la théorie réaliste américaine n'est pas dans la théorie de la prédiction. On pourra d'ailleurs être réaliste américain en doutant de toute possibilité de prévision. C'est le cas de l'un des principaux: Jerome Frank.

L'idée que les règles du droit au sens traditionnel seraient les lois d'une science expérimentale du droit est probablement l'un des éléments les plus datés du réalisme américain.

Par contre sur la base de l'idée d'une prévision des décisions et d'une absence de prédétermination de la décision par la règle se développe une recherche tendant à expliquer la décision. Cette explication apparaîtra utile d'une part pour permettre à l'avocat par exemple de prévoir l'évolution du droit et le comportement du juge en particulier et d'autre part pour permettre des réformes opérantes. Dans le sillage de J. W. Bingham, d'autres réalistes s'interrogent ainsi sur les mécanismes de création du droit, en concentrant souvent leur attention sur le processus de décision judiciaire. Il semble un peu vain de parler alors de théorie de la prédiction. Il s'agit de développer une approche psychologique ou sociologique du droit.[9]

II. Les Débuts d'une Approche Sociologique

Le réalisme américain a pu apparaître comme une tentative pour appréhender le droit au travers des comportements humains.

Il a, dans cette direction, à la suite de la «sociological jurisprudence», précisé les questions essentielles qui sont à la base des travaux de la sociologie juridique américaine d'aujourd'hui.

Les membres de l'école de la «sociological jurisprudence» avaient suggéré l'importance de la personnalité du juge et surtout l'importance de l'état de la société dans la création du droit positif. Les réalistes vont approfondir ces deux idées.

Dans un premier temps, ils feront porter l'essentiel de leur attention sur le comportement du juge lui-même dont ils essaieront d'élucider le processus de décision et très accessoirement sur celui des autres agents publics («officials»). Karl N. Llewellyn définira le droit comme «what those officials (judges, sheriffs or clerks or jailers or lawyers) do about disputes». Puis, de la psychologie d'un personnage, ils passeront à l'étude des interactions à l'intérieur d'une société et aboutiront à la construction de systèmes juridiques sur la base de ces interactions.[10]

[9] Sur l'idée du droit comme prédiction, Cf. *Anthony d'Amato*, The Limits of Legal Realism, dans: Yale Law Journal 87 (1977—1978), p. 468—512.

[10] Cf., en particulier, *K. N. Llewellyn/E. A. Hoebel*, The Cheyenne Way, 1941.

S'il est vrai qu'un petit nombre de réalistes sembleront se faire les disciples d'un behaviorisme strict, la plupart d'entre eux retiendront du behaviorisme surtout un certain vocabulaire (stimuli, response). Ils admettront comme acquis que les actes peuvent ne pas être en accord avec les paroles mais faut-il être behavioriste pour arriver à cette conclusion? Ils choisiront, comme les behavioristes, d'étudier les pratiques plutôt que le comportement verbal et c'est probablement ce qui leur vaudra l'accusation de behaviorisme de la part de leurs adversaires mais ceux-ci ne faisaient ainsi que répéter que, pour eux, le droit était un ensemble de règles et ne pouvait être étudié que comme devoir-être.

C'est la validité de toute étude qui tente de comprendre le rapport qui existe entre un système juridique et les acteurs qui le créent ou plus généralement entre un système juridique et le contexte dans lequel il se développe, en bref la validité d'une approche sociologique qui était niée. La démarche des réalistes était nouvelle. Elle surprenait. On la déclara irrecevable. N'aurait-on pas pu plus facilement poser le problème de son intérêt tout en notant que les réalistes ne prétendaient pas que cet effort de description était la seule réflexion possible sur le droit?

1. Le Bien-fondé d'une Approche Sociologique du Droit

L'un des principaux membres de l'école de la «sociological jurisprudence», Roscoe Pound, fut l'un des premiers critiques des réalistes. Il devait leur reprocher d'oublier que le droit est une science qui indique ce qui doit être et non ce qui est, d'adopter une philosophie de l'abandon («give-it-up» philosophy). Il semble qu'il ait voulu opposer alors, à la théorie réaliste américaine, la conception la plus ancienne de la doctrine qui attribuait comme fonction à celle-ci, de dire le droit, de l'enseigner, non pas de le décrire mais de contribuer activement à sa formulation.

Plus souvent la critique semble s'être limitée à l'idée que le juriste n'avait pas à décrire des pratiques mais à décrire des règles sans se soucier de leur application ou de leur non-application.

S'il apparaît indéniable que l'idée de droit renvoie d'abord à l'idée d'un devoir-être, si elle évoque une idée de comportement soumis à certaines règles, il semble impossible dès lors qu'on envisage un droit positif de nier l'existence d'un rapport entre ce dernier et ses créateurs, entre ce dernier et la société dans laquelle il s'inscrit. Il semble même difficile de prétendre que le juriste puisse totalement ignorer les pratiques des agents chargés de dire le droit. Même si l'on peut objecter que, puisque le droit exprime un devoir-être et non un être, il n'y a rien que de très normal à ce qu'il ne soit pas toujours appliqué, on ne peut pas dire qu'il soit illégitime de tenter d'expliquer ces pratiques. R. Pound lui-même, à d'autres moments l'admet bien volontiers. Son programme pour une «sociological jurisprudence» montre d'ailleurs qu'il souhaite la compréhension des causes d'échecs dans des systèmes juridiques, ce qui suppose de se pencher sur les pratiques.

2. La Sociologie du Droit et la Théorie du Droit

Mais s'écarte-t-on alors de la science du droit? Est-ce encore de la science du droit? Est-ce encore le droit qu'on étudie?

Les avis sont partagés.

Pour Hans Kelsen, il y avait une science du droit et une seule, qui était la science du droit normative. Charles Eisenmann qui contribua beaucoup à l'introduction de la pensée de H. Kelsen en France, admettait l'existence d'une pluralité de sciences du droit, «toutes les disciplines qui s'occupent de problèmes y ayant rapport, quels qu'ils soient», au nombre de celles-ci il comptait notamment «d'une part la traditionnelle science du droit, science normative ainsi que le dit Kelsen, la science du 'juriste' et d'autre part la sociologie juridique (ou sociologie du droit), science 'naturelle'.»[11] Etait-ce reconnaître que la science du droit est encore imparfaitement constituée, était-ce reconnaître que la science normative a laissé de côté des questions essentielles?

De nombreuses études de sociologie juridique peuvent être considérées comme d'un très faible intérêt, voire de nul intérêt pour la théorie du droit. Certaines approches peuvent aboutir, s'il n'en est pas fait un usage restreint, à masquer les vrais problèmes. C'est ce qu'a dénoncé le Professeur Theodore J. Lowi en ce qui concerne l'application de l'approche science de la décision («policy science») en science politique, au détriment de l'approche juridique classique.[12]

La recherche réaliste américaine sur les comportements et certains travaux qui furent réalisés dans son prolongement, probablement en raison de la problématique particulière qui les sous-tend, interpellent directement le théoricien.

---

[11] *Ch. Eisenmann,* Science du droit et Sociologie dans la pensée de Kelsen, dans: Méthode Sociologique et Droit, Annales de la Faculté de Droit et des Sciences Politiques et Economiques de Strasbourg, Vol. V, Dalloz, Paris 1958, p. 59—73.

[12] *T. J. Lowi,* What Political Scientists don't need to ask about Policy Analysis, dans: Stuart S. Nagel (ed.), Policy Studies and the Social Sciences, Lexington Books, Lexington, Mass. 1975, p. 267—273.

Quand K. N. Llewellyn oppose les «real rules» dont il reconnaît qu'elles ne sont que des pratiques, mais qui représentent en fait la règle telle qu'elle a été intériorisée, telle qu'elle est vécue, aux «paper rules», les règles sur le papier dont l'autorité peut n'être aussi que purement fictive, n'aborde-t-il pas un problème que la science du droit traditionnelle a du mal à résoudre, à savoir qu'est-ce qui doit être considéré comme le droit positif.[13] Comme le notait Ch. Eisenmann, si l'on retient comme objet de la science du droit les normes positives, comme le fait H. Kelsen, on sort de la sphère purement normative par cette référence à la positivité de la norme et on est renvoyé à l'observation de la réalité sociale.[14]

Quand les réalistes américains s'interrogent sur le fonctionnement du système constitutionnel américain, quand ils s'interrogent sur la signification de théories telles que celle de la séparation des pouvoirs, quand ils cherchent à déterminer quelle est la nature du contrôle de constitutionnalité des lois, ils posent des questions qui sont encore les nôtres aujourd'hui et nos réponses pourraient faire écho à leurs réponses.

Quand K. N. Llewellyn ou le Professeur Lawrence M. Friedman plus récemment, par exemple, tentent de mettre à jour comment naît la règle et comment elle est interprétée, quels sont les ingrédients fondateurs, quand est posée la question du rejet pur et simple d'une règle au sein d'une société, la question de ce qui conditionne le respect ou le non-respect d'une règle, les réponses peuvent difficilement indifférer totalement si l'on veut tenter de construire une théorie complète du droit positif.

Les réalistes américains ont, avec leurs approches psychologique et institutionnelle ouvert la voie à des recherches sur le droit qui concernent tantôt plus particulièrement la pratique, tantôt plus particulièrement la théorie. Ce sont-ils quelquefois faits davantage précurseurs des sociologues que juristes? Ils sont dans l'ensemble plutôt restés juristes en raison de la finalité des questions posées: connaissance du droit et non connaissance de la société.

Comme souvent c'est en voulant justifier la thèse qu'il leur tenait le plus à coeur de développer, qu'ils s'étaient engagés dans ces voies — et qu'avant eux, les membres de l'école de la «sociological jurisprudence» leur avaient ouvert la route.

---

[13] *K. N. Llewellyn*, A Realistic Jurisprudence — The Next Step, 1930, dans: id., Jurisprudence, The University of Chicago Press, Chicago 1962, p. 21—27.

[14] *Eisenmann* (note 11).

III. Une Doctrine Juridique

Le réalisme juridique américain, comme la «sociological jurisprudence», s'inscrit en réaction contre le formalisme de la philosophie du droit analytique d'alors et contre la «philosophie des concepts» («Begriffsjurisprudenz», «jurisprudence of concepts») qui s'est greffée sur elle, comme sur la philosophie du droit historique, et qui les amènent l'une et l'autre à ne se tourner que vers le passé pour envisager le règlement des situations nouvelles.[15]

Le réalisme juridique américain, c'est avant tout la contestation d'une certaine conception du droit qui en fait un ensemble de règles figées que le juge applique mécaniquement aux cas qui lui sont soumis.

L'Amérique, comme l'Europe du début du vingtième siècle, est frappée par l'intuition d'un monde qui tout entier sans cesse évolue et qui sans cesse produit du singulier. La règle générale et fixe n'apparaît pas bien adaptée à ce monde mouvant. Le Professeur Harry W. Jones, à propos des réalistes américains, dressera un parallèle avec les théologiens Paul Tillich, Reinhold Niebuhr et Martin Buber: les uns et les autres prônent une décision responsable.[16]

Comme les membres de l'école de la «sociological jurisprudence», les représentants du mouvement réaliste américain remettent en cause la doctrine dominante selon laquelle le juge n'aurait qu'un rôle purement passif d'application des précédents («slot-machine theory»). Ils s'efforcent de démontrer que cela ne correspond ni à ce qui se fait, ni à ce qui doit être fait.

Dénient-ils, comme on l'a dit, toute importance aux règles? Ils s'en sont eux-mêmes défendus.

Commes les membres de l'école de la «sociological jurisprudence» et comme leurs contemporains européens, ils se posent le problème de l'évolution du droit, du rapport du droit et de la société. Peut-il s'adapter aux changements sociaux? Doit-il s'y adapter? Comment interpréter une règle? Comment interpréter une disposition constitutionnelle?

Ce qu'ils opposent, ce sont deux théories de l'interprétation, deux «styles» d'interprétation pour reprendre l'expression de K. N. Llewellyn: le «style formel» et le «grand style», le premier s'en tenant à une interprétation littérale, le second obligeant le juge à s'interroger sur la

---

[15] *R. Pound,* Fifty Years of Jurisprudence, dans: Harvard Law Review 51 (1937—1938), p. 444.

[16] *H. W. Jones,* Law and Morality in the Perspective of Legal Realism, dans: Columbia Law Review, 1961, p. 799—809.

finalité de la règle, sur la justice du résultat qu'elle permettra d'obtenir et sur la justice que doit permettre d'obtenir le droit.[17]

Ce qu'ils opposent, ce sont deux conceptions du droit: l'une qui fait du droit un ensemble de règles autonome, l'autre qui y voir la quête, au travers de règles, de la réalisation d'un certain idéal. Le Professeur H. W. Jones a pu dire à ce propos que les réalistes étaient plus proches des tenants du droit naturel que d'Austin.[18]

1. La Règle et Ses Limites

Les réalistes ne remettent pas explicitement en cause le principe même de la doctrine du précédent. Ils font un choix entre deux lectures de cette doctrine: l'une qui veut réduire l'inconnu au connu, faire entrer le cas nouveau à tout prix dans les catégories préexistantes, quitte à en nier la singularité, qui ne veut voir que les ressemblances, l'autre qui s'interroge sur les différences.

Les réalistes en général reconnaissent que dans un grand nombre de cas, le juge ne fait qu'appliquer une règle préétablie. De leur aveu même, ils concentrent leur attention sur un certain type de cas, ceux où il y a controverse possible sur la règle applicable, où celle-ci n'est pas fixée, où plusieurs précédents peuvent être invoqués, où plusieurs interprétations d'un même précédent peuvent être données. Simplement ils considèrent que ces cas sont plus nombreux qu'on ne l'admet couramment et qu'il n'est pas possible de faire comme s'ils n'existaient pas, qu'ils ont de plus quelque chose à nous apprendre sur le droit.

La règle leur apparaît comme un moyen qui aide le juge dans sa décision, qui lui permet de la justifier à ses propres yeux et aux yeux des autres mais qui ne l'explique pas.

Comme O. W. Holmes, Jr. déjà, ils se méfient de la généralisation que représente la règle, une généralisation que de nouveaux cas pourront amener à infléchir. La formulation n'est qu'une «coquille» pour une «substance» qui n'apparaît qu'à la lecture du cas lui-même.[19] Comme pour O. W. Holmes, Jr., la décision précède la règle. La règle ne se comprend pleinement qu'à partir des cas où elle a été formulée.

Telles sont les grandes lignes de la théorie réaliste. Dans le détail, les positions varient sensiblement selon les auteurs. C'est ainsi que

---

17 *K. N. Llewellyn,* The Good, the True, the Beautiful in Law (1942), dans: Jurisprudence (note 13), p. 178 et suiv.

18 *Jones* (note 16).

19 *K. N. Llewellyn,* The Bramble Bush, 2nd ed., Oceana Publications, New York 1951, p. 12.

J. Frank considère qu'il faudra parfois avoir recours, par-delà la règle, à l'équité, «rectification du droit là où il échoue en raison de sa généralité», comme en concluait Aristote.[20] Pour Felix S. Cohen, au contraire, la recherche d'équité est trop périlleuse. Le juge doit toujours pouvoir se retrancher derrière la règle pour échapper à l'arbitraire qui le guette.[21]

2. L'Exercice d'un Choix

A cas différent, solution nouvelle.

Pour la «sociological jurisprudence», le droit devait accompagner l'évolution générale de la société. Cette évolution apparaissait comme dictant une solution et une seule qu'il appartenait au juriste de découvrir. Pour les juristes réalistes — et c'est ce qui distingue essentiellement le réalisme américain de la «sociological jurisprudence», il n'y a pas de solution dictée par l'évolution mais une solution juste pour un cas donné à propos de laquelle il pourra y avoir discussion. Le relativisme a remplacé l'évolutionnisme.

Le juge doit chercher cette solution avec tous les éléments d'appréciation de la situation dont il peut disposer et qu'il maîtrisera d'autant mieux qu'il n'aura pas une formation uniquement juridique mais une formation la plus complète possible. Le choix sera un choix de nature politique ou morale.

Le juge est appelé ainsi à se faire législateur subsidiaire, cela dans les limites que lui imposent les codes écrits et non écrits de sa profession.[22] Cette limitation est essentielle. C'est sur elle que repose toute la théorie réaliste dans la mesure où les traditions professionnelles deviennent le lieu principal de contrôle premier de la décision, le contrôle à distance étant exercé par la société toute entière. Il s'agit en fait de règles de procédure intériorisées, d'une éthique. K. N. Llewellyn est celui qui a le plus insisté sur cet aspect de la pratique judiciaire mais on le retrouve aussi nettement dans la conclusion ultime des réalistes sur la nature du contrôle judiciaire de constitutionnalité, celui-ci est finalement déclaré juridique et non politique en raison des principes d'action en vigueur dans le milieu où il est exercé.[23]

---

[20] *J. Frank*, Compte-rendu de l'ouvrage de George M. Calhoun, Introduction to Greek Legal Science, dans: Harvard Law Review 57 (1944), p. 1120—1134.

[21] *F. S. Cohen*, Compte-rendu de l'ouvrage de Jerome Frank, Law and the Modern Mind (1931), dans: L. K. Cohen (note 3), p. 178—179.

[22] *K. N. Llewellyn*, On Reading and Using the Newer Jurisprudence, 1940, dans: Jurisprudence (note 13), p. 135 et suiv.

[23] Cf., par exemple, *William O. Douglas*, We the Judges, Doubleday and Company, Inc., Garden City, N.Y. 1956.

Les réalistes ont-ils construit une théorie de la «common law» uniquement? N'ont-ils fait que retrouver la «grande tradition» de la «common law», comme le voudrait K. N. Llewellyn? A la seconde question, le juriste européen continental est tenté de répondre sans hésiter par l'affirmative et les propos du Professeur A. W. B. Simpson sur *The Common Law and Legal Theory* tendent à conforter son impression.[24] Sur la première question, il est plus dubitatif. Les réalistes américains, comme les membres de l'école de la «sociological jurisprudence», s'ils ont raisonné à titre principal, sur un système de «common law», n'ont pas entendu faire une théorie de la seule «common law» et il est certain que nombre de leurs assertions seraient tout aussi présentables à propos d'un système de droit écrit que dans un système de «common law». Par contre, le problème du rapport législateur-juge obligerait le plus souvent à traiter en partie différemment le problème de l'interprétation et du statut de la règle.

Ce réalisme qui veut ouvrir le juriste au monde, n'est pas mort, comme suffirait à en témoigner l'ouvrage de M. Joel Seligman *The High Citadel*. Cet auteur nous inviterait même plutôt à constater qu'il est autant d'actualité aux Etats-Unis aujourd'hui que dans les années vingt, avec cependant maintenant une plus grande implantation déjà dans le système d'enseignement américain.

Dans son principe, il semble davantage retrouver un élément de la pensée juridique, un temps éclipsé, que proclamer un dogme radicalement nouveau.

Ces tenants ont admis la nécessité d'une interprétation qui prenne en compte les circonstances nouvelles, ils ont ainsi privilégié la continuation du système par rapport à la rupture que risquerait d'impliquer à terme une rigidité trop grande du droit. Ils ont été plus prudents que les membres de l'école de la «sociological jurisprudence» en ce domaine mais on peut regretter qu'ils n'aient pas assez approfondi encore, en particulier en matière constitutionnelle, la signification de la règle de droit: n'ont-ils pas encore postulé une trop grande malléabilité du droit? n'ont-ils pas fait impasse sur les garanties que doit offrir la règle?

Si le réalisme apparaît aujourd'hui dépassé, c'est bien en ce qu'il semble avoir exagéré la part du changement instantané dans le droit, en ce qu'il a concentré sa réflexion, en raison des circonstances, sur des cas significatifs certes mais, comme il le reconnaissait lui-même, malgré tout minoritaires. Ces cas lui ont permis de mettre en lumière un aspect

---

[24] *A. W. B. Simpson,* The Common Law and Legal Theory, dans: A. W. B. Simpson (ed.), Oxford Essays in Jurisprudence, 2nd series, Clarendon Press, Oxford 1973, p. 77—99.

de la réalité juridique beaucoup trop négligé mais il lui aurait fallu s'interroger également sur la généralité des cas pour découvrir aussi ce qui faisait leur spécificité, pour dégager une connaissance plus équilibrée sur le droit.

Il a reposé le problème de l'interprétation et imposé une manière de concevoir le droit qui ne sépare jamais complètement celui-ci du politique et de la morale. Il a ouvert ainsi une direction de recherche qui continue à être approfondie aux Etats-Unis au travers de ce qu'il est convenu d'appeler, d'une façon pas très heureuse peut-être, les sources extra-juridiques du droit, au travers de l'étude des principes qui commandent le choix de la règle applicable et du sens à lui donner.[25]

En résumé, si le réalisme juridique américain peut apparaître dépassé par certains côtés, comme on l'a vu (théorie de la prédiction telle que formulée par certains de ses membres, trop grande insistance sur l'exception, difficulté à saisir parfois le sens de la résistance de la règle), il a par contre posé des questions essentielles sur le rapport du droit et de la société qui ne sont pas oubliées aujourd'hui et que le théoricien du droit ne peut pas totalement rejeter sauf à redéfinir très limitativement son champ d'étude pour abandonner l'idée de droit positif et de norme et s'en tenir aux idées de droit et de système de règles. Il lui restera toujours difficile néammoins de ne pas sortir de la pure sphère du devoir-être et de mener une réflexion sans référence à une réalité extérieure: le devoir-être suppose à tout le moins un être pour objet. Le réalisme juridique américain semble avoir avancé des arguments suffisants pour que le théoricien du droit qui s'intéresse au droit positif réexamine la question du rapport du droit positif et du politique, du droit positif et de la morale, la question de ce qui les distingue et de ce qui les unit, la question de l'interprétation de la règle.

---

[25] Cf., par exemple, *Graham Hughes,* Rules, Policy and Decision-making, dans: Yale Law Journal 77 (1968), p. 411—439.

RECHT UND RECHTSWISSENSCHAFT IM NACHPOSITIVISTISCHEN RECHTSREALISMUS

Von Dieter Wyduckel, Münster

Es bedarf heute kaum mehr der Hervorhebung, daß Recht und Rechtswissenschaft stetem strukturellem Wandel unterworfen sind. Wie und in welcher Richtung dieser Wandel sich vollzieht, ist hingegen nach wie vor erläuterungs- und erklärungsbedürftig. Unter den vielfältigen in diesem Zusammenhang in Betracht kommenden Aspekten und Problemkreisen möchte ich die Aufmerksamkeit auf eine die wissenschaftliche ebenso wie die praktische Handhabung des Rechts betreffende Entwicklungslinie lenken. Sie läßt bereits über längere Zeit eine gewisse Beständigkeit erkennen und führt tendenziell von einer rechtsbegrifflich-positivistischen zu einer realistischen, den juristischen Positivismus hinter sich lassenden Betrachtungsweise des Rechts. Zur Verdeutlichung dieses Trends sollen zunächst Leistungen und Defizite des juristischen Positivismus skizziert werden. Alsdann ist zu fragen, inwieweit die juristisch-positivistische Phase in der Entwicklung des Rechts und der Rechtswissenschaft bereits überwunden ist. Schließlich sind die nachpositivistischen Entwicklungstendenzen darzulegen, wie sie sich aus der Sicht jener Richtung des Rechtsdenkens darstellen, die seit einiger Zeit unter dem Begriff einer *Münsterschen Schule der Rechtstheorie und Rechtsphilosophie* zusammengefaßt wird.

I. Leistungen und Defizite des juristischen Positivismus

Wenn wir von juristischem Positivismus sprechen, so beziehen wir uns im allgemeinen auf eine bestimmte Ausrichtung juristischer Theorie und Praxis, die sich im Laufe des 19. Jahrhunderts ausgebildet hat und in der Reinen Rechtslehre Kelsens im ersten Drittel unseres Jahrhunderts in der Trennung von Sein und Sollen ihren Höhepunkt erreicht[1].

---

[1] Auf einen allgemein anerkannten Begriff des juristischen Positivismus hat man sich bislang nicht einigen können. Einen Überblick über die gebräuchlichen Begriffsverwendungen gibt *Walter Ott*, Der Rechtspositivismus, Berlin 1976 (Erfahrung und Denken, Bd. 45). Vgl. auch *ders.*, Was heißt „Rechtspositivismus“?, in: Das Naturrechtsdenken heute und morgen. Gedächtnisschrift für René Marcic, hrsg. von Dorothea Mayer-Maly und Peter M. Simons, Berlin 1983, S. 413—424.

Diese Auffassung ist freilich zu eng. Denn sie erfaßt den juristischen Positivismus erst in seiner Spätphase und damit bereits in einer gewissen Verengung und Überspitzung.

Rechtspositivistische Züge weisen bereits die Rechtslehre und Rechtspraxis des 18. Jahrhunderts auf. Der juristische Positivismus erscheint hier vor allem in zwei Formen: zum einen der des Rechtsquellenpositivismus[2], der darauf abzielt, das Recht auf einen historisch gegebenen Rechtsquellenbestand zu fixieren; zum anderen der des systematischen Positivismus, der das positive Recht ein für allemal in die ‚richtigste Ordnung'[3] bringen zu können glaubt.

Unter einem allgemeineren Blickwinkel läßt sich der juristische Positivismus noch weiter zurückverfolgen. Es handelt sich nämlich keineswegs nur um ein spezifisch juristisches Phänomen, sondern vielmehr um eine darüber hinausgreifende Erscheinung von genereller Tragweite, die im Recht und in der Rechtswissenschaft nur ihre besondere Ausprägung erfahren hat.

Der Positivismus in diesem allgemeineren Sinne stellt eine Begleiterscheinung der Ausdifferenzierung moderner Fachwissenschaften dar, die sich im Bemühen um eine möglichst präzise Bestimmung ihres Gegenstandsbereichs wie ihrer Methoden voneinander abgrenzen und damit ihrer selbst vergewissern. Dieser langfristige Prozeß setzt nicht etwa erst im Laufe der frühen Neuzeit ein, sondern hat seine wissenschaftsgeschichtlichen Grundlagen in jener Phase des späteren Mittelalters, in der die Einheits- und Ordnungsvorstellung der respublica christiana im Horizont nominalistischer und voluntaristischer Philosophie allmählich zerbricht[4]. Bereits hier wird in der kritischen Revision des überkommenen Ideenrealismus das mittelalterlich-theologische Weltbild in seinen Grundfesten erschüttert. Darüber hinaus zeichnet sich in der Hinwendung auf die Fragen dieser Welt eine durchaus positive Ortsbestimmung des Menschen ab, die nicht länger auf Glaube und Offenbarung, sondern auf Vernunft und Erfahrung gestützt ist.

---

[2] Wie ihn etwa *Johann Jakob Moser* (1701—1785) für das Öffentliche Recht konzipiert hat. Dazu *Wyduckel*, Ius Publicum. Grundlagen und Entwicklung des Öffentlichen Rechts und der deutschen Staatsrechtswissenschaft, Berlin 1984 (Schriften zum Öffentlichen Recht, Bd. 471), S. 198 ff.

[3] Vgl. *Johann Stephan Pütter*, Neuer Versuch einer Juristischen Encyclopädie und Methodologie, 2. Aufl., Göttingen 1767, Vorrede, Bl. 3 r/v. Dazu *Wyduckel*, Ius Publicum (FN 2), S. 204 ff.

[4] Dazu *Dietrich Oehler*, Die Entstehung des Rechtspositivismus an der Wende zur Neuzeit, in: Staat, Recht, Kultur. Festgabe für Ernst von Hippel zu seinem 70. Geburtstag, Bonn 1965, S. 204—229 (207), für den mit *Duns Scotus* und *Occam* der Grund für einen „neuzeitlichen Positivismus in allen Wissenschaften" gelegt wird. Zu eng *Reinhard Kanitz*, Positivismus, München 1973, S. 15, der die Entstehung des Positivismus zu spät auf die erste Hälfte des 19. Jahrhunderts datiert.

Dieser Aspekt tritt besonders deutlich bei *Marsilius von Padua* hervor. Er sieht von einer transzendenten Quelle des Rechts im Gemeinwesen ganz ab, indem er allein auf den menschlichen Gesetzgeber (humanus legislator) abstellt[5]. Das Gesetz wird auf dieser Grundlage als eine Anordnung (ordinacio) begriffen, deren Befolgung erzwungen werden kann[6]. Es sind demnach nicht alle wahren Erkenntnisse vom Gerechten und Nützlichen im Staatsleben Gesetze, sondern nur diejenigen, die Zwangscharakter tragen[7]. Marsilius scheint darüber hinaus Recht und Gesetz miteinander identifizieren zu wollen, wenn er lapidar feststellt: „Ius autem idem est quod lex."[8]

Es würde gewiß zu weit gehen, in der marsilischen Rechts- und Gesetzeskonzeption eine Art ‚Reiner Rechtslehre des Mittelalters' zu sehen[9]. Immerhin werden hier erstmals charakteristische Züge einer Auffassung sichtbar, wie sie sich später auch bei *Hobbes, Austin* oder *Kelsen* finden. Dies hat nicht von ungefähr dazu geführt, *Marsilius* als einen juristischen Positivisten zu bezeichnen[10].

Auch aus der Sicht der zeitgenössischen spätmittelalterlichen Jurisprudenz ist eine wachsende Konzentration auf das positive Recht unübersehbar. Namentlich die am Corpus Iuris orientierten Legisten haben wesentlich dazu beigetragen, in der Auseinandersetzung mit dem gegebenen Rechtsstoff spezifische Denk- und Argumentationsstrukturen auszubilden, die bis in unsere Tage hinein wirksam sind. Mitunter lassen sich bereits typische Abschließungstendenzen ausmachen, wenn etwa philosophische Erwägungen mit der Begründung abgewiesen werden, sie würden den Juristen nicht ohne weiteres einleuchten (Iuristis non saperent)[11].

---

[5] Vgl. *Marsilius von Padua,* Der Verteidiger des Friedens (Defensor Pacis). Deutsch-lateinische Ausgabe. Auf Grund der Übersetzung von Walter Kunzmann bearb. und eingel. von Horst Kusch, Darmstadt 1958, Teil I, Kap. 12, § 3 (Bd. 1, S. 118); Teil III, Kap. 2, § 6 (Bd. 2, S. 1090).

[6] Vgl. ebd., Teil I, Kap. 10, § 4 (Bd. 1, S. 96).

[7] Vgl. ebd., § 5: „Unde iustorum et conferencium civilium non omnes vere cogniciones sunt leges, nisi de ipsarum observacione datum fuerit preceptum coactivum ..."

[8] The Defensor Minor, ed. by C. Kenneth Brampton, Birmingham 1922, cap. I, nr. 2, S. 1.

[9] So *Walter Ullmann,* Principles of Government and Politics in the Middle Ages, London 1961, S. 276.

[10] Vgl. *Alan Gewirth,* Marsilius of Padua. The Defender of Peace, Vol. 1: Marsilius of Padua and Medieval Polical Philosophy, New York 1951, S. 134, 175. Siehe auch *Wyduckel,* Princeps Legibus Solutus. Eine Untersuchung zur frühmodernen Rechts- und Staatslehre, Berlin 1979 (Schriften zur Verfassungsgeschichte, Bd. 30), S. 129.

[11] So *Bartolus,* Tractatus de regimine civitatis, in: ders., Consilia, Quaestiones et Tractatus, Basileae 1588, S. 417—421 (S. 418, Nr. 7), im Hinblick auf die philosophisch-politische Argumentation des Aristoteles. Zum Zusammenhang siehe *Wyduckel,* Ius Publicum (FN 2), S. 86 f.

Versucht man auf dem Hintergrund dieser Überlegungen, den juristischen Positivismus in seinen Leistungen und Defiziten zu charakterisieren, so lassen sich zwei ganz unterschiedliche Aspekte herausheben. Der juristische Positivismus stellt zum einen ganz offensichtlich eine notwendige Durchgangsstufe auf dem Wege der Jurisprudenz zur wissenschaftlichen Fachdisziplin dar. In dem Bemühen um methodologische Eigenständigkeit und begrifflich-systematische Kohärenz herrscht das durchaus legitime Bestreben vor, das eigene Fach gegenüber anderen, zumal benachbarten Disziplinen, als wissenschaftlich abgrenzbar zu erweisen. Der juristische Positivismus hat darüber hinaus entscheidend dazu beigetragen, das Augenmerk auf den Umstand zu lenken, daß positives Recht gesetztes Recht ist, d. h. von Menschen für Menschen gemacht wird und deshalb von ihnen auch verantwortet werden muß.

Dem stehen zum anderen nicht zu übersehende Defizite gegenüber. Sie liegen im wesentlichen in einer verkürzenden Betrachtungsweise, die das Recht als eigenständig vorstellt und aus sich selbst heraus zu erklären sucht. Hierbei wird das Recht aus seinen Bezügen in Politik, Wirtschaft, Geschichte und Gesellschaft herausgelöst und auf seine juristisch-normativen Aspekte reduziert. Die Jurisprudenz erscheint danach als eine am Text des positiven Rechts orientierte, mit begrifflich-systematischen oder logischen Mitteln zu beherrschende Disziplin, in der es wesentlich auf die richtige, d. h. die juristische Methode ankommt[12]. Inhaltliche Problemstellungen, Zweck- und Interesseerwägungen treten demgegenüber zurück oder werden ganz ausgeklammert, weil sie als außerhalb des gewählten Gegenstands- und Erkenntnisbereichs liegend betrachtet werden.

Kennzeichnend für den juristischen Positivismus ist nach allem in methodologischer wie in gegenständlich-inhaltlicher Hinsicht eine Problemreduktion, die auf dem wissenschaftlichen Programm einer mehr oder minder ‚vernünftigen Selbstbeschränkung' beruht[13]. Diese Reduktion wird regelmäßig in einer verkürzenden Sicht der sozialen Wirklichkeit bestehen. Sie ist stets dann gegeben, wenn das soziale Gesamtphänomen Recht auf einen seiner formalen Teilaspekte reduziert wird, also auf seine textliche bzw. sprachliche Gestalt, seine normlogische Struktur oder seine begrifflich-systematischen Bezüge[14]. Der wissen-

---

[12] Dazu *Walter Wilhelm*, Zur juristischen Methodenlehre im 19. Jahrhundert, Frankfurt a. M. 1958 (Frankfurter wissenschaftliche Beiträge, Bd. 14), der aber den zivilistischen Anteil an der juristischen Methode zu hoch einschätzt.

[13] Wie sie namentlich von *Paul Laband* gefordert worden ist. Vgl. das Vorwort zur zweiten Auflage seines Staatsrechts von 1887 (hier zitiert nach der 4. Aufl., Tübingen und Leipzig 1901), S. IX.

[14] Zur reduktionistischen Deutung des juristischen Positivismus siehe *Martin Kriele*, Rechtspflicht und die positivistische Trennung von Recht und

schaftliche Ertrag des juristischen Positivismus sinkt hierbei in dem Maße, in dem über das verständliche Anliegen fachwissenschaftlicher Selbstbehauptung hinaus Verengungen, Verkürzungen und Vereinseitigungen in Kauf genommen werden, die den Bereich an sich gegebener Erkenntnismöglichkeiten beschränken und beschneiden.

Die große Zeit des juristischen Positivismus gehört inzwischen der Vergangenheit an. Wo er heute gleichwohl begegnet, liegt entweder ein latenter Positivismus vor, der sich seiner Voraussetzungen und Implikationen nicht hinlänglich bewußt ist und hier außer Betracht bleiben kann. Oder aber es handelt sich um Abwandlungen und Variationen des juristischen Positivismus, in denen wegen einer Öffnung des verengten Rechtsbegriffs zum Bereich der Gesellschaft hin der Reduktionismus abgeschwächt ist mit der Folge, daß juristisch-positivistische Grundpositionen, wenn nicht preisgegeben, so doch zurückgenommen werden. Die dem juristischen wie jeder Art von fachwissenschaftlichem Positivismus innewohnende Problematik ist damit jedoch nicht obsolet geworden. Sie wird nur auf eine andere, sozial- bzw. wissenschaftstheoretische Ebene verlagert, was wiederum nicht ohne Rückwirkung auf den Bereich des Rechts und der Rechtswissenschaft bleiben kann. Davon wird noch zu reden sein.

II. Die Überwindung des juristischen Positivismus

Der juristische Positivismus, der sich seit dem späteren Mittelalter herausbildet und im 19. Jahrhundert für Begriffsbildung und Methode der Jurisprudenz bestimmend wird, hat trotz der ihm eigenen Defizite bedeutende Leistungen aufzuweisen und eine ganze Epoche juristischer Theorie und Praxis nachhaltig geprägt. Er ist freilich nie allein herrschende Richtung juristischen Denkens gewesen, sondern hat immer auch Widerspruch erfahren.

So sind die verschiedenen Ausprägungen der Naturrechtslehre niemals ganz in den Hintergrund getreten. Aber auch unabhängig davon scheint stets im Bewußtsein geblieben zu sein, daß der juristische Positivismus das Recht in seiner Totalität offenbar nicht angemessen zu erfassen vermag.

Zu einer ausdrücklichen Kritik kommt es allerdings erst in dem Zeitpunkt, in dem der juristische Positivismus zu seiner vollen, Wider-

Moral, in: Österreichische Zeitschrift für Öffentliches Recht 16 (1966), S. 413—429. Danach führt die wegen ihrer Orientierung an schon getroffenen gesetzgeberischen und gerichtlichen Entscheidungen von Kriele als „retrospektiv" bezeichnete Reduktion zu einer „Beschränkung auf begrenzte Aspekte des Rechts" (S. 421). Das Recht „schrumpft" hierbei auf Dezisionen, Normen und logische Ableitungen. Vgl. *ders.*, Recht und praktische Vernunft, Göttingen 1979 (Kleine Vandenhoeck-Reihe, 1453), S. 9.

spruch herausfordernden Entfaltung gelangt. Dies ist im letzten Viertel des 19. Jahrhunderts der Fall. Nicht von ungefähr wird der juristische Positivismus zuerst im Öffentlichen Recht attackiert. Hier mußten wegen der spezifischen Nähe des Staatsrechts zu den großen politischen Streitfragen der Zeit die Defizite einer juristisch-positivistischen Betrachtungsweise besonders deutlich hervortreten.

Die Gegenposition zum juristischen Positivismus, wie ihn namentlich *Laband* im Staatsrecht praktiziert und vertreten hat, wird von *Otto von Gierke* (1841—1921) vorgelegt. Von der historischen Rechtsschule herkommend begreift er das Recht von vornherein aus seinem historisch-politischen Bezugsrahmen heraus und kommt so zu Ergebnissen, wie sie vom Boden des ausschließlich auf das geltende Recht fixierten juristischen Positivismus nicht ohne weiteres zu gewinnen waren. Gierke gelangt auf diese Weise zu der Einsicht in die geschichtliche Bedingtheit aller Rechtsbegriffe und der relativen Wahrheit der juristischen Dogmen. Dies führt ihn schon frühzeitig zu der für sein weiteres methodisches Vorgehen wesentlichen Folgerung, daß die Rechtswissenschaft das Recht als eine „reale Existenz" immer schon vorfinde, mit diesem also nicht identifiziert werden dürfe[15].

Gierkes Kritik hat im wesentlichen zwei Stoßrichtungen. Sie wendet sich einmal gegen die „Überschätzung des Leistungsvermögens der formalen Logik", m. a. W. gegen die Reduzierung der Rechtswissenschaft auf einen „positivistischen Formalismus"[16]. Sie gilt zum anderen der juristisch-positivistischen Abweisung einer philosophischen Betrachtungsweise des Rechts. Gierke wirft dem juristischen Positivismus nicht ohne Grund eine Selbsttäuschung vor. Denn in Wahrheit können die dem Recht vorausliegenden philosophischen Fragen nicht wirklich ausgeklammert, sondern nur verdrängt und damit einer reflektierten rechtswissenschaftlichen Diskussion entzogen werden. Sie bleiben nichtsdestoweniger vorhanden, um schließlich, freilich in „unmethodischer und fragmentarischer Weise", doch wieder auf die rechtswissenschaftliche Argumentation durchzuschlagen[17]. Die Rechtswissenschaft wird durch die dem juristischen Positivismus eignende Selbstbescheidung im übrigen nicht etwa gestärkt, sondern im Gegenteil geschwächt, weil sie ohne Berück-

---

[15] Vgl. seine zuerst 1874 in der Zeitschrift für die gesamte Staatswissenschaft erschienene Abhandlung über ‚Die Grundbegriffe des Staatsrechts und die neuesten Staatsrechtstheorien', unveränderter Abdruck, Tübingen 1915, S. 9.

[16] Vgl. die erstmals in ‚Schmollers Jahrbuch' erschienene, umfangreiche Auseinandersetzung mit Labands Staatsrecht, unveränderter Nachdruck, Darmstadt 1961, S. 14, 95. Dazu *Hans Albrecht Hesse*, Gierkes Kritik des Labandschen Staatsrechts von 1883 und die deutsche Rechtskultur heute, in: Juristische Schulung (JuS) 25 (1985), S. 170—174.

[17] *Gierke*, Labands Staatsrecht (vgl. FN 16), S. 22 ff. (23).

sichtigung der philosophischen Grundlagenfragen dem „Ansturm politischer und kirchlicher, sozialer und wirtschaftlicher Mächte und Interessen“ auf Dauer nicht gewachsen sein kann[18].

Die Berechtigung dieser Auffassung zeigte sich spätestens zu dem Zeitpunkt, in dem der politische Konsens des Deutschen Kaiserreichs zerbrach. Denn mit dem Untergang der konstitutionellen Monarchie und der Begründung eines demokratischen Gemeinwesens treten die bislang verdeckten, z. T. auch verdrängten Probleme in ihrer ganzen Schärfe hervor. Eine positivistische Rechtslehre, die weiterhin versuchen wollte, politische, wirtschaftliche und gesellschaftliche Fragen aus der juristischen Betrachtung auszuklammern, mußte angesichts dieser Situation alsbald in eine schwierige Lage geraten.

War der juristische Positivismus bislang nur kritisiert worden, so gerät er nunmehr in eine ernsthafte Krise. Erneut äußern sich die ersten Anzeichen mit besonderer Deutlichkeit im Bereich des Öffentlichen Rechts. Das ganze Ausmaß der Krise offenbart sich auf der Jahrestagung der deutschen Staatsrechtslehrer im Jahre 1926 in Münster[19].

Anläßlich der Diskussion der für den demokratischen Verfassungsstaat zentralen Frage der Gleichheit vor dem Gesetz prallen die gegensätzlichen Auffassungen hart aufeinander. *Kelsen* operiert bereits aus der Defensive heraus. Er bekennt sich ganz zum überkommenen positivistischen Standpunkt und weist die Frage nach dem, „was hinter dem positiven Recht steckt“, ausdrücklich ab. Sie stellt für ihn ausschließlich ein Problem der Macht dar, in deren „Gorgonenhaupt“ zu blicken er nicht für geraten hält[20]. Demgegenüber macht sein jüngerer Kollege *Günther Holstein* (1892—1931) darauf aufmerksam, daß die zur Debatte stehende Gleichheitsfrage eine durchaus „jenseits des Positivismus“ liegende Frage sei. Wenn man nämlich die Rechtsordnung auf die Rechtsauffassung der Gesamtheit zurückführe, werde sie notwendig eingebettet und erklärt aus einer Summe psychologischer, soziologischer und ethischer Voraussetzungen, mithin solcher Gegebenheiten, die über das positiv geltende Recht hinausweisen[21]. Im Rückblick auf die Münstersche Tagung wird ihm offenbar, daß die Tagungsverhandlungen an eine „entscheidende Wegwende problemgeschichtlicher und methodenkritischer Selbstbesinnung“ geführt haben[22]. Er bringt den damit ge-

---

[18] Ebd., S. 97.

[19] Vgl. die Veröffentlichungen der Vereinigung der deutschen Staatsrechtslehrer (VVDStRL), Bd. 3 (1927).

[20] Siehe VVDStRL 3 (1927), S. 54 f.

[21] Ebd., S. 55.

[22] Vgl. *Holstein*, Von Aufgaben und Zielen heutiger Staatsrechtswissen-

meinten Problemkomplex auf den Begriff einer „Krisis unseres Rechtssystems“, die ihm zugleich eine „Krisis unseres Rechtsdenkens“ bedeutet[23].

Diese Einschätzung wird auch von *Erich Kaufmann* (1880—1972) geteilt. Dies mußte um so mehr ins Gewicht fallen, als Kaufmann bereits einige Jahre zuvor in seiner ‚Kritik der neukantischen Rechtsphilosophie‘[24] die erkenntnis- und wissenschaftstheoretischen Grundlagen des juristischen Positivismus in Zweifel gezogen hatte. Er kritisierte namentlich die Eindimensionalität und den übersteigerten Formalismus neukantischen Denkens und deckte die Verkürzungen und Defizite einer Betrachtungsweise auf, die Philosophie und Rechtswissenschaft letztlich in die „Rolle von Stiefkindern“ drängt, weil sie „über die ethischen, politischen, sozialen und kulturellen Probleme der Gegenwart hinweg nach den reinen Formen des transzendentalen Denkens strebt“[25].

Kaufmann erweist sich nicht eben als origineller Denker, wenn er Abhilfe vor allem von einer Rückbesinnung auf die vorkantische rationalistische Philosophie und den ihr angelegten materialen Gehalten erwartete[26]. Immerhin vermochte er einen Ausweg aus dem positivistischen Dilemma zu zeigen und damit einer schließlichen Überwindung juristisch-positivistischen Denkens den Weg zu ebnen.

Was Kaufmann erstrebte, aber nicht mehr erreichte, nämlich das „wahrhaft Reale“ des Rechts auszumachen[27], gerät in der Folge nicht mehr aus dem Blick. Wiederum gehen die entscheidenden Impulse vom Öffentlichen Recht aus.

Es sind im wesentlichen drei Ansatzpunkte, von denen her eine Überwindung des juristischen Positivismus in Angriff genommen wird:

(1) *Rudolf Smend* (1882—1975) will seine — in ihrem Kern geisteswissenschaftliche — Konzeption auf die als fortlaufenden Integrationsprozeß vorgestellte Lebenswirklichkeit von Recht und Staat gründen[28].

---

schaft. Zur Tagung der Vereinigung deutscher Staatsrechtslehrer, in: Archiv des öffentlichen Rechts 50 (1926), S. 1—40 (1).

[23] Ebd., S. 26.

[24] Vgl. *Erich Kaufmann*, Kritik der neukantischen Rechtsphilosophie. Eine Betrachtung über die Beziehungen zwischen Philosophie und Rechtswissenschaft (1921), in: ders., Rechtsidee und Recht, Göttingen 1960 (Gesammelte Schriften, Bd. 3), S. 176—245.

[25] Ebd., S. 177.

[26] Siehe ebd., S. 236 f.

[27] Vgl. sein der Gleichheit vor dem Gesetz gewidmetes Referat auf der Münsterschen Tagung. Siehe VVDStRL Bd. 3 (FN 19), S. 2—23 (3).

[28] *Smend*, Verfassung und Verfassungsrecht (1928), in: ders., Staatsrechtliche Abhandlungen und Aufsätze, 2. Aufl., Berlin 1968, S. 119—276 (S. 189 ff.). Hierzu und zum folgenden *Wyduckel*, Ius Publicum (FN 2), S. 305 ff.

Nicht aus der Norm, aus der geistigen Wirklichkeit des Staates sollen Begriff und Gegenstand der Staatsverfassung entwickelt werden[29].

(2) *Hermann Heller* (1891—1933), bereits durchaus sozialwissenschaftlich ansetzend, begreift Recht und Staat ganz als gesellschaftliche Gebilde, die „keinen in der Transzendenz gelegenen archimedischen Punkt außer und über der Gesellschaft“ haben[30]. Es geht ihm deshalb nicht darum, dem Sein ein Sollen gegenüberzustellen, sondern vielmehr darum, „im Sein das zukunftsgestaltende Wollen zu erkennen“[31].

(3) *Carl Schmitt* (1888—1985) schließlich sieht im juristischen Positivismus nurmehr eine Position der Vergangenheit und plädiert für einen zweifachen Neuansatz. Zum einen hält er dem Regel- und Gesetzesdenken des Normativismus den an der — nicht weiter begründungsbedürftigen — Dezision orientierten Typus des Entscheidungsdenkens entgegen[32]. Zum anderen betrachtet er das Recht in gewissem Anschluß an die zeitgenössische Institutionenlehre, namentlich *Haurious*[33], als „konkrete Ordnung“, in der die Norm oder Regel nur Bestandteil bzw. Mittel der Ordnung ist und deshalb nicht als isoliert oder verabsolutiert vorgestellt werden darf[34].

Überblickt man die drei genannten Konzeptionen, so fällt durchgängig das Bestreben ins Auge, Recht und Gesellschaftsordnung zueinander in Beziehung zu setzen. Der juristische Positivismus wird hierbei in dem Maße in Frage gestellt, in dem das Recht in seinen gesellschaftlichen Kontext eingeordnet und aus ihm heraus begriffen wird. Dem juristisch-positivistischen Denken tritt damit eine Gegenposition zur Seite, die einer genauen Umkehrung desselben gleichkommt. Denn Ausgangspunkt der rechtswissenschaftlichen Überlegungen ist durchweg nicht mehr die Norm, sondern die soziale und politische Realität derselben.

Es fragt sich jedoch, ob damit allein der juristische Positivismus bereits wirklich überwunden wird. Zum einen zeichnet sich — namentlich im Hinblick auf die Konzeption Carl Schmitts — die nicht gelöste Problematik ab, den juristischen Positivismus zwar hinter sich zu wissen,

---

[29] *Smend* (FN 28), S. 131.

[30] *Heller,* Gesellschaft und Staat (1924), in: ders., Gesammelte Schriften, Leiden 1971, Bd. 1, S. 257—266 (263).

[31] Vgl. *ders.,* Staatslehre (1934), ebd., Bd. 3, S. 77—406 (200 f.).

[32] *Schmitt,* Über die drei Arten des rechtswissenschaftlichen Denkens, Hamburg 1934, S. 24 ff. (25).

[33] Dazu *Roman Schnur* (Hrsg.), Die Theorie der Institution und zwei andere Aufsätze von Maurice Hauriou, Berlin 1965.

[34] *Schmitt* (FN 32), S. 12 f.

ihn aber durch einen nicht minder einseitigen soziologischen Positivismus zu ersetzen und damit einem neuen Reduktionismus zu erliegen, der das Recht gleichsam auf die Gesellschaft festzunageln sucht[35]. Zum anderen zeigt sich, daß auch die Überwindung eines juristisch-positivistischen Denkansatzes für sich allein noch keine Gewähr dafür bietet, daß rechtliche Fehlentwicklungen und Defizite vermieden werden. Es kann vielmehr angesichts politischer und gesellschaftlicher Veränderungen, wie sich seinerzeit vollzogen, außerordentlich risikoreich sein, den Boden einer auf das tradierte positive Recht abstellenden Betrachtungsweise vorschnell zu verlassen. Dies ist vor allem dann der Fall, wenn Legalität und Rechtssicherheit allzu bereitwillig zugunsten neuer, womöglich irrationaler politischer Gehalte preisgegeben werden, ohne daß zugleich nach deren materialer Rechtfertigung und Begründung gefragt wird. Die schließliche Pervertierung der Rechtsordnung unter dem Nationalsozialismus darf vor diesem Hintergrund weder dem juristischen Positivismus noch seiner Überwindung angelastet werden. Sie beruht vielmehr letztlich auf der politisch wie moralisch begründeten Unfähigkeit[36], z. T. auch auf der mangelnden Bereitschaft, die Legalität von Macht und Herrschaft unter Legitimitätsgesichtspunkten rational nachvollziehbar zu prüfen sowie daraus die entsprechenden Konsequenzen zu ziehen. So ergibt sich schließlich jene prekäre Situation, in der man den juristischen Positivismus weitgehend verabschiedet hatte, andererseits jedoch unklar geblieben war, welche Wertvorstellungen und Leitideen einem nachpositivistischen Ansatz zugrundezulegen seien.

Als weniger problematisch erweist sich demgegenüber die methodologische Absicherung der neuen Rechtskonzeption. Zwar haben weder *Smend* noch *Heller* oder *Schmitt* ihre Lehren begleitende explizite methodologische Entwürfe geliefert. Doch wird die Notwendigkeit einer methodologischen Um- und Neuorientierung durchaus anerkannt. Im übrigen lagen die Umrisse einer die Begriffsjurisprudenz ablösenden, die gesellschaftlichen Interessen, Zwecke und Werte in die rechtswissenschaftliche Betrachtung wieder einbeziehenden Neukonzeption längst vor. Sie war in der deutschen (zivil)rechtswissenschaftlichen Tradition ausgehend von *Rudolf von Ihering* (1818—1892) grundgelegt und später durch *Max Rümelin* (1861—1931) und *Philipp Heck* (1858—1943) aus-

---

[35] Dazu näher *Wyduckel*, Ius Publicum (FN 2), S. 312 f.

[36] *Martin Kriele*, Staatsphilosophische Lehren aus dem Nationalsozialismus, in: Hubert Rottleuthner (Hrsg.), Recht, Rechtsphilosophie und Nationalsozialismus, Wiesbaden 1983 (ARSP, Beih. Nr. 18), S. 210—222 (218 f.), spricht von einer nur historisch zu erklärenden „Einsichtshemmung", die zum einen auf obrigkeitsstaatliche Traditionen, zum anderen darauf zurückzuführen ist, daß die politische Aufklärung in Deutschland viel schwerer Fuß gefaßt hat als in anderen Ländern.

gebaut worden[37]. Aus der Sicht des Öffentlichen Rechts plädiert auf dieser Grundlage *Heinrich Triepel* (1868—1946) im Jahre 1926 in seiner vielbeachteten Berliner Rektoratsrede[38] für eine methodologisch reflektierte Interessen- und Wertungsjurisprudenz, die bis heute nichts von ihrer Aktualität verloren hat. Triepel weist insbesondere darauf hin, daß es verfehlt sei, tatsächlich vorhandene Wertungen „hinter der Maske des Logischen" verbergen zu wollen und fordert deshalb, teleologische Erwägungen „in voller Offenheit" in die Rechtslehre einzubringen[39]. Wenn man freilich nur wenige Jahre später meinte, daß die teleologische Methode bereits einen „Sieg auf der ganzen Linie" davongetragen habe[40], so eilte man der Zeit noch weit voraus. Jedoch waren in der Tat die Standpunkte und Positionen offengelegt, von denen eine nachpositivistische Diskussion der einschlägigen Fragen und Probleme ihren Ausgang nehmen mußte.

III. Probleme und Entwicklungstendenzen des nachpositivistischen Rechtsrealismus

Wenn man den juristischen Positivismus mit dem Ziel kritisiert, ihn schließlich zu überwinden, so stellt sich begreiflicherweise die Frage nach dem „Danach". Der nachpositivistische Rechtsrealismus sucht eine Antwort auf diese Frage zu geben. Er ist dadurch charakterisiert, durch den juristischen Positivismus hindurchgegangen zu sein, zugleich aber über ihn hinauszugehen.

Das bedeutet zunächst, daß die Leistungen des juristischen Positivismus anerkannt und in eine nachpositivistische Rechtskonzeption eingebracht werden. So berechtigt es sein mag, den juristischen Positivismus als zu eng und zu einseitig zu kritisieren, so wenig darf übersehen werden, daß dem positivistischen Ansatz durchaus vorwärtsweisende Tendenzen innewohnen. Immerhin war *Rudolf Smend* bereit einzuräumen, daß dem juristischen Positivismus dauernde Bedeutung zukommt, weil seit *Kelsens* großer Kritik „jene Naivetät, jenes Arbeiten ohne völlige Klarheit der methodischen Voraussetzungen nicht mehr

---

[37] Dazu *Werner Krawietz*, Interessenjurisprudenz, in: Historisches Wörterbuch der Philosophie, Bd. 4, Basel 1976, Sp. 494—514 (512), sowie *ders.*, Zum Paradigmenwechsel im juristischen Methodenstreit, in: ders. u. a. (Hrsg.), Argumentation und Hermeneutik in der Jurisprudenz, Berlin 1979 (RECHTSTHEORIE, Beih. 1), S. 113—152 (141 f.).

[38] *Triepel*, Staatsrecht und Politik. Rede beim Antritte des Rektorats der Friedrich-Wilhelms-Universität zu Berlin am 15. Oktober 1926, Berlin 1927. Dazu *Wyduckel*, Ius Publicum (FN 2), S. 318 ff.

[39] Vgl. *Triepel* (FN 38), S. 37.

[40] So *Erich Schwinge*, Der Methodenstreit in der heutigen Rechtswissenschaft, Bonn 1930, S. 18 f.

möglich ist"[41]. Und auch *Hermann Heller* wollte nicht in Abrede stellen, daß Kelsen und seine Schule sich „sehr bedeutende kritische Verdienste erworben haben"[42].

Auf dieser Grundlage wird eine rechtswissenschaftliche Betrachtung zuerst und vor allem das positive Recht in den Blick fassen. Positives Recht ist freilich wirkliches Recht, das nicht auf einen abgehobenen Bereich des rein Normativen reduziert werden darf. Die Normativität des Rechts wird damit nicht geleugnet. Sie erscheint nur eingebunden in die gesellschaftlichen Strukturen, d. h. als von ihnen abhängig und ohne sie nicht hinreichend zu begreifen.

Positives Recht ist aber nicht nur wirkliches, sondern auch veränderbares Recht. Es stellt sich aus rechtsrealistischer Perspektive als eine bis auf weiteres gültige Selektion im Horizont anderer Möglichkeiten dar[43]. Die jeweils anderen Möglichkeiten sind damit nicht gänzlich ausgeschlossen, sondern bleiben als einsetzbare Alternativen weiter präsent, auf die im gegebenen Fall zurückgegriffen werden kann.

Begreift man das positive Recht in dieser Weise zugleich als wirkliches *und* veränderbares Recht, geht man m. a. W. von der Positivität des Rechts aus, dann verlieren viele der konventionellen rechtstheoretischen und rechtsphilosophischen Streitfragen erheblich an Schärfe und Gewicht. Denn das Rechtssystem wird angesichts politischer, gesellschaftlicher und wirtschaftlicher Herausforderungen nicht als geschlossen, sondern als offen konzipiert und damit in die Lage versetzt, auf wechselnde Gegebenheiten relativ schnell, sei es stabilisierend, sei es variierend, zu reagieren. Eine in diesem Sinne realistische Betrachtung wird das Rechtssystem nach allem nicht isolieren, sondern maßgeblich auf seine Struktur- und Funktionszusammenhänge mit anderen Systemen der Gesellschaft abstellen[44].

---

[41] *Smend,* Verfassung und Verfassungsrecht (FN 28), S. 124.

[42] *Heller,* Die Krisis der Staatslehre (1926), in: ders., Gesammelte Schriften, Leiden 1971, Bd. 2, S. 3—30 (16). Solche und ähnliche Wendungen berechtigen allerdings nicht dazu, Hermann Hellers Position der des Rechtspositivismus anzunähern. So aber offenbar *Ingeborg Maus,* Hermann Heller und die Staatsrechtslehre der Bundesrepublik, in: Der soziale Rechtsstaat. Gedächtnisschrift für Hermann Heller 1891—1933, hrsg. von Christoph Müller und Ilse Staff, Baden-Baden 1984, S. 113—139 (127).

[43] Vgl. *Niklas Luhmann,* Positivität des Rechts als Voraussetzung einer modernen Gesellschaft, in: Jahrbuch für Rechtssoziologie und Rechtstheorie 1 (1970), S. 175—202 (184), auch in: ders., Ausdifferenzierung des Rechts. Beiträge zur Rechtssoziologie und Rechtstheorie, Frankfurt a. M. 1981, S. 113—153 (125).

[44] Dazu *Friedrich Müller,* Juristische Methodik und Politisches System. Elemente einer Verfassungstheorie II, Berlin 1976 (Schriften zur Rechtstheorie, H. 51), S. 11 f.

Dies setzt nicht notwendig einen im herkömmlichen Verständnis interdisziplinären Ansatz voraus, wohl aber die Bereitschaft zur arbeitsteiligen Kooperation mit den entsprechenden Nachbarwissenschaften. Für den Gegenstandsbereich Recht wird insoweit also kein wissenschaftlicher Ausschließlichkeitsanspruch erhoben.

Es kann ferner nicht nur darum gehen, das Recht etwa in dem Sinne analysierend und beschreibend zu erfassen, wie es nun einmal ist, sondern es wird überdies die weitergehende Frage nach den Standards und Beurteilungsmaßstäben des positiven Rechts aufzuwerfen sein. Daß diese Problematik wiederum nicht allein mit deskriptiven Mitteln bewerkstelligt werden kann, liegt auf der Hand.

Auch die Reine Rechtslehre erscheint unter den Bedingungen eines nachpositivistischen Rechtsrealismus in einem neuen Licht. Das ist nicht zuletzt dem Umstand zu verdanken, daß der späte *Kelsen,* wie die aus dem Nachlaß herausgegebene ‚Allgemeine Theorie der Normen' belegt, seine rechts- und wissenschaftstheoretische Position nicht unerheblich modifiziert zu haben scheint[45]. Darüber hinaus hat auch unabhängig davon das überkommene Bild der Reinen Rechtslehre inzwischen wesentliche Korrekturen erfahren, die, wie die Auseinandersetzung mit dem Kelsenschen Werk gerade in den letzten Jahren erkennen läßt, zu ganz neuen, in ihrer Bedeutung noch nicht voll abschätzbaren Schlußfolgerungen nötigen[46].

So wird heute nicht ohne Grund betont, daß man die Lehre vom Stufenbau des Rechts mißversteht, wenn man diesen ausschließlich als ein System von Rechtserzeugungsstufen betrachtet. Die Wiener Schule räumt nämlich durchaus ein, daß jede der Rechtserzeugungsstufen eine ‚autonome Determinante' besitzt[47], auf Grund deren sie eine Regelung

---

[45] Vgl. *Kelsen,* Allgemeine Theorie der Normen, hrsg. von Kurt Ringhofer und Robert Walter, Wien 1979. Dazu *Ota Weinberger,* Normentheorie als Grundlage der Jurisprudenz und Ethik. Eine Auseinandersetzung mit Hans Kelsens Theorie der Normen, Berlin 1981 (Schriften zur Rechtstheorie, H. 95), S. 5, der die Grundthesen des nachgelassenen Kelsenschen Werks als Ausdruck einer neuen Konzeption betrachtet, die sich „in wesentlichen Zügen von der früheren Lehre des Autors unterscheidet".

[46] Vgl. die anläßlich des Wiener Symposions zum 100. Geburtstag Kelsens gehaltenen Referate, die unter dem Titel ‚Die Reine Rechtslehre in wissenschaftlicher Diskussion' 1982 als Band 7 der Schriftenreihe des Hans Kelsen-Instituts erschienen sind, sowie den von *Werner Krawietz* und *Helmut Schelsky* herausgegebenen Band: Rechtssystem und gesellschaftliche Basis bei Hans Kelsen, Berlin 1984 (RECHTSTHEORIE, Beih. 5), der die Ergebnisse des Interdisziplinären und Internationalen Kolloquiums zusammenfaßt, das aus dem gleichen Anlaß in Haus Rothenberge, dem Landheim der Universität Münster, stattgefunden hat.

[47] Vgl. *Norbert Achterberg,* Rechtstheoretische Grundlagen einer Kontrolle der Gesetzgebung durch die Wissenschaft, in: RECHTSTHEORIE 1 (1970), S. 147—155 (149), auch in: ders., Theorie und Dogmatik. Ausgewählte Abhand-

nach eigenen Bedürfnissen vornehmen kann. Daraus folgt, daß auf jeder Rechtserzeugungsstufe prinzipiell die Möglichkeit besteht, „außerrechtliche Vorstellungen in die Rechtsordnung zu induzieren“[48]. Die Gesellschaftsordnung kann somit auch vom Standpunkt einer — auf diese Weise fortgebildeten — Reinen Rechtslehre legitimerweise zur Rechtsordnung in Beziehung gebracht werden. Dies gilt entsprechend für den Versuch, die Reine Rechtslehre als Rechtsverhältnistheorie fortzuentwickeln[49]. Denn auch von hier aus ergeben sich Ansatzpunkte für eine Öffnung der Rechtsordnung zur sozialen Wirklichkeit des Rechts. Soweit die Rechtsverhältnisse nämlich nicht als voll-, sondern nur als teildeterminiert angesehen werden, tritt zur Normdetermination wiederum die autonome Determinante hinzu mit der Folge, daß ein offener rechtlicher Gestaltungsbereich verbleibt und ein reiner Subsumtionsmechanismus vermieden wird[50]. Schließlich ist neues Licht auch auf die zentrale These der Disparität von Sein und Sollen gefallen. Ihr kommt im Hinblick auf die Theorieelemente der autonomen Determinante und des modal indifferenten Substrats offensichtlich weit weniger grundsätzlicher Charakter zu, als es den Anschein hat[51]. So wird auch in diesem Punkt über mögliche Wechselbeziehungen zwischen Sein und Sollen der Blick auf die Bedeutung der gesellschaftlichen Basis des Rechtssystems freigelegt.

Ist somit die Reine Rechtslehre Kelsens auch im Rahmen eines nachpositivistischen Theoriedesigns nicht ohne Bedeutung, so sind doch weitere Ansätze hinzugetreten, die sein Werk in übergreifende Zusammenhänge einrücken lassen, in denen das Verhältnis von Recht, Politik und Gesellschaft weitaus grundsätzlicher thematisiert und zugleich erfahrungswissenschaftlich abgesichert zu werden beginnt. Was die Bewältigung der damit aufgeworfenen grundlegenden Fragen politischer, gesellschaftlicher und rechtlicher Ordnung angeht, so ist hierbei den an der Universität Münster entfalteten Aktivitäten schon früh eine wichtige Rolle zugefallen. Im Rahmen der 1957 gegründeten Westfälischen Sektion der IVR konnte unter der Leitung des Staats- und Verwaltungsrechtslehrers und Rechtsphilosophen *Hans J. Wolff* (1898—1976) in Zusammenarbeit mit dem Philosophen *Joachim Ritter* (1903—1974) und

---

lungen 1960—1980, Berlin 1980 (Schriften zum Öffentlichen Recht, Bd. 386), S. 41—50 (43).

[48] Siehe ebd., S. 150 (Theorie und Dogmatik, S. 44).

[49] Vgl. *Achterberg*, Die Rechtsordnung als Rechtsverhältnisordnung. Grundlegung der Rechtsverhältnistheorie, Berlin 1982 (Schriften zur Rechtstheorie, H. 100), S. 17 ff.

[50] Ebd., S. 44.

[51] Vgl. *Achterberg*, Brücken zwischen Sein und Sollen, in: *Krawietz/Schelsky* (Hrsg.), Rechtssystem und gesellschaftliche Basis bei Hans Kelsen (FN 46), S. 445—452 (447 ff.).

dem Soziologen *Helmut Schelsky* (1912—1984) eine außerordentlich fruchtbare Kooperation von Jurisprudenz, Philosophie, Sozial- und Politikwissenschaft ins Werk gesetzt werden. Sie wird inzwischen seit mehr als zwei Jahrzehnten gepflegt und hat der rechtswissenschaftlichen Grundlagenforschung maßgebende Denkanstöße gegeben.

Kennzeichnend für die aus diesem Kreis hervorgegangene *Münstersche Schule der Rechtstheorie und Rechtsphilosophie*[52] ist eine jenseits des juristischen Positivismus angesiedelte rechtstheoretische und rechtsphilosophische Einstellung, die das Recht, sei es institutionen-, sei es systemtheoretisch, als eine universale normative Struktur der Gesellschaft begreift[53]. Sie zielt in wissenschafts- und erkenntnistheoretischer Hinsicht auf eine sinnkritische Reflexion der sozialen Wirklichkeit ab mit der Maßgabe, daß Sinn stets als ein gesellschaftlich konstituierter gedacht wird. Ein derartiger, sowohl nachpositivistischer als auch rechtsrealistischer Sinnbegriff ist, wie *Krawietz* mit Grund betont, nicht auf die normative Bedeutung von Rechtstexten reduziert, sondern wird als vom politischen, kulturellen, wirtschaftlichen und sonstigen sozialen Kontext abhängig vorgestellt[54]. Ihm entspricht in methodologischer Hinsicht eine die Begriffsjurisprudenz ablösende Interessen- und Wertungsjurisprudenz, die nicht mehr nur auf Wortnormen und Begriffe, sondern auf die im Recht zum Ausdruck gelangenden Interessen und ihre Bewertung ausgerichtet ist[55].

Daß Recht und Staat nicht aus sich selbst heraus erklärt werden können, sondern einer transpositivistischen Begründung fähig und bedürftig sind, stellt eine notwendige Folge der obigen Prämissen dar. Hieraus erhellt ferner, daß derartige Fragestellungen nicht etwa als offenbar metajuristisch ganz in die Philosophie, Soziologie oder Politikwissenschaft verwiesen werden können. Es bedarf vielmehr einer expliziten rechtswissenschaftlichen Auseinandersetzung mit den in diesen Disziplinen entwickelten Forschungsansätzen, ohne deren Berücksichtigung eine sinnvolle Befassung mit den grundlegenden Fragen von Recht, Staat und Gesellschaft heute nicht mehr möglich erscheint[56].

---

[52] Dazu *Krawietz*, Juristische Entscheidung und wissenschaftliche Erkenntnis. Eine Untersuchung zum Verhältnis von dogmatischer Rechtswissenschaft und rechtswissenschaftlicher Grundlagenforschung, Wien 1978 (Forschungen aus Staat und Recht, 38), Vorwort, S. XIII f. Dazu *H. E. Hasso Jaeger*, Décision juridique et intellection scientifique, in: La Loi, Paris 1980 (Archives de philosophie de droit, t. 25), S. 507—513 (507), sowie *Jerzy Wróblewski*, Towards a Metatheory of Law, in: RECHTSTHEORIE 12 (1981), S. 185—190 (185).

[53] Vgl. *Krawietz*, Recht als Regelsystem, Wiesbaden 1984, bes. S. 81 ff., sowie *ders.*, Ansätze zu einem Neuen Institutionalismus in der modernen Rechtstheorie der Gegenwart, in: Juristen Zeitung (JZ) 40 (1985), S. 706—714.

[54] *Krawietz*, Recht als Regelsystem (FN 53), S. 178 f.

[55] Vgl. ebd., S. 175 ff. (178).

Aus dieser Einsicht heraus ist nicht von ungefähr die Frage einer Legitimation des staatlich organisierten Rechtssystems erneut zum Thema und Problem geworden. Einen Versuch zur Lösung der hiermit aufgeworfenen Fragen hat inzwischen die Deutsche Sektion der IVR in der Bundesrepublik Deutschland unternommen, indem sie die ‚Legitimation des modernen Staates' zum Thema eines interdisziplinär angelegten Kongresses[57] wählte, der im Oktober 1980 in Münster stattgefunden hat. Die Legitimationsproblematik ist durch diesen Kongreß in vielfacher Hinsicht vorangebracht worden. Es dürfte insbesondere klar geworden sein, daß man den Staat jedenfalls nicht nur aus Machtgesichtspunkten rechtfertigen kann. Einer schlicht dezisionistischen Legitimationskonzeption ist damit der Boden entzogen. Sodann zeichnet sich die Einsicht ab, daß die jeweils bestehende Rechtsordnung als eine zu Recht bestehende immer erst zu erweisen ist. Eine legitimatorische Selbstversorgung, wie sie manchen politischen Systemen eigen ist, scheidet unter diesen Umständen aus[58].

Versucht man nach alldem Bilanz zu ziehen, so ist eine Abweisung positivistischer Reduktionen jeglicher Art ebenso deutlich wie die Notwendigkeit einer Fundierung allen Rechts im Hinblick auf seine historischen, politischen und gesellschaftlichen Grundlagen. Dies erfordert zum einen, daß man sich mehr als bisher über das Verhältnis von normativen und deskriptiven Orientierungen im Recht und in der Rechtswissenschaft Klarheit verschafft, und zum anderen, daß die rechts-, staats- und gesellschaftstheoretischen Grundfragen auch dann nicht gänzlich aus dem Blick geraten, wenn es sich um die Bearbeitung scheinbar rein juristischer Problemstellungen handelt.

Es wäre sicherlich verfrüht, eine Prognose über künftige Entwicklungen des Rechts und der Rechtswissenschaft abzugeben. Immerhin wäre es denkbar, daß ein nachpositivistischer Rechtsrealismus und ein — freilich aufgeklärter — juristischer Positivismus Berührungspunkte und Gemeinsamkeiten entdecken. Sollte nämlich das Recht vom Standpunkt des juristischen Positivismus wirklich eine „soziale Tatsache"

---

[56] Dazu *Ralf Dreier*, Zur Theoriebildung in der Jurisprudenz, in: Recht und Gesellschaft, Festschrift für Helmut Schelsky, hrsg. von Friedrich Kaulbach und Werner Krawietz, Berlin 1978, S. 103—132 (131); auch in: ders., Recht, Moral, Ideologie. Studien zur Rechtstheorie, Frankfurt a. M. 1981, S. 70—105 (96).

[57] Vgl. *Achterberg/Krawietz* (Hrsg.), Legitimation des modernen Staates. Vorträge der Tagung der Deutschen Sektion der IVR in der Bundesrepublik Deutschland vom 8. bis 11. Oktober 1980 in Münster von Hermann Lübbe, Niklas Luhmann, Werner Maihofer, Ulrich Scheuner, Reinhold Zippelius. Mit einem Diskussionsbericht von D. Wyduckel, Wiesbaden 1981 (ARSP, Beih. Nr. 15).

[58] Vgl. *Hermann Lübbe*, Staat und Zivilreligion, ebd., S. 40—64 (62).

darstellen, sollte ferner sein Inhalt als „Produkt gesellschaftlicher Strukturen und menschlichen Wollens“ angesehen werden[59], dann erscheint es in der Tat nicht ausgeschlossen, daß ein rechtspositivistischer „Normativismus in institutionalistischer Perspektive“[60] und ein nachpositivistischer Rechtsrealismus, der die Normativität des Rechts einbezieht, durchaus einander zu begegnen vermögen.

---

[59] Vgl. *Ota Weinberger*, Einleitung zu *Donald Neil MacCormick/Ota Weinberger*, Grundlagen des Institutionalistischen Rechtspositivismus, Berlin 1985 (Schriften zur Rechtstheorie, H. 113), S. 49.

[60] Ebd., S. 53.

Personenregister

Verzeichnis der Mitarbeiter

(einschl. des Beirats der Herausgeber)

Aarnio, Aulis, Prof. Dr., Institut für Privatrecht, Universität Helsinki, Vuorikatu 5 C, SF-00100 Helsinki.

Ananieva, Nora, Prof. Dr., Institute for Studies of Contemporary Social Sciences, Bulgarian Academy of Sciences, Pionerski pat 21, Sofia, Bulgaria.

Aomi, Junichi, Prof. Dr., Faculty of Law, Tokyo University, 3-1 Hongo 7-chome, Bunkyo-ku, Tokyo, Japan.

Arístegui, Abel Javier, Dr. jur., Abogado. Calle 55 no. 465, La Plata, Republica Argentina.

Backman, Eero, Professor, Institute for Criminal Law and Procedure, University of Turku. Home: Uomakuja 2 E 89, SF-01600 Vantaa.

Bjarup, Jes, Dr., Institute of Legal Science, University of Aarhus, Bartholins Allé, Universitetsparken, DK-8000 Aarhus C.

Borucka-Arctowa, Maria, Professor Dr., University of Cracow. Home: Łobzowska 59/2, 31-139 Cracow, Poland.

Castignone, Silvana, Full Professor, Institute of Philosophy and Sociology of Law, University of Genoa, Via C. Cabella 28/II, I-16122 Genova.

Eichhorn, Wolfgang, Prof. Dr. phil. habil., Akademiemitglied, Zentralinstitut für Philosophie an der Akademie der Wissenschaften der DDR, Otto-Nuschke-Straße 10/11, DDR-1080 Berlin.

Fabian, Kamil, Prof. Dr., Institute of State and Law, Czechoslovak Academy of Sciences, Nové Město, Národní Třída 18, 116 91 Praha 1, ČSSR.

Faralli, Carla, Associate Professor, Istituto Giuridico "A. Cicu", University of Bologna, Via Zamboni 27/29, I-40126 Bologna.

Gérard, Philippe, Premier assistant, Facultés universitaires Saint-Louis, Boulevard du Jardin botanique 43, B-1000 Bruxelles.

Jørgensen, Stig, Professor Dr. jur., Institute of Legal Science, University of Aarhus, Building No. 340, Universitetet, DK-8000 Aarhus C.

Kamenka, Eugene, Research Professor Dr., The Australian National University, Research School of Social Sciences, History of Ideas Unit, GPO Box 4, Canberra ACT 2601, Australia.

Klenner, Hermann, Prof. Dr., Akademie der Wissenschaften der DDR, Zentralinstitut für Philosophie, Otto-Nuschke-Straße 10/11, DDR-1080 Berlin.

Krawietz, Werner, Prof. Dr. Dr., Lehrstuhl für Rechtssoziologie, Rechts- u. Sozialphilosophie, Westf. Wilhelms-Universität, Bispinghof 24/25, D-4400 Münster i. W.

Lagerqvist Almé, Annika, LL. B., Stockholm University, Faculty of Law, S-106 91 Stockholm, Sweden.

Liebl, Karlhans, Dr., Max-Planck-Institut für ausländisches und internationales Strafrecht, Forschungsgr. Kriminologie, Günterstalstraße 73, D-7800 Freiburg.

Łopatka, Adam, Professor, Institute of State and Law of Polish Academy of Sciences. Partyzantów 4 m. 2, 00-629 Warsaw, Poland.

López Calera, Nicolás, Professor Dr., Institut für Rechtsphilosophie, Universität Granada, Plaza de la Universidad no. 1, Granada, Spanien.

Luizzi, Vincent, J. D., Ph. D., Chair of Philosophy, Dept. of Philosophy, Southwest Texas State University, 78666 San Marcos TX, U.S.A.

Maihofer, Werner, Prof. Dr. Dr., Präsident des Europäischen Hochschulinstituts, Badia Fiesolana, Via dei Roccettini, I-50016 S. Domenico di Fiesole, Florenz, Italien.

Martin, Rex, Professor of Philosophy, Dept. of Philosophy, University of Kansas, Lawrence, Kansas 66045, U.S.A.

Mazor, Lester J., Professor of Law, Hampshire College / Social Science, 01002 Amherst MA, U.S.A.

Michaut, Françoise, Chargée de recherche, Centre national de la recherche scientifique (C.N.R.S.). 17-25 rue de Clignancourt, F-75018 Paris.

Mikkola, Matti, Dr. jur., Ministerialrat, Ministerium für Sozial- und Gesundheitswesen, Hallituskatu 5, SF-00170 Helsinki.

Mollnau, Karl A., Prof. Dr. jur., Akademie der Wissenschaften der DDR, Institut für Theorie des Staates und des Rechts, Otto-Nuschke-Straße Nr. 10/11, DDR-1080 Berlin.

Moutsopoulos, Evanghelos A., Professor, 40 Hypsilanou street, 140 Athens, Greece.

Nelken, David, Dr., Faculty of Laws, University College London, 4-8 Endsleigh Gardens, London WC1H 0EG, United Kingdom.

Nersesiants, V., Prof. Dr., Institute for State and Law Studies, USSR Academy of Sciences, Frounze street 10, 119841 Moscow, U.S.S.R.

Oakley, John B., Professor of Law, School of Law, University of California at Davis, Davis, California 95616, U.S.A.

Pattaro, Enrico, Professor, University of Bologna, Istituto Giuridico "A. Cicu", Via Zamboni 27/29, I-4127 Bologna.

Peczenik, Aleksander, Professor of Jurisprudence, Lund University, Juridicum, Box 1165, S-22105 Lund.

Penegar, Kenneth L., Professor of Law, College of Law, University of Tennessee, 1505 W. Cumberland Avenue, 37996-1800 Knoxville, TN-U.S.A.

Peschka, Vilmos, Prof. Dr., Institute for Legal and Administrative Sciences of the Hungarian Academy of Sciences, Országház utca 30, H-1250 Budapest 1.

Popoff, Peter N., Prof. Dr. Phil., Institut für Philosophie, Bulgarische Akademie der Wissenschaften, Bul. Skobelev 39, 1000 Sofia, Bulgarien.

Rottleuthner, Hubert, Prof. Dr., Institut für Grundlagen und Grenzgebiete des Rechts (WE 4), Freie Universität Berlin, Boltzmannstraße 3, D-1000 Berlin 33.

Sampaio Ferraz Jr., Tércio, Prof. Dr., Titular da facultade de direito da Universidade de São Paulo. Home: Av. Paulista 21, apt. 171, 01311 São Paulo, Brasilien.

Sariola, Sakari, Professor of Sociology, The University of Kansas, 2038 Alabama Street, Lawrence, Kansas, U.S.A.

Sharma, Gyan, Professor, University/Studies in Law, B-39 Sector "A" Mahanagar, Lucknow 226006, Uttar Pradesh, India.

Soaje Ramos, Guido, Prof. Dr., Instituto de Filosofia Practica, Viamonte 1596, 1055 Buenos Aires, Argentina.

Summers, Robert S., McRoberts Professor of Law, Cornell Law School, Myron Taylor Hall, Ithaca, New York 14853, U.S.A.

Sundberg, Jacob W. F., Professor, Institute of Public and International Law, Stockholm University, Uggleviksgatan 9, S-114 27 Stockholm.

Tay, Alice Erh-Soon, Challis Professor and Head, Dept. of Jurisprudence, Faculty of Law, The University of Sydney, 173—175 Phillip Street, Sydney, NSW 2000, Australia.

Terré, François, Professeur, Université de droit, d'économie et de sciences sociales. 10 square de l'Alboni, F-75016 Paris.

Twining, William L., Professor, Faculty of Law, University College London, 4-8 Endsleigh Gardens, London WC1H 0EG, U.K.

Varga, Csaba, Senior Research Fellow, Institute for Legal and Administrative Sciences of the Hungarian Academy of Sciences, Országház utca 30, P.O.Box 25, H-1250 Budapest.

Vernengo, Roberto J., Prof. Dr., University of Buenos Aires, Faculty of Law and Social Sciences. Home: Teodoro García 3030, 1426 Buenos Aires, Argentine.

Visegrády, Antal, Dr., First Assistant, Janus Pannonius University, Faculty of Law, Dept. of Theory of State and Law, 48-as tér 1, H-7601 Pécs.

Visser't Hooft, Hendrik Ph., Prof. Dr., Maliebaan 135, 3581 CL Utrecht, The Netherlands.

Weinberger, Ota, Prof. Dr. Dr., Institut für Rechtsphilosophie, Universität Graz, Universitätsstrasse 27, A-8010 Graz.

Wilhelmsson, Thomas, Professor in Civil and Commercial Law, Institute of Private Law, Helsinki University, Vuorikatu 5 C, SF-00100 Helsinki.

Wellman, Carl, Professor of Philosophy, Dept. of Philosophy, Washington University, Campus Box 1073, St. Louis, MO 63130, U.S.A.

von Wright, Georg Henrik, Prof. Dr. Dr., Institut für Philosophie, Universität Helsinki, Unioninkatu 40 B, SF-00170 Helsinki.

Wyduckel, Dieter, Priv.-Doz. Dr., Institut für Öffentliches Recht und Politik, Westf. Wilhelms-Universität, Universitätsstr. 14-16, D-4400 Münster i. W.

Yasaki, Mitsukuni, Prof. Dr., Faculty of Law, Osaka University, Machikaneyama, Toyonaka-shi, Osaka-fu, Japan.

Zalten, Erich, Dr. phil., Engelgasse 85, CH-4052 Basel.

Zuleta Puceiro, Enrique, Prof. Dr., University of Buenos Aires. Home: Rodriguez Peña 1405, 10° "B", 1021 Buenos Aires, Argentine.

Beiträge des 11. Weltkongresses für Rechts- und Sozialphilosophie Gesamtverzeichnis

1. Verlag Duncker & Humblot: Beihefte von RECHTSTHEORIE, 1985

Beiheft 8: **Juristische Logik, Rationalität und Irrationalität im Recht.** Hrsg. von A.-J. Arnaud, R. Hilpinen und J. Wróblewski. Mit einem Vorwort von R. J. Vernengo.

I. Logik im Dienste des Rechts: J.-L. Gardies / M. P. Golding / S. Gram Jensen / V. Knapp / A. A. Martino / A. Menne / H. Schreiner / R. Sève / L. Åqvist; *II. Grundlagen und Grenzen der Rationalität im Rechtsdenken:* V. Arévalo / R. Dreier / A. Edel / M. D. Farrell / Å. Frändberg / U. Lohmann / N. MacCormick / E. Pattaro / D. A. J. Richards / N. Roos / A. Sajó / L. S. Sheleff / F. Terré / H. Ph. Visser't Hooft / R. Weimar / E. Zalten / Z. Ziembiński / M. Zirk-Sadowski; *III. Menschenrechte, Bürgerrechte und ziviler Ungehorsam:* M. D. Bayles / J. Ellin / L. D. Eriksson / V. Gulyev / J. Kleinig / T. Laker / A. Łopatka / B. J. Narain / B. Nazarov / J. Paust / R. Tamayo / K. E. Tranøy.

Beiheft 9: **Soziologische Jurisprudenz und realistische Theorien des Rechts.** Hrsg. von E. Kamenka, R. S. Summers und W. L. Twining. Mit einem Vorwort von A. Peczenik.

I. Recht und Gesellschaft in rechtsphilosophischer Perspektive: N. Ananieva / A. J. Arístegui / E. Backman / W. Eichhorn / K. Fabian /Ph. Gérard / H. Klenner / V. Luizzi / V. Nersesyants / J. B. Oakley / K. Penegar / P. Popoff / A. Visegrády / T. Wilhelmsson; *II. Theorien des Rechts in rechtssoziologischer Perspektive:* M. Borucka-Arctowa / K. Liebl / L. Mazor / M. Mikkola / K. Mollnau / D. Nelken / H. Rottleuthner / S. Sariola / C. Varga / E. Zalten; *Voraussetzungen und Folgen des Rechtsrealismus:* J. Bjarup / S. Castignone / C. Faralli / S. Jørgensen / A. Lagerqvist Almé / F. Michaut / E. Pattaro / J. W. F. Sundberg / D. Wyduckel.

Beiheft 10: **Vernunft und Erfahrung im Rechtsdenken der Gegenwart.** Hrsg. von T. Eckhoff, L. M. Friedman und J. Uusitalo. Mit einem Vorwort von O. Weinberger.

I. Systemische Grundlagen der Rechtsvernunft: C. J. Bax / H. J. M. Boukema / J. M. van Dunné / E. Flower / D. J. Galligan / L. Gianformaggio / H. P. Graver / M. Laclau / A. Peczenik / J. Raz / A. Sajó / M. Sintonen / J. Strangas / R. Tamayo / J. Uusitalo / J. Vanderlinden; *II. Systematisierung in Rechtsdogmatik und Rechtswissenschaft:* A. Aarnio / C.

Alchourrón / J. Boguszak / E. Bulygin / P. Dauchy / M. Van Hoecke / R. J. Vernengo; *III. Das Rechtssystem und seine gesellschaftliche Basis:* A. Conte / H. Fenge / L. M. Friedman / R. Guastini / N. Intzessiloglou / W. Krawietz / M. Pavčnik / G. Robles / M. Rodriguez Molinero / J. de Sousa e Brito / J.-L. Vullierme; *IV. Ökonomische Analyse des Rechts:* J. Axinn / W. Balekjian / E. E. Dais / V. Laptev / R. S. Summers / J. Tolonen / R. Weimar.

2. Verlag Franz Steiner Wiesbaden GmbH: Beihefte von *Archiv für Rechts- und Sozialphilosophie*, 1985

Beiheft 23: **Tradition und Fortschritt in den modernen Rechtskulturen.** Hrsg. von S. Jørgensen, J. Pöyhönen und C. Varga. Mit einem Vorwort von J. Llompart.

I. Genese und Geltungsgrundlagen des zeitgenössischen Naturrechtsdenkens: C. D. Johnson / A. Kaufmann / G. Lanata / J. López Medel / G. Lübbe-Wolff / R. Lukic / G. Soaje Ramos / R. Tokarczyk / F. Viola / S. O. Welding; *II. Strukturen moderner Rechts- und Staatstheorien:* G. Antalffy / C. Despotopoulos / A. Levine / W. Maihofer / N. Nenovski / W. Weichelt; *III. Begriff, Grundlagen und Entwicklung der Rechtskulturen in vergleichender Perspektive:* G. Haney / J. Ojwang / B. Ranchod / N. Sanajaoba / A. Tay / V. Tumanow / F. Wieacker / M. Yasaki; *IV. Menschen- und Bürgerrechte als Erfindung gegen den Machtmißbrauch:* P. Bénéton / J. Blahož / J. Feinberg / S. Cotta / M. Villey / N. Kobayashi / S. Leader / E. Moutsopoulos.

Beiheft 24: **Soziale Gerechtigkeit und individuelle Verantwortlichkeit im Wohlfahrtsstaat.** Hrsg. von J. M. Broekman, K. Opałek und D. A. Kerimow. Mit einem Vorwort von C. Wellman.

I. Moralische und rechtliche Prämissen materialer Gerechtigkeit: L. Garcia Alonso / J. R. Lucas / A. Macleod / S. Panou / J. Parain-Vial / V. Peschka / V. Petev / T. Sampaio Ferraz Jr. / D. Scheltens / O. Weinberger; *II. Mensch und Menschenbild im Recht:* M. Alliot / A.-J. Arnaud / P. Braun / B. Edelman / F. Lachmayer / E.-J. Lampe / S. Latouche / E. Mock / A. Oldenquist & M. Lynn / J. Van Peteghem / H. Rodingen / K. S. Tollett / W. Zitscher; *III. Recht und Rechtsstaat in wohlfahrtsstaatlicher Perspektive:* J. Bell / E. Kamenka / L. Lombardi Vallauri / N. B. Reynolds / L. Tower Sargent / M. Urso / R. Voigt; *IV. Soziale Verantwortung und strafrechtliche Zurechnung:* R. W. Burgh / S. Gbadegesin / N. Jareborg / N. Lacey / R. Lahti / W. Lang / A. Mabe / R. Martin / A. Papsthart / Ch. Sharma.

Beiheft 25: **Geltungs- und Erkenntnisbedingungen im modernen Rechtsdenken.** Hrsg. von N. MacCormick, S. Panou und L. Lombardi Vallauri. Mit einem Vorwort von R. Dreier.

I. Prinzipien und Regeln im Recht: R. Alexy / S. Axinn / M. Henket / J. Llompart / J. W. Murphy / Th. Schramm / R. A. Shiner / C. Wellman; *II. Wachstumsbedingungen des Erkenntnisfortschritts im Recht:* J. Dalberg-Larsen / E. V. Heyen / T. Sampaio Ferraz Jr. / D. Töllborg / V. Villa / A. H. de Wild / E. Zuleta Puceiro; *III. Modernes Recht und Wahrheitstheorien:* H. Aoi / O. A. Ghirardi / T. Gizbert-Studnicki / D. Lyons / I. Niiniluoto / F. Ost / J. Woleński.

3. D. Reidel Publishing Company: *Law and Philosophy Library*, 1985

Man, Law and Modern Forms of Life. Edited by E. Bulygin, J. L. Gardies and I. Niiniluoto. With an introduction by M. D. Bayles.

I. Anthropological and Epistemological Dimensions of Law and Ethics: T. Airaksinen / E. Bodenheimer / J. M. Broekman / J. B. Oakley / A. Oldenquist / P. G. Sack / M. Saltman / T. Stroup; *II. Schools and Perspectives in Legal Theory:* J. H. Crabb / M. M. Karlsson / R. Kevelson / H. T. Klami / K. Opałek / M. Samu; *III. Is and Ought: Present Issues in Argumentation and Legal Thinking:* J. Aomi / A. de Cervera / R. Hilpinen / J. Hintikka / N. Jääskinen / G.-F. Malt / A. Stening / L. Vandervort / G. H. von Wright / J. Wróblewski.

Schriften zur Rechtstheorie

Seit 1977 sind erschienen:

69. **Der Begriff der „Sphäre" in der Rechtswissenschaft insbesondere als Grundlage der Schadenszurechnung.** Von D. von Schenck. 279 S. 1977. DM 78,—.
70. **Die gesellschaftlichen Grundlagen der juristischen Entscheidung.** Von E. Döhring. 227 S. 1977. DM 66,—.
71. **Rechnen und Entscheiden.** Hrsg. von A. Podlech. 300 S. 1977. DM 98,—.
72. **Die Ordnung der Ehe.** Von Ch. Greiff. 137 S. 1977. DM 48,—.
73. **Gewißheitsverluste im juristischen Denken.** Von G. Haverkate. 247 S. 1977. DM 72,—.
74. **Grenzen richterlicher Rechtsfortbildung.** Von R. Wank. 298 S. 1978. DM 78,—.
75. **Anthropologische Voraussetzungen der Staatstheorie Rudolf Smends.** Von J. Poeschel. 225 S. 1978. DM 68,—.
76. **Die Einheit der Verfassung.** Von F. Müller. 268 S. 1979. DM 68,—.
77. **Die Bedeutung der Präjudizien im Verständnis der deutschen Rechtswissenschaft.** Von H. Weller. 126 S. 1979. DM 44,—.
78. **Kodifikationsgerechte Rechtsprechung.** Von D. Rethorn. 184 S. 1979. DM 66,—.
79. **Die juristische Fragestellung des Naturrechts.** Von G. Paulus. 51 S. 1979. DM 28,—.
80. **Rechtstheorie und Strafrechtsdogmatik Adolf Merkels.** Von G. Dornseifer. 135 S. 1979. DM 48,—.
81. **Die Bindung des verfassungsändernden Gesetzgebers an den Willen des historischen Verfassungsgebers.** Von E. Tosch. 148 S. 1979. DM 49,60.
82. **Die finnische Rechtstheorie unter dem Einfluß der Analytischen Philosophie.** Von W. Mincke. 101 S. 1979. DM 48,—.
83. **Logische Analyse in der Jurisprudenz.** Von O. Weinberger. 220 S. 1979. DM 68,—.
84. **Soziologische Feststellungen in der Rechtsprechung des Bundesgerichtshofs in Zivilsachen.** Von F. Jost. 186 S. 1979. DM 59,60.
85. **Wortbedeutung und Rechtserkenntnis.** Von P. Schiffauer. 265 S. 1979. DM 78,—.
86. **Die Allgemeine Rechtstheorie Santi Romanos.** Von M. Fuchs. 161 S. 1979. DM 58,—.
87. **Die symbolische Natur des Rechts.** Von A. Zielcke. 145 S. 1980. DM 58,—.
88. **Die Bedeutung des Naturrechts für die Ausbildung der Allgemeinen Lehren des deutschen Privatrechts.** Von M. Lipp. 168 S. 1980. DM 54,—.
89. **Wahrheit und Legitimation im Recht.** Von R. De Giorgi. 252 S. 1980. DM 78,—.
90. **Der Begriff der intentionalen Handlung.** Von U. K. Kindhäuser. 232 S. 1980. DM 76,—.
91. **Die Intersubjektivität von Wertungen.** Von H. Schreiner. 193 S. 1980. DM 69,—.